측정의 세계

저울과 자를 든
인류의 숨겨진 역사

측정의 세계

제임스 빈센트

장혜인 옮김

까치

BEYOND MEASURE : The Hidden History of Measurement

by James Vincent

역자 장혜인(張慧仁)
과학 및 건강 분야의 좋은 책을 우리말로 옮기는 번역가. 서울대학교 약
학대학 및 동 대학원을 졸업하고 제약회사 연구원을 거쳐 약사로 일했
다. 현재 바른번역 소속 번역가로 활동하고 있다. 옮긴 책으로는 『미래
의 자연사』, 『감정의 뇌과학』, 『내가 된다는 것』, 『집중력』, 『본능의 과학』,
『다이어트는 왜 우리를 살찌게 하는가』 등이 있다.

편집, 교정_옥신애(玉信愛)

측정의 세계
저울과 자를 든 인류의 숨겨진 역사

저자/제임스 빈센트
역자/장혜인
발행처/까치글방
발행인/박후영
주소/서울시 용산구 서빙고로 67, 파크타워 103동 1003호
전화/02 · 735 · 8998, 736 · 7768
팩시밀리/02 · 723 · 4591
홈페이지/www.kachibooks.co.kr
전자우편/kachibooks@gmail.com
등록번호/1-528
등록일/1977. 8. 5
초판 1쇄 발행일/2023. 12. 15
    2쇄 발행일/2024. 1. 10

값/뒤표지에 쓰여 있음

ISBN 978-89-7291-817-2 03900

나의 모든 스승님들에게

이 책에 쏟아진 찬사

최고의 책이다.……도량학 이야기를 전달하는 것은 쉽지 않다.……그러나 저자에게는 그 일을 해낼 능력이 있다. 뛰어난 안목으로 숨은 일화들을 꿰뚫으면서도, 사소한 부분들은 우아하게 건너뛰며 인류 진보의 흐름 속에 배치한다.……극도로 좋은 책이다.
— 「타임스 *The Times*」

금만큼이나 값지다. 지적 자극으로 가득한 이 책은 인류의 생존에 저울과 자가 얼마나 중요한 역할을 했는지, 그리고 측정이 어떻게 비인간적인 목적으로 사용될 수 있었는지를 보여준다.……저자는 재치 있으면서도 친절한 이야기꾼이다. 거대한 이론 뒤에서 작용하는 인간 드라마에 대한 저자의 감각은 특히 표준화 이전의 혼란스러운 시대를 다룰 때에 두드러진다. 이 책에는 과학에 대한 전염성 있는 열정, 그리고 과학의 활용에 대한 건전한 회의주의가 엮여 있다.
— 「옵저버 *Observer*」

조용히 스릴이 넘친다.……사물을 측정하는 인간의 이야기는 문명의 이야기와 다름없다. 자극적인 과장처럼 들리는 이 말을 이 책이 증명한다.
— 「뉴욕 타임스 *New York Times*」

저자의 기발한 측정의 역사 이야기는 독특한 측정법이 어떻게 우리를 만들어왔는지를 매혹적으로 탐구한다.……이 독특한 역사서는 인류가 측정이라는 이름으로 걸어온 시간을 설명하는 데에 완벽하다.

—「파이낸셜 타임스*Financial Times*」

매력적이다.……이집트인과 바빌로니아인의 측정부터 오늘날 우리가 숫자로 자기 자신을 표현하는 일에 이르기까지의 역사를 생생하게 둘러본다.

—「월 스트리트 저널*Wall Street Journal*」

흥미롭다.……광범위한 과학적 진보와 인간의 노력을 아우르는 매우 야심찬 작품이다.……재미있는 이야기들을 명쾌한 산문으로 표현한다.……인상적이며 즐겁고, 생각을 엄청나게 자극한다.

—「헤럴드*The Herald*」

깊은 몰입감을 제공한다.……능숙하고 우아하다. 멋 부리지 않는 담백한 문장으로 복잡한 아이디어를 설명하는 저자의 재능이 솔직히 말해서 측정할 수 없을 정도로 뛰어나다.

—「워싱턴 포스트*Washington Post*」

혼란스러운 우주에서 믿을 수 있는 진리를 찾아내려는 인류의 시도들에 대한 기록.……매혹적이다.

—「뉴 사이언티스트*New Scientist*」

저널리스트인 저자는 킬로그램이 공식적으로 플랑크 상수로 재정의되었던 2018년에 과학자들을 인터뷰하면서 측정에 빠져들었다. 그의 매력적인 이 책은 과학 그 이상을 포괄한다. 저자는 측정이 "사회 자체의 거울"이라고 지적한다.

—「네이처*Nature*」

인류의 노력, 실험, 믿음, 그리고 비범한 사람들이 이룩한 공헌에 대한 놀라운 이야기.……박식하면서도 우아한 책이다. 저자의 열정 덕에 누구나 쉽게 읽을 수 있는 이 책은 상대성 이론, 열역학, 양자물리학과 같은 분야의 이해를 돕는다.　　　　　　　　　　　　　　　—「메일 온 선데이*Mail on Sunday*」

저자는 매혹적인 사실들에 대한 안목과 더불어, 더욱 깊은 목적도 가지고 있다. 그는 통제가 항상 정보들을 측정하고 수집하려는 추진력과 밀접하게 연관되어 있음을 지적한다.　　　—「타임스 리터러리 서플먼트*Times Literary Supplement*」

지성, 각성, 재치가 어우러져 쓰인 매력적인 책.　　　—「커커스 리뷰*Kirkus Reviews*」

측정의 역사는 추상적이거나 학술적으로 느껴지겠지만, 이 책은 사물의 범위를 결정하는 방식이 어떻게 결국 인간의 진보를 정의해왔는지를 생생하게 보여준다.　　　　　　　　　　—「BBC 히스토리 매거진*BBC History Magazine*」

무엇인가의 범위를 결정하는 일이 그것을 통제하려는 욕망과 매우 가깝다는 사실을 이 책은 충분히 증명해낸다.

　　　　　　　　　　　　　　—「히스토리 엑스트라*History Extra*」, 이달의 책

차례

서론

측정은 왜 중요할까

최초의 단어나 최초의 선율처럼, 최초의 측정이 언제 이루어졌는지는 알수 없다. 어디에서 일어났는지 알 수 없고 상상하기도 힘들다. 그러나 최초의 측정은 매우 큰 의미가 있는 행위였다. 수십만 년 전 고대 조상의 뇌속에서 자란 원시 의식이라는 둥지에 측정이라는 행위가 더해지면서, 인간은 마침내 초원에 사는 다른 동물과 달라졌다. 측정은 언어나 놀이처럼 인지의 초석이다. 우리는 측정으로 세계를 구분하는 방법에 관심을 두게 되고, 직선이 끝나거나 저울이 기울어지는 지점에 주목하게 된다. 측정은 현실의 한 부분을 다른 부분과 비교하고 그 차이를 드러내면서, 앎을 향한 발판을 놓는다. 측정은 건설과 도시 생활을 가능하게 하는 모든 구조적 기술의 뿌리이자 정량 과학의 시작이다. 측정할 수 없다면 우리는 주변 세계를 관찰할 수 없다. 실험하거나 배울 수도 없다. 측정은 과거를 기록하면서 미래를 예측하는 데에 도움이 될 규칙을 밝힌다. 결국 측정은 개인의 노력을 통합하여 부분의 합을 넘어 더 큰 무엇인가를 이루도록 하며 사회를 결속하는 동시에 통제하는 도구이다. 측정은 우리가 사는 세상을 만드는 동시에 우리도 만든다.

2018년, 나는 기자로서 킬로그램kilogram의 재정의를 다룬 기사를 쓰면서 측정의 중요성을 처음 깨달았다. 기사 작성을 위해 파리에 갔고, 미터법 감독기관인 국제 도량형국BIPM에서 수십 년간 킬로그램 재정의 문제를 연구해온 과학자들을 인터뷰했다. 이들은 킬로그램이 18세기 이후 어떤 과정을 거치며 특정 금속 덩어리의 무게로 정의되었는지를 설명해주었다. 이 금속은 물리적인 인공물로서 자물쇠가 채워진 프랑스의 한 지하실 금고에 철통같이 보관되어 있다. 전 세계 모든 무게(미터법을 따르지 않는 무게마저)는 킬로그램 원기IPK, 즉 이 금속 인공물을 수호하는 이들이 르 그랑le grand K라고 부르는 이 단일한 표준으로 거슬러올라갈 수 있다. 그러나 기술이 발전하면서 이러한 킬로그램이 정밀성을 바라는 사회의 요구를 더는 충족할 수 없게 되었고, 과학자들은 기본 물질이 아니라 실제의 기반에 깊이 내재한 양자 특성으로부터 도출된 자연의 기본상수를 이용해서 킬로그램의 값을 재정의하려고 애써왔다. 게다가 과학자들은 존재하는 또다른 모든 미터법 단위도 대체하려는 작업을 이미 시작했다. 길이, 온도, 시간 같은 단위도 모두 국제 측정법 협약을 거쳐 조용히 다시 정의되고 있다.

이러한 숨겨진 세계가 있다는 사실이 나에게는 마치 계시 같았다. 어느 날 아침에 일어나 방문을 열고 신기한 나무와 낯선 동물의 울음소리로 가득한 외계 행성의 표면에 발을 디딘 것 같은 느낌이었다. 측정 단위처럼 기본적이고 일상적인 것조차 바뀔 수가 있다는 생각으로 짜릿했고, 측정에 대해서 더 많이 알게 될수록 궁금증이 더해졌다. 대체 킬로그램은 왜 킬로그램일까? 인치inch는 왜 인치일까? 누가 맨 처음 이러한 값을 정했고 지금은 누가 이 값을 유지할까?

이러한 사소한 질문들을 탐색하면서 나는 측정이라는 분야가 지적으로 얼마나 풍요로운지, 또 얼마나 역사적, 과학적, 사회적으로 경이로운 축제의 장인지를 알게 되었다. 측정의 뿌리는 고대 이집트와 바빌로니아로 거슬러올라가는 문명의 뿌리와 얽혀 있다. 이집트와 바빌로니아 사람들은 역사상 처음으로 건설, 교역, 천문학에 일관된 단위를 적용하는 법을 터득했고, 신과 왕을 기리는 높은 기념물을 지었으며, 새로 얻은 힘으로 별의 위치를 지도로 그렸다. 측정 단위는 발전을 거듭하면서 측정을 이용하여 세상을 자기 마음대로 조직화하려는 권력자의 특권이 되었고, 점차 권력의 도구가 되었다. 이와 마찬가지로 정확한 측정법을 개발하는 과학—측정학—은 자연계를 파악하는 인간의 지식을 뒤바꾼 거대한 몇몇 혁신들과 얽혀, 우주 속 인간의 위치를 다시 정의하는 데에 여러 번 도움을 주었다. 무엇보다 측정은 사회의 거울이다. 측정은 우리가 세상에서 무엇에 가치를 두는지를 보여주는 관심의 형식이다. 측정은 곧 선택이자 다른 속성은 버리고 한 가지 속성에만 집중하는 관심이다. "정밀도precision"라는 단어 자체는 "잘라내다"라는 뜻의 라틴어 프라이키시오praecisio에서 왔다. 따라서 측정이 어디에, 어떻게 적용되는지를 살펴보면 우리의 요구와 욕망을 파악할 수 있다.

오늘날 우리 주변의 세상은 무수한 측정 행위의 산물이지만, 측정 자체는 어디에나 존재해서 오히려 보이지 않는다. 이 책을 종이책으로 보든 전자책으로 보든, 책이나 화면이라는 최종 형태는 신중하게 무게를 재고 셈한 결과이다. 종이를 만드는 펄프는 먼저 세심하게 조성한 화학적 혼합물을 이용하여, 나무의 섬유질 세포 구조를 깨지 않으면서 서로 분리해서 만든다. 그다음에는 이렇게 만들어진 종이를 아주 정밀하게 작동하는 거대한 금속 롤러 사이로 통과시켜서 지금 두 손가락 사이에서 만져지는 균일한 두께로 압축한다. 이 종이를 익숙한 크기로 재단하고 묶은 다음, 포장하고 무게를 재어 전 세계로 운반한다. 이 문장을 표현하는 데에 사용된 서체조차 신중한 측정의 결과이다. 획 하나하나를 고심해서 다듬었고 이웃한 글자 사이의 간격도 균형을 이루도록 배치되었다. 이 책을 전자책 형식으로 읽고 있다면 일련의 측정 과정은 한층 더 복잡하다. 원자 규모에서 일어나는 실리콘 칩의 공학부터 전자책 기기 배터리를 만들기 위해 섬세하게 균형 잡힌 연금술까지 전 과정을 고려해야 한다. 이 모두를 염두에 두든 아니든 측정은 전 세계에 널리 퍼져 있다. 측정은 우리가 보고 만지는 것은 물론, 시계나 달력, 업무 보상이나 처벌에 이르는 무형의 사회 지침에도 흔히 영향을 미치는 정렬 원리이다.

——·———·———·——

측정은 세계의 본질적인 특성이 아니라 인류가 발명하고 부여한 관행이다. 측정이라고 부를 만한 최초의 증거는 눈금이 새겨진 동물 뼈이다. 이러한 측정 유물로는 2만 년 전에서 1만8,000년 전 것으로 추정되는 개코원숭이 종아리뼈인 이상고Ishango 뼈가 있고, 그보다 더 오래된 것으로는 약 3만3,000년 전 것으로 추정되는 늑대 뼈도 있다.[1] 이 뼈들의 의미를 해석하는 일은 마치 점괘를 읽는 일처럼 불확실하고 직관적이지만, 고고학자들은 뼈에 새겨진 표시의 배열로 보아 이 유물들이 최초의 공식 측정 도구인 탤리 스틱tally stick이었으리라고 생각한다.

늑대 뼈의 경우, 뼈에 파인 홈은 여러 숫자 체계에 공통으로 나타나는 구분 짓기와 마찬가지로 다섯 개씩 묶여 있다. 전 세계 여러 문화권에서는 하나, 둘, 셋, 넷을 표시한 다음 선을 긋거나 빗금을 치거나 갈고리처럼 묶거나 하는 방식으로 다섯을 나타낸다. 심리학 연구에 따르면 이는 인간이 타고난 인지적 한계에 가까운 것으로, 인간 사고의 자연스러운 장벽이다. 그러나 넘어서기가 불가능하지는 않다. 사람이 한눈에 갯수를 파악할 수 있는 능력을 시험해보면, 보통 기껏해야 세 개나 네 개가 한계이다.[2] 그 이상이 되면 의식적으로 셈하기 시작해야 한다. 다시 말해서, 측정이 필요해지는 것이다. 그렇다면 눈금을 새긴 뼈는 우리 종의 야망이 뇌의 용량을 넘어섰고 신체 외부의 도구에 손을 뻗게 된, 전 세계에서 여러 번 반복된 순간들을 나타내는 것일 수도 있다. 이 유물은 우리가 주변 세상을 측정하기 시작하면서 결과적으로 세상을 더욱 잘 이해하게 된 시점도 보여준다.

　이러한 인공물로 어떤 현상을 기록했는지 알아내면 인간의 초기 인지 발달에서 측정이 점유한 위치를 해독할 수 있지만, 글로 기록된 문서가 없다면 이 유물의 목적은 그저 추측할 수 있을 뿐이다. 사냥꾼이 늑대 뼈에 사냥감의 숫자를 기록하면서 사냥감과의 관계를 더욱 강화하고 싶었을지도 모른다. 혹은 표시 하나를 하루로 해서 시간의 흐름을 나타냈을 수도 있다. 그렇게 본다면 뼈에 새겨진 전체 표시 개수—55개—는 인간이 이름을 붙이기도 전에 태양계의 운행 속에 이미 존재한 단위인 음력한 달의 대략 두 배가 된다. 이것이 사실이라면 이 뼈는 세속적인 행위보다는 신성한 행위를 기록했다고 볼 수 있다. 고대 사회에서는 우주의 척도가 신성하고 영적인 관념과 얽혀 있었기 때문이다. 초기 인류는 계절의 변화를 관찰하는 행위를 통해서, 생명을 선사하는 자연계의 규칙에 참여하는 동시에 자연을 통제하기 시작했다. 인간이 만든 최초의 달력은 동물의 이동, 또는 특정 꽃이나 작물의 모습을 바탕으로 시간의 흐름을 나타낸 계절력이었다.

인간이 공식적인 측정 체계를 개발한 유일한 생물이라는 점은 매우 분명해 보인다. 잘 알려져 있다시피, 쥐나 너구리 같은 동물은 수량을 이해하고 많은 식량 더미와 적은 식량 더미를 구분할 수 있으며, 그 외에 분명 직관적인 계산 형식이 필요한 행동을 하는 동물도 있다(과학으로는 완벽하게 이해할 수 없는 방법으로 방향을 잡아 대륙을 가로지르는 새들의 놀라운 비행 능력을 떠올려보자). 그러나 이러한 기술에는 범위가 한계가 있다. 실제로 어린이들을 연구한 결과를 보면, 측정 능력은 쓰기나 셈하기처럼 타고나는 직관이 아니라 문화적으로 습득한 기술에 가깝다.[3]

1960년에 실시된 한 연구에서는 4세에서 10세 사이의 아이들에게 탁자 위에 80센티미터 높이로 쌓은 블록 탑을 보여주고 조금 멀리 떨어져서 똑같은 탑을 쌓으라고 했다.[4] 아이들이 탑을 쌓는 동안 두 탑을 대보는 등 직접 비교하지 못하도록 중간에는 칸막이를 설치했다. 가장 어린 4세에서 5세 미만의 아이들은 눈대중으로 이 문제를 풀었다. 이 아이들은 먼저 탁자 위의 탑을 본 다음 이를 본떠 비슷하게 탑을 쌓았다. 좀더 나이를 먹은 5세에서 7세까지의 아이들은 눈으로 비교해보는 것만으로는 부족하다고 생각하고 자기 몸을 자 대신 이용했다. 이 아이들은 팔이나 손, 손가락을 대어 두 탑의 높이를 비교했다(이 나이대의 아이들 일부는 아주 당연하게도 이 실험이 장난이라고 여기고 지시를 무시한 채 원래 탑 옆에 마음대로 탑을 쌓았다). 가장 나이가 많은 7세에서 10세 사이의 아이들은 주어진 긴 종잇조각이나 막대기를 임시 자로 만들어서 외부 척도로 이용했다. 이 나이대의 아이들 사이에도 미묘한 차이가 있었다. 좀더 어린 아이들은 탑과 높이가 같은 종이나 막대기를 주로 사용했지만, 좀더 나이가 든 아이들은 전체를 세분해서 셈할 수 있는 더 작은 도구를 편리하게 사용했다.

이 연구는 측정이 나이가 들며 습득하는 기술이라는 것뿐만 아니라, 측정 행위의 핵심 요소가 추상화 능력이라는 사실을 보여준다. 이쪽 탑을 저쪽 탑과 비교하거나 목표물과 길이가 같은 도구를 이용하는 것으로는 부족하다. 우리는 중개물을 고안해야 한다. 고유한 값만을 나타내며 한쪽 영역에서 다른 영역으로 정보를 전달하는 편리한 매개, 측정 단위 말이다.

숫자를 처리하는 이러한 능력은 진화의 역사에서 오래 전에 형성된 거대한 인지적 맞교환의 일부라는 의견도 있다. 유전적으로 우리와 가장 가까운 친척인 침팬지가 그 증거이다. 침팬지는 특정 숫자 작업에 놀라운 능력을 보인다. 잘 훈련된 침팬지는 화면에 숫자 1부터 9까지 중 일부를 1초도 안 되는 시간 동안에만 보여준 후에 숨겨도, 정확하게 작은 숫자부터 순서대로 맞힐 수 있다. 게다가 인간보다 훨씬 빠르고 정확하다. 실제로 침팬지는 겨우 210밀리초만 숫자를 보여주어도 이 작업을 수행할 수 있다.[5] 인간의 눈이 화면을 살펴보는 데에 걸리는 시간보다도 짧은 시간이다. 이 작업에 숫자 파악 능력이 필요하다고 생각하겠지만, 그보다는 복잡한 시각 정보를 잠깐 보고 기억하는 사진 기억 능력이 필요하다는 의미이다. 서번트 증후군 환자들도 이러한 놀라운 능력을 지니기도 한다. 그러나 여기에는 한계가 있다. 이러한 능력을 발휘하는 침팬지도 네 개나 다섯 개가 넘는 사물들의 묶음을 정확한 숫자와 연결하는 등의 다른 기본적인 수리 능력은 몇 년간 훈련해도 얻지 못한다.[6]

이 연구를 시행한 연구진은 침팬지와 인간의 공통 조상 일부가 밀림에서 위협을 식별하는 데에 적합한 사진 기억을 가졌으리라는 이론을 세웠다. 인간은 눈 깜짝할 사이에 엉킨 이파리나 덩굴, 뿌리, 나무껍질, 꽃, 과일, 그리고 위협이 되는 이빨을 감지하고 잠재적인 포식자를 식별하여 경보를 울릴 수 있었다. 그러나 어느 시점에 우리 조상 일부는 진화의 힘을 받아서, 언어를 처리하고 사회화하고 서로에게서 배우는 능력 등의 다른 인지 능력과 이 향상된 기억 능력을 맞교환했으리라고 생각된다. 이러한 인지 도구는 현대 생활의 많은 부분을 유지하는 체계를 구성하도록 도우며 측정을 꽃피웠다.

—·———·———·—

켈빈 경으로 더욱 잘 알려진 19세기 영국의 물리학자 윌리엄 톰슨은 측정이 인간의 앎에 이바지한 공로를 인상 깊게 요약했다. "당신이 말하는 것을 측정할 수 있고 숫자로 표현할 수 있다면, 그것을 안다고 할 수 있다. 그러나 숫자로 표현할 수 없다면, 그 지식은 빈약하고 부족하다. 앎의 시작일지는 모르나 과학의 단계로는 나아가지 못한 사고이다."[7]

 톰슨의 말은 측정을 절대적으로 보는 신념의 전형을 보여준다. 이는 혼란스러운 우주의 신비를 다듬고, 계산을 통해서 미지의 것을 통제할 수 있다는 숫자의 힘에 대한 확신이다. 정확한 측정이 실험의 전제조건이자 발견을 이끄는 박차라는 사실을 거듭 증명한 과학의 역사를 보면 이러한 믿음은 타당하다. 톰슨이 열역학과 전자기학에서 거둔 획기적인 성과는 바로 이 정확한 관찰에 크게 의존했는데, 이 관계는 고대 천문학이라는 학문으로 훨씬 거슬러올라간다. 오늘날에는 신비주의와 경험주의를 뒤섞은 것으로 보이는 분야 말이다.

 기원전 1894년 무렵 등장한 메소포타미아의 바빌로니아 왕국에서는 동물 내장에서부터 '사람에게 오줌을 누는 개의 색깔'에 이르기까지 갖가지 사물에 신의 뜻을 부여하면서, 신이 다소 부정확하기는 하지만 인간과 자주 소통한다고 믿었다.[8] 특히 하늘은 어디에서나 보이기 때문에, 멀리까지 전파되는 천체 방송 시스템처럼 하늘이 별과 행성을 통해서 아주 권위 있는 소통 체계를 제공한다고 여겨졌다. 밤하늘에서 일어나는 변화는 질병, 홍수, 침략 같은 재난이 임박했음을 경고했다. 평화로운 시기, 고대하던 아기의 탄생, 수익 높은 거래의 성사를 알리기도 했다. 바빌로니아 천문학자들은 하늘의 전언을 해독하기 위해서 하늘에서 일어나는 천체의 움직임을 자세히 기록했고 그 결과를 도표화해 불규칙성을 걸러내며 신의 은총을 살폈다. 이러한 방법은 세상을 정확히 관찰하면 미래를 예측할 수 있다는 사실을 실증적으로 보여준다. 오늘날 우리가 과학적 방법이라고 부르는 방식의 핵심이다.[9]

이러한 방식으로 우주를 이해하는 측정의 중요성은 수 세기 동안 그다지 순조롭게 발전하지 못했다. 중세 유럽에서는 손과 눈으로 계산해서 얻는 지식이 추상적인 사고로 얻는 지식보다 열등하고 초라하다고 생각했다. 이러한 의심은 고대 그리스의 스콜라 철학, 특히 플라톤과 아리스토텔레스의 영향 때문이었다. 이들은 물질계가 끊임없이 변화하고 불안정하며, 플라톤의 이데아나 아리스토텔레스의 원인 같은 비물질적 특성을 참조해야 실제를 제대로 이해할 수 있다고 강조했다. 이러한 본능을 완전히 버리고 밤하늘을 관찰하는 일이 매우 중요하다는 사실을 다시 한번 입증하려면 과학혁명이라는 계시가 필요했다.

예를 들면 16세기 덴마크의 귀족 튀코 브라헤는 의외로 끈질긴 측정의 수호성인이었다. 브라헤는 재산이 엄청났고(삼촌 요르겐 브라헤가 덴마크

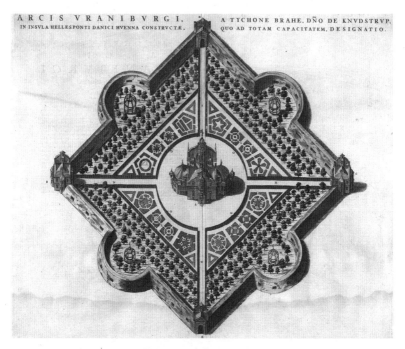

16세기의 천문학자 튀코 브라헤가 우라니보르그 천문대에서 관측한 것들은 케플러가 행성 운동 법칙을 공식화하는 데에 매우 중요한 역할을 했다.

에서 매우 부유한 사람이었다), 금속 코를 착용했으며(결투에서 코가 잘렸다), 반려동물로 엘크를 키웠다(이 엘크는 맥주를 너무 마시고는 브라헤의 성의 계단에서 떨어져 죽었다고 추정된다)고 전해지는 괴짜였다.[10] 브라헤는 1572년에 새로운 별─우리은하에서 볼 수 있는 몇몇 초신성들 중의 하나이다─이 밤하늘에 나타나는 것을 목격한 뒤 천문학에 푹 빠졌다. 고대의 지혜나 종교적인 교리는 하늘이 불변한다고 가르쳤지만, 브라헤는 "하늘을 제대로 보지 못하는 눈먼 관찰자들"을 혹평했다. 그가 목격한 새로운 별은 분명히 다른 사실을 말하고 있었다. 그는 자신의 목적을 위해서 지은 우라니보르그 천문대에서 수십 년에 걸쳐 상세하고 정밀한 천문 기록을 수집했다. 통찰력 있는 독일의 천문학자이자 브라헤의 제자였던 요하네스 케플러는 이곳에서 브라헤가 수집한 자료를 바탕으로 최초의 수학적 천문 법칙인 세 가지 행성 운동 법칙을 도출했다. 이 법칙은 행성이 타원 궤도로 돈다는 사실을 정확하게 설명하면서, 태양계 속 행성들을 신성하고 영묘한 실체가 아니라 일상적인 문제로 다루었다. 이처럼 새롭게 우주에 주목하고 결국 교회의 진리를 대체할 영원한 진리를 밝힌 것은 바로 측정이었다.

켈빈 경의 시대에 이르면 측정의 힘은 과학적 지식을 넘어 산업적으로도 적용되면서 그 우위가 입증되었다. 19세기의 정밀 공학은 비효율적이고 허술한 기계였던 증기기관을 산업혁명의 고압 동력으로 바꾸어놓았고, 전기를 정확하게 측정하고 계량하는 기술은 조명이나 통신 같은 상업적 분야에 적용되었다. 농장 대신 공장이 국가 부富의 근간이 되고 전신선이 대륙을 연결하며 엑스선이 인체 내부를 비추던 시기였다. 햇불과 가스등이 깜빡이며 시작된 1800년대는 전기가 번쩍이며 마무리되었다. 이러한 모든 진보는 적어도 측정할 수 있는 것들 덕분에 이루어졌고, 이후 점점 속도가 붙었다.

—·——·——·—

케플러의 계산은 불변하고 정밀하며 검증할 수 있다는 점에서 보통 최초의 과학 "자연법칙"으로 여겨진다. 이 계산의 권위는 보편성에서 나온다. 이 계산이 예측한 사실은 지금, 이 행성에만 적용되는 것이 아니라 모든 시공간에 걸쳐 모든 행성에 적용된다. 다시 말하면 이 계산은 일반적이고 추상적인 법칙이다. 이러한 특성은 측정법 개발에 필수적이다. 실제로 측정의 역사를 한 문장으로 요약한다면 점점 추상성이 증가하는 역사라고 할 수 있다. 측정은 인간 경험의 특수성에서 시작했지만, 점차 인간의 삶과 노동에서 떨어져 나왔다. 그 결과 측정은 케플러의 법칙처럼 훨씬 넓은 영역에서 권위를 얻게 되었다.

1960년의 블록 탑 쌓기 실험에 참가하여 탑의 높이를 잰 아이들에게서 볼 수 있듯이, 우리가 가장 먼저 사용하는 측정 도구는 몸이다. 손이나 발을 이용한 일반적인 단위는 오늘날에도 여전히 사용되고, 큐빗cubit(팔꿈치에서 손끝까지의 길이)이나 패덤fathom(양팔을 쭉 뻗을 때의 너비) 같은 단위도 친숙하다. 일부 문화권에서는 신체로부터 매우 다양한 측정 지표를 개발했다. 예컨대 아즈텍인은 큐빗이나 패덤에 해당하는 단위뿐 아니라, 팔뚝의 길이(오미틀omitl)나 손끝과 겨드랑이 사이의 길이(키아카틀ciacatl), 손가락 끝과 어깨 사이의 길이(아흐칼리ahcalli)를 이용한 단위도 만들었다.[11] 마오리인은 몸을 이용해 적어도 12가지가 넘는 단위를 고안했다. 가장 짧은 단위인 코누이konui는 엄지손가락 첫 마디의 길이를 의미하고, 가장 긴 단위인 타코토takoto는 양팔을 머리 위로 쭉 뻗었을 때의 몸 전체 길이를 나타낸다.[12] 이들 중에 대부분은 표준 단위로 바뀌었지만, 비공식적으로는 여전히 남아 있다. 예를 들면 양손을 오목하게 모아서 쥘 수 있는 양을 의미하던 중세 영국 단위인 옙슨yepsen은 사라졌지만, 우리는 지금도 음식이나 재료를 한 줌이나 한 꼬집 같은 단위로 나눈다.

우리의 몸을 이용해서 세상을 측정하는 방법은 직관적으로 이해된다. 인간의 활동에 적합한 척도일뿐더러, 측정 도구를 언제든지 사용할 수 있다. 일상생활의 편의에 따라 만들어진 여러 전근대적인 척도들에도 같은 논리가 적용되었다. 이렇게 얻은 측정값이 탄력적이어서 환경에 따라 늘거나 줄어들 수 있었다는 의미이다. 핀란드의 옛 길이 단위인 페닌쿨마peninkulma는 원래 개 짖는 소리가 들리는 거리(6킬로미터 정도)를 의미했다.[13] 이러한 단위는 측정하는 지형에 따라 달라질 수 있으므로 부정확하다(개 짖는 소리가 어디까지 들리는지는 울창한 숲과 광활한 계곡에서 각각 다를 것이다). 그렇지만 그 유연성 덕분에 지형이나 접근성 등 나름의 정보를 주기도 한다. 비슷한 농업적 요소에 따라 달라지는 중세의 토지 단위에서도 측정의 이러한 측면이 매우 명확하게 드러난다. 예를 들면 아일랜드의 옛 단위인 콜럽collop은 소 한 마리를 방목하는 데에 필요한 땅의 면적을 의미했다. 생활의 실질적인 부분을 적용한 셈이다. 콜럽으로 따지면, 풀이 무성하고 소가 먹을 것이 많은 목초지는 같은 면적의 황량한 언덕보다 더 작은 값으로 측정된다.

1942년 아일랜드의 작가 에릭 크로스가 쓴 소설 『재단사와 아내 앤스티The Tailor and Ansty』에서 주인공 재단사는 콜럽을 이용해 선조들의 지혜를 보여준다. 땅을 4,000에이커나 가지고 있다고 자랑하지만 고작 "실제로는 소 4마리밖에 풀을 못 뜯는" 땅을 가진 이웃을 비웃으면서, 재단사는 "1에이커라고 해도 돌무지 땅 1에이커일 수도 있으니 콜럽으로 따져보자"고 말한다. 재단사는 조상들의 실용성을 보여주기 위해서 쇠물닭이나 검둥오리 같은 뜸부깃과 새의 수명을 기준으로 시간 단위를 설명한다. "뜸부기 수명 세 배 해보았자 사냥개 한 마리 수명 / 사냥개 수명 세 배 해보았자 말 한 마리 수명 / 말 수명 세 배 해보았자 칠면조 한 마리 수명 / 칠면조 수명 세 배 해보았자 사슴 한 마리 수명 / 사슴 수명 세 배 해보았자 독수리 한 마리 수명 / 독수리 수명 세 배 해보았자 주목 한 그루 수명 / 주목 수명 세 배 해보았자 땅에서 솟은 오래된 산등성이 하나의 수명." 재단사는 오래된 산등성이 수명을 세 배 하면 "세상의 시작에서 끝까지의 시간"이기 때문에 더 큰 시간 단위는 필요 없다고 덧붙인다.[14] 과학저술가 로버트 P. 크리스는 뜸부기 한 마리의 수명을 10년이라고 치고 우주의 나이를 계산하면, 6만5,610년이 된다고 썼다.[15] 오늘날 우주 나이의 추정치가 약 140억 년인 것을 고려하면 터무니없지만 중세의 추정치와는 비슷하다. 재단사가 말했듯이 옛 단위가 우수한 이유는 분명하다. 옛 단위는 "주변에 보이는 것을 바탕으로 계산하니 어디에 가든지 달력이 있는 셈"이기 때문이다.[16]

단위의 설명 능력은 단위가 노동과 토지의 형세에 맞춰 이루어진다는 실용적인 이점이 있었다. 이러한 단위 사용은 지역성과 전통을 우위에 두는 세계관의 일부로 보인다. 그러나 여러 사회가 점점 더 연결되면서 척도는 문제를 일으켰다. 이웃 지역에서 다른 단위를 사용하면(또는 더 심각하게는 같은 단위가 다른 값을 나타내면) 교역에 문제가 생겼다. 사투리처럼 지역마다 다른 측정 때문에 사람들은 단위를 쉽게 판독할 수 없었고, 중앙정부는 시민의 재산을 평가하거나 세금을 부과하기가 어려웠다. 서로 다른 척도 때문에 부패도 만연했다. 예를 들면 봉건 영주들은 시장이나 제분소에서 사용하는 척도보다 더 큰 용량 척도로 곡물을 측정해 소작료를 더 걷었다. 농민들이 영주에게 속았다고 해서 권력기관에 의지할 수 있었겠는가? 표준화된 척도가 없던 까닭에 생긴 권력의 공백은 쉽게 악용되었다.

바로 이것이 측정의 역사에서 가장 중요한 사건인 미터법의 탄생에 이바지했다. 18세기 말의 몇 년간 프랑스 혁명과 함께 탄생한 미터법 계획은 당대 정치의 상징이자 실증이었다. 프랑스의 지식인 학자들은 당대의 이상을 반영하기 위해서 미터법을 설계했다. 이들은 도량형을 표준화하면 봉건주의 생활의 불균형을 일부 제거하고 공화정의 정치적 평등을 보완할 수 있으리라고 생각했다. 학자들은 노동과 환경에서 일어나는 예측 불허의 요소들을 측정에서 제외하기 위해서, 인간적인 요소가 없는 불멸의 중재자라고 여겨지는 것을 바탕으로 단위를 정하고자 했다. 바로 지구 자체이다. 당대의 여러 훌륭한 지식인들이 지구를 측정하고 새로운 길이 단위인 미터를 정의하는 계획에 장장 7년이나 헌신했다. 결국 길이 표준인 미터는 북극점에서부터 적도까지 이르는 거리의 1,000만 분의 1로 표준화되었고, 질량 표준인 킬로그램은 물 1제곱데시미터(한 변의 길이가 10분의 1미터인 정육면체)의 무게로 정의되었다. 학자들은 과학적 계산의 산물이자 혁명의 심판을 거친 이 새로운 단위들이 보편적으로 수용되리라고 믿었다. 이 단위들은 인간의 행위로부터 추상화한, 공정하고 불변하는 단위였기 때문이다.

이러한 추상화는 결국 미터법이 전 세계에서 채택되고 세계를 지배하는 데에 공헌했다. 역사학자 에릭 홉스봄은 미터법 단위가 어떤 측면에서는 "프랑스 혁명의 가장 오래 지속되고 보편적인 결실"이라고 언급했다.[17] 미터법이 탄생하면서 측정은 특정 시공간에 한정된 사물로부터 유래된 것이 아니라 모든 현상에 적용될 수 있는 것으로 바뀌었으며, 이전에는 상상할 수 없던 규모로 조직화, 분석, 통제를 가능하게 했다. 실제로 발명된 이후로 수 세기 동안 미터법은 훨씬 더 추상화되었다. 미터와 미터의 친구들인 또다른 미터법 단위들은 더 이상 지구의 둘레 같은 엉성한 것에 기반하지 않았다. 이제 미터법은 빛의 속도나 원자의 회전처럼—우리가 아는 한—현실에서 절대 변하지 않는 우주상수 그 자체로 정의된다.

—.———.———.—

측정의 역사를 살펴보는 여정은 나를 여러 곳으로 인도했다. 나의 여행은 측정학의 중요성이 피라미드 돌에 새겨진 타는 듯이 뜨거운 카이로에서부터 최초의 섭씨온도계가 보관된 웁살라의 서늘한 박물관으로 이어졌다. 그러나 나의 취재 대부분이 이루어진 곳은 런던 대영도서관이다. 나는 이곳에서 수많은 학자와 연구자들의 문헌을 읽고 배우며 나만의 취재를 이어나갔다. 도서관 입구로 걸어갈 때마다 건물의 수호신 석상이 눈길을 사로잡았다. 의자에 앉은 남자가 앞에 놓인 것을 측정하려고 몸을 굽히고 있는 거대한 석상이다. 그 석상은 무엇인가에 강한 관심을 쏟는 듯한 시선을 보내고 있다. 몸은 거대하고 근육질이며, 뻗은 손에는 번개처럼 땅을 찌를 듯한 컴퍼스를 잡고 있다.

처음에는 그 석상이 좋은 징조라고 생각했다. 측정, 그리고 측정의 역량과 권위를 나타내는 기념상이 매일 나를 맞이하다니 말이다. 그러나 어느 날 오후 점심시간에 도서관 안뜰에 앉아 무심코 이 석상의 역사를 읽다가 생각과는 상당히 다른 의미를 전하는 설명을 발견했다. 이 석상은 이탈리아의 화가 에두아르도 파올로치가 1995년에 만들었는데, 영국의 화가이자 시인인 윌리엄 블레이크가 아이작 뉴턴을 같은 자세로 묘사한 1795년의 수채화를 바탕으로 한 것이었다. 파올로치는 이 석상으로—여러 학문 분야에서 진리를 추구하는 인류의 탐구를 상징하기 위해서—인문학과 과학의 융합을 나타내고자 했다. 그러나 블레이크의 원본은 그보다는 훨씬 더 비판적인 의도를 담았다. 그는 위대한 과학자 뉴턴의 업적

윌리엄 블레이크는 아이작 뉴턴을 표현하며 이 위대한 과학자를 계산에서 눈을 떼려고 하지 않는 기하학의 신으로 묘사한다.

을 기리기보다는 세상을 제대로 보지 못한 그를 풍자했던 것이다. 블레이크의 수채화 속 인물은 분명 계산에 몰두하고 있지만, 자신을 둘러싼 세상의 경이로움은 보지 못한다. 그는 영웅적이라기보다는 구부정한 모습으로 측정에 몰두하느라 컴퍼스로는 담지 못하는 세상을 완전히 놓치고 있다.

블레이크는 이 작품을 몹시 좋아해서, 전 생애에 걸쳐 여러 번 다시 그렸고 병상에서도 임종 직전까지 마지막 사본에 색을 덧칠하기도 했다.[18] 이 작품은 블레이크 생애의 가장 큰 지적 투쟁을 나타낸다. 블레이크에게 영감을 준 동시에 반감을 불러일으킨 합리성과 진보라는 계몽주의 이상에 대한 처단인 것이다. 블레이크가 수채화에서 묘사한 뉴턴의 자세는 블레이크의 신화적 세계에 등장하는, 컴퍼스를 휘두르는 또다른 신, 유리즌을 떠오르게 한다. 블레이크의 시와 회화에서 법과 이성, 질서를 구현하는 태초의 창조주로 묘사되는 신이다(유리즌Urizen이라는 이름은 성서적이지만 "당신의 이성your reason"이라는 말을 떠올리게 하는 몹시 솔직한 말장난처럼 보이기도 한다). 천사와 대화하고 혁명을 옹호했던 신비롭고 급진적인 블레이크가 보기에, 유리즌은 고귀한 존재가 아니라 오히려 최초로 우주의 무게를 달고 측정하면서 인간의 영혼에 한계를 부여한 억압적인 폭군이었다. 미술사가이자 소비에트 첩자였던 앤서니 블런트는 다음과 같이 말하기도 했다. "[블레이크가 보기에는] 유리즌의 탄생으로 무한에 대한 인간의 감각이 짓눌리고 인간이 오감이라는 좁은 벽 안에 갇히게 된 것이다."[19]

킬로그램을 재정의하는 작업에 처음 매료되었을 당시에, 측정을 억압적인 힘으로 보는 이러한 시각은 나의 관심 밖이었다. 그러나 측정학의 역사에 깊이 빠져들면서 그 측면을 무시할 수 없게 되었다. 측정은 분명 통제의 도구이고, 그 결과 역사 전반에서 조작, 박해, 압제에 이용되고 있다. 무엇인가를 측정한다는 것은 결국 여기까지는 되고 더는 안 된다는 한계를 세계에 부과하는 일이다. 그 복잡함을 전부 포착하지 못하는 제한된 범주에 현실을 억지로 꿰맞춘다는 의미이기도 하다. 세계의 어떤 면을 측정할 때, 우리는 필연적으로 편견과 욕망을 반영하여 선택하기 때문이다. 측정은 우리가 삶에서 중요하게 여기는 것, 주목할 만한 가치가 있다고 생각하는 것을 강화하는 도구이다. 그렇다면 누가 그런 선택을 하는지가 가장 중요한 문제가 된다.

32

이러한 역학관계는 매우 다양한 방식으로 드러날 수 있다. 측정이 잘못되더라도 아주 작고 사소한 경우라면 직장에서 체면이 깎였을 때처럼 잠깐은 괴롭지만 금방 잊히기도 한다. 그러나 가늠할 수 없을 정도로 잔혹한 사례도 있다. 우생학이나 과학적 인종차별에서 오는 공포를 떠올려보자. 인종적 위계질서라는 추악한 개념으로 추동된 이러한 운동은 머리뼈 크기 비교나 IQ 테스트에서 나타난, 측정법의 가짜 객관성으로 정당화되었다.

블레이크와 그의 추종자들은 이 야만성을 문명 세계에 예견된 산물로 보았다. 20세기의 철학자 막스 호르크하이머나 테오도어 W. 아도르노는 일반화된 규칙과 범주를 생산하는 모든 추상화 과정이 좋든 나쁘든 근대성의 기초라고 지적했다. 오늘날 우리가 사는 세계를 끊임없이 형성하는 것도 블레이크가 진저리쳤던 바로 그 계몽주의 사고의 산물이다. 그들은 다음과 같이 썼다. "분류는 지식 자체가 아니라 지식의 한 조건이며, 결국 지식은 분류를 해체한다."[20] 오늘날 우리가 아는 대로 세상은 "등가물로 지배받는다." 즉, 모든 것을 숫자로 정리하고 "서로 다른 것들을 추상적인 수량으로 요약하여 비교하려는" 욕망에 지배받는 세상이다.[21] 어쩌면 수 세기 전의 풍자가 조너선 스위프트의 말과 비슷할지도 모른다.

철학자들이란,

입맛에 맞는 체계를 발견하고

모든 면에서 꿰맞춰

자연이 복종하도록 강요하지.[22]

이러한 평가가 그저 잔인한 줄자와 부당한 저울을 비난하려고 측정에 부과하는 무거운 짐처럼 보일지도 모른다. 그러나 우리는 보건, 교육, 치안 등 사회의 가장 중요한 문제를 해결할 때 측정에 어김없이 의존한다. 그렇다면 왜 우리는 측정이 행복을 위협할 수도 있다는 사실에 새삼 놀랄까? 나는 이것이 측정이라는 주제가 지닌 진정한 아름다움이라고 생각한다. 측정의 깊이는 표면에 가려져 있다. 익숙함이라는 얇은 표면을 한 겹 벗겨내면, 측정이 결코 진부한 주제가 아니라는 사실이 드러난다. 측정은 역사를 형성해온 복잡하고 격동적인 힘이다. 측정은 인류를 이끄는 교사이자 지배자이기도 하다. 시간이 흐르며 측정은 신과 왕의 관심사가 되었고, 철학자와 과학자 모두에게 영감을 주었다. 또한 아이들이 연필과 자를 들고 연습하며 습득하는 기술인 동시에 인류의 가장 위대한 업적을 통솔하는 수단이기도 하다. 최종적으로 따져보면 측정은 우리 모두에게 흔적을 남긴다.

제1장

문명의 발화

고대 세계, 최초의 측정 단위와
그 인지적 보상

나는 손으로 길이를 측정할 때 줄여 말하지 않았습니다.
땅의 면적을 속이지 않았습니다.
저울 무게를 더하지 않았습니다.
저울추를 조작하지 않았습니다.
— 이집트 『사자의 서*Book of the Dead*』의 서약[1]

나일 강의 풍요로움을 측정하다

우리는 대개 측정이 세상에서 나왔다고 생각한다. 다시 말해서 저울이나
계측기, 자 같은 수단을 이용해 자연에서 얻은 지식이라고 여긴다. 그러
나 이러한 사고는 그저 관습적인 생각일 뿐이며, 그 반대도 마찬가지로
사실이다. 척도는 흔히 측정보다 앞선다. 척도는 보이지 않고 우리가 완
전히 이해하지도 못하는 복잡한 체계의 산물이다. 우리가 관심을 두기 전
부터 존재했고 이해하려면 노력이 필요한 체계 말이다. 고에너지 우주 입
자를 찾아낼 수단을 고안하기 전에도 우주 입자가 수백만 년간 우리 조
상들의 머릿속에서 맴돌았듯이, 척도는 다른 차원에서 온 영혼처럼 셀 수
도, 지각할 수도 없지만 우리 곁에서 우주를 가득 채우고 있다고 생각할
수도 있다. 우리가 해야 하는 일은 그저 척도를 이해할 수단을 고안하는
것뿐이다.

고대 이집트에는 사람들이 정착하고 문명을 건설하기 훨씬 전부터 특별한 척도가 하나 있었다. 바로 나일 강이라는 보물이다. 이 흐르는 보물은 홍수로 불어난 물과 비옥한 땅으로 매년 계량되었다.

　　"헤로도토스의 말처럼 이집트는 나일 강의 선물입니다." 카이로 아메리칸 대학교의 이집트학 교수 살리마 이크람은 이렇게 말했다. 살리마와 나는 소비에트 시대의 낡은 택시를 타고 카이로 거리를 가로지르고 있었다. 살리마는 자신의 유려한 말솜씨와 뜨내기 작가의 게으른 요구, 모두를 의식하는 듯이 살짝 윙크하고 미소 지으며 이 구절을 인용했다.

　　카이로를 처음 방문한 나는 말 그대로 도시의 소음과 열기에 완전히 진이 빠졌는데, 체구가 작고 상냥하면서도 몹시 기민한 살리마에게는 더욱 기가 꺾였다. 나와 함께 있는 동안에도 살리마는 끊임없이 친구나 동료에게서 걸려오는 전화를 받고, 침착하게 저녁 식사 약속과 고고학 발굴 작업 일정도 조정하면서, 대화 상대가 누구든 다정하게 "자기"나 "하비비"(아랍어로 부르는 애칭)라고 불렀다. 그 사람들 모두와 정말 그렇게 친한 사이인지 묻자 살리마는 웃으며 대답했다. "아, 아니에요. 그냥 이름이 기억 안 나서요."

　　이집트를 나일 강의 선물이라고 부른 헤로도토스의 말은 물론 옳았다. 나일 강은 남쪽의 에티오피아 고지대에서 이집트로 흘러 내려와 주변 평야를 매우 규칙적으로 범람시켰다. 수천 년 동안 매년 여름이면 나일 강 주변에는 풍부한 진흙이 두껍게 쌓였고, 이 끈적한 땅에 뿌리를 내린 작물은 물을 적게 주어도 겨울 햇살 아래에서 충분히 여물었다. 봄이 되면 작물을 수확할 준비가 되었고, 여름 더위에 진흙이 말라 쩍쩍 갈라지면 마개 빠진 욕조에서 물이 빠지듯이 여분의 물과 미네랄이 땅에서 빠져나가면서 땅이 바짝 마르고 다시 농사 주기를 시작할 준비를 마쳤다.

고대 이집트인들은 나일 강의 중요성을 매우 잘 알았고, 문화 깊숙이 나일 강의 존재를 새겼다. 매년 주기적으로 일어나는 나일 강의 범람은 달력에 세 계절을 만들었다. 나일 강이 범람하는 시기인 아케트Akhet, 곡식이 자라는 시기인 페레트Peret, 물이 빠지는 시기인 셰무Shemu였다. 홍수는 하피 신으로 신격화되었다. 불룩 나온 배와 부푼 가슴으로 묘사되며 세상에 풍요를 가져오는 자웅동체雌雄同體 신이다.[2] 나일 강의 풍요는 매년 깊은 산속에 숨겨진 동굴에서 물을 길어온다는 하피의 불가해한 의지라고 설명되었다. 이집트로 강물이 범람할 때면 하피의 영혼이 펄떡거리는 개구리와 악어 무리를 거느리고 땅을 가로질러 흐른다는 것이었다. 매년 하피가 강림하며 생긴 막대한 풍요로움이 수천 년 동안 문명을 일궜다. 오늘날에도 나일 강은 이집트 물 수요의 95퍼센트를 충당하는 필수 자원이다.[3]

이 풍요를 포착하려면 독창적인 방법이 필요했다. 살리마는 이 작업에 이용된 도구 하나를 보여주러 나를 데려갔다. 문명이 발화하던 시기의 측정법의 역할을 증언하는 고대 측정 유물, 나일로미터nilometer였다. 고대 이집트인들은 나일로미터라는 측정 도구를 이용하여 매년 나일 강의 범람 수위를 측정했다. 나일 강의 범람 수위는 그해의 수확량이 많을지 적을지를 결정하고 시계태엽처럼 나라를 움직이는 동력이 될 통찰을 주었기 때문에 이 수위를 읽는 일이 매우 중요했다. 나일로미터가 기근이 온다고 하면 식량을 비축해 사람들을 먹이고 불안을 잠재워야 했다. 풍작이 온다고 하면 작물, 노동, 토지의 형태로 적절한 세금을 부과했다. 이러한 자원은 이후 은이나 구리 교역을 뒷받침하고 군대에 식량을 배급하고 사회를 뒤흔든 피라미드 같은 건설 작업의 바탕이 되며 국가사업을 지탱했다. 풍성한 수확을 이용해 흉년을 대비하고 사람들을 먹일 수확물을 잔뜩 비축해 곡물 창고를 채우는 일이 무엇보다도 중요했다. 그러나 이러한 모든 결정을 내리려면 측정이 필요했다.[4]

이러한 각각의 목적에 적합하게도 나일로미터는 단순했다. 본질적으로 나일로미터는 나일 강의 물이 닿는 기둥이나 벽, 계단에 새겨진 거대한 자라고 보면 된다. 눈금은 큐빗cubit 단위로 새겨져 있다. 큐빗이란 팔꿈치에서 손끝까지의 거리로, 이집트에서 고안되어 이웃 문화로 퍼진 듯한 고대의 길이 단위인데(이 단어는 "팔꿈치"를 뜻하는 라틴어 쿠비툼cubitum에서 왔다) 『성서』에도 자주 등장해서 오늘날에도 친숙하다. 수천 년 동안 여러 큐빗 단위가 있었고, 이집트인들도 두 가지 종류의 큐빗을 사용했다. 6팜palm인 "일반 큐빗"과 7팜인 "로열 큐빗"이다. 1팜은 네 손가락을 모으고 잰 한 손바닥의 너비이므로, 긴 큐빗인 로열 큐빗은 대략 52센티미터(20인치)이다.

살리마와 내가 탄 택시는 꽉 막힌 길에서 가다 서다를 반복하다가 겨우 빠져나와 나일 강을 가로지르는 넓은 다리에 이르렀다. 공기는 강물 위를 흐르며 시원해졌다. 살리마는 나일로미터가 맨 처음 어떻게 사용되었는지 정확히 말할 수 없지만 "이집트 생활의 중요한 요소"였다는 점은 부인할 수 없다고 설명했다. 살리마는 나일로미터가 전국에 걸쳐 수백 개는 있었으리라고 추정되며, 언제 처음 만들어졌는지는 모르지만 그녀가 생각하기에는 이집트의 제1왕조가 영토를 통일하기 시작한 기원전 3000년 무렵으로 추정된다고 말했다.

"당시 사람들도 나일 강에 의존했어요. 문자나 관료제의 탄생과 더불어 고대 이집트라는 국가가 발생한 이유 중의 하나는 물과 땅에 대한 접근을 조직화하기 위해서였다고 봅니다. 누가 물을 소유하고 물에 접근할 수 있는지를 문서화할 방법을 찾아야 했고, 그러려면 국가가 필요했죠."

—·——·——·—

살리마와 나는 이 구역의 나일 강에서 큰 섬에 속하는 로다 섬에 내렸다. 우리는 타는 듯한 열기 속으로 뛰어들어 나일로미터가 설치된 건물 쪽으로 다가갔다. 이 특별한 나일로미터는 이집트에서 가장 오래된 나일로미터는 아니지만, 큰 것 중의 하나이다. 이집트가 이슬람 아바스 왕조에 속했던 9세기에 만들어진 이 나일로미터의 나이는 겨우 1,000년이 조금 넘었을 뿐이다.[5] 살리마가 (현명하게도 햇볕이 내리쬐는 뜨거운 초소를 내팽개치고 그늘 벤치에서 쉬고 있는) 경비원들과 이야기를 나누는 동안, 나는 몇백 미터 떨어진 곳에 서 있는 나일로미터 보관소를 바라보았다. 나일로미터 보관소는 거대한 12면 지붕이 얹힌 단층 구조물이었는데, 섬의 끝에 위치해서는 배의 조타수처럼 나일 강을 향하고 있었다.

살리마가 표를 샀고 경비원 한 명이 건물 쪽으로 앞서 걸어갔다. 오전이어서 우리가 그날의 첫 방문객이었다. 경비원이 문을 여는 동안 우리는 비켜서 있다가, 다행히도 열기를 피해 아래쪽의 서늘한 석조건물 그늘로 내려갈 수 있었다.

건물에 들어간 나는 눈앞에 펼쳐진 광경을 보고 얼떨떨해졌다. 나일로미터 자체는 평범했는데—11미터 정도 깊이의 계단통 중앙에 단순한 8각 기둥이 세워져 있을 뿐이었다—위쪽에 펼쳐진 지붕은 눈부실 정도로 화려했다. 대칭을 이룬 12개의 창문을 통해 빛과 공기가 건물로 들어오고,

로다 섬의 나일로미터. 고대 이집트에서 나일 강 범람의 정도를 측정하고 기근이나 풍년에 대비하는 데에 매년 사용된 여러 나일로미터들 가운데 하나이다.

첨탑처럼 솟은 천장은 덩굴, 잎, 꽃이 빽빽하게 짜인 장식으로 덮여 있어서 파릇파릇한 태피스트리처럼 보였다. 금색과 초록색으로 엮인 장식 때문에 마치 신비로운 보석 정원의 차양 아래에 서 있는 듯하기도 했다. 살리마는 경비원에게 조용히 다가가 돈 몇 푼을 찔러주었다(나에게는 "제가 보고 있으니 걱정하지 마세요"라고 속삭였다). 경비원은 계단통 아래로 통하는 전용 문을 열어주었다. 벽을 타고 돌계단이 늘어서 있었지만 난간이 없어 불안한 탓에 나는 등을 벽에 바짝 붙이고 계단을 걸어 내려갔다. 살리마는 눈치채지 못한 듯했다. 서두르지 않고 조심조심 계단을 내려가던 살리마가 잠깐 멈춰 서더니 조금 재미있는 낙서를 가리켰다. "이것 좀 보세요." 벽에는 이렇게 새겨져 있었다. "1820년 영국 관광객 왔다 감."

일단 바닥에 도착하자 나는 평정을 되찾고 다시금 주변을 둘러보았다. 오래된 교회의 지하 묘지처럼 먼지가 쌓여 있고 축축한 그곳은 지하실이라기보다는 동굴 같았다. 위를 올려다보니 그제야 벽 꼭대기에서 계단통이 입구를 메우고 있는 12면 지붕의 화려함을 온전히 감상할 수 있었다. 나일로미터 기둥 꼭대기에는 거대한 꽃이나 떠오르는 태양을 닮은 소용돌이 모양이 있었다. 나는 아름다움에 감탄했다. 나는 "너무 멋지네요" 하고 중얼거렸고, 살리마는 동의하며 격하게 고개를 끄덕였다. "정말 아름답죠."

경비원이 우리의 머리 위에서 뒤쪽 발코니를 순찰하는 동안 살리마와 나는 높은 대리석 측정 기둥 양쪽의 그늘에 서서 이야기를 나누었다. 돌기둥의 표면에는 1,000년쯤 된 큐빗 표지가 얕게 새겨져 있었다. 살리마는 파라오 시대에 이 도구로 잰 측정값을 정확히 어떻게 수집했는지는 알 수 없다고 설명해주었다. 얼마나 자주 값을 읽고 얼마나 오래 기록을 보존했는지도 알 수 없다. 그러나 모든 나일로미터의 값이 좋든 나쁘든 모두 인정되었다는 사실은 분명했다. 이집트가 로마의 지배를 받던 기원후 1세기, 역사학자 대ᴬ플리니우스는 고대 이집트의 수도 멤피스에 있었다는 나일로미터에서 읽은 수치를 바탕으로 국가의 부를 측정하는 방법을 설명했다. "수위가 12큐빗까지밖에 올라오지 않으면 이집트는 두려운 기근을 겪는다. 13큐빗이 되어도 굶주림은 여전하다. 14큐빗은 되어야 기쁨의 열매를 맺는다. 15큐빗이면 모든 불안이 잠잠해진다. 16큐빗이면 무한한 기쁨이 이어지는 풍년이 온다."[6] 이 16큐빗이라는 숫자는 플리니우스의 기록 이후에도 큰 의미가 있었던 것으로 보인다. 예를 들어 기원후 2-3세기의 작품을 본떠서 만든 18세기의 한 석상은 누워 있는 근육질 인물로 나일 강을 묘사한다. 이 석상은 16명의 아기 천사들로 둘러싸여 있는데, 각 천사의 키가 1큐빗으로 이들을 합치면 이상적인 범람 수위를 상징하게 된다.[7]

이러한 수치에 얽매이는 일이 이상해 보일 수도 있지만, 나일로미터의 측정값은 사소하지 않았다. 나일로미터의 측정값은 한 해를 극도로 빈곤하게 보낼지 혹은 풍요롭고 순탄하게 보낼지를 알려주었을 뿐만 아니라 나라의 운명과 정치적 운명을 반영하기도 했다. 고대 이집트에서 종교는 정치와 불가분의 관계였다. 나라의 사제는 법을 감독하고 자원을 관리하며 반인반신인 파라오에게 조언하는 공직자였다. 따라서 신성한 의식과 엄격한 관료제 모두가 나라의 번영을 유지하는 데에 필요했다. 나일로미터가 보통 사원 안에 세워진 이유도 이 때문이다. 나일로미터의 눈금을 읽는 바로 그 사제들이 범람을 축복하는 종교의식을 감독했다. 살리마는 이렇게 말했다. "나일 강의 범람과 비옥한 토양은 파라오의 통치와 직접적인 연관이 있었습니다. 따라서 범람이 과하거나 부족하다면 신이 파라오에게, 더 나아가 이집트 전체에 화를 낸다는 의미였겠죠." 이러한 상황에서 나일 강의 수위를 측정하는 일은 실용적인 차원을 넘어 신의 은총을 측정하는 의식이기도 했다.

살리마와 나는 바닥에 잠시 말없이 서 있었다. 나는 벽 한쪽에 난 그늘진 터널로 고개를 돌렸다. "어디로 이어지는 거죠?" 내가 묻자 살리마가 대답했다. "나일 강으로 쭉 이어지죠. 나일로미터를 사용하던 당시에는 이 터널을 통해서 이곳에 물이 찼습니다. 다행히도 지금은 잠겨 있죠. 안쪽을 볼까요?" 우리는 휴대전화를 꺼내 플래시를 켜고 탐험가처럼 터널 안을 비추었다. 섬 중앙에서부터 멀어지며 어둠을 헤치고 나일 강 쪽으로 나아가면서, 나는 바위와 돌에 가려져 보이지 않지만 고작 몇 미터 너머에서 우리를 둘러싸고 있을 거대한 강물의 흐름을 떠올렸다. 수천 년간 이 땅을 지배해온 힘이다. 그리고 측정은 이해되기를 기다리고 있다.

문자, 숫자, 척도의 발명

측정은 고대 이집트를 구성하는 중요한 원리였지만, 측정학 자체가 나일로미터에서 시작된 것은 아니다. 측정학이 인간 문화에서 차지한 위치를 이해하려면, 그 뿌리를 찾아 문자가 개발된 시기로 더 거슬러올라가야 한다. 문자가 없다면 측정값을 기록할 수 없기 때문이다. 수천 년 전 메소포타미아, 메소아메리카, 중국, 이집트 등 세계 곳곳의 다양한 문화에서 각각의 문자가 발명되었다는 좋은 증거가 있다. 그러나 문자가 가장 먼저 발명되었다고 생각되는 곳은 메소포타미아—오늘날 이라크—이다.

문자의 기원을 간략히 살펴보자. 먼저 사물이 있었고, 이 사물을 세어야 했다. 그 사물이 무엇인지는 그다지 중요하지 않았다. 양 떼나 보릿대묶음 등 정착 농경이라는 새로운 체계의 산물이었으리라. 이 새로운 체계 덕택에 수만 명이 사는 도시가 역사상 처음으로 나타났다. 이 도시에 거주하는 사람들은 새로 쌓은 부를 기록하고 싶었고 이를 위해서 점토로 만든 물표物票를 사용하기로 했다. 원뿔이나 원판, 삼각형, 원기둥 모양에 게임 말 정도의 작은 크기인 이 물표는 굴러다니는 주사위처럼 고고학 기록 이곳저곳에 흩어져 있다. 가장 오래된 점토 물표는 수메르인의 고향인 수메르에서 메소포타미아 문명이 시작되던 기원전 7500년으로 거슬러올라간다.[8] 여러 세기에 걸쳐 모양과 수가 다양한 점토 물표가 등장하는 것으로 보아 이 물건은 유용하게 사용된 듯하다. 도시 거주자들이 양모나 금속 같은 원자재뿐만 아니라 기름, 맥주, 꿀 같은 가공품을 거래하기 시작하면서 메소포타미아의 도시 생활이 다양해지자, 이러한 자원을 대표할 더 많은 물표가 필요해졌다. 사람들은 물표 표면에 흠집을 내거나 그림을 그려서 의미를 더했고, 그러면서 물표의 모양새는 점점 복잡해졌다. 주머니에서 딸그락거리는 잔돈을 무겁게 느끼는 수천 년 후의 쇼핑객들처럼, 메소포타미아인들도 물표 더미가 귀찮아졌다. 메소포타미아인들은 물표를 개선하기 위해서 물표를 몇 개씩 묶어 점토 용기인 불라bulla에 담기 시작했다. 기원전 3500년 무렵에 나타나기 시작한 불라는 테니스공 크기의 울퉁불퉁한 구 모양 물체로, 안에는 점토 물표가 들어 있는데 아기 딸랑이처럼 봉인되어 있었다. 이렇게 되자 불라 하나로 여러 사물을 기록할 수 있었다.

이 방법에는 장점도 있지만 단점도 있었다. 예를 들면 농민에게서 공

고대 수메르의 도시 수사에서 나온 불라와 물표들. 동물과 곡물을 나타낸다고 추정된다.

물을 걷어 기록하는 수메르 성직자에게는 진흙 구체에 누구도 함부로 손
댈 수 없다는 것이 장점이었겠지만, 불라를 깨지 않고는 안에 든 내용물
을 확인할 수 없다는 점은 성가셨을 것이다. 그래서 어느 날 최후의 불라
를 만들던 이들은 불라 안에 물표를 넣기 전, 채 마르지 않은 불라 표면에
물표를 꾹꾹 눌러서 안에 든 내용물을 표시했다. 고고학자 데니스 슈만
트-베세라트는 이러한 방법이 간단하지만 매우 중요한 단계였다고 설명
했다. 그녀는 이 점토 물표가 근대 문자의 선구자라는 중요한 사실을 처
음으로 인식한 인물이다. 그녀는 이렇게 지적했다. "3차원 물표가 2차원
표시로 압축되었다. 최초의 문자를 알린 신호탄이다."[9] 게다가 이러한 방
법은 엄청난 인지적 도약이었다. "이러한 방법은 새로운 의사소통 체계의
시작이자, 분명 뇌 속에서 일어난 엄청난 일을 반영한 것임이 분명하다.

문명의 발화

47

이 기술은 해방이었다."[10]

이러한 체계는 수 세기에 걸쳐 발전했다. 먼저 필경사들은 점토에 물표를 눌러 표시하는 대신에 물표의 윤곽을 그리거나 상형문자 또는 그림문자를 그려넣기 시작했다. 필요한 정보가 불라 표면에 다 저장되어 내용물이 필요 없어졌다는 사실을 깨닫자, 필경사들은 점토 공을 짜부라트려서 두꺼운 점토판으로 만들었다. 이렇게 하자 물표도 필요 없어졌다. 마지막으로 필경사들은 셈한 사물과 그 양을 다양한 기호로 표시했다. 이들은 기름병을 나타내기 위해서 기름병 상형문자를 그리는 대신, "그 물건이 무엇인지, 그리고 얼마나 있는지"를 나타내는 별도의 기호를 사용하기 시작했다. 이러한 변화와 더불어 공식적인 숫자와 문자 체계가 시작되었을 뿐만 아니라 측정도 시작되었다.

기원전 3000년대를 거치며 불라에 새긴 상형문자는 점점 추상적인 기호로 바뀌었다. 갈대를 꺾어 점토에 쐐기 모양을 여러 번 누르며, 사물 자체가 아니라 음절이나 자음을 표시하게 된 것이다. 설형문자로 알려진 "쐐기 모양" 글자는 수메르인은 물론 이들의 후손인 바빌로니아인과 아시리아인에 이르는 모든 주요 메소포타미아 문명에서 사용되었다.[11]

기원전 2500년이 되자 이 문자 체계는 "매우 복잡한 역사 및 문학 저작을 어려움 없이 표현할 수 있는 충분한 조형력과 유연함"을 갖추게 되었다.[12] 그러나 아주 초창기에는 문학 작품이 손에 꼽을 정도였다. 수만 점에 이르는 발굴된 서판들은 대부분 관리에 쓰인 것들이었다. 이 서판은 고대 메소포타미아의 "보존과 번영을 도운 응집력"이었던 전문 필경사들이 작성했다. "사원의 관료, 법원 비서관, 왕실 고문, 시민 관료, 상업 통신원" 등으로서 임무를 수행한 사람들이다.[13] 필경사들이 작성한 문서는 영수증, 계약서, 구매 목록, 세금 신고서, 판매 증서, 재고 목록, 급여 명세서, 유언장 등 다양하다. 시간이 지나며 왕실의 발표나 전쟁 기록 같은 서사적인 기록이 추가되기도 했지만, 이러한 문헌조차 정복한 지역, 태어난 자손, 봉헌되거나 훼손된 사원 등을 나열한 목록의 형식을 취한다.

문자의 발명이 지배자에게 자원을 감독하고 분배할 역량을 주어 초기 국가가 발생하는 데에 도움이 되었는지, 아니면 역으로 초기 국가의 수요가 문자의 발명으로 이어졌는지는 여전히 논쟁의 여지가 있다. 그러나 어느 쪽이든 기록은 지식을 처리하는 완전히 새로운 방법이 되어 우수한 조직은 물론이고 우수한 사고를 이끌었다. 일부 학자들은 점토판에 명사와 숫자를 구분해 표시한 방법이 세금을 더 잘 추적할 수 있도록 왕을 도왔을 뿐만 아니라 인지적 혁명에 버금가는 사건이었다고 주장한다. 인간은 이러한 도약을 통해서 주변 세상을 전에 없이 더욱 추상화하고 범주화할 수 있게 되었다.

목록 작성이 인지적 대격변을 이끄는 다이너마이트처럼 보이지는 않겠지만, 이러한 방법이 널리 퍼지면서 초기 사회에서 새로운 사고방식이 개발되었고 사람들은 주변 세상을 분석적으로 사고하게 되었다. 인류학자 잭 구디는 이렇게 지적했다. "목록은 연속성보다 불연속성에 의존한다. 목록은 사물을 숫자나 초성, 범주에 따라서 나열하게 한다. 그리고 외적, 내적 경계를 두어 범주를 더욱 가시화하는 동시에 더욱 추상화한다."14

구어口語가 정보를 어떻게 구체적인 맥락 속에 두는지 생각해보자. 우리는 하루를 떠올리며 "오늘 장 보러 가서 팬케이크를 만들 달걀, 밀가루, 우유를 샀어"라고 말한다. 그러나 목록을 적을 때는 간략하게 쓰기 위해서 연속성을 배제한다(예를 들면 "살 것 : 달걀, 밀가루, 우유"). 각 항목에서 폭넓은 서사를 지우는 것이다. 이는 심리학자들이 "덩이짓기chunking"라고 부르는 과정으로 이루어진다. 많은 정보들을 관리할 수 있도록 세부로 나누고, 세상을 덩어리로 구분해서 측정하는 과정이다. 대부분 우리는 이러한 방법의 이점을 본능적으로 안다. 해결되지 않은 작업 때문에 막연한 두려움을 느낄 때 우리는 흔히 목록 만들기에 의존해서, 세상의 혼란을 한 번에 하나씩 처리할 수 있는 일로 묶어 구분한다.

초기 메소포타미아 사회에서도 이렇게 지식을 분류했다는 증거가 있다. 고고학자들은 이를 "어휘 목록"이라고 부른다. 어휘 목록은 여러 군의 사물들을 백과사전 항목처럼 단순하게 나열한 서판이다. 나무 종류부터 신체 부위, 신의 이름 등 모든 것을 아우르는 이 목록이 정확히 어떤 기능을 했는지는 명확하지 않다. 어휘를 가르치는 데에 이용되거나 필경사들의 연습에 쓰였을 수도 있다. 여하튼 이 서판은 분류 문제를 붙들고 고심하는 고대 인간을 보여준다.

구디의 주장처럼 주제별 목록을 구성하는 과정은 "지식을 늘리고 경험을 조직한다."[15] 이러한 과정은 조직된 철학 체계의 전조이자 결국에는 과학의 전조이기도 하다. 수백 년 후인 기원전 4세기에 아리스토텔레스는 위대한 저작인 『범주론Categoriae』에서 사고를 뒷받침하는 기반으로 모든 현실을 분류하는 목록 형식을 활용했다. 이 거대한 분류 체계에서는 불가사의한 차이를 여럿 끌어온다. 영원하고 움직이는 물체(하늘)와 파괴되고 움직이는 물체(지상의 사물)의 차이, 영혼 없고 파괴되며 움직이는 물체(원소)와 영혼 있고 파괴되며 움직이는 물체(생물)의 차이 등이다. 고대 그리스 이전에 나타난 분류 형식은 철학적으로 이만큼 복잡하지는 않았지만, 그 나름대로 정교하고 아름다웠다.

이러한 형식들 중에서 가장 유명한 사례는 기원전 1000년 무렵의 고대 이집트로 거슬러올라간다. 『아메노페의 용어집Onomasticon of Amenope』이라고 알려진, 이집트 관료 문화의 산물이다. 이 문헌은 용어집이라는 단순한 형식을 빌려서, 당시의 세상을 전반적으로 아우르는 610개 항목을 단순히 나열한다. 서문에서는 이 문서의 목적을 "프타가 창조하고 토트가 베껴 쓴 것으로, 무지한 자들을 가르치고 존재하는 모든 것들을 배우기 위함이다"라고 설명했다. 문헌은 자연계로 시작한다. 첫 번째 항목 "하늘"에 이어 "태양", "달", "별", 그리고 "어둠", "빛", "그림자", "햇빛"을 거치고는 "강둑", "섬", "모래", "진흙" 등 다양한 땅 위의 범주를 다룬다. 땅을 설명한 다음에는 땅 위에 사는 거주자로 옮겨간다. 먼저 초자연적 존재인 "신", "여신", "영혼"에서 시작해 가장 중요한 인간인 왕실("왕", "여왕", "왕의 어머니"), 고위 관료와 군인("장군", "요새 부관")에 이어 다양한 직업으로 나아간다. 다음 항목은 가장 촘촘히 구분된 부분으로, 수백 개의 항목에 걸쳐 이집트 사회를 상세하게 그려낸다. 먼저 전문 장인("조각가", "시간 기록자", "천문학자")으로 시작해 더 낮은 계층("조타수", "목동", "정원사", "무용수")으로 이어진다. 인간을 다룬 다음에는 이집트의 도시, 이어 건물과 토지 유형으로 넘어간다. 밭에 이르면, 100여 가지가 넘는 작물, 채소, 기타 식료품이 풍부하게 나열되어 있다. 이 부분은 하위 항목으로 더욱 구분되어 생고기, 익힌 고기, 양념한 고기로 끝난다.[16] 목록을 작성한 저자가 약속한 대로 이 문헌은 "[태양신] 레가 빛을 비춘 모든 것"을 두루 살피며 우주의 만신전에서 정육점 진열대에 이르는 여정을 610가지 단계를 차근차근 거치며 나아간다.

문헌을 구성하는 다양한 사본들을 대조한 이집트학자 앨런 가디너는 이 문헌에 그다지 감명받지 못했다. 그는 1947년에 이 문헌을 혹평했다. "『아메노페의 용어집』보다 더 지루하고 아무런 감명을 주지 못하는 책은 분명 없을 것이다."[17] 그러나 30년 후에 구디는 이 목록에서 훨씬 큰 가치를 발견했고, 이 용어집이 "분류를 작성할 때 거두는 변증법적 효과"를 얼마나 독보적으로 보여주는지를 지적했다.[18] 전체 문서는 영적인 영역과 지상의 영역을 하나의 거대한 스펙트럼으로 묶으며 계층 구조가 지닌 힘에 대한 교훈을 준다. 이 목록은 "빛"과 "어둠"과 같이 한 쌍을 대비해 유사점과 차이점을 강조하는 한편, 다음 범주로 넘어갈 때는 세심함을 드러낸다. 예를 들어 용어집에서 "이슬"이라는 항목이 놓인 위치를 보면, 현상 자체를 반영한다는 사실을 알 수 있다. "이슬" 항목은 하늘과 땅의 경계에 놓여 있는데, 태양이 떠오르면 풀잎에 실제로 물기가 맺히듯이, 한 세계와 다른 세계를 연결하는 섬세한 흔적처럼 보인다. 몹시 시적인 목록이지 않은가? 분류 체계는 사물의 위치를 고정하는 일을 넘어 사물에 대한 인식을 고취할 수도 있지 않을까? 나는 분명 그렇다고 생각한다.

수천 년 후에 작가 호르헤 루이스 보르헤스는 1942년에 발표한 「존 윌킨스의 분석적 언어」라는 단편 수필에서, 중국의 고대 백과사전인 『은혜로운 지식의 하늘 창고*Emporio Celestial de Conocimientos Benévoles*』에 등장한다는 가상 분류법을 언급하면서 목록 작성의 부조리와 한계를 지적했다. 이 단편 속 백과사전에서는 무명의 필경사가 세상의 모든 동물을 14가지 항목으로 분류한다. 여기에는 "황제에게 속한 동물", "훈련된 동물", "젖먹이 돼지", "인어", "이 분류에 포함된 것", 그리고 내가 가장 좋아하는 "광란하며 떠는 동물" 같은 항목도 있다.[19] 이 구분은 정확하고 우아하며 부조리하다. 프랑스의 철학자 미셸 푸코가 지적했듯이, 이 하늘 창고는 목록을 만들 때 섬세한 사고가 필요하다는 사실을 보여준다. 목록을 작성하려면, 나누고 분류하고 비교하는 능력이 필요하다. 이러한 특성이 『아메노페의 용어집』 같은 고대 문헌에서는 다소 감춰져 있었지만 보르헤스는 이러한 특성을 한껏 펼쳐내어 춤추게 한다. 푸코의 말대로 "사물 사이의 질서를 확립하는 과정은 가장 모호하면서도 (적어도 겉보기에는) 경험적인 과정이며, 이만큼이나 날카로운 눈과 이처럼 충실하고 잘 들어맞는 언어가 필요한 과정은 없다."[20]

신성한 시간

최초로 측정을 활용하는 일은 무엇인가를 조직하는 솜씨에만 달려 있지 않았다. 탐구심과 호기심도 있어야 했다. 측정은 세상의 규칙을 기록하고 우리의 반응을 이끌며 세상과 상호작용하는 방법이었다. 신의 은총을 측정한다는 나일로미터의 능력에서 알 수 있듯이, 특히 자연의 운행이 신성한 원인에서 온다고 훨씬 더 자주 믿었던 고대 세계에서는 측정이 실제적인 차원을 넘어선 의미를 지녔다. 따라서 초기 측정학은 흔히 초자연과 만나는 방법이었고, 이러한 관계는 시간 측정의 기원에서 특히 명확하게 드러난다.

　시간의 기본 단위는 물론 하루이다. 24시간 주기는 지구가 온전히 한 바퀴 자전하는 데에 걸리는 시간이다. 「창세기」에는 "빛을 낮이라, 어둠을 밤이라 부르셨다. 이렇게 첫날이 밤, 낮 하루가 지났다"라고 되어 있다. 하루라는 단위의 값은 가스와 먼지구름이 합쳐져 지구가 처음 탄생했을 때 결정된 지구의 우연한 자전 속도로부터 생긴 사건에 불과하다(게다

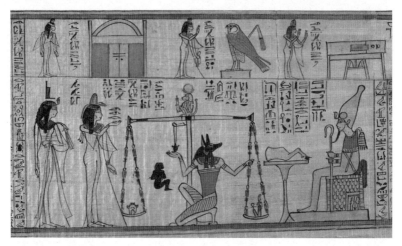

죽은 자의 심장 무게를 잰다는 고대 이집트의 믿음에서 볼 수 있듯이, 측정에는 보통 신비로운 의미가 있었다.

가 그후로 점점 느려지고 있다). 그러나 하루는 우리의 DNA에 생체 리듬으로 깊이 박힌, 생물학적 특성에 새겨진 척도이기도 하다. 이 생리학적 현상은 우리 각자의 몸을 우리의 고향인 지구의 자전에 맞춰 조정한다. 밤에는 배변을 억제하고 새벽이면 각성을 일으키며 저녁에는 멜라토닌을 분비해 잠들 준비를 한다. 이러한 리듬은 동물계만이 아니라 식물, 곰팡이, 심지어 진화 경로상 15억 년에서 20억 년 전에 우리와 갈라진 아주 오래된 생물 형태인 일부 박테리아에도 있다.[21] 오늘날 우리가 지닌 모든 측정 단위들 중에서 하루는 인간이 이해하기 전부터도 의미가 있던 유일한 단위이다. 하루는 최초의 인류가 인식했을 단위이자, 인류가 하루라는 단위를 만든 이 행성을 남겨두고 떠나더라도 분명히 가져갈 척도이다. 90분마다 지구를 공전하는 국제 우주정거장의 우주비행사는 분명 지구의 24시간 주기에 영향을 받지 않는다. 그러나 우주정거장도 우주비행사들의

신체 리듬을 위해서 지구를 모방한 "하루"를 설정하여 우주정거장 조명의 강도와 색을 조절한다.[22]

그러나 하루는 단기적인 질서만 부여할 뿐이다. 더 긴 시간 단위를 제공한 것은 지구의 자전축이 약간 기울어진 채 태양 주위를 공전하는 탓에 생긴 계절의 변화였다. 계절 변화는 꽃과 과일, 농작물의 생장을 조절할 뿐만 아니라 동물의 이동, 그리고 농업 사회가 성공적으로 유지되려면 예상하고 대처해야 하는 홍수나 태풍 같은 기상 현상도 조절한다. 초기 농부들은 씨를 뿌리고 수확할 시기를 알았을 것이고, 표준화된 달력 없이도 자연계의 신호를 아주 명확하게 읽었을 것이다.

사회가 발전하면서 더욱 정교한 시간 기록 체계가 등장했고 대부분은 세계에서 가장 오래된 과학 분야인 천문학에 바탕을 두었다. 계절이 바뀌면 밤하늘도 달라지고, 별자리가 나타나고 사라지며, 행성은 하늘을 가로질러 이동한다. 천체의 변화와 땅의 변화는 동시에 발생하며 자연히 서로 인과관계가 있음을 암시했으므로, 별을 관찰하는 일이 곧 지구에서 일어나는 사건을 설명하고 예측하는 방법이 되었다. 고고학자 이언 몰리의 지적대로, 고대 문명의 달력은 "자연적인 것과 초자연적인 것이 만나 세상을 설명했다."[23] 플레이아데스 성단을 예로 들어보자. 지구 곳곳에서 볼 수 있는 플레이아데스 성단은 작은 별 무리로, 최소 기원전 3000년 이래로 신화적, 영적 중요성을 부여받아왔다. 여러 문화권에서는 하늘을 가로지르는 플레이아데스 성단의 움직임을 일곱 소녀가 곰에게 쫓기는 모습, 남편에게 쫓겨난 아내들, 병아리를 모는 암탉 등으로 해석했다.[24] 플레이아데스 성단은 위도상 최남단 지역을 제외하면, 가을 새벽에 맨 처음 나타나고(나선형 상승으로 알려진 현상) 매일 점점 더 높은 하늘에서 나타나다가 한겨울에 진로를 바꿔 봄이 오기 전에 사라진다. 고대 그리스인들은 이 성단이 아틀라스 거인이 하늘을 떠받치는 동안 사냥꾼 오리온에게서 달아나는 아틀라스의 일곱 딸을 묘사한다고 생각했다. 이 성단은 일꾼에게 보내는 신호가 되기도 했다. 성단이 사라지면 바다를 떠도는 시기가 끝나고 이제 밭으로 돌아가야 한다는 의미였다. 기원전 8세기 시인 헤시오도스는 교훈시 「일과 날」에서 다음과 같이 썼다. "플레이아데스, 히아데스, 거인 오리온이 자리 잡으면 / 다시 쟁기질해야 할 때가 왔음을 기억하라 / 대지가 한 해를 먹여 살릴 자양분을 주시기를 바라며."[25]

여러 고대 문명에서 시간의 기록은 신과 분명한 연관이 있었다. 기원전 1600년 무렵부터 중국을 지배했고 중국 최초의 군주제 왕조로도 알려진 상나라는 열흘 주기의 달력을 바탕으로 중국을 통치했다. 이 달력에서 각 날은 신령이나 조상과 연관이 있었다. 사람들은 산 자들을 위해서 힘써주기를 기원하며 이들에게 제물을 바치기도 했다. 이 달력은 현재를 조직할 뿐만 아니라 달력을 따르는 사람들의 미래를 통제할 수단이기도 했던 것이다.[26] 콜럼버스의 항해 이전 메소아메리카 사회에서 시간 기록과 신의 연관성은 마야인의 장기력에 잘 나타나 있다. 마야 문명은 자연계에서 반복되는 규칙에서 영감을 받아 시간이 거대한 주기—"우주 주행계"—를 따르며,[27] 그 과정에서 187만2,000일(5,125년)마다 한 번씩 천천히 우주를 재설정한다고 생각했다. 이 달력에 따르면, 가장 최근 주기는 기원전 3114년 8월 11일에 시작해 2012년 12월 21일에 끝난다고 추정된다.[28] 이러한 점에서 마야 장기력은 서양의 관찰자들을 사로잡았다. 그러나 이 날짜를 앞두고 퍼진 어수선한 흥분이나 편집증, 기회주의적인 종말론 따위는 당대 마야인 공동체의 반응과는 달랐다. 고대 마야인들은 거대한 주기에 따른 재설정이 정확히 무엇을 의미하는지 결코 명확히 언급하지 않았을 뿐만 아니라, 파괴보다는 재생에 더 관심을 두었던 듯하다. 분명한 사실은 2012년에 세상이 멸망하기를 고대했던 사람들이 12월 22일 아침에 다시 떠오르는 태양을 목격했다는 점이다.

이 달력은 영적 요구와 실용적 요구를 모두 충족하기 위해서 개발되었는데, 처음 생각보다는 그다지 규칙적이지는 않은 자연계의 순환에서 나왔다. 고대의 어느 시점―어쩌면 수렵채집인이 동물 뼈에 알 수 없는 수치를 기록하던 즈음―에 달의 주기를 기준으로 최초의 의미 있는 달력이 고안되었다. 바로 한 달이다. 달이 규칙적으로 차고 이지러지는 모습은 알아보기 쉬운 규칙성을 띠었으므로, 고대인들은 같은 모양의 달이 뜨는 간격을 측정해서 음력 달을 정의했다. 어떤 이들은 보름달을 시작점으로, 다른 이들은 초승달이나 새로 뜨는 달을 시작점으로 삼았다. 별을 관찰하는 사제들이 달 모양의 변화를 알렸다. 이러한 관행에서 "불러내다"라는 의미의 라틴어 동사 칼라레calare로부터 "캘린더calender"라는 단어가 탄생했다.

음력 한 달은 적합한 단위가 가져야 할 몇몇 기준을 충족했지만, 완벽하게 일정하지 않았다. 측정 단위로 유용하게 사용되려면 일정한 값이 필요하다. 그러나 달을 기준으로 본 한 달의 길이는 반나절 이상 차이가 나서 평균 길이가 29일 12시간 44분 2.8초라는 점이 문제였다. 단순히 달이 뜰 때 새로운 달의 시작을 표시하는 것이 아니라, 몇 년에 걸쳐 미래로 이어지는 달력을 만들려고 하면 금방 문제에 직면하게 된다. 예를 들면 29일과 30일이 번갈아 반복되도록 기록한 달력을 만들 수도 있지만, 이러한 달력도 실제 관찰한 달과는 점점 맞지 않게 되면서 대략 3년마다 하루만큼 차이가 발생한다. 한 생애로 보면 충분히 눈에 띌 만한 영향을 미칠 차이이다. 제대로 된 기록과 관찰 기술이 있다면, 달을 완벽히 무시하고 달의 모양이 달라지는 간격 대신에 태양력에 따라서 춘분 또는 추분이 돌아오는 기간을 기준으로 한 해를 삼을 수도 있다. 그러나 이렇게 해도 문제가 남는다. 1년은 평균 365.2422일이기 때문이다. 4년마다 하루를 더해 윤년을 적용한다고 해도 몇 세기가 지나면 여전히 달력이 틀어진다. 어떤 방법을 선택하든 차이를 메꾸려면 주기적으로 일수를 추가해야 한다.

고대 문명에서는 다양한 방식으로 이러한 문제를 해결했다. 사제나 천문학자의 재량으로 달력에 달을 추가하거나 여러 달력을 함께 사용하기도 했다. 종교의식에는 태음력을, 일상생활에는 태양력을 이용하는 식이다. 고대 이집트 문명도 이중 달력을 사용했다. 이들은 나일 강의 범람에 맞춰 120일 단위의 세 계절로 된 상용 달력을 고안했다. 이 달력에 따르면 1년이 360일밖에 되지 않으므로 열두 달 뒤에는 "윤날"을 5일 추가해 365일을 만들었다.[29] 이러한 관행은 다른 여러 문화권에도 이어졌다.

이렇게 추가된 윤날은 일상의 정기적인 흐름에서 벗어난 이상한 날이었다. 고대 이집트에서는 보통 이날에 노동자들에게 휴가를 주었다.[30] 관대함이라기보다는 조심하자는 의미에서 나온 배려였다. 윤날은 지나간 해와 새로 다가오는 해 사이에 낀 시기이므로, 영혼이 불안정해진다고 생각했던 것이다. 사제들은 대지를 보호하려고 특별한 의식을 치렀다. 사람들은 몸을 사려 부적을 지니고 다녔다. 알 수 없는 거대한 악마를 방해할까 싶어 모든 사람들이 조심조심 걸어다녔다.[31] 이러한 전통이 마야의 상용 달력에도 나타나는 것은 우연이 아니다. 마야인들은 장기력과 별개로 18개월 20일로 된 이 상용 달력의 끝에 달이 지정되지 않은 와옙브라는 5

일을 추가했다. 이 시기에는 "인간계와 암흑계 사이의 문이 열려서" 악령이 세상으로 흘러들어와 훼방을 놓는다고 전해졌다.[32] 마야 문명에서도 사람들을 보호하기 위한 의식과 주문이 치러졌다. 모두 태양계의 불규칙함을 완벽하게 포착하지 못한 달력이 만든 결과이다.

오늘날에도 여전히 서구의 많은 사람들이 크리스마스와 새해 첫날 사이의 닷새 동안 일시 정지된 느낌을 받는다. 일을 해야 할까, 쉬어야 할까? 새해를 준비해야 할까? 그런데 준비한다면 무엇을 준비해야 한다는 것일까? 달력은 인간이 만든 창조물이고 자연계로부터 구조를 도출하려는 시도이지만, 모든 측정과 마찬가지로 달력은 그 자체의 현실도 창조한다. 측정학은 우리 삶을 조직하도록 돕고, 그 결과 우리는 이러한 체계에 중요성과 힘을 부과한다. 그래서 이러한 체계가 지닌 영향력을 깨닫는 일은 더욱 중요하다.

손 닿는 곳에 : 최초의 단위

4,000년 된 메소포타미아 문헌인 『길가메시 서사시*Epic of Gilgamesh*』는 목록의 작성이 중심이던 당대 문화에서 주목할 만한 예외적인 작품이자, 초기 측정의 관행과 한계를 조망하는 특수한 작품이다.[33] 비극적 영웅을 다룬 최초의 이야기로 알려진 이 작품의 마지막 즈음에 주인공 길가메시—3분의 2는 신이고 3분의 1은 인간인 초인超人 수메르 왕—는 모든 사람을 기다리는 운명을 거부하고 불멸을 얻으려고 애쓴다.

길가메시는 죽음을 속이는 방법을 찾기 위해서 '먼 곳에 있는 자'라고도 알려진 신비한 존재 우트나피쉬팀의 집으로 향한다. 우트나피쉬팀과 그의 아내는 원래 필멸할 운명의 인간이었지만, 세상을 멸망시키는 홍수에서 인류 일부를 구한 보상으로 신으로부터 영생을 얻었다(이 이야기는 『성서』의 이야기와 비슷하다). 우트나피쉬팀의 집에 도착한 길가메시는 자신도 죽음의 저주를 피할 수 있는지 묻는다. 우트나피쉬팀은 간단한 시험을 낸다. 우리의 영웅 길가메시가 6일 낮 7일 밤을 깨어 있다면 영생의 비밀을 알려주겠다고 제안한 것이다. 길가메시는 흔쾌히 동의하지만 이 시험에 응하기 위해서 자리에 앉자마자 기나긴 모험에 이은 피로가 찾아온다. "양에서 뜯어낸 양털처럼 부드러운 잠의 안개"가 길가메시의 마음을 덮고 그는 깊은 잠에 빠진다. 우트나피쉬팀은 놀라지 않는다. 그 대신 아내에게 길가메시가 얼마나 오래 자는지 벽에 표시하고 매일 아침 빵 한 덩이를 구워 이 반인반신의 머리맡에 놓자고 한다. 여러 날 빵이 구워지는 동안 길가메시는 계속 잠에 빠져 있다. "그날이 왔다. 첫 번째 빵은 딱딱해졌고 두 번째 빵은 가죽처럼 질겨졌고 세 번째 빵은 눅눅해졌고 네 번째 빵은 껍질에 곰팡이가 피었고 다섯 번째 빵은 쉰 냄새가 났고 여섯 번째 빵은 신선했고 일곱 번째 빵은 아직 화덕에 있었다. 우트나피쉬팀은 길가메시를 건드려 깨웠다."

잠에서 깨어난 길가메시는 잠시 눈을 붙이고 있었을 뿐 절대 잠들지 않았다고 주장한다. 자신처럼 강인한 사람이 어떻게 잠들 수 있겠는가? 그러나 머리맡에 늘어서서 차례로 부패해가는 빵 덩어리들을 보자 길가메시도 더 이상 부인할 수 없다. 그러나 시인하면 끝장이다. 잠도 이길 수 없다면 어떻게 죽음을 이길 수 있다는 희망을 품을 수 있겠는가? "오, 우트나피쉬팀이여, 저는 이제 어떻게 해야 합니까. 어디로 가야 합니까?" 길가메시는 한탄한다. "이미 밤의 도둑이 제 사지를 잡아끌고, 죽음이 제 방에 찾아왔습니다. 발길 쉬는 곳마다 죽음이 있습니다."[34]

곰팡이 핀 빵은 길가메시도 피할 수 없는 죽음의 속성을 훌륭하게 보여주지만 고대 측정의 일면을 슬쩍 보여주기도 한다. 우트나피쉬팀의 아내가 벽에 날짜를 표시하기는 하지만, 시간이 흘렀다는 명백한 증거를 보여주는 것은 빵 덩어리라는 점에 주목하자. 상황을 증명할 시계나 달력이 없어도 자연계의 증언은 부인할 수 없다. 이 빵 덩어리들은 사람들이 세상의 어떤 면을 셈하고 기록해서 측정할 때, 흔히 일상의 행동이나 사물에 기댄다는 사실도 보여준다. 이러한 방법은 초기 측정학에서 나타난 임시 척도의 전형이다.

과학저술가인 로버트 P. 크리스는 측정 단위가 다음과 같은 세 가지 중요한 속성을 지녀야 한다고 말한다. 바로 접근성, 적합성, 일관성이다.[35] 측정 기준을 손에 넣을 수 없다면 아무것도 측정할 수 없으므로 접근성이 필요하다. 산의 높이를 잴 때 성냥개비로 측정할 사람은 아무도 없으므로 적합성도 필요하다. 가장 중요한 특성은 일관성이다. 측정 단위가 예기치 않게 바뀐다면 제 기능을 할 수 없기 때문이다(의도에 따라서는 유연한 단위가 유용할 때도 있기는 하지만 말이다). 『길가메시 서사시』에서의 "단위"는 엄밀히 말하면 빵 자체가 아니라 부패 속도이지만, 여하튼 우트나피쉬팀의 아내가 구운 빵은 이러한 세 가지 기준을 어느 정도 충족한다.

신뢰할 만한 자신만의 빵 시계를 만들려면 부엌에서 1주일 동안 힘들여 빵을 구워야 한다. 우선 표준화된 조리법에 따라서 반죽을 만들어야 하고, 부패 과정에서 나타날 수도 있는 편차를 최소화하기 위해서 굽는 조건이나 실내 온도 등을 일정하게 유지해야 한다. 다행히 초기 사회에는 화덕보다 더 좋은 측정 수단을 제공하는 공급원이 있었다. 우리의 가까이에 있으며 주변의 물리 세계를 측정할 때 인간이 사용할 수 있는 가장 좋은 측정 단위였다. 바로 우리의 몸이다. 모든 문화는 척도를 만들 때 이렇게 몸을 이용하며, 그 결과로 얻은 단위는 크리스가 설정한 기준에 꼭 들어맞는다. 언제든 손쉽게 얻을 수 있으므로 접근성이 있고, 본질적으로 인간 규모의 측정에 적합하므로 적합성도 있으며, (다소 차이는 있지만) 사람 간에 일관성도 있다. 거의 모든 문화에 발을 기준으로 한 길이 단위가 있고(게다가 흔히 그대로 발[피트]이라고 부른다) 상체나 팔의 여러 부위에서 얻은 단위도 있다는 사실은 놀라운 일이 아니다. 큐빗이나 패덤, 스팬span(뼘), 핸드hand(손의 너비) 같은 여러 고대 단위는 오늘날에도 여전히 익숙하다.

고대 문화에서 사용된 여러 작은 단위들에는 몸 외에 다른 단위 원천도 있다. 접근성과 적합성, 일관성이 있는 단위를 찾으려고 주위를 둘러보면, 씨앗이 완벽한 원천이라는 것을 알 수 있다. 양귀비, 수수, 밀의 씨앗은 모두 길이와 무게 척도를 만드는 데에 이용되었으며, 일부는 오늘날에도 여전히 사용된다. 예를 들면 보리 낱알을 뜻하는 발리콘은 영국에서 역사가 오래된 길이 단위이다. 1발리콘barleycorn은 약 3분의 1인치, 즉 0.8센티미터로 14세기 초 잉글랜드의 국왕 에드워드 2세가 "말린 둥근 보리 낱알 세 알의 길이를 1인치라고 한다"라고 공표한 무렵부터 길이를 나타내게 되었다. 이 정의는 나중에 (대영)제국 도량형으로 표준화되었는데 오늘날에도 영국과 미국에서는 신발 치수를 나타낼 때 이 단위를 이용한다. 신발 한 치수당 길이 차이인 3분의 1인치를 제화공은 1발리콘이라고 부른다.[36] 식물을 이용한 또다른 익숙한 측정 단위로는 씨앗을 이용해서 길이가 아닌 질량을 재는 단위가 있다. 그레인grain은 오랫동안 파운드(나중에 64.79891밀리그램으로 표준화되었다)에 기반한 영국의 다양한 무게 단위들 중에 가장 작은 단위이다. 그리고 다이아몬드나 에메랄드 같은 귀한 보석은 여전히 캐럿^{carat} 단위로 셈한다.³⁷ 캐럿은 중동의 캐럽 나무의 씨앗에서 온 단위이다(오늘날에는 200밀리그램으로 표준화되었다).

그러나 일상적인 척도들 중에서 가장 상상력이 뛰어난 것은 인간의 신체 범위를 넘어선 거리를 추정할 때 사용하는 단위이다. 지도나 기본 측량 도구가 없던 시절에 멀리 떨어진 지점 사이의 거리를 나타내려면 독창성이 필요했다. 일부 문화권에서는 신체 길이의 배수로 긴 거리를 측정했지만, 이러한 단위는 적합성이 없었다(보통 도시들 사이의 거리를 미터나 피트로 측정하지는 않는다). 그래서 사람들은 결과적으로 정확성이 조금 떨어지더라도 곱셈을 덜 해도 되는 긴 단위를 고안했다. 활쏘기, 돌 던지기, 도끼 던지기는 모두 초기 문명에서 거리를 측정하는 일반적인 척도였다. 사람의 외침이나 개 짖는 소리가 들리는 거리처럼 소리를 바탕으로 한 단위도 마찬가지이다. 상상력을 더욱 가미한 긴 단위도 있었다. 보통 소비 행위에서 나온 단위이다. 캐나다 원주민인 오지브와족은 여름에는 카누를 타고, 겨울에는 설피를 신고 이동하면서 피울 수 있는 담배 파이프의 개수로 거리를 측정했다. 짧은 거리는 "도착할 때까지 파이프 하나도 다 못 태웠어"처럼 표현하기도 했다.³⁸ 한편 인도양 니코바르 제도의 주민들은 이동하는 동안 마신 코코넛 개수로 길이를 셈했다. 산호섬의 이편에서 저편으로 이동하는 거리를 코코넛 7개에서 8개 거리라고 나타낼 수 있었다. 이러한 단위는 거리에 대한 정보뿐만 아니라 이동에 필요한 물자에 대한 정보도 주었다. 사람들은 시간을 측정할 때처럼 자연의 일관성을 살펴보고 이처럼 예측할 수 있는 단위를 만들었다. 북유럽의 사미족 문화에는 대략 9.6킬로미터에 해당하는 길이 단위, 포론쿠세마 poronkusema가 있다. 대략 "순록의 오줌"이라는 뜻으로 순록이 다음 소변을 보기 전까지 걸을 수 있는 거리를 나타낸다. 사람들의 생활방식을 규정하는 특정 동물에서 파생된 단위이자 창의적인 측정을 보여주는 재미있는 사례이다. 수 세기 동안 사미족은 식량, 교역, 노동을 순록에 의지해왔다. 친근한 동물을 가까이에서 살피다가—처음에는 재미 삼아, 나중에는 습관적으로—어느 날 실제로 순록이 정기적으로 소변을 본다는 사실을 지극히 자연스럽게 발견했을 것이다.

오늘날 이러한 단위는 낯설고 터무니없어 보인다. 옛 단위는 세상이 다양성으로 넘쳐나고 아주 독창적인 방법이 존재하던 시대의 인공물이다. 이러한 임시 척도는 지금도 사라지지 않았다. 오늘날에도 우리는 시간과 활동 척도의 맥락으로 거리를 측정하기도 한다. 친구에게 저쪽 술집까지 자전거로 5분이라고 말하거나 해변까지 차로 1시간이라고 설명하듯이 말이다. 새로운 단위를 고안하기도 한다. 직장까지 걸어가는 거리가 팟캐스트 몇 편을 들을 수 있는 거리라고 셈하거나, 비행시간이 영화 세 편만 보면 끝나는 시간이라고 말하기도 한다. 이러한 측정은 정보를 거리라는 객관적인 영역에서 경험이라는 주관적인 영역으로 옮긴다는 점에서 유용하다. 우리는 이러한 단위로 주변 세상을 맥락화하여 이해할 수 있다. 길가메시가 빵 덩어리로 자신이 잠들었다는 사실을 확인했던 것과 마찬가지이다.

—.——.——.—

측정 단위의 잠재력을 최대한 활용하려면 어느 정도 일관성이 필요하다.

주관적인 측정에는 유용한 지식이 담겨 있지만 개인의 경험에 근거한다는 점에서 공유하기 어려울 수도 있다. 과학사가 시어도어 M. 포터는 측정을 "거리의 기술"이라고 설명한다.[39] 서로 공유하는 규칙을 이용해 문화적, 지리적 격차를 해소하고 정보를 교환하는 도구라는 의미이다. 이러한 논리에 따라 측정을 일종의 언어라고 본다면, 소통을 위해서는 각 단위에 단어처럼 믿을 만한 정의가 있어야 한다.

초기 사회에서는 이러한 정의가 개별 정착지를 넘어서까지 널리 공유될 필요가 없었다. 어떤 단위가 특정 신체 부위에 기반한다는 사실을 알면, 그 이상 더 복잡하게 정의될 필요가 없었다는 의미이다. 그러나 공동체가 확장되면서 이러한 체계가 부적절하다는 사실이 분명해졌다. 교역이나 공물을 바칠 때 불일치가 발생한다고 생각해보자. 이처럼 마찰이 일어나는 순간에는 측정의 일관성이 더욱 요구된다.

마찰이 일으킨 긴장의 증거는 사람에게서 나온 척도의 모호함으로부터 애써 정밀성을 찾으려고 했던 사회에서 흔히 볼 수 있다. 예를 들면 고대 중국 문헌에서는 신체 부위에 따른 단위에서 남녀를 구분했다.[40] 에티오피아에는 "팔이 긴" 친구에게 장을 봐달라고 부탁하면 측정에서 유리하다는 옛 지혜가 있었다.[41] 측정법 조정은 1150년 무렵 스코틀랜드 국왕 다비드 1세의 선언처럼 법으로 제정되기도 했다. 이 법에서 인치란 "손톱 뿌리에서부터 잰" 엄지손가락 길이로 정의되는데, 여기에는 "체구가 큰 사람, 중간인 사람, 작은 사람 등 세 남성의 손가락 길이를 평균한 것"이라는 단서가 달렸다.[42] 이 법은 체구가 각각 다른 세 사람―큰 사람, 중간 사람, 작은 사람―에게서 얻은 측정값을 평균 내는 방법으로 몸에서 얻은 단위에서 올 수 있는 편차를 보완한다. 본질적으로는 여전히 경험적인 법칙이기는 하지만 말이다.

카이로의 번잡한 이집트 박물관에서는 고대 이집트에서 처음으로 일관된 척도를 만든 방법을 발견할 수 있다. 세계 최초의 표준화된 측정 수단인 큐빗 측정봉이다. 돌과 나무로 만든 이 측정봉에는 손바닥 너비(팜)와 손가락 길이(핑거)로 간격이 표시되어 있으며, 측정봉의 길이는 공식적인 사용을 위해서 중앙기관이 인증했다.

고대 이집트인에게 이러한 척도가 얼마나 중요했는지는 나일로미터 같은 도구뿐만 아니라 농업적, 건축적 성과물의 정교함에서도 분명히 드러난다. 매년 나일 강 범람기에 홍수로 주변 농지의 경계가 흐트러질 때마다 "줄 늘이는 사람"이라는 뜻의 하르페도납타이harpedonaptae라는 측량 전문가들이 토지의 질서를 다시 회복했다. 하르페도납타이는 진흙탕을 헤집고 들어가서는 매듭지은 밧줄이 축 처지지 않게 단단히 당기고 토지 경계를 다시 그어서 강에서 흘러온 물을 유용하게 사용할 수 있도록 했다. 이들의 작업은 일종의 조정과 소통이었다. 농부들 간의 분쟁을 최소화하고 생산적인 토지가 낭비되지 않도록 하는 것이 이들의 임무였다. 나일 강의 부를 바탕으로 지은 건물의 기초를 놓는 데에도 이러한 밧줄이 사용되었다. 사원이나 무덤은 물론, 고대 이집트인에 대한 우리의 지식 대부분을 차지하는 거대한 장례용 피라미드의 설계도 여기에서 나왔다.

오늘날 카이로 기자의 피라미드를 방문하면, 상상력 부족에 일침을 놓는 교훈을 얻을 수 있다. 책과 영화, 포스터로 이 기념물의 이미지를 너무 많이 봐왔지만 직접 이 피라미드를 마주하는 일은 여전히 경이롭다. 피라미드는 너무 거대해서 풍경에 영원히 박힌 고정물처럼 보이지만, 분명 몹시 인공적이어서 수천 년 전의 우리 조상들이 다음과 같은 메시지를 직접

전하는 듯하다. "우리는 과거 여기에 있었고, 당신은 지금 여기에 있다. 그러나 우리는 여전히 지금 여기에도 있다."

거대 피라미드 건설에 필요했던 노동과 자원의 협업은 그 자체로 경외감을 불러일으킨다. 수만 명의 노동자들이 더 큰 피라미드를 축조하기 위해서 수십 년을 힘겹게 일했고, 단지 이들을 지원할 목적으로 도시가 건설되었다. 장인들을 먹일 빵집과 식당이 만들어졌고 지내게 할 숙소와 묻을 묘지가 조성되었다.[43] 미국의 역사학자이자 사회학자인 루이스 멈퍼드는 인간을 다른 종과 실제로 구분하는 것은 개인적 지능의 현시나 특별한 도구의 숙달이 아니라, 이러한 대중 조직이라고 주장했다. "바퀴 달린 수레, 쟁기, 도공의 물레, 군용 수레 그 자체가 이집트, 메소포타미아, 인도의 위대한 계곡에서 일어난 웅대한 변화를 일구지는 못했다."[44] 이러한 "거대한 권력의 폭발"을 가능하게 한 것은 "추상적인 기계 체계"나 "측정의 엄밀함"[45] 같은 질서 개념이었다.[46] 멈퍼드는 이 결과로 나온 사회 질서를 "거대기계megamachine", 즉 오늘날 우리가 아는 기계를 닮았지만 부품이 아닌 인간으로 구성된 체계라고 불렀다.

고고학자들이 발견한 큐빗 측정봉은 측정과 문명 건설 사이의 이러한 연관성에 힘을 싣는다. 예를 들면 이집트 제18왕조(기원전 1400년 무렵) 동안 세 명의 왕을 연이어 모신 존경받는 건축가 카의 무덤을 떠올려보자. 그는 업적을 인정받아 아내인 메리트, 그리고 풍부한 부장품들과 함께 묻혔다. 카의 생전에 준비된 것으로 보이는 부부의 무덤은 1906년에야 발견되었는데, 내세에 죽은 자와 함께할 수백 가지 물품도 함께 있었다. 여기에는 가구, 음식, 세면도구뿐만 아니라 목적과 의미가 매우 다른 한 쌍의 큐빗 측정봉도 있었다.[47]

첫 번째 측정봉은 의식용 물품으로 고대 이집트 무덤에서 으레 발견되리라고 예상되는 종류이다. 금박을 입혀 정교하게 제작되었고 파라오 아멘호테프 2세가 그에게 하사했다는 내용이 상형문자로 조각되어 있는데, 카의 공로를 인정한 것이 분명하다. 두 번째 측정봉은 단순하지만 기능적이다. 적갈색의 단단한 목재로 만들어 무겁고 광택이 나는 이 측정봉에는 짙은 갈색 바탕에 흰색 물감으로 분명하게 간격 표시가 그려져 있다. 가지고 다니기 쉽도록 중간에 접을 수 있는 경첩이 달려 있고, 손잡이가 달린 부드러운 가죽 가방 안에 들어 있었다.[48] 모든 증거로 볼 때 카가 평생 직접 사용한 측정봉임이 분명하다. 사후에도 떼어놓을 수 없을 정도로 몹시 중요한 물건이었을 것이다. 이 쌍둥이 같은 두 측정봉을 나란히 두면, 고대 이집트인이 생각한 측정의 중요성을 볼 수 있다. 이 도구로 사막에서 자신의 무덤을 포함해 여러 무덤과 사원들을 세운 카에게는 각각 나무와 금으로 만들어져 기술과 권위를 나타내는 이 측정봉들이 한 쌍의 마술지팡이이다.

제2장

측정과 사회 질서

초기 국가와 사회 구성에
결정적인 역할을 한 측정학

저울과 천평은 야훼의 손 안에 있고 주머니 속의 저울추
도 다 그가 만드신 것이다.

—「잠언」 16장 11절

표준으로서의 측정, 왕권으로서의 측정

파리 루브르 박물관 가운데에 있는 근동유물관에는 측정의 힘을 보여주
는 고대 유물이 있다. 기원전 2144년에서 기원전 2124년까지 메소포타미
아의 강력한 도시국가 라가시를 통치한 왕자 구데아의 머리 없는 석상이
다. 이 조각상은 작은 반점이 있는 검은 암석인 섬록암을 반짝반짝 빛나
도록 세심하게 연마해 만들었다. 왕자는 수수한 망토를 걸친 채 맨발로
앉아 경건한 자세로 손을 몸 앞에 모으고 있다. 가늘고 곧은 손가락은 빗
살처럼 균일한 간격을 이룬다. 무릎에는 그의 유산이 얹혀 있다. 새로운
사원의 건축 계획과 건설에 사용된 눈금자이다.[1] 이 석상은 역사상 이러
한 측정 도구가 묘사된 최초의 작품이다. 이 자는 긴 삼각기둥 모양으로,
위쪽의 두 면에는 규칙적으로 눈금이 새겨져 있다. 구데아의 업적을 나타
내는 상징이다. 구데아는 신앙심 깊은 사람이자 사원을 건축한 인물로 기
억되고 싶었다. 한 역사가에 따르면, 이러한 일은 고대 세계에서 "신의 임

구데아는 기원전 2144년부터 기원전 2124년까지 메소포타미아의 도시국가 라가시를 통치한 왕자로, 신전을 건설하여 자신의 유산을 남겼다.

무이자 왕의 임무"였다.[2] 사원은 초기 국가에서 통합을 이루는 중심기관이었고, 사원 건설 계획은 흔히 신이 부여한 임무라고 생각되었다. 따라서 사원 계획을 집행하는 일은 권력의 책임이 합당한 개인에게 넘어갔다는 징표였으며,[3] 이에 따라서 구데아도 이집트 건축가 카처럼 내세에 척도를 가져가야 마땅하다고 생각했을 것이다.

루브르 박물관의 인파를 피해서 도시 반대편에 있는 기술공예 박물관으로 향하면 측정과 정치권력 사이의 연관성이 19세기까지 어떻게 잘 살아남았는지를 알 수 있다. 이곳에 석상은 없지만, 무게와 길이, 용량 표준 단위가 오밀조밀하게 전시되어 있다. 일부는 평범하고 기능적이지만 대부분은 정교하게 장식되어 있다. 아름답게 세공된 주전자, 귀족이나 국가의 문장紋章이 찍힌 금속 덩어리도 있다. 전면이 유리로 된 키 큰 진열장 하나에는 수 세기에 걸친 길이 표준 유물이 들어 있다. 나무, 황동, 금속으로 만든 측정 막대들이다. 구데아의 자와 마찬가지로 측정 표준이자 왕권을 나타내는 이 복합적인 물체들은 사회 질서를 구축하는 측정의 효용을 증명한다. 고대 이후로 측정은 실용적 이점—건설이나 교역 같은 임무에 사용된다—뿐만 아니라, 낯선 이들도 같은 척도만 있다면 소통을 검증하고 신뢰할 수 있도록 하면서 기대와 규칙을 공유하는 장을 형성하고 세상과 서로에 대한 경험을 중재하는 능력 덕분에 널리 쓰였다.

이처럼 공유된 장을 만들려면 국가가 필요하다고 흔히 생각하겠지만, 측정의 발전을 보여주는 역사적 증거들을 보면 사실 그렇지 않다. 고대에 질량 표준을 사용한 사례를 생각해보자. 고대에는 실을 감아두는 실패나 정육면체 형태, 타원형 등 일정한 형태로 돌을 깎아 만든 질량 표준을 저울접시에 올려서 상품의 무게를 측정했다. 이러한 돌은 고고학적 기록 깊숙이 묻혀 있다가 기원전 3000년 무렵부터 나타난다. "왕실" 표준에 대한 최초의 기록이 나타나기 수 세기 전이므로, 이러한 돌은 일관된 측정 표준이 만들어지는 대로 통치자가 모두 받아들였다는 사실을 암시한다. 중앙에서 규제하지 않는데도 이러한 고대 질량 표준값은 믿을 수 없을 만큼 일관적이었다. 메소포타미아, 에게 해, 아나톨리아 반도, 유럽 등지에서 발견된 2,000점이 넘는 표준들을 분석한 결과, 이 돌들의 무게는 기원전 3000년에서 기원전 1000년까지 거의 달라지지 않았다. 수천 킬로미터 떨어진 곳에서 발견된 표준들을 비교해보아도 전체 편차는 9-13퍼센트에 불과했다. 결론적으로 말하면 청동기 시대의 상인들이 절대 권력 없이

도 측정 단위를 규제할 수 있었고, 교역상들은 만날 때마다 서로 무게를 비교하고 조정했다는 것이다.⁴ 여기에서 일관성은 공동 관찰의 산물이자 이들이 사용하는 측정 도구가 지닌 효율성의 산물이기도 하다. 일부 다른 측정방식과 달리, 당시에는 양팔 저울을 이용해 상품의 무게를 빠르고 정확하게 잴 수 있었다. 양팔 저울은 설계가 매우 단순하고 완전해서 큰 변화 없이 수천 년이 지난 지금도 여전히 전 세계 곳곳에서 사용된다.

그러나 중앙 권력 없이 측정이 통제될 수 있었다고 해서 통치자가 이러한 체계의 잠재력에 무지했다는 뜻은 아니다. 역사학자 에마누엘레 룰리가 지적했듯이, 권력자에게 측정 단위는 "약삭빠른 예속 도구"이다. 측정 단위가 적용될 때마다, 세상은 "측정을 정당화하는 권력이 제자리에 있는 한 합리적인 곳"이 된다.⁵ 즉, 측정은 권력에서 나온 혜택일 뿐만 아니라 권력을 만들기도 했다. 결과적으로 수천 년 동안 여러 정치 체계는 측정 단위를 규제해왔다. 고대 세계부터 근대 초기의 민족국가에 이르기까지 권력이 믿을 만한 단위를 강제하는 것은 특권이자 의무였으며, 범죄자 처벌이나 도로 유지와 마찬가지로 지도자의 통치를 정당화하는 데에 필수적이었다.

가짜 척도로 속임수를 쓴 사건에 대한 경고는 기원전 1750년 무렵 제정된 최초의 법적 문헌인 함무라비 법전에서 엿볼 수 있다. "눈에는 눈, 이에는 이"처럼 이 법전에 실린 악명 높은 처벌들 중에는 포도주를 적게 계량해서 구매자를 속인 판매자를 "물에 던져야" 한다(익사시킨다는 말을 순화한 것이다)는 기록도 있다.⁶ 심지어 이 법들을 새긴 비석에서 가장 먼저 눈에 띄는 것은 함무라비가 바빌로니아의 태양신 샤마쉬에게서 의식용 측정봉과 밧줄을 하사받는 모습의 부조이다. 이는 권위를 상징한다. 수천 년 후인 13세기에 유럽도 측정 규제를 매우 진지하게 받아들였다. 신성 로마 제국의 프리드리히 2세는 가짜 척도로 부정행위를 한 범죄자에 대해서 초범 때에는 그 자리에서 채찍질하고, 재범 때에는 한쪽 손을 자르고, 세 번째에는 교수형에 처하도록 선고했다.[7] 측정 단위를 규제하는 일에 실패하면 체제가 불안정해질 수 있다. 1215년 영국에서 국왕 존이 불만 가득한 귀족들에게 많은 것을 양보하면서 마지못해 마그나 카르타 Magna Carta에 서명한 사례를 보자. 이 서약서에는 다음과 같은 내용이 들어 있다. "왕국 전역에 포도주의 척도는 하나, 맥주의 척도도 하나, 옥수수의 척도도 하나……염색한 천과 적갈색 직물, 사슬갑옷의 너비 척도도 하나이다.……여기에 더해 무게 역시 다른 척도와 마찬가지이다."[8]

이러한 문서에서 측정을 중요하게 여긴 이유로는 이런 규율이 사회적 결속에 필요하다는 점도 있다. 대부분의 경범죄는 개인에게만 영향을 미치지만, 가짜 척도는 공동체 전체에 불신을 퍼트린다. 『탈무드Talmud』의 법규도 이러한 사실을 감지한다. 『탈무드』는 다른 범죄는 회개할 수 있지만 척도를 속인 범죄는 그 행위가 미칠 영향을 전부 해소할 수 없으므로 완전히 회개할 수 없다고 지적한다. 범죄가 일어나면 그 영향은 험담처럼 금세 퍼져서 신뢰를 무너뜨리고 의혹을 조장한다. 『탈무드』의 「미쉬나 토라」에는 "척도를 속인 행위에 대한 처벌은 부도덕한 행위에 대한 처벌보다 가혹해야 한다. 부도덕한 행위는 신에 대한 범죄일 뿐이지만, 측정을 속인 행위는 이웃 사람들에 대한 범죄이기 때문이다"라고 적혀 있다.[9] 측정은 공동체를 하나로 묶는 약속이므로 전적으로 개인적인 문제로만 다룰 수 없다. 청동기 시대의 무게 측정 사례에서 볼 수 있듯이, 공동체 구성원들 사이의 규제가 위에서 하달하는 수직적 규제만큼이나 영향을 미치는 까닭도 마찬가지이다. 공정한 단위 사용을 보장하는 문제에는 모든 사람의 이해관계가 얽혀 있기 때문이다.

측정, 정치권력, 사회 질서 사이의 연관성은 때로 매우 놀라운 방식으로 드러나기도 한다. 예를 들면 초기 중국에서의 측정법 관행은 황실의 예약과 밀접한 관련이 있었고, 관료와 귀족 사이의 권력 흐름을 결정하는 데에도 중요한 역할을 했다. 측정과 음악의 연관성은 전설 속의 황제가 신하에게 암수 봉황의 울음소리에 맞춰 일정한 길이로 대나무 줄기를 잘라서 최초의 율관律管을 만들라고 지시했다는 이야기로 거슬러올라간다.[10] 율려律呂라고 알려진 이 율관은 중국 전통 음악의 화성적 특성을 정의하고 황실 악기를 조율하는 데에 이용되었다. 결과적으로 율관의 정확한 값은 단순히 미학적 중요성뿐만 아니라 "우주적 의미"를 지니며 황제의 통치를 반인반신이던 그의 과거와 연결시켰다.[11]

율려의 음높이는 율관 자체의 길이에 따라서 결정되므로 율관을 측정하는 데에 이용하는 단윗값은 정치적 논쟁의 장이 될 수 있었다. 이 역학관계는 기원후 3세기 궁정 관료인 순욱의 삶에 명확히 드러난다. 순욱은 오늘날의 중국 남동부를 지배하며 새로 들어선 진 왕조가 이끄는 제국을 재편할 임무를 맡았다.[12] 순욱은 황실 정치를 완곡하게 펼치고 황제의 권위를 강화할 다양한 개혁을 제정하여 새로운 주인인 무제 사마염의 통치를 정당화하고자 했다. 여기에는 선형 측정의 기본 단위인 척尺을 다듬는 일도 포함되어 있었다. 순욱은 새로운 단위를 정의하기 위해서 오랫동안 중국의 정치적, 문화적 전통을 이어온 고대 주 왕조의 무덤을 파헤쳤다. 그는 옥으로 만든 오래된 주나라 자를 발견했고, 이를 진 왕조의 새로운 측정 기틀로 삼아서 율려의 음높이를 변경했다. 이렇게 하면 말 그대로 고대와 조화를 이루지 못했던 이전의 황제들과 달리 사마염은 영험한 선대의 지혜를 회복했다고 주장할 수 있었다. 진 왕조는 개혁—측정학과 악학—을 통해 영광스러운 과거를 복원할 수 있을 터였다.

그러나 순욱이 이처럼 척도를 휘저어놓은 일은 그다지 행복한 결말을 맞지 못했다. 그가 새로 조율된 악기를 황실에 처음 공개했을 때 제례가 완벽한 조화를 이루지 못한 것이다. 악단이 연주를 시작하자, 진 왕조 이전의 파벌에 속했으며 존경받는 학자, 음악가인 완함은 새로운 조율에 맞춘 화음의 음높이가 너무 높다고 일침을 놓았다. 완함은 "높은 음높이는 슬픔을 의미합니다"라고 지적하며 "이것은 번영하는 국가의 음높이가 아니라 죽어가는 국가의 음높이입니다. 죽어가는 국가의 음악은 슬픔과 애통함이 가득하고 백성은 모두 비참해집니다"라고 주장했다고 전해진다.[13] 그의 음악적 예견은 그럴듯한 것으로 밝혀졌다. 몇 해 지나지 않아 사마염이 사망했고 여덟 명의 왕자가 권력을 두고 다투며 진 왕조는 혼란에 빠졌다. 순욱의 지혜에도 불구하고 서로 경쟁하는 수많은 표준 사이에서 조화를 찾는 일은 너무 거창한 일이었다.

유연한 척도

순욱의 사례에서 알 수 있듯이 당대의 요구에 부응하기 위해서 여러 지역 및 교역에서 단위가 개발되면서 초기 도량형은 매우 다양해졌다. 분명 통일된 시기가 있기는 했다. 정치적으로 안정된 시대에는 더 적은 척도가 더 넓은 지역에서 받아들여졌다(로마 제국의 흥망에 따라서 로마가 지배한 영토에 로마의 단위들이 계속해서 미치던 영향을 생각해보자). 그러나 일반적으로 미터법과 제국 도량형이 지배한 19세기 이전의 측정학의 주요 특징은 다양성이었다. 그러나 이러한 다양성에 질서가 없었다고 생각하는 것은 잘못이다.

폴란드 역사학자이자 사회학자인 비톨트 쿨라는 중세 유럽 측정학에 관한 탁월한 연구에서, 초기 측정법의 다양성에는 삶과 노동의 현실을 반영하는 그 자체의 복잡한 규칙이 있다고 주장했다. 그는 당시의 측정법이 "오늘날 생각하는 만큼 부정확하지는 않았으며, 다양한 측정법이 공존했다는 점에서 이 측정법 사이의 차이가 심오한 사회적 의미를 지닌다"라고 썼다.[14] 그는 작은 도시나 마을에서는 직접적인 정치적 감독 없이도 공동 견책譴責을 통해서 공정한 측정을 할 수 있었는데, 이 단위들에서 가장 주목할 만한 특성은 유연성이라고 주장했다. 많은 척도들은 어디에, 어떻게 적용되는지에 따라 다른 값을 지니면서 이를 사용하는 사람들과 사회의 수요를 반영했다.

이러한 유연성이 일반적이지는 않았지만 어쨌든 초기 주요 척도들의 특성이기는 했다. 예를 들면 중세에 토지를 측량하는 방법들 중에서 가장 흔한 단위가 하루에 쟁기질할 수 있는 땅의 면적으로 정의되었다는 점을 생각해보자. 물리적 면적이 아닌 노동으로 토지를 측정한 이러한 단위는 토양의 특성에 따라 달라진다. 단단한 토양이나 고르지 않은 땅은 쟁기질하는 데에 시간이 더 걸리기 때문에 더 작은 면적 단위로 측정된다. 결과적으로 이러한 측정 행위는 일꾼과 관련된 지질학적, 농업적 정보를 반영했다. 이러한 단위는 당시 유럽 전역에서 발견되었다. 독일어권에서는 타크베르크Tagwerk, 즉 하루치 노동이라는 단위를 사용했는데 이는 3,400제곱미터에 해당하는 면적으로, 아침에 작업할 수 있는 땅의 면적인 모르겐

Morgen이 포함된다(흥미롭게도 모르겐은 대략 3분의 2타크베르크인데, 농부가 일찍 일어나 점심시간 전에 하루치 노동의 대부분을 끝냈다는 의미이다). 이탈리아에는 이에 상응하는 조르나타giornata라는 단위가 있었고 프랑스에서는 주르날journal이 있었다. 러시아에는 오브자obzha라는 단위가 있었는데, 이 단위 역시 지역 농업 관행을 반영하여 소가 아니라 말을 이용해 하루에 쟁기질할 수 있는 땅의 면적을 나타낸다. 많은 지역에서 이러한 토지-노동 단위는 특정 농사일의 관행에 들어맞도록 더욱 특화되었다. 예를 들면 포도를 재배하는 부르고뉴 지역에서는 곡물을 재배하는 들판 면적을 재는 데에만 주르날을 사용했고 포도원을 잴 때에는 더 작은 단위인 우브레ouvrée를 사용했다. 두 단위의 크기 차이는 밭을 갈 때보다 포도덩굴을 돌볼 때 더 집약적으로 천천히 작업한다는 사실을 반영한다.

영국에서는 노동의 다양한 실질적 측면으로부터 어떻게 여러 단위가 나타나는지를 살펴볼 수 있다. 예를 들면 옛 영어로 고랑furh의 길이lang에서 온 펄롱furlong은 면적이 아니라 길이를 나타내는 단위로, 한 무리의 소가 휴식을 취하기 전에 갈 수 있는 고랑의 길이를 나타낸다(오늘날에는 201미터로 표준화되었다). 펄롱은 하루치의 노동을 나타내는 단위인 아케르aker를 셈할 때 이용되었는데, 아케르는 옛 영어로 "너른 들판"을 의미하는 단어 아에서aecer에서 왔다(그리고 여기에서 오늘날 4,047제곱미터에 해당하는 에이커acre라는 단위가 나왔다). 원래 에이커는 한 변이 1펄롱, 다른 한 변은 1체인chain(20미터)인 직사각형 모양이다. 이러한 단위는 토지를 길고 좁은 사각형 형태로 나누던 농업 관행에서 나온 것으로, 이렇게 하면 밭이 강을 따라 늘어서서 각 구획이 모두 물에 인접할 수 있다. 직사각형 단위는 느릿느릿 움직이는 거구의 황소 무리가 한 방향으로 쟁기질하

다가 방향을 바꾸기가 현실적으로 어렵다는 사실도 반영했다. 흥미롭게
도 이러한 토지-노동 단위들은 수 세기를 거치며 아마도 농업 효율성 증
가를 반영한 탓에 점점 그 크기가 커졌다. 더 좋은 농업법과 장비가 개발
되면서 농부들은 하루에 더 많은 땅을 갈 수 있었고 그에 따라 하루치 노
동—그리고 하루치 노동의 측정 단위—도 늘었다.[15]

　다른 시기에 토지 단위는 노동 시간이 아니라 파종 용량에 따라서 달라
지기도 했다. 18세기 프랑스 부르주에서는 토지를 세테레séterée로 측정했
는데, 이 면적은 용량 단위인 씨앗 1스티에setier를 파종할 수 있는 면적이
었다.[16] 질 좋은 땅에는 씨앗을 빽빽하게 뿌려서 더 많은 수확을 보장할
수 있으므로 기름진 땅은 더 작은 세테레로 측정되었고, 척박한 땅은 더
큰 세테레로 측정되었다. 일반적으로 이러한 가변적인 단위는 적어도 19
세기까지 계속 사용되었다. 이러한 단위의 매력은 쉽게 짐작할 수 있다.
토지의 질이나 지형의 고르기 같은 환경의 특성에 맞게 늘거나 줄어드는
이러한 단위는 현대 측정법으로는 포착할 수 없는 정보를 풍부하게 담는
다. 하루에 얼마나 넓은 땅을 경작할 수 있는지, 또는 다음 수확을 위해서
얼마나 많은 씨를 뿌려야 하는지는 농업 경제에 필수적인 지식이며, 이러
한 척도는 경제적, 산업적 발전에 따라 나타나고 사라진다. 이탈리아 피
사 인근에서의 토지-종자 척도 사용에 관한 연구를 보면, 이러한 단위는
농업 활동이 중심이던 시골 공동체에서 더 오래 살아남았고 도시화한 지
역에서는 더 빨리 사라져 유연성이 덜한(근대적 척도라고 여길 만한) 단위
로 대체되었다.[17] 쿨라가 지적했듯이 중세 측정학을 다룬 여러 역사적 연
구에서는 유연한 단위가 "원시적이고 조잡하다"고 언급하지만, 실제로는
유연한 단위가 인간과 토지의 관계를 구현하고 노동의 필수 요소를 정확

히 담아내면서 이러한 단위를 사용하는 사람들의 요구에 잘 부합했다.

———·———·———·—

그러나 유연성 있는 측정 단위가 농민들에게 항상 유용하지는 않았다. 부자나 권력자들도 이러한 단위를 흔히 악용했다. 중세 유럽의 가장 악명 높은 척도였던 곡물 척도가 좋은 사례이다. 곡물 측정 단위는 보통 무게보다는 용량으로 정해졌다. 여기에서 대략 8갤런 또는 액체 35–36리터(제국 도량형인지 미국식 도량형인지에 따라 다르다)를 담는, 우리에게도 친숙한 단위인 부셸bushel이 나왔다. 14세기 무렵에 등장한 "부셸"이라는 영어 단어는 또다른 곡물 척도인 옛 프랑스어 부아스boisse에서 왔는데, 부아스는 원래 "한 줌"을 의미하는 중세 라틴어 보스티아bostia에서 왔다. 토지 단위와 마찬가지로 유럽의 각 나라에는 곡물을 측정하는 다양한 용량 측정법이 있었고, 이 단위들 자체도 흔히 곡물에 따라서 달라졌다(보통 귀리처럼 값싼 곡물보다 밀처럼 더 값나가는 곡물을 더 작은 단위로 측정했다). 그러나 주방에서 미국식 컵을 용량 단위로 사용하는 사람이라면 누구나 알겠지만, 건조된 곡물을 용량으로 측정할 때에는 용기에 곡물을 어떻게 채우느냐에 따라 용기에서 내용물이 차지하는 공간이 달라진다는 어려움이 있다. 귀리가 든 컵을 좌우로 살살 흔들면 알곡이 가라앉아서 더 많이 채울 수 있다. 다시 말하면, 측정 방법에 따라 척도가 달라진다는 의미이다.

이러한 방법이 그다지 문제가 될 것 같지 않다면, 잠시 우리가 중세 농민이라고 상상해보자. 밭에서 수확한 곡물은 가족을 먹여 살릴 뿐만 아니라 소작료를 내고 시장에서 물건을 교환할 때에도 필요하다. 곡물을 팔려고 가져간 우리는 다른 사람이 몇 달치 노동, 더 나아가 잠재적으로는 가족의 미래를 측정하는 모습을 본다. 흉년이라면 알곡이 차곡차곡 가라앉도록 곡물이 든 용기를 치거나 흔드는 행동이 생존과 아사餓死를 가를 수도 있다. 결과적으로 곡물을 측정하는 행위는 이 시기 측정법들 중에서도 가장 복잡하게 통제되고는 했으며, 이 측정법을 통제하기 위해서 수많은 법률이 제정되었다. 이러한 법률 중에는 곡물을 어깨높이에서 부어야 하는지, 혹은 "팔을 내린 높이에서 부어야 하는지"를 규제하는 법도 있었다(팔을 내린 높이에서 부으면 곡물이 더 차곡차곡 담긴다). 용기에 곡물을 채운 후에 흔들어야 하는지, 꾹꾹 눌러 담아야 하는지, "수북이" 쌓아야 하는지, "봉긋한 부분을 평평하게 깎아서" 측정해야 하는지(즉, 용기 위로 곡식이 수북하게 올라오도록 담을지, 아니면 평미레라는 특수한 막대로 봉긋한 윗면을 평평하게 민 다음에 잴지)도 규제한다. 이 역시 사소한 문제가 아니다. 예를 들어 밀이나 호밀을 측정할 때 수북이 쌓이는 부분은 전체 부셸 용량의 3분의 1 정도에 해당하며, 더 수북이 잘 쌓이는 귀리 같은 곡물은 용량이 거의 50퍼센트나 더 올라간다.[18]

측정에 대한 이러한 인식은 상당히 널리 퍼져 있어서 이러한 행위가 속담으로 남기도 했다. 폴란드 속담 하나는 성공을 곡물 측정법에 빗대어 경고한다. "부셸 더미 위로 머리를 꼿꼿이 내밀고 있다가는 평미레로 목이 날아갈지도 모른다."[19] 1611년의 『킹 제임스 성서King James Bible』를 보면 평지설교를 들으러 온 군중들에게 예수가 이르기를, 살면서 행한 선행은 "누르고 흔들어 넘치도록 후하게 담아서" 되돌려주리라고 약속한다.[20] 빡빡한 영주들과 달리 하느님은 곡물에 관대하시며, 부스러기 때문에 싸우게 만들지 않고 천상의 보상을 풍성하게 내려주신다는 의미이다. 측정 방법을 면밀하게 감시하라는 경고는 근대 사회까지도 이어진다. 1846년에 인쇄된 농업 교본은 기계 때문에 "건물이 끊임없이 흔들려서, 측정기에 곡물을 부을 때 아주 차곡차곡 눌릴 수밖에 없는" 제분소 현장에서는 제분업자에게 곡물을 팔지 말라고 조언한다.[21] 이러한 관행은 유럽 바깥에서도 일반적이었다. 1920년대 버마(지금의 미얀마)의 농민 경제를 살펴본 연구에는 땅 주인이 소작농들에게 일반 바구니보다 훨씬 큰 바구니를 이용해 소작료를 징수하여, (손수레가 부서져라 담는) "손수레 파괴자"라는 별명이 붙었다는 일화도 있다.[22]

측정법이 부정확할 때마다 권력자와 파렴치한들은 이득을 볼 기회를 얻는다. 소작농이 불평등하게 대우받는 반면에 영주는 아주 태연하게 소작농에게서 원하는 만큼 노동과 상품을 뽑아내는 식으로 광범위한 착취가 발생했다. 귀족과 상인들이 돈을 징수할 때 농민이 사용하는 척도를 사용하지 않고, 부정하게 취할 양으로 조작해줄 만한 자기들만의 용량 척도를 고집하는 행위가 가장 흔했다. 이러한 조작을 기록한 유명한 문서가 18세기 프랑스 혁명 직전의 불평불만을 조사한 『진정서 Cahier de Doléances』이다. 측정의 문제는 도량형에 대한 권한을 영주에게서 박탈할 것을 요구한 농민들의 불만에서 강하게 드러난다. 한 교구에서는 다음과 같이 불평한다. "불행한 소작농은 무자비하게 부과되는 가금류 현물 봉납 때문만이 아니라 과도하게 큰 척도에도 무거운 부담을 진다." 다른 교구에서는 다음과 같이 요구한다. "귀족이든 부르주아든 서민이든 간에 모든 지주는 이제부터 렌 성주 후작의 척도가 모든 가신에게 적합한 승인을 받지 않았음을 받아들일 의무가 있다."[23] 이러한 문서들을 통계적으로 분석해보니 측정법 표준화는 50가지 불만들 중에서 14번째로 흔한 불만으로, 세금 문제와 "개인의 자유" 문제가 그 앞뒤에 있었다.[24] 이러한 불만은 『진정서』에서 계속 반복되며 "하나의 왕, 하나의 법, 하나의 무게, 하나의 척도"를 요구했다. 순욱의 조정에서 볼 수 있듯이 여기에서도 측정은 실용적인 문제일 뿐만 아니라 고질적인 불평등과 사회 질서의 상징이기도 하다. 농민들은 봉건지주에게 받는 부당한 대우에 질렸고 자신들의 정당한 몫을 요구했다.

—·———·———·—

이 시기의 유연한 단위를 보여주면서 동시에 노동과 삶의 현실을 체화한 가장 좋은 사례는 놀랍게도 시간일 것이다. 기록된 역사 대부분에서 시간은 고정된 길이가 없었다. 고대 바빌로니아인이나 이집트인은 가장 먼저 하루를 24개의 부분으로 나누었다.[25] 고대 이집트인은 낮을 10개 단위로 셈하고 황혼과 새벽이라는 2개 단위를 추가했고, 밤은 십분각decan이라고 부르는 36개 별자리의 움직임을 기반으로 시간 단위를 만들었다. "시간 관찰자"로 알려진 전문 기록관들은 시간의 흐름을 기록하기 위해서 새로운 십분각이 지평선 너머로 나타나는 모습을 관찰했다. 지구가 태양을 공전하면서 밤에 나타나는 12개의 십분각은 열흘마다 주인공을 바꾸며 순환했다.[26] 전체 12라는 숫자는 한 해의 음력 주기와 일치하도록 선택한 것일 수도 있고 엄지손가락을 제외한 한 손의 손가락 관절 수에서 따온 것일 수도 있지만, 여하튼 이들의 움직임을 기록하는 도표는 매우 중요해서 관 뚜껑 안쪽에도 새겨질 정도였다. 죽은 자들의 보이지 않는 눈이 마주하는 관 뚜껑의 별자리는 이들의 영혼을 밤하늘 너머로 인도해 새벽이 올 때 부활에 이르게 했다.[27]

그러나 한 해 동안 일출과 일몰 시각은 바뀌었고, 이는 시간 단위가 계절에 따라 달라져야 한다는 의미였다. 그래서 낮 시간은 여름에는 길어지고 겨울에는 줄어들었다. 이러한 이른바 한시적 시간temporal hour은 중세 유럽인에게 계승되었다. 예를 들면 런던에서 낮 1시간의 길이(낮의 길이를 12로 나눈 것)는 38분에서 82분까지 다양했다.[28] 당시 사람들은 이러한 사실을 눈치채지 못했다기보다는 그저 이해되지 않는 관찰 결과로 받아들였다. 시간을 일관된 척도로 생각하는 것은 대부분의 사람들에게 익숙한 개념이 아니었고, 분과 초는 공통 단위로 존재하지도 않았다(1시간을 60분으로, 1분을 60초로 나누는 방법은 바빌로니아인에게서 왔다. 이들은 60진법 체계를 천문학의 셈법에 이용했다. 훗날 고대 그리스인이 이 방법을 받아들여 원형 천문 지도를 360개의 구역으로 나누었고 이는 나중에 시계 문자판에 적용되었다). 농민은 보통 계절 변화에 따라서 일했고, 짧은 시간 길이는 흔히 먼 거리를 측정할 때 이용하는 임시 척도와 비슷하게 설명되었다. 예를 들어 14세기의 한 요리책에서는 달걀 삶는 시간을 조언하면서 끓는 물에 달걀을 "기도문 미제레레를 읊는 시간만큼" 담가두라고 조언한다.[29] 미제레레는 "오, 하느님, 불쌍히 여기소서"로 시작하는 『성서』의 「시편」 51편으로 자비를 간구하는 기도이다. 신앙심을 살짝 활용한 좋은 방법이지만, 이렇게 해보았더니 달걀이 약간 덜 익었다.

시간의 길이는 하루에 특정 기도를 바쳐야 하는 시점인 7번의 성무일도를 따르기 위해서 시간을 측정하는 수도사들에게 특히 관심거리였다.[30] 이러한 시간은 조과, 제1시과, 제3시과, 제6시과, 제9시과, 만과, 종과로 구분되었고, 중세 사회에서 가장 신뢰할 만한 시간 표지인 교회 종소리로 전달되었다. 이러한 시간도 처음에는 고정되어 있지 않았다. 역사상 정오가 계속 달라지는 것에서 이러한 사실을 볼 수 있다. 원래는 제9시과none 였던 정오noon는 처음에는 오후 3시 무렵에 울렸지만 중세를 거치며 점점 당겨지더니 14세기에 이르자 오늘날의 정오 무렵으로 오게 되었다. 아마도 금식 기간에 수도사들이 제9시과까지는 아무것도 먹지 못하게 금했기 때문이었을 것이다. 긴 여름날에는 이러한 금식이 힘들었고, 이 때문에 6세기에 성 베네딕토는 제9시과가 "실제 이 시간보다는 조금 이른, 제8시과의 중간쯤"이 되어야 한다고 조언하기도 했다.[31] 역사가 앨프리드 크로즈비는 수도사들의 체계에서 시간은 "어떤 시점이 아닌 범위"로서, 시간 정렬법이 자연스럽게 변할 수 있었다고 지적했다.[32] 오늘날의 시간은 유연하지 않지만 우리는 살면서 여전히 비슷한 추정을 한다. 앞으로 몇 시간 또는 점심시간 전까지 일하겠다고 말하기도 하고, 모든 사람에게 불행한 시간은 길고 행복한 시간은 짧다고 말하기도 한다. 사람들이 밤을 아주 좋아하는 이유도 비슷한 것 같다. 우리 대부분은 밤을 끝없이 행진하는 시계로부터 일시적으로 유예되는 시기로, 다시 말해서 시간이 따뜻한 물에 적신 스펀지처럼 옛 유연성을 되찾으며 더욱 유순하고 관대해져서 밤 속으로 뻗어나가는 시기로 느낀다. 무도회에서 종소리를 들은 신데렐라처럼 시계를 보고 예정된 규칙적인 삶이 내일 다시 돌아오게 되어 있다는 사실을 떠올리기 전까지는 말이다.

한시적 시간은 전 세계에서 찾아볼 수 있으며 (수도사가 손에 쥐고 관여한) 기계적인 시계의 똑딱거림에 따라서만 일정하게 분할되었다. 그러나 그후에도 이 유연한 시간 체계는 놀랍게도 오랫동안 살아남았다. 예를 들면 유대교에서는 하루 중의 특정 시간에 바쳐야 하는 많은 의식들이 상대적인 시간을 바탕으로 한다. 즉, 하루의 세 번째 시간에 바치는 의식은 새벽 3시나 일출 이후 3시간째에 하는 것이 아니라, 해당 날짜에 해가 떠 있는 시간이 얼마나 되든 간에 그 길이의 4분의 1지점일 때 바친다는 의미이다. 일본의 전통적인 시간 기록에서는 낮과 밤을 여섯 단위로 나누었고, 이 단위는 계절에 따라 그 길이가 달라졌다. 이러한 체계는 1500년대 스페인 선교사들이 일본에 기계식 시계를 도입한 후에도 살아남았고, 1873년에 일본이 서양식 달력과 시간 체계를 도입한 후에야 폐기되었다.[33] 한시적 시간과 기계식 시간의 독특한 공존은 현존하는 매우 아름다운 몇몇 시계로 기억되고 있다. 예컨대 시간이 표시된 문자판이 작은 기차 칸처럼 원형 시계의 가장자리를 따라 레일 위에서 앞뒤로 움직이며 매 시간의 길이를 조정하여 계절에 따른 변화에 맞추는 시계도 있다.[34]

오늘날 시간을 표시하는 데에 자연의 우위를 받아들이는 일은 도시에서도 서머타임이라는 형태로 여전히 존재한다. 북반구의 대부분 나라에서 계절에 따라 시간을 앞뒤로 1시간씩 조절하는 이러한 관행은 여전히 유지되고 있다. 낡은 작업방식에 맞추려는 구시대적인 조절이라고 비난하는 사람도 많지만, 이러한 방법은 세상이 항상 인간의 시간에 맞춰 흘러가지는 않는다는 사실을 떠올리게 한다. 측정은 현실에 구조를 부여하는 도구일 수 있지만, 일부 영역에서는 여전히 합의와 조정이 필요하다.

마음과 영혼의 무게

전근대적인 측정의 유연성은 측정 관행에 놀라운 권위를 부여하며, 이 권위는 신비로운 영역에까지 확장되었다. 측정 행위는 민속, 마술, 종교에 자주 등장하며 종종 치유 행위로 나타나기도 한다. 때로는 그저 권위 있는 보살핌 의식이기도 하다. 이러한 행위는 대상을 어느 정도 통제할 수 있도록 측정자에게 주어지는 힘이나 관심과도 연관된다. 때로는 측정에 정확히 설명하기 어려운 어떤 차원을 포착하는 능력이 있다는 믿음이 있는 듯하기도 하다. 아마도 단위에 일관성이 부족한 데에서 온 믿음일 것이다. 이러한 행위는 질서를 부여하는 측정의 특성이 어떻게 종교를 포함한 사회의 여러 기본 토대에서 받아들여졌는지도 보여준다.

이러한 행위들 중에 아마도 가장 널리 퍼진 것은 영혼의 무게를 재는 일로, 학계에서는 이를 사이코스타시아psychostasia라고 부르기도 한다. 이러한 믿음은 죽은 자의 심장 무게가 진리와 정의의 여신 마트의 타조 깃털 하나의 무게에 비견된다고 생각한 고대 이집트인들의 믿음으로 거슬러올라간다. 정직하고 진실한 삶을 산 망자의 심장 무게는 이 깃털보다 가벼워서, 이들의 영혼은 세케트-아루로 건너간다. 나일 삼각주처럼 무성하고 드넓은 초원이 펼쳐진 갈대밭 낙원이다. 그러나 저울이 반대로 기울어지면 생전의 나쁜 행실이 순결한 깃털보다 무겁다는 뜻이므로 심장은 바닥으로 굴러떨어져 악어 머리를 한 여신 아미트의 먹이가 된다. 이 두 번째 죽음이 최후의 죽음으로, 이집트인들은 이러한 판결이 범죄자에게 충분히 가혹한 처벌이라고 생각했다. 이 신화는 고대 이집트 역사에 비교적 늦게 나타났고, 신왕국 시대(기원전 1520-기원전 1075)에야 비로소 완전히 구체화되었다.[35] 이전에는 망자의 영혼을 측정하는 일이 재판이나 법정의 틀 안에서 이루어졌지만, 이러한 과정의 공정성을 입증할 신학적인 요구에 따라서 측정법이 변화한 듯싶다.[36] 심장의 무게를 다는 일에는 논쟁이 끼어들 여지가 없고 신의 마음과 심장을 흔들 수사도 필요 없으며 그저 저울이 내리는 무결한 판단만 있을 뿐이다.

운명을 저울질한다는 은유는 다른 문화권에서도 나타난다. 예를 들면 그리스의 『일리아스*Ilias*』에서 제우스는 어떤 결투의 결과를 판가름할 수 없을 때 황금 저울에 의견을 묻는다. 여기에서 판결은 이미 사전에 이루어지며 죄와는 무관한데, 저울이 결투의 결과를 결정했는지 아니면 다른 곳에서 내려진 결정을 그저 전달하기만 했는지에 대해서는 문학적, 신학적 논쟁의 여지가 있다.[37] 사이코스타시아는 이집트인들에게서 이를 받아들인 아프리카 북동의 콥트 종파를 거쳐 기독교에 전파된 듯하다. 영혼의 무게를 재는 일이 『성서』에 직접 언급된 바는 없지만, 기독교 도상학에서는 심판의 저울을 받아들여 하느님의 군대를 지휘하는 대천사 미카엘에게 보통 이 역할을 부여한다.

『성서』 자체는 실제적인 측정학 문제가 어떻게 점차 영적인 문제에서 권위를 얻게 되었는지를 보여준다. 『모세 5경』 또는 『토라』라고 알려진 5권의 책에서 측정에 대한 조언은 실용적이고 교훈적이며, 앞에서 살펴본 『탈무드』의 사례처럼 사회적 정직성의 문제와도 연관된다. 「레위기」 19장 35절을 보자. "너희는 재판할 때나 물건을 재고 달고 되고 할 때에 부정하게 하지 마라. 바른 저울과 바른 추와 바른 에바와 바른 힌을 써야 한다"(에바와 힌은 고대 셈족의 단위로, 각각 대략 15킬로그램과 6리터에 해당한다). 「신명기」 25장 13-14절은 다음과 같다. "너희는 주머니에 크고 작은 두 다른 저울추를 가지고 있어서는 안 된다. 너희 집에 크고 작은 두 다른 되가 있어서도 안 된다." 그러나 시간이 지나며 추와 저울은 『성서』에서 더 상징적으로 등장하고, 『모세 5경』 이후 수 세기가 지나서 쓰인 『신약 성서』에 이르면 예수는 측정의 개념을 순전히 은유적으로 사용하며 산상수훈山上垂訓의 군중에게 이렇게 말한다. "남을 저울질하는 대로 너희도 저울질을 당할 것이다." 측정은 살면서 행하는 도덕적 행위는 물론, 영적 보상과 처벌을 나타내는 강력한 정의의 상징이 되었다. 『성서』가 관용을 언급하는 것보다 측정을 더 자주 언급하는 까닭은 아마도 이 상징적인 힘 때문일 것이다.[38]

그러나 영혼의 무게를 재는 영적 측정학의 가장 흥미로운 사례로는 삶에서 고통받는 사람들에게 실질적인 도움을 준 의식들을 들 수 있다. 이때 측정학은 신체를 측정해 치유하는 데에 흔히 사용된 마법이나 다름없다. 13세기의 기독교 기적 모음집에는 만성 통증으로 고통받는 한 학자가 등장한다. 그는 자신을 치료하기 위해서 먼저 실로 자신의 키를 잰 다음, 실을 신체의 여러 부위에 감으며 치수를 잴 때마다 예수 그리스도와 천문학자의 수호성인인 성 도미니코의 이름을 부른다. 무릎에 이른 학자는 갑자기 "고통이 사라졌다, 나는 해방되었다!"라고 외친다.[39] 같은 시기에는 멘수라 크리스티mensura Christi, 즉 그리스도의 키에 대한 믿음도 있었다. 이는 중세 문헌들에 그려진 선인데, 독자가 이 선을 직접 잰 다음 특정 숫자만큼 곱해서 그리스도의 키를 알아내야 했다. 이 선은 그저 종교적 행위를 위한 것이라기보다는 신자를 위해 만들어진, 그 자체에 초자연적인 힘이 깃든 성물이었다. 1293년의 한 필사본에는 "이 부분을 열두 배 연장하면 주님 성체의 키(멘수라)를 알아낼 수 있느니라"라고 적혀 있다. 다른 필사본에서는 그리스도의 키를 계산한 다음에 이를 가까이 두라고 권한다. "이 척도를 지니거나 집에 보관하거나 날마다 보면 갑자기 급사하는 일을 막을 수 있느니라.……불이나 물로 해를 입거나, 악마나 폭풍에 상하지도 않느니라."[40]

이러한 믿음은 생각보다 오래 유지되었다. 20세기까지 잘 기록되어 있는 북아메리카 전통문화에도 비슷한 치료법이 등장한다. 예를 들면 누군가가 상처 입거나 감염으로 고생하면 그 자리를 노끈으로 재고 살아 있는 나무 둥치에 그 윤곽을 그리라고 권한다. 그런 다음 이 "상한" 표면을 도려내고, 상처처럼—연고를 바르고 붕대로 감아—처치하면 원래대로 치유된다는 것이다. 아이가 폐렴이나 천식 같은 만성 질환을 앓고 있다면 아이의 키를 재고, 어떤 나무(보통 고목古木)에서 아이의 키에 맞는 높이의 가지를 자른다. 이 나뭇가지를 땅에 묻거나 보통은 병든 아이의 방구석 같은 의미 있는 장소에 놓아둔다. 아이가 나무 키를 넘어 자라면 아이는 질병도 넘어서서 자랄 것이다.[41]

이러한 이야기에서 측정은 보이지 않는 힘을 끌어내기 위한 다양한 방식으로 작용한다. 필사본에서 그리스도의 키를 측정하는 행위는—에마누엘레 룰리가 "암송으로 작동하는 신앙"이라고 말한—신자 기도와 비슷한 행위이다.[42] 승천하여 지상을 떠난 그리스도의 몸을 재창조하면서 영적인 존재를 만질 수 있는 것으로 구체화하는 행위인 것이다. 고통받는 학자가 자기 몸을 측정하는 일은 의사가 회진하듯이 상황을 점검하는 방식이자 관심의 증거이다. 그리고 북아메리카의 민간 치료법에 나타난 측정은 원래의 상처와 이것을 따라서 그린 그림이 같다고 확신하여, 질병이 몸에서 다른 사물로 옮겨가 몸이 자유롭고 건강해지리라는 징표가 된다. 측정이 내재한 것을 포착하는 데에만 그친다면, 즉 자 앞에 놓인 것을 측정하는 데에만 그친다면 이러한 치료가 이루어질 수 없다. 유연한 토지 단위처럼 이때의 측정은 능동적인 중개자, 다시 말해서 인간과 주변 세계를 연결하고 외부의 힘을 전달하는 도구로 이해된다. 게다가 측정학을 이런 방식으로 이해하는 것은 생각만큼 완전히 사라지지 않았다.

공통의 척도

중세를 지나면서 측정 단위를 표준화하고 인증하는 새로운 접근법이 발전했다. 이러한 발전은 때로 정치적 환경의 변화와 더불어 일어났다. 이탈리아 중북부의 도시국가에는 이러한 역학관계를 멋지게 보여주는 사례가 있다. 이러한 사례들은 척도를 공동으로 유지하는 일이 이 시기에 얼마나 중요했는지를 보여준다. 비옥한 농경지와 동방으로 향하는 무역로, 급성장한 금융 산업 덕분에 이탈리아 중북부는 르네상스로 향하던 시기에 유럽에서 가장 부유한 지역이 되었다. 거의 전적으로 군주제로 통제되던 유럽 대륙의 다른 지역과 달리, 정치적 다양성이 훨씬 컸던 이곳에서는 많은 도시들이 코무네commune로 운영되었다. 정치가 봉건적 의무 체계의 바깥에 존재했다는 뜻이다. 이 도시국가들은 점차 자체적인 정부를 발전시켰는데, 보통 민주적이었던 이 정부들의 통치권에는 도량형 표준을 설정할 권리도 포함되어 있었다.

이러한 특권이 항상 쉽게 얻어지지는 않았고, 신성 로마 제국의 황제인 프리드리히 1세 바르바로사(바르바로사barbarossa는 이탈리아어로 "붉은 수염"이라는 뜻이다)가 이 지역을 통치할 무렵부터 시작되었다. 프리드리히 1세는 1155년에 왕위에 올라 이탈리아 왕국을 차지하기 전, 다리 통행세나 시장의 세금 통제 같은 문제와 함께 측정 표준에 대한 권위를 주장하는 증서를 발급했다. 프리드리히 1세는 이 특권을 요구하면서, 8-9세기 유럽 중부 대부분을 통합하고 측정을 포함한 수많은 개혁을 감독하며 황금기로 알려진 "비교적 평화로운" 시대를 연 프랑크의 국왕 카롤루스 마그누스의 전례를 따랐다.[43] 그러나 시행이 어려웠다. 카롤루스 마그누스의 개혁이 일상적인 측정에 미친 영향을 평가할 수는 없지만, 그가 이룬 개혁들은 분명 영감을 주는 전설로서 그 힘을 유지하고 있었다. 바르바로사 같은 통치자, 혹은 대중도 부당한 대우를 받는다고 느낄 때면 카롤루스 마그누스의 개혁들을 떠올렸다. 1,000년이 지나 프랑스 혁명 직전에도 과학자 알렉시스-장-피에르 포크통은 "옛 왕들의 시대에는 모든 척도가 평등했지만" 봉건 영주의 탐욕으로 왜곡되었다며 한탄했다.[44] 바르바로사에게 도량형을 설정할 권리는 왕실의 특권이라기보다는 현실 정치적인 것이었다. 즉, 이 권리는 독립적인 이탈리아 도시국가에 권위를 부여하려고 할 때 거래할 수 있는 귀중한 교역물이었던 것이다. 바르바로사는 12세기에 체결된 수많은 평화 조약을 통해서 도량형에 대한 권리를 도시와 지방 당국에 영구히 양도하기도 했다. 사람들, 특히 민주적 욕구가 강한 코무네는 이 권리를 찬양했다.

토스카나의 시에나 공화국의 시청사였던 푸블리코 궁전에 1338–1339년에 그려진 "선한 정부와 악한 정부의 우화"라는 일련의 프레스코화에는 도량형이 중심에 등장한다. 이 프레스코화는 종교 예술의 시대에 등장한 드문 세속화이자, 교훈적인 동시에 우화적인 야심에서 따라올 것이 없는 놀라운 작품이다. 이 거대한 작품은 시에나 평의회 의원들이 도시 사업을 관장하기 위해서 모이는 아홉의 방, 즉 살라 데이 노베Sala dei Nove의 벽 세 면에 그려져 있다. 긴 회의가 이어지는 동안 의원들은 그림을 둘러보며 자신이 휘두르는 힘을 의식했을 것이다. 프레스코화의 한 면에는 시골에서 농장을 불태우고 도시에서 폭력을 행사하는 악한 정부의 영향이 그려져 있다. 다른 면에는 선한 정부의 풍요가 나타나 있는데, 농부들이 밭에서 풍성한 곡물을 수확하여 여인들이 거리에서 춤을 추는 분주한 도시 시장으로 운반하고 있다. 프레스코화 한가운데에는 지혜의 천사 아래 왕좌에 앉은 거대한 정의의 신이 저울을 조심스레 조정하고 있다. 이 저울의 왼쪽에서는 분배의 정의를 나타내는 인물이 한 손으로는 범죄자의 목을 분주히 참수하고 다른 한 손으로는 정직한 사람에게 왕관을 씌우고 있다. 저울의 오른쪽에서는 교환의 정의를 나타내는 인물이 옆에서 기다리고 있는 상인 두 사람에게 세 개의 물건을 건네주고 있다. 이 물건들은 시에나의 측정 표준으로, 건조한 사물을 재는 용량 단위(부셸)인 스타이오staio, 각각 산업과 건축에 사용되는 두 개의 선형 측정 단위인 파세토passetto와 칸나canna이다.[45] "조화"를 형상화한 콘코르디아Concordia가 시에나 시민들의 도움을 받아서, 정의의 신의 이 저울에서부터 내려온 두 개의 짜임 노끈을 손으로 함께 잡고 있다.

　매우 은유적이면서 문학적이고, 교훈적이면서 유토피아적인 인상 깊은 이미지이다. 측정 표준은 좀더 전통적인 정의 구현 행위(예컨대 범죄자 참수)와 동등한 우선순위를 지닐 뿐만 아니라, 상인이나 시민들도 이 표준을 유지하는 데에 동등한 의무를 지닌 것으로 보인다. 시에나 공화국 자체가 그랬듯이, 신뢰할 수 있는 측정을 위해서는 공동의 노력과 협력이 필요했다. 측정은 사람들을 하나로 묶었고, 그러면서 상호 번영을 보장했다. 벽 주변에는 이러한 문장이 쓰여 있다. "다스리는 자 그대여, 눈을 돌려 여기에 그려진 정의를 보라. 탁월함으로 왕관을 쓰고 언제나 모든 이에게 마땅한 몫을 주나니."[46]

—·———·———·—

그러나 측정 표준의 이점을 느끼려면 이 표준을 시행해야 한다. 13세기

피사의 수학자 피보나치는 세상에 두 가지 유형의 상인이 있다고 지적했다. "팔이나 팔뚝, 걸음으로 측정하는 자"와 "페르티케pertiche 등 측정 표준을 사용하는 자"이다.[47] 피사의 번화한 부두와 창고에서 일하던 피보나치는 당대의 측정학 관행을 관찰할 수 있는 완벽한 위치에 있었고, 동료 시민들에게 이러한 문제를 가르치기 위해서 많은 논문을 썼다. 1202년에 그는 저서 『리베르 아바치Liber Abaci』에서 지중해 항구 전역에 걸쳐 사용되는 다양한 측정 단위들―"이우게룸, 아리페니오, 카루카, 토르나투라, 쿨투라"―을 상세하게 나열한 목록을 작성했다. 그리고 이러한 다양한 단위들이 여러 물건에 적용되고 있는데, 모든 재료에 적용되는 공정한 공통 측정 단위가 있다면 유용할 것이라고 언급했다.

룰리는 측정을 바라보는 피보나치의 세심한 관심이 당대 측정학에 대한 "새로운 문화적 인식"을 반영한다고 주장한다.[48] 그러나 이 논문들은 계속 신체를 이용해 측정하고자 하는 사람들과 좀더 정밀한 측정을 갈망하는 사람들 사이의 격차를 메우기에는 충분하지 않았다. 이를 위해서는 합의된 공적 표준과 이를 집행할 관리들이 필요했다. 엄밀히 말하자면 완전히 새로운 혁신은 아니었지만, 이렇게 합의된 표준은 어느 정도 결속력 있는 사회의 흥망에 따라 여러 세기에 걸쳐 유럽에서 받아들여지거나 그렇지 않기도 했다. 예를 들면 고대 아테네 아크로폴리스와 고대 로마 카피톨리누스 언덕에 공적 표준이 보관되었고, 이 표준의 사본이 시장 등에 배포되었다는 사실은 잘 알려져 있다.[49] 아테네 아고라에서는 청동과 점토로 된 용량 척도가 발견되었으며, 폼페이 시장 유적지에서는 여러 용량 단위를 나타내는 용기들이 장착된 탁자도 나왔다.[50] 명문明文에 따르면 이러한 단위의 크기는 "시 평의회의 법령에 따라" 규제되었다.[51] 그러나 이러한 관행이 얼마나 널리 퍼졌는지는 알 수 없다. 고대 시장을 발굴한 결과 무단 도량형 복제품도 여럿 유통되고 있었다.[52]

12세기 이후 부유해진 이탈리아에서는 이러한 공적 표준이 다시 인기를 얻은 듯하다. 룰리는 이 기념물을 피에트레 디 파라고네[pietre di paragone], 즉 "시금석"이라고 부른다. 건물이나 공공시설 옆면의 돌에 새겨진 경우가 많았기 때문이다. 이렇게 새겨진 표준은 중세 코무네에서 같은 방식으로 기록된 중요한 권리, 의무들과 비슷한 지위에 있었다. 예를 들면 루카 성당의 회랑에는 상인들에게 "안뜰 안에서는 절도나 속임수, 위조를 저지르지 말지어다"라고 전하는 문구가 적혀 있다.[53] 페루자 코무네에서는 1234년에 새로운 과세 제도를 발표하며 이를 석판에 새겨 대성당 종탑에 붙였다.[54] 그리고 교회나 시장 벽의 돌에 길이 단위를 새긴 기념물, 피에트레 디 파라고네도 같은 대우를 받았다. 관리들은 자신의 표준을 그 홈에 넣어보며 확인할 수 있었다. 돌에 파인 홈을 이용해 단위를 검증하는 방법은 위조를 방지하는 간단하고도 지혜로운 방법이었다. 이 홈은 짧게 만들 수도 없었고, 양 끝에 금속 단이 붙어 있어서 더 길게 늘일 수도 없었기 때문이다. 룰리는 "사물을 조작할 수는 있지만 홈은 청렴결백하다"라고 적었다.[55]

이러한 방식으로 표준값을 검증하는 일을 현대 측정학자들은 "소급성遡及性"이라고 한다. 측정 단위를 신뢰하려면 원본을 추적할 수 있어야 하고 이것이 변경되지 않음을 입증할 방법이 필요하다는 점을 강조하는 개념이다. 가장 일반적인 피에트레 디 파라고네의 사례는 길이 표준이지만, 돌에 새겨진 또다른 단위들도 있다. 1277년부터 파도바의 라지오네 궁전에 새겨진 일련의 표준에는 표준 크기의 벽돌, 지붕 타일, 빵 한 덩어리가 표시되어 있다. 여기에서 빵 덩어리는 거대한 성찬식 빵처럼 가운데에 십자 표시가 있는 원으로 표시되어 있다. 파도바 사람들은 시장에서 빵을 살 때 이 기준에 대보아서 적합한 크기인지 확인할 수 있었을 것이다. 지방정부가 말 그대로 시민의 일용할 양식을 인증한 이 표준은 시에나의 프레스코화에 필적할 만한 선한 정부의 상징이다.

공적 표준을 사용하는 일은 수 세기 동안 일상적이었지만, 산업 시대로 접어들면 그런 표준이 얼마나 필요했는지 불분명하다. 런던 트래펄가 광장 북서쪽 모서리에 있는 계단에는 1876년 제국 도량형 길이 표준이 청동으로 설치되었다. 설치된 이후에는 널리 참고된 것 같지 않지만, 여하튼 이 표준에는 야드, 피트, 링크, 체인, 로드(또는 페르슈)의 길이가 표시되어 있다. 군의관이자 중령인 에드워드 니컬슨이 1912년에 출간한 도량형의 역사에 관한 책에서는 이 표준을 찾아오는 이들에게 다음과 같이 경고한다. "트래펄가 광장의 표준에 다가가려는 이들은 이곳이 매우 무심한 사람들에게 일상적인 쉼터처럼 되어버리는 데에 아무런 대책을 마련해두지 않은 것을 아쉬워할 것이다."[56] 그러나 이러한 모습은 편리한 접근성의 대가이기는 하다.

검사관은 상인들의 도량형을 공적 표준 및 공식 단위와 비교해 확인했다. 아테네에서 도량형을 감독했던 검사관 집단인 고대 그리스의 메트로노모이metronomoi처럼 고전 세계에서 행하진 이 관행은 비잔티움 제국의 불로타이bullotai, 피사의 센살레sensales 등 다양한 형태로 중세까지 이어졌다. 이 검사관들은 측정만 확인한 것이 아니라 구매자로 위장해 돌아다니며 물건의 품질에 대해서 객관적인 의견을 제공하는 역할도 했다.[57] 영국에서는 시장에서 측정 분쟁이 일어나면 특별 재판소인 "파이파우더 법원"

에서 분쟁을 해결했다. 한 법률 기록에는 이곳이 "영국 법에 알려진, 가장 낮은 곳에 있으며 가장 신속한 정의의 법원"으로 기록되어 있다.[58] 적어도 11세기로 거슬러올라가는 파이파우더 법원은 일반 법원이라는 정규 체계보다 앞서 등장했으며, 장날에 발생한 범죄 행위를 신속하게 판단해주었다. 범죄는 절도나 폭행부터 상품을 적절히 측정했는지에 대한 분쟁에 이르기까지 다양했다. 장거리 상인, 즉 파이파우더piepowder라는 법원의 이름은 프랑스어로 "먼지 묻은 발"을 뜻하는 "피에 푸드레pieds poudrés"에서 온 것으로, 이동하는 상인들의 더러워진 장화를 의미한다. 이러한 이동식 측정 정의 판가름 기관은 오늘날에도 여전히 존재한다. 예를 들면 영국에는 시장의 저울이 변조되지 않았는지, 술집이 적당한 파인트 양을 주고 있는지 확인하며 상업 사기 혐의를 조사하는 상거래 표준 담당관이 있다.

그러나 측정법을 공식적으로 검증하는 가장 유쾌한 사례이자 단위 인증이 어떻게 전체 공동체의 책임이 되는지 보여주는 사례는 16세기의 한 기하학 교과서에서 볼 수 있다. 이 문헌은 마을 서기이자 레헨마이스터, 즉 "산술 장인(산술 교사)"인 야코브 쾨벨이 작성했다. 이 책은 독자에게 지상에서 탑의 높이를 재는 방법이나 현장을 측량하는 방법 같은 실용적인 교훈도 주지만, 유럽 전역에서 사용된 길이 단위인 루드rood를 복제하는 방법도 일러준다. 루드는 유서 깊고 널리 퍼진 길이 단위인데, 오랜 세기를 거치며 길이가 16.5피트(약 5미터)에서 24피트(약 7.3미터)까지로 다양해졌다. 쾨벨은 측정 초심자라도 기존의 표준이나 외부 권위에 의존하지 않고서도 다음과 같이 스스로 루드를 정의할 수 있다고 조언한다. 주일 예배가 끝난 다음 교회 문 옆에 서서 회중이 나갈 때 "키 큰 사람이나 작은 사람이나 상관없이 16명에게 멈춰 서라고 한다." 이 사람들은 "왼발을 다른 사람의 왼발 뒤에 붙이고" 일렬로 선다. 쾨벨은 콩가 춤을 추듯이 촘촘히 늘어선 사람들의 발로 이루어진 전체 길이가 "올바르고 합법적인 루드"라고 말한다.[59] 그 결과로 나온 단위는 말 그대로 대중의 몸에서 나온 단위이다. 이 단위를 이용해서 자신들이 발을 디딘 땅을 측정할 공동체 사람들이 서로 발에 발을 붙이고 만든 단위이다. 개인의 삶을 한데 모으는 이러한 측정법은 사람들 사이에 공동의 이해를 형성하고 사회 질서의 기초가 된다.

제3장

적절한 측정 대상

과학혁명은 측정의 영역을
어떻게 확장했을까

한번도 시도된 적이 없는 방법이 아닌 다른 방법으로, 한
번도 일어나지 않던 일이 일어나기를 기대하는 것은 순진
한 공상이자 자기모순일 뿐이다.
　　　　— 프랜시스 베이컨, 『신기관*Novum Organum*』(1620)[1]

측정, 그리고 근대 초기의 정신

측정학에 대한 초기 관심은 경작지나 식량과 같은 생활의 필수 요소를
측정하는 데에서 비롯되었다. 그러나 오늘날 우리의 측정은 이름 붙일 수
있는 모든 현상에 관련된다. 우리는 강우량과 방사선을 측정한다. 음식
의 열량, 걸음 수, 운동 횟수도 측정한다. 그리고 우주의 깊이나 원자 사
이의 공간 모두를 같은 정밀도로 알아낼 수 있는 단위도 있다. 심지어 우
리는 행복이나 고통, 공포처럼 측정할 수 없다고 소리 높여 주장하는 것
들까지 측정할 척도를 고안한다. 시인 위스턴 휴 오든은 우리가 "칭량하
고 측정할 수 있는 것에 대한 연구를 열렬히 사랑하는" 나라에서 살고 있
다고 말한다.[2] 이러한 사랑은 어떻게 번성하게 되었을까? 그리고 측정은
우리 삶의 수많은 면을 지휘하는 권한을 언제 행사하게 되었을까?
　애초에 측정은 실용적인 이점을 위해서 받아들여졌지만, 측정의 인식

론적 중요성은 철학과 과학의 가장 큰 수수께끼를 해결한 능력 덕분에 드러났다. 측정의 능력은 흔히 과학혁명의 시기, 다시 말해서 15세기부터 유럽과 그 너머 지역의 지적 문화에 느리고 혼란스러우며 모순적인 격변이 일어나던 시기에 증명되었다. 이 시기에는 인간의 주관성을 새로 중심에 놓고, 내세에 관심을 두는 대신에 현실 세계를 파악하려고 노력하는 "의식의 세속화"를 이루는 한편, 기어와 렌즈, 기계 같은 물질적 혁명을 거두는 등 다양한 사건들이 일어났다.[3] 그러나 우리가 어떤 경로를 따라 살펴보든 간에 그 변화는 의심할 여지없이 거대했다. 영국 시인 존 던은 17세기 초에 이렇게 한탄했다. "새로운 철학은 모든 것을 의심에 빠트리고 / 불의 요소는 완전히 사라져버렸네. / 태양은 갈 길을 잃고, 지구도 그러하네. 누구의 지혜도 / 어디에서 그것을 찾아야 할지 제대로 알려줄 수 없네."[4]

전통적 권위에 대한 회의론과 실험에 대한 새로운 지식 등 여러 지적인 변화들이 이러한 혁명을 이끌었다. 측정과 수량화 역시 중요했다. 근대 초기(15세기 말 무렵) 이전 시기에는 지적 관습에 따라서 측정할 가치가 있는 사물을 결정했다. 곡물의 무게를 재는 데에는 저울을 사용해야 올바르고 바람직했지만, 같은 접시저울이 우주의 본질이나 연소 역학을 이해하는 데에 도움이 된다고 생각한 사람은 거의 없었다. 경험적 형태의 지식에 대한 회의론은 공고했다. 신학자들은 신의 창조물을 설명할 때에만 수학을 칭송했으며, 자연철학자들(오늘날 "과학자"의 선조)은 사물에 내재한 "원인" 때문에 자연의 현상들이 일어난다고 생각한 고대 그리스의 세계관을 받아들였다.

현실을 이러한 관점에서 보면, 도토리부터 물에 이르기까지 모든 사물에는 영혼을 닮은 목적이 있으며, 이러한 목적은 실험이 아니라 이성을 통해서만 제대로 파악할 수 있다. 아리스토텔레스는 "사물의 '원인'을 파악하기 전에는(1차적 원인을 포착하기 전에는) 그 사물을 제대로 안다고 할 수 없다"라고 썼다.[5] 측정은 사상가가 아니라 건축가와 상인의 이론이었다. 고대인과 그 추종자들은 플라톤의 이데아 이론에 따라, 우리가 보고 듣고 만지는 현실 세계가 항상 변화하며 결코 하나로 존재하지 않는 끊임없는 흐름이라고 생각했기 때문이다. 그들에게 관찰을 통해서 세상을 이해하려고 하는 일은 끊임없이 파도치는 바다에 비친 밤하늘을 보고 하늘을 연구하려는 것과 마찬가지였다. 플라톤은 "어떤 연구에서든 몸이라는 도구에 의존한다면 우리 영혼은 몸에 이끌려 끊임없이 변하는 영역으로 들어가며 길을 잃고 혼란에 빠져 어지럽혀진다"라고 경고했다. 정신만이 혼란스러운 물리적 세계를 넘어 더 영속적인 무엇인가를 포착할 수 있다는 의미였다.

이러한 태도는 중세를 거치며 서서히 바뀌었다. 1,000년 간격을 두고 쓰였지만 제2경전 중의 하나인 「지혜의 서Book of Wisdom」에서 같은 구절을 인용한 두 개의 문헌에 이러한 변화가 잘 나타나 있다. 해당 구절에는 하느님이 세상을 창조할 때 "모든 것을 잘 재고[측정하고], [숫자를] 헤아리고, [무게를] 달아서 처리하셨다"라고 되어 있다. 그러나 정확히 어떻게 했다는 것일까?

고대 말기의 가장 영향력 있는 학자이자 서양 교회의 아버지인 히포의 성 아우구스티누스는 기원후 4세기 말에 이 구절에 대해서, 천지창조 전에는 측정이나 계산이라는 개념이 이해되지 않았으므로 하느님이 세상을 계산하고 측정하는 모습을 상상해서는 안 된다고 설명했다. 대신 "측정"이란 어떤 것의 한계를 설명하는 신성한 원칙이고, "숫자"란 물질이 취할 수 있는 다양한 형상이며, "무게"는 물리적 사물을 지지하고 안정시키는 타고난 특성을 말한다고 주장했다(모두 고대 그리스에서 가져온 개념이다). 아우구스티누스는 "무게란 바닥이 아니라 제자리를 향하는 것이다. 불은 위를 향하고 돌은 아래를 향한다. 사물은 무게에 따라서 움직여 제자리를 찾는다"라고 언급했다.[6] 그러나 15세기의 독일 철학자이자 천문학자인 니콜라우스 쿠자누스(1401–1464)가 같은 구절을 해석한 내용을 보면 이러한 예상이 어떻게 바뀌었는지를 알 수 있다. 쿠자누스는 인간이 사소한 일을 위해서 측정을 사용하듯이 신도 측정을 사용한다고 언급하며, 1440년에 쓴 『박학한 무지De Docta Ignorantia』에서 신이 "모든 것을 잘 재고, 헤아리고, 달아서 처리하셨다"라는 구절을 "신이 세상을 창조하실 때 산수, 기하학, 천문학을 사용하셨다"라는 의미로 읽어야 한다고 설명했다.[7] 그는 이러한 관행이 이성의 산물이라고 주장하며, 인간은 이러한 도구를 사용하므로 "짐승을 능가한다. 짐승은 셈하고, 무게를 재고, 측정할 수 없기 때문이다"라고 말했다.[8] 쿠자누스는 이러한 관행을 실천하는 것이 신의 역할을 이어받는 일이라고 말했다. 세상의 신비를 측정할 때 우리는 애초에 "샘솟는 분수의 균형을 맞추시고 땅의 기초를 무게 재는" 그분의 발자취를 따르고 있는 것이다.[9]

양보다 질 : 그리스의 유산

중세와 근대 초기 사이에 일어난 측정혁명을 더욱 잘 이해하려면 우선 미국의 역사학자 앨프리드 W. 크로즈비가 언급한 중세 유럽의 "반反측정"

편향이 어디에서 왔는지를 알아야 한다.[10] 반감은 근원적으로 고대 그리스에서 왔다. 고대 그리스인들의 연구는 아랍 학자들의 번역과 주석을 거쳐 유럽으로 전파되었으며, 아퀴나스 같은 사상가들을 통해서 주류 기독교 문화에 통합되었다.

이러한 관점에 영향을 준 가장 중요한 인물은 플라톤이다. 세계를 물질 영역과 이데아 영역으로 양분하는 것은 그의 가장 중요한 철학이었다. 물질 영역은 우리의 감각—촉각, 시각, 후각, 청각, 미각—으로 접근할 수 있는 실제인 반면, 이데아 영역은 영원하고 불변하며 마음으로만 마주할 수 있다. 이데아에는 오늘날 우리가 추상 명사로 언급하는 아름다움이나 신성함 같은 것 외에, 일상생활을 표현하는 청사진, 즉 '파랑다', '네모나다', '차갑다'처럼 주변 세상을 설명하는 형용사도 포함된다. 이는 세상의 고유한 특성—아마도 본질—에 중점을 두는 지식에 접근하고자 하는 것이며 문화에도 스며 있다. 예를 들면 캐나다의 시인이자 고전학자인 앤 카슨은 고대 그리스 문학이 사람과 사물의 본질적인 특성에 유난히 집착한다고 지적한다. "호메로스가 피를 언급할 때, 피는 검다. 여성이 등장하면, 그녀는 발목이 가늘거나 조심스레 바라본다. 포세이돈은 항상 **포세이돈 특유의 파란 눈썹**을 지니고 있다. 신의 웃음은 **억누를 수 없다.** 인간의 무릎은 **재빠르다.** 바다는 **닳지 않는다.** 죽음은 **나쁘다.**"[11] 이러한 묘사는 반복할수록 더 쉽게 낭송할 수 있게 되는 초기 시의 구전적 특성을 나타낸다고 볼 수도 있지만, 플라톤에서 유래한 철학적 전통의 본질을 포착한다고 할 수도 있다.

플라톤은 이데아가 물질 영역의 존재로 어느 정도 구현될 수 있다고 말한다. 바다와 하늘은 각각 파랑과 차가움을 반영할 수 있다. 그러나 우리가 그리는 원은 감각이 아니라 이성적인 사고를 통해서만 이해될 수 있는 완벽한 원을 불완전하게 반영한 것일 뿐이다. 이 지식의 굴절—우리가 경험하는 세계는 어쨌든 간접적이라는 생각—은 플라톤의 유명한 "동굴의 비유"에서 잘 나타난다. 『국가*De Republica*』에 등장하는 이 이야기에서 인간은 사슬로 묶인 채 동굴에 갇힌 죄수로 비유된다. 인간 뒤에는 모닥불이 깜빡이고 인간은 묶여 있어 돌아설 수 없다. 사물이 불 앞을 지나가면 그 그림자가 사슬에 묶인 사람 앞의 벽에 비친다. 죄수는 사물 자체가 아니라 사물이 만드는 그림자만 볼 수 있다. 사물은 현실을 구성하는 비물질적인 이데아를 나타내고, 그림자는 세상에 대한 인간의 불완전하고 모호한 지각을 나타낸다. 오늘날에도 여전히 논의되는 흥미로운 이미지이다. 요즘에는 (철학과를 제외하고는) 플라톤주의자가 그다지 많지 않지만 우리는 보고 듣고 만지는 것이 당연히 그러해야 하는 것보다 부족하고 초라한 모방이라고 느끼기도 한다.

고대 그리스인과 이들의 영향을 받은 사람들에게 이 형이상학은 지식의 계층 구조를 만들어주었다. 이러한 계층 구조는 물질적인 것보다 초월적인 것, 그리고 관찰된 것보다 이성으로 생각한 것을 우선시하며, 결과적으로 이해의 도구인 측정과 수량화를 강등시킨다. 플라톤은 『국가』에서 감각의 오류 가능성을 간단히 보여준다. 손바닥을 위로 한 채 손을 들어 손가락을 자세히 살펴보라. 새끼손가락, 약지, 중지를 차례로 살펴보고 어떤 손가락이 가장 큰지 생각해보라. 감각에 따르면 약지는 새끼손가락보다 **크고** 중지보다는 **작다**고 말할 것이다. 그러나 어떻게 그럴 수 있을까? 같은 물체가 어떻게 크기도 하고 작기도 할 수 있을까? 플라톤의 결론은 다음과 같다. "지각은 믿을 만한 결론을 주지 않고, 다만 명백하게 상반된 특성을 나타내는 모순된 인상만을 전해줄 뿐이다." 플라톤은 이러한 이론이 크기에 대해서만이 아니라 무게나 경도硬度 등의 여러 특성에 대해서도 사실이라고 주장한다.[12] 이러한 세계관에서 측정은 열등한 지식을 양산할 뿐이다. 우리는 물질적 실제에 대한 이론을 세울 수 있지만, 끊임없이 변화하고 모순되는 물질적 실제의 본질 때문에 모든 결론이 약화된다.[13] 측정 도구는 물론 나름의 용도가 있고, 플라톤도 "척도와 장비, 그리고 이들의 놀라운 정확성"을 칭송하지만, 이는 건축 같은 기술 작업에만 적용될 뿐이다.[14] 가장 아름다운 건축물도 철학적 사고의 견고함을 따라갈 수 없다. 건축물은 그저 벽에 비친 또다른 그림자일 뿐이다.

이러한 태도에도 불구하고 고대 그리스인들과 그들의 영향을 받은 중세 사상가들은 수학을 사소한 것으로 치부하지 않았다. 오히려 그 반대였다. 이들은 때로 숫자를 중요하고 영원한 이데아의 일종으로 칭송했으며, 일부 수학적 연구(특히, 기하학)는 초월적인 지식을 나타내는 중요한 증거로 보았다. 추상적인 계산과 공리로만 다룬다면, 수학은 만고불변한 것이었다. 성 아우구스티누스는 4세기 말에 『자유의지론De Libre Arbitrio』에서 다음과 같이 말했다. "신체적으로 감각하는 사물이 얼마나 오래 지속될지는 알 수 없다. 이 하늘과 이 땅, 그리고 그 안에서 내가 지각하는 다른 사물들도 말이다. 그러나 일곱에 셋을 더하면 열이라는 사실은 지금뿐만 아니라 항상 그러하다. 일곱에 셋을 더하면 언제 어떻게든 열이 되지 않는 경우가 없었으며 앞으로도 일곱에 셋을 더하면 열이 되지 않는 경우는 없을 것이다."[15]

그러나 이러한 관점은 오늘날의 수학보다는 수비학數秘學과 공통점이 많다. 예를 들면 플라톤이 한 나라의 이상적인 인구가 5,040명이라고 했을 때, 그는 식량 공급이나 노동 분업 등을 바탕으로 계산하여 이 선택된 숫자를 증명한 것이 아니었다. 5,040명이라는 시민의 수가 특정 도시에 올바르고 적합한 숫자인 이유는 이 숫자가 $7 \times 6 \times 5 \times 4 \times 3 \times 2 \times 1$의 결과로 나온 신비롭고 중요한 숫자이기 때문이다.[16] 이러한 점에서 플라톤과 그의 추종자들은 초기 그리스 철학자인 피타고라스(기원전 약 570-기원전 약 490)의 연구에서 영향을 받았다. 피타고라스는 "모든 것은 숫자이다"라고 천명하며 숫자 이론이 실제의 기초라고 주장했다. 피타고라스학파는 각 숫자에 고유한 성격을 부여했다. 예를 들어 숫자 1은 단일한 신과 모든 사물의 기원을 의미하는 모나드monad이고, 숫자 2는 물질의 부차적 원인이자 이데아를 의미하는 디아드dyad이다. 숫자 1과 2는 첫 번째 남성형 숫자인 3을 낳는다. 3은 완벽한데, 시작과 중간, 끝이 있기 때문이다. 역사학자들은 이러한 방식이 사물의 본질을 연구하는 중요한 방법이라는 의미를 수학에 부여했다고 주장하지만, 여기에서 숫자는 계산이 아니라 상징이다.[17]

아우구스티누스와 중세 후계자들은 숫자에 과하게 상징을 부여해 이해하는 전통을 이어받았고, 이러한 생각을 몹시 흥미롭게 여기며 버리지 못했던 것 같다. 이들은 이러한 생각을 기독교 신앙과 엮어 숫자를 "신이 설계한 창조의 청사진"이나 "창조주 신의 마음을 이해하는 열쇠"로 이해했다.[18] 이에 따라서 숫자 3은 삼위일체를 상징하게 되었다. 3의 2배인 6은 천지를 창조하는 데에 걸린 날수였다. 그리고 3을 반복하면 33, 즉 그리스도가 사망한 것으로 추정되는 나이가 되었다. 10은 법을 나타내는 십계명의 숫자였고, 이보다 하나 더 많은 11은 유다 사후의 제자들의 인원 수로 무질서와 죄를 상징했다.[19]

이러한 믿음은 고대 그리스 철학과 마찬가지로 수의 질적인 면에 집중하는 태도를 부추겼다. 크로즈비는 중세 초기에 숫자가 주로 수사학적 효과에 이용되었다고 주장했다. 예를 들면 8세기의 서사시인『롤랑의 노래La Chanson de Roland』에 등장하는 영웅은 적들에게 "1,000번의 공격에 이어 700번의 공격이 더해질 것"이라고 경고한다.『성서』는 이스라엘이 시리아군 10만 명을 타격했고 남은 자들은 도시로 쫓겨와서는 무너지는 성벽에 깔려 2만7,000명이 더 죽었다고 묘사한다.[20] 하지만 요리법에서는 정밀한 단위를 피하고 "약간 더"나 "중간 정도 크기" 같은 모호한 지시를 선호했고, 시간이나 날짜도 마찬가지로 느슨하게 다루었다.[21] 당시에 사용하던 도구들도 이러한 태도에 영향을 미쳤을 것이다. 실제적인 작업에 저울과 막대자를 사용하기는 했지만, 숫자와 계산 체계의 범위는 제한적이었다. 중세에 숫자를 셈하는 기본 도구는 보통 로마 숫자였다. 20 미만의 작은 숫자는 획으로 나타내고 큰 숫자를 나타낼 때는 문자를 조합하는 로마식 방법(5 = V, 10 = X, 50 = L 등)은 기억하기 쉬웠지만 계산에는 적합하지 않았다. 로마 숫자에는 더하기나 빼기, 나누기나 등호 같은 수학적 기호도 없었다. 자릿값과 0이라는 개념은 13세기 들어 힌두-아랍어가 느리게 도입되기 시작한 이후에야 알려졌다.

중세 사상에서 양보다 질적인 면에 더 가치를 두었다는 사실은 아마도 라틴 백과사전 편찬가들의 작업에 가장 분명하게 드러날 것이다. 이 사전의 편찬가는 로마의 플리니우스나 마르티아누스 카펠라, 7세기 서고트 왕국의 세비야의 대주교 이스팔렌시스 이시도루스, 8세기 영국 베네딕토회 수도사인 베다 베네라빌리스까지 여러 나라와 시기에 걸쳐 퍼져 있었다. 이들은 12-13세기 유럽 학문의 중추를 이루었으며 결국 중세의 기본 교과 과정이 된 7가지 자유과artes liberales를 설립했다(이 과정은 문법, 논리학, 수사학의 언어적 3학 그리고 음악, 산수, 기하학, 천문학의 수학적 4과로 이루어져 있다).

이들은 가리지 않고 잘 먹는 까치처럼 다양한 학문에 접근했고, 서로 이질적인 출처라도 눈에 띄면 닥치는 대로 자료를 모았으며, 소문을 그럴듯한 사실로 기꺼이 받아들였다. 예를 들면 플리니우스의 37권으로 된 『박물지Naturalis Historia』에는 거의 500가지의 출처로부터 발췌한 지식이 담겨 있다. 그야말로 "인류의 발견, 기술, 오류를 포괄하는……방대한 보고"이다.22 이스팔레우시스 이시도루스가 쓴 『어원학Etymologiae』 역시 엄청나게 방대한데, 책 제목에서 알 수 있듯이 단어의 기원을 지식에 이르는 가장 믿을 만한 경로로 여긴다. 이시도루스는 단어에 이름을 부여하는 원인, 즉 단어를 설명하는 힘이 단어의 역사를 형성한다면서, 이 원인이야말로 기본적인 "왜"라는 질문, 즉 "왜 이 사물이 존재하고 이것의 목적은 무엇인가"라는 질문에 답한다고 설명한다. 예컨대 왕rex이라는 단어는 올바르게recte 행동해야 하는 군주의 의무에서 나왔고, 인간homo은 땅humus에서 나온 형상이라는 식이다. 이러한 어원적 원인에는 보통 장소, 사람, 주체의 행동이 있다. 독수리vultur라는 이름은 천천히 나는volatus tardus 행동에서 왔으며, 뱀을 닮은 전설의 괴물 바실리스크basiliscus는 다른 뱀들을 흩어지게 만드는 왕βασιλεύς 같은 행동에서 유래했다(이시도루스는 여기에서 바실리스크가 무시무시하게 악명이 높아도 우리는 현명하게 탈출할 수 있다고 안심시킨다. "그러므로 조물주는 치료제 없이는 아무것도 만들지 않으니").23 이러한 어원이 이시도루스의 연구 대부분을 차지한다. 그의 연구는 수 세기 동안 매우 인기를 끌었고 공들여 쓰인 수백 권의 필사본을 낳았다. 그는 기하학처럼 양적인 것과 관련된 주제는 그저 겉핥기로 지나갔지만, 수학은 주로 성서적 수비학에 통찰을 준다는 점에서 칭송했다. 이시도루스는 수량화에 대한 독자의 혐오를 미리 방지하려는 듯이 다음과 같이 썼다. "숫자 계산을 경시하면 안 된다. 신성한 글의 많은 구절에서 이 글들이 얼마나 큰 신비를 품고 있는지 숫자가 밝혀주기 때문이다."[24]

『어원학』 같은 문헌이 주는 정보는 사소하고 우연한 것처럼 보일 수도 있고, 과거의 원시주의를 나타내는 어원 모음 정도로 여겨질 수도 있다. 그러나 오늘날의 과학적 방법과 마찬가지로, 우주를 질적으로 이해하는 일은 혼란스럽던 존재에 질서의 느낌을 부여했다. 이러한 문헌은 그저 동식물 도감이 아니라, 세상에서 우리의 위치를 정하는 데에 도움이 되는 인지적 지도이다.

아리스토텔레스와 옥스퍼드 계산학파

플라톤의 영향은 중세 내내 이어지다가 13세기 이후에는 그의 지위가 점점 제자인 아리스토텔레스에게 옮겨졌다. 아리스토텔레스는 지식을 구성하면서 관찰과 측정에 고유한 방법으로 접근했다. 이 시기 아리스토텔레스 사상의 중심적인 위치와 그 중요성은 아무리 과장해도 지나치지 않다. 아리스토텔레스의 가르침 모두가 의심할 여지없이 받아들여진 것은 아니지만, 그가 쓴 폭넓고 독창적인 글들은 학자들에게 세상의 완전한 그림을 얼핏이나마 보게 해주었다. 일반적으로 고대인을 존경하던 시대에 아리스토텔레스의 가르침은 특히 높이 평가받았다. 단테는 그를 "지식인의 거장"이라고 불렀고, 아퀴나스는 그를 "기독교 신앙의 이점을 이용하지 않고도 도달할 수 있는 가장 높은 경지의 인간 사상에 도달했다"고 칭송했다. 이슬람 철학자 이븐 루시드는 아리스토텔레스의 공적을 이렇게 요약했다. "아리스토텔레스의 가르침은 최고의 진리이다. 그의 마음은 인간의 마음을 궁극적으로 표현했기 때문이다."[25]

아마도 아리스토텔레스 사상의 가장 중요한 점은 추상적인 것에서 경험적인 것으로 중심을 옮겼다는 사실일 것이다. 아리스토텔레스 역시 플라톤의 이데아 이론을 받아들였지만, 그는 이데아라는 개념을 재해석해서 시공간 바깥에 존재하는 것이 아닌 물질에 내재하는 속성인 형상形相으로 보았다. 이러한 재해석은 물질 세계와 감각의 증거에 새로운 관심을 불러일으켰다. 이것이 아리스토텔레스가 가장 중요하게 여긴 지식 형태는 결코 아니었지만(사실 형상은 인간이 더 높은 보편적인 진리에 도달하는 과정의 디딤돌일 뿐이었다), 우리가 보고 듣는 것을 관찰하면 지식에서 주의가 흐려지지 않고 오히려 지식을 구성할 수 있다는 가능성을 제시했다. 아리스토텔레스에게 이 개념의 핵심은 귀납 과정, 즉 세계를 바라보는 특정한 관찰에서 일반적인 이론으로 나아가는 과정이었다. 아리스토텔레스는 『분석론 후서Analytica Posteriora』에 "귀납을 통하지 않고는 보편성을 생각할 수 없다. 그리고 지각하지 않고는 귀납할 수 없다"라고 썼다.[26]

호메로스가 표현한 검은 피와 **재빠른** 무릎처럼, 아리스토텔레스는 자연계의 모든 것이 행동을 지시하는 특성을 타고났다고 이해했다. 중세 자연 철학자들은 아리스토텔레스의 철학 중에서도 이러한 측면에 가장 주목했다. 중세 철학자들은 역사가 세상 사물의 **존재방식**을 알려준다는 점을 알았지만, 사실 이들의 목표는 사물의 **원인**을 설명하는 것이었다. 아리스토텔레스에게 사물의 가장 중요한 원인은 사물의 목적, 즉 텔로스telos였다. 아리스토텔레스의 목적론적 우주에서는 토끼가 달리고 늑대가 사냥하는 원인이나 연기가 하늘로 올라가고 돌이 땅으로 떨어지는 원인이 같았다. 미국 과학사가 스티븐 샤핀은 이러한 관점이 영혼 비슷한 목적을 무생물에 부여하는 물활론物活論과 비슷하다고 지적했다. "이러한 의미에서 아리스토텔레스의 물리학은 생물학을 모형으로 했으며, 생물을 이해하는 데에 사용되는 생물학과 비슷한 설명을 물리학에 적용했다. 도토리가 떡갈나무로 자라는 것을 잠재태가 현실태로 바뀌는 것으로 보았듯이, 높은 곳에서 돌이 떨어지는 것은 돌이 지닌 잠재태의 실현, 즉 본성의 실현이라고 본 것이다."[27]

그러나 아리스토텔레스의 가르침이 유럽 전역에 퍼졌음에도 그의 방법론 일부에 의문이 제기되기 시작했다. 옥스퍼드 대학교에서 가장 먼저 의문을 던졌다. 14세기 초 옥스퍼드 대학교 머튼 칼리지의 일부 학자들은 자연철학을 바라보는 새로운 수학적, 정량적 접근법을 개발하여 역사학자들 사이에서 옥스퍼드 계산학파라는 별명을 얻었다. 토머스 브래드워딘, 윌리엄 헤이테스베리, 리처드 스와인즈헤드를 포함한 이 사상가들은 향후 수 세기 동안 유럽 사상에 영향을 미친 논문과 문헌들을 공동 저술했다.[28] 사실상 이 집단을 창시한 브래드워딘은 수학적 원리를 자연계에 적용할 수 있다는 믿음을 지녔다. 그는 "모든 숨겨진 비밀을 알고 문자의 세부 하나하나를 풀 열쇠를 지닌 수학이야말로 모든 진정한 진리를 드러낸다"라고 썼다.[29]

옥스퍼드 계산학파는 아리스토텔레스가 운동과 변화를 설명한 것에 특히 관심을 두었다. 이때의 운동과 변화는 오늘날에는 과학의 영역으로 여기지 않는 현상까지 포함하는 광범위한 사고 분야였다. 아리스토텔레스는 변화의 이해가 곧 자연의 이해라고 말했다. 자연은 언제나 유동적이며 한 사물에서 다른 사물로 변하기 때문이다. 여기에서 아리스토텔레스의 가르침 일부는 작용이 없으면 움직이지 않는다는 그의 과학 법칙과 비슷해 보이기도 한다(훗날 뉴턴은 이 말을 "작용이 없으면 **운동이 바뀌지 않는다**"라고 수정하여 관성의 원리에 통합했다). 그러나 다른 변화는 더 형이상학적이다. 예를 들면 아리스토텔레스는 모든 변화가 4가지 기본적인 원인의 산물이라고 말했다. 즉, 질료인(대상의 구성), 형상인(물질의 배열), 작용인(다른 대상을 초래하는 작용), 목적인(목적론적 목적)이다. 이러한 사고의 틀에서 본다면 조각상의 질료인은 청동이나 돌이고, 형상인은 조각상의 모양(예를 들면 사람이나 말)이고, 작용인은 그 조각상을 만든 조각가이며, 목적인은 미적 또는 종교적 호소이다.

여기에서 우리는 당시에 물리적, 철학적 구분을 따지는 일이 얼마나 시대 착오적인 일이었는지를 알 수 있다. 아리스토텔레스와 추종자들은 경험적 관찰과 철학적 추론을 모두 포함하여 운동을 이해하고자 했다. 그리고 옥스퍼드 계산학파는 첫 번째 범주인 경험적 관찰에 이전 세대보다 훨씬 더 의존하는 혁신을 이루었다. 이들은 아리스토텔레스의 사상을 새롭게 해석하여 시공간 안에서 관찰할 수 있는 현상으로서 운동에 다시금 주목했고, 사물이 세상에서 움직일 때 우리가 보는 것을 어떻게 가장 잘 설명(하고 측정)할 수 있는지를 탐구했다. 이들의 답은 세상을 새롭게 켜켜이 구분하는 것이었다. 이들은 운동의 **원인**(역학)과 그 **효과**(운동학)를 구분하고, 영속도zero velocity 같은 새로운 개념을 도입하고, 이러한 작용을 수량화하는 개념(균일하게 가속하는 물체의 평균 속도를 계산하는 머튼 법칙 등)을 만들며 옛 사고를 재해석했다.

이처럼 의미를 여러 단계로 구분하는 것은 측정학적 사고의 핵심이다. 사물을 측정한다는 것은 한 사물을 다른 사물과 구분한다는 뜻이다. 즉, 어떤 것이 분명 6이 아니라 7이라고 말할 수 있고 어떤 식으로도 8로 오인되지 않도록 하는 것이다. 측정에는 주의 집중이 필요하며, 우리는 무엇을 아는지 그저 가정하는 데에 그치지 않고 새롭게 지식을 창조하려고 애써야 한다. 옥스퍼드 계산학파는 이러한 방법으로 아리스토텔레스의 가르침 일부를 뒤집을 수 있다고 주장했다. 예를 들면 사물의 속도는 물체에 가하는 힘에 비례하고, 물체가 맞서는 저항에 반비례한다는 이론 같은 것을 말이다. 브래드워딘은 아리스토텔레스의 이 이론이 타당하게 들리지만 현실을 설명하지는 못한다는 사실을 발견했다. 만약 이 이론이 사실이라면, 어떤 힘이라도 오래 주어지면 어떤 물체라도 움직일 수 있다는—개미도 산을 옮길 수 있다는— 말이 된다. 그러나 물체의 저항이 물체에 작용하는 힘보다 크다면, 물체는 영원히 힘에 저항하기 때문에 이는 사실이 아니다. 따라서 브래드워딘은 아리스토텔레스의 이론을 수정하여 사물의 속도를 2배로 하려면 힘(F) 대 저항(R) 비율을 제곱해서 저항을 극복해야 한다고 주장했고, 이 이론을 증명하기 위해서 일종의 일반 공식을 제안했다. 그는 이 공식을 말로 풀어서 썼지만 현대 표기법으로는 $V \propto \log F/R$(V = 속도, F = 힘, R = 저항)과 같이 나타낼 수 있다.[30]

옥스퍼드 계산학파가 매혹된 수량화의 형태가 오늘날의 수량화 개념과 직접 대응하지는 않는다는 사실을 강조해야겠다. 이들은 실제 실험을 수행하지도 않았고, 자나 저울 같은 측정 도구를 사용하지도 않았다. 대신 그들은 추상적이고 언어적인 추론을 이용했다. 그리고 이런 접근법으로 운동뿐만 아니라 존재하는 모든 것을 단계적으로 측정할 수 있다고 생각했다. 여기에는 열, 빛, 색처럼 오늘날 우리가 수량화할 수 있다고 생각하는 것은 물론, 은혜, 확신, 자비심 같은 신비한 개념도 포함되었다(옥스퍼드 계산학파는 자비심 측정이 신학적 논쟁을 해결할 유용한 방법이라고 생각했다). 그렇다고 하더라도 이들의 업적은 의미가 있다. 그들은 측정에 대한 우리의 이해를 바꾸는 중요한 전환을 만들어냈다. 이러한 통찰 덕분에 브래드워딘은 영국의 시인 제프리 초서가 당대를 밝히는 사상가로 아우구스티누스와 함께 언급할 만큼 유명해졌고, 한 현대 역사학자는 약간 농담조로 옥스퍼드 계산학파의 업적이 옥스퍼드 대학교에 "전무후무한" 명성을 가져다주었다고 말하기도 했다.[31]

예술, 음악, 시간의 측정

근대 초기의 수량화 혁명은 대학교나 학계 논쟁에서만 일어나지 않았다. 고대의 측정 단위처럼 이 역시 기술의 산물이었다. 일부 역사학자들은 자연철학자들이 실제 교역의 수량화 방법으로부터 영향을 받지 않았다면 과학혁명이 일어날 수 없었다고 말하기도 한다. 1940년대 오스트리아-미국 역사학자인 에드거 질셀은 1세대 과학자들에게 영향을 준 것은 바로 이 "예술-공학자"라고 언급하기도 했다. 이들은 "그림을 그리고, 동상을 주조하고 성당을 지었을 뿐만 아니라 인양 장비를 만들고, 토목 작업을 하고, 운하와 수문, 총, 요새를 만들었으며, 새로운 물감을 발견하고, 기하학적 원근법을 찾아내고, 공학과 총기학을 위한 새로운 측정 도구를 고안하기도 했다."[32] 이러한 실용적인 혁신은 고대의 사원과 곡물 창고처럼 측정의 효용을 입증했고 새로운 영역에서 측정에 권위를 부여했다.

질셀이 인용한, 회화에서의 원근법 도입을 살펴보자. 고대 문명도 원근법을 어느 정도 이해했지만 원근법의 가능성을 제대로 활용한 문화는 없었다. 고대 그리스인들은 극장 무대그림인 스케노그라피아skenographia—평면 패널을 채색하여 심도가 있는 듯한 착시를 만드는 것—를 사용했다. 그러나 이러한 효과는 기둥이나 입구 같은 건축물 정면에만 한정적으로 사용되었다. 한편 대부분의 중세 예술가들은 중요한 계층을 나타내기 위해서만 시각적 원근법 규칙을 활용했다. 중세 이전의 고대 이집트인이나 마야인처럼, 중세 예술가들도 가장 중요한 인물을 화면에서 가장 크게 그려서 현세의 권력이나 영적인 힘을 나타냈다. 가장 중요한 세부를 강조하기 위해서 에스허르의 작품들처럼 원근법을 뒤틀기도 했다. 건물의 내부와 외부를 동시에 보여주거나, 서로 다른 시점에 발생한 일을 나란히 묘사하기도 했다.[33] 눈에 보이는 대로가 아니라 마음이 이해하는 대로 실제를 표현하려고 한 것이다.

　15세기에는 말 그대로 르네상스인이었던 두 사람의 작품 덕분에 이러한 방식에 변화가 일어났다. 필리포 브루넬레스키와 레온 바티스타 알베르티이다. 당시 부유하고 독립적인 코뮤네 피렌체에 살던 두 사람은 회화, 건축, 시, 철학에 지대한 공헌을 했다. 브루넬레스키는 회화적 원근법을 최초로 고안하고 시연한 인물인 듯하다. 그는 고대 로마 기념물을 건축학적으로 연구한 결과를 회화에 적용하며 소실점(평행선들이 보는 사람에게서 멀어지며 수렴하는 곳처럼 보이는 한 점)을 이용했다. 그러나 그는 자신의 방법을 절대 설명하지 않는 비밀스러운 사람이었다. 브루넬레스키는 "발명과 업적을 너무 많이 공개한다면 천재성의 열매를 포기하는 것이나 마찬가지이다"라고 경고하기도 했다.[34] 선 원근법을 체계화하고 보

중세의 제도가가 정량화된 격자를 이용해서 피사체의 실제 원근감을 포착하고 있는 모습을 그린 알브레히트 뒤러의 그림.

급한 사람은 알베르티였다.

반 에이크 형제의 장엄한 1432년 작품 "겐트 제단화"처럼, 이전에도 원근법을 회화에 적용한 사례가 있기는 했다. 알베르티는 1435-1436년에 이 주제를 다룬 첫 번째 이론적 입문서 『회화론 De Pictura』을 써서 원근법 이론을 유럽 전역에 널리 퍼트렸다.[35] 알베르티는 이 책에서 이미지의 소실점을 찾는 방법을 간단한 단계로 조언했는데, 캔버스에 축소한 격자를 그리고 이 시각적 가설물을 이용하여 그림에 담길 내용을 정렬하고 크기를 조정하는 방법이었다. 그는 화가들에게 실제로부터 캔버스로 선을 간편하게 따오려면, 화가 자신과 대상 사이에 베일을 두라고도 조언했다.

> 방법은 다음과 같다. 고운 실로 성글게 짠 베일을 원하는 색으로 염색한 후, 두꺼운 실을 이용해 여러 개의 평행한 정사각형들로 구분하고, 이 천을 펼쳐서 틀에 고정한다. 이 틀을 눈과 그리려는 대상 사이에 둔다. 이렇게 하면 시각적 피라미드가 베일의 성긴 짜임 사이를 통과한다.[36]

알베르티가 설명한 이 "시각적 피라미드"는 중세 광학 이론을 말한다. 13세기 이전의 서구 사상가들은 시각이 "방출extramission"을 통해서 작동한 다고 믿었다. 즉, 눈이 마치 "사물을 감지하기 위해서 뻗는 시각적 손가락"처럼 세상을 향해 빛을 쏘며 상호작용한다고 생각한 것이다("육감으로 보라"라는 셰익스피어의 명령에서도 포착되는 원리이다).[37] 서구에서는 알하젠이라고 알려진 11세기 아랍 학자 이븐 알-하이삼의 방대한 작업 덕분에 이러한 생각이 "유입주의intromission"로 이어졌다. 방출 이론의 인과관계를 뒤집어서, 실제에서 인상을 포착하는 것은 눈이라는 개념이다. 이러한 이론은 알베르티 같은 예술가의 작품에 영향을 주어 원근법 격자라는 기하학적 기술을 장려했고 세상을 공간적으로 추상화된 단위로 분할하도록 새로운 자극을 주었다. 알베르티의 입문서가 출간된 후 유럽에서는 회화적 원근법이 빠르게 퍼지며 이전 화풍을 대체했다. 한 일화에 따르면, 디지털 모형처럼 매우 정밀하고 상세한 기하학적 스케치를 남긴 것으로 유명한 15세기의 화가 파올로 우첼로가 잠자리에 들기를 거부하며 작은 목소리로 "지금 같은 원근법이라니 멋지지 아니한가!"라고 중얼대는 것을 아내가 우연히 들었다고도 한다.[38]

중세 음악에서도 또다른 수량화 도구인 기보법의 힘을 얻어 비슷한 전환이 일어났다. 중세 전반에 걸쳐 음악은 구전으로 전해질 수밖에 없었다. 우리가 좋아하는 백과사전 편찬가 이시도루스는 7세기에 "소리는 인간의 기억에 저장되지 않으면 기록될 수 없어 소멸한다"라고 한탄했다.[39] 평성가平聖歌가 음악적 전통을 지배한 것은 이러한 제약 때문이었다. 평성가는 무반주 단성성가로, 가장 잘 알려진 평성가인 "그레고리오 성가"는 선율이 좁은 음역(보통 한 옥타브 미만)에서 느리게 진행된다. 곡의 속도나 음량이 극적으로 바뀌지 않으므로 사색적이며 오늘날 우리 귀에는 지루하게까지 들린다. 9세기 무렵부터 기록 음악의 첫 번째 형태가 나타나기 시작한다. 전례 가사 위에 기호를 표시한 네우마neuma 기보법이다(네우마라는 이름은 호흡을 뜻하는 그리스어에서 온 것으로 보인다). 이 기보법은 리듬 표시는 없이 상대적인 음높이―어떤 음이 이전 음보다 높거나 낮은지―만 나타낸다. 위로 올라가는 사선 표시는 다음 음을 더 높여 불러야 한다는 의미이고, 아래로 내려가는 사선인 그라베grave 표시는 더 낮추어야 한다는 의미이다. 원래 이러한 악보는 텅 빈 면in campo aperto, 즉 오선이 없는 "백지에" 기록되었지만, 시간이 지나자 학생과 교사들은 네우마가 높은지 낮은지를 쉽게 파악하기 위해서 악보에 수평선들을 그렸다. 11세기로 재빨리 건너뛰어보면 이 선들은 악보 오선으로 표준화된다. 13세기로 건너가보면 각 소리가 얼마나 오래 유지되는지를 표시하는 표준화된 음표 디자인이 나타나기 시작한다.[40]

리듬과 음높이를 측정하는 능력이 생기자 다양한 선율이 새로운 화성을 이루며 여러 겹으로 쌓이고 리듬도 사색적인 분위기에서 즐거운 분위기로 바뀌는 다성음악이 잘 표현되었다. 기보법이 점점 더 복잡해지는 선율을 표시하기 위해서 개발되었는지, 선율 자체가 새로운 기보법의 영향을 받았는지는 알 수 없다. 그러나 서로가 서로 없이는 불가능했다.[41] 현대 이론가들은 이 새로운 양식을 "아르스 노바(새로운 예술)"와 "무지카 멘수라타(측정된 음악)"라고 부른다. 그리고 이 새로운 양식들은 다른 음악적 혁명과 마찬가지로 기성의 음악에 충격을 주었다. 13세기 벨기에의 음악 이론가인 자크 드 리에주는 이렇게 불평했다. "음악은 원래 신중하고 점잖고 단순하며 남성적이고 도덕적이었다. 오늘날 사람들은 음악을 너무 음탕하게 만들지 않았는가?"[42] 리에주와 동시대인인 교황 요안네스 22세는 1324년 음악만을 다룬 최초의 『교서Docta Sanctorum Patrum』에서 아르스 노바를 금지했다. 7세기가 지나도 이 『교서』에 표현된 불만은 계속 설득력을 지녔다. 『교서』는 선율과 리듬을 혁신하려는 집착이 평성가의 경건한 내용을 해쳤다고 말한다. "각 성부가 끊임없이 이리저리 움직이며 귀를 달래기보다는 중독시키고, 가수들은 몸짓으로 음악의 감정을 전달하려고 애쓴다." 『교서』는 심지어 음악적 척도가 이러한 잘못된 변화에 특히 책임이 있다고 지적하며 "템포라[음악에서 길이를 나타내는 기본 단위인 악절]를 측정해서 나누면" "가치가 적은" 음이 넘쳐나게 되어, 잘 정돈된 정원에 난 잡초처럼 "완만하게 오르내리는 평성가"를 말라비틀어지게 만든다고 설명한다.[43] 측정, 수량화, 분할 기술은 너무 과한 것으로 여겨졌다.

———·———·———·———

그러나 중세에 다른 모든 요소들을 압도하는 수량화 요소가 있었다. 자연 자체의 특권을 빼앗고 이후 우리의 모든 삶에 꾸준한 리듬을 준 것, 바로 기계식 시계의 발명이다. 시계는 13세기 말 무렵부터 전 세계를 지배하기 시작했다. 유럽인들이 최초로 톱니와 기계식 연결장치를 이용해서 시계를 고안하지는 않았지만(중국과 아랍의 시계 전문가들이 유럽인보다 앞선 11세기 이후부터 놀랍도록 정확한 천문시계를 많이 제작했다), 이것을 기술적, 이론적으로 개선하여 이 체계를 사회의 중심부로 새로 들여온 것은 그들이었다.

가장 중요한 기술적 성취는 발진기發振器와 탈진기脫進機였다. 발진기와 탈진기는 오늘날 모든 시간 계측에서 규칙적인 리듬을 생성하는 장치이다. 1600년대에 코일 스프링이 일반화되기 전까지는 이 두 가지 장치가 함께 작동하면서, 중세 시계의 동력원이었던 매달린 무게추를 멈추게 하는 브레이크 역할을 했다. 이 무게추는 시계 중앙에서부터 내려뜨린 끈에 매달려 있으며 톱니바퀴 열을 따라 탈진기에 연결되었다. 이 톱니바퀴는 발진기와 함께 무게추가 내려가는 것을 막고 저장된 에너지를 조금씩 점진적으로 방출하며 시계의 규칙적인 똑딱임을 만든다.[44] 해시계나 물시계 같은 고대 문명의 시간 기록 장치에 비하면 이러한 시계에는 수많은 이점이 있다. 이 시계는 밤에도 작동하고 실내와 실외 모두에서 작동하며 추운 날씨에도 얼지 않는다(추운 북유럽에서는 중요한 이점이다). 시계장치들이 통합되어 있으므로 휴대가 간편하고(물시계는 물의 흐름을 방해하지 않고는 이동할 수가 없다) 크기도 점차 작아질 수 있었다.

기계식 시계의 등장으로 인한 가장 중요한 결과는 시간이라는 새로운 개념을 대중의 의식에 심은 것이리라. 물이나 모래, 수은을 꾸준히 흘려보내는 방식으로 구현되어 일정한 흐름을 나타내던 시간 개념은 이제 수량화된 계산으로 바뀌었다. 즉, 시간은 나눌 수 있고, 불연속적이며, 측정할 수 있는 것이 되었다. 기술이 향상되면서 시간의 흐름이 점점 잘게 분절되었고, 이에 따라서 수 세기에 걸쳐 시간 계산이 더욱 정밀해졌다. 1300년대의 초기 시계에서는 발진기가 몇 초에 한 번 똑딱였지만, 18세기에 이르면 당시 가장 진화한 시계였던 항해용 시계는 이를 다듬어 1초에 두 박까지 똑딱일 수 있었다. 20세기가 되자 1초에 수만 번 진동하는 수정 진동자가 디지털 시계에 도입되었다. 그리고 오늘날 1초는 세슘-133 원자가 91억9,263만1,770번 진동하는 데에 걸리는 시간으로 정의된다.

중세 시계를 다룬 초기 기록의 일부는 종교 문헌에서 볼 수 있다.[45] 수도사들이 정기적인 기도를 드려야 했던 수도원 생활이 기계식 시계의 발명에 박차를 가했던 듯싶다.[46] 당시 수도원은 부지런히 돌아가는 자치구였다. 수도사와 하인들은 도서관, 방앗간, 들판, 정원에서 일하는 동시에 성무일도를 지켜야 했다. 이들은 종을 울려서 일정을 관리했고, 이러한 약속을 지키는 일은—수도원의 질서뿐만 아니라 영혼의 신성함을 지키는 데에도—매우 중요했다. 11세기 프랑스의 연대기 작가인 로둘푸스 글라베르는 수도사에게 아침 기도를 알리는 종소리를 무시하고 자버리라고 속삭이는 악마에 대해서 경고하는 이야기를 썼다. "종소리가 들리자마자 왜 그렇게 침대에서 재빨리 튀어나오느냐. 세 번째 종이 울릴 때까지 누워 있어도 될 텐데."[47] 프랑스 동요 "프레르 자크(자크 형제님)"에도 비슷한 걱정이 등장한다.

자크 형제님, 자크 형제님
자고 있나요? 자고 있나요?
아침 기도 종을 치세요! 아침 기도 종을 치세요!
딩댕동, 딩댕동.

수도원의 세계가 시간을 "합리화하고 배분하는" 데에 대한 관심을 촉발했다면, 시간을 측정하는 일의 잠재력을 완전히 받아들인 것은 시민 사회였다.[48] 시계는 1300년대 도시에 급속히 퍼졌다. 부유한 시민들이 시계 제작비를 충당하기 위해서 자발적으로 세금을 도입하기도 했다. 그들은 매일의 기도가 아니라, 시장과 상점을 열고 물품을 입출고하고 회의와 거래를 진행하는 일상의 업무에 관심을 두었다. 당시 최초의 시계는 거대하고 값비쌌으며 흔히 문자판과 시곗바늘이 없었다. 대신 수도원에서처럼 이 시계도 종소리로 시간을 알렸다. "시계clock"라는 단어는 본래 "종"을 의미하는 옛 프랑스어 클로크cloque나 라틴어 클로카clocca에서 왔다. 다른 측정 표준과 마찬가지로 이 장치는 모두가 볼 수 있는 공공장소—종탑이나 시청—에 설치되었다. 시계는 보통 천체력 및 황도대 달력을 포함하는 매우 복잡한 장치이자 매일 정해진 시간에 맞추어 움직이는 종교적인 자동 장치였다. 역사학자 린 화이트는 "이전에 대성당 건축에 쏟아붓던 시민의 긍지는 이제 매우 복잡하고 정교한 천문시계 건설에 쏟아붓는다"라고 썼다. "모든 유럽 공동체가 도시 한가운데에서 행성이 주기와 주전원周轉圓에 맞추어 돌고, 천사들이 나팔을 불고, 수탉이 울고, 사도와 왕과 예언자들이 시간을 알리는 벼락같은 소리에 맞추어 앞뒤로 행진하지 않는 한, 당당히 고개를 들 수가 없다고 느꼈다."[49]

이러한 장치는 시민들에게 근면함을 장려하면서 혜택을 주는 공공장치이기도 했다. 1481년 리옹 시의회에 제출된 청원서에는 온 도시가 "모든 시민이 들을 수 있도록 째깍이는 거대한 시계가 필요하다고 절실히 느낀다"라고 적혀 있다.[50] 1314년 캉에 설치된 시계 옆 비문에는 "나는 서민의 기쁨을 위해서 시간의 목소리를 전하노라"라고 적혀 있다.[51] "서민"이 실제로 어떻게 느꼈는지는 알 수가 없다. 이 시기의 기록은 대부분 부자와 권력자의 생각과 느낌을 담기 때문이다. 그러나 시간의 기록은 오늘날처럼 복합적인 감정을 느끼게 한 것으로 보인다. 어떤 이들은 새로 발견한 질서와 효율성을 환영했지만, 다른 이들은 시계의 제약과 감시를 원망했다. 공공시계는 수도원의 종처럼 시민을 응집된 단위로 통합하여, 이전에는 개인적이었던 삶들을 마치 하나가 된 듯이 일어나고 일하고 물러나는 공동의 흐름으로 엮었다. 태양의 변화가 농민의 노동을 결정하기는 했지만, 새로운 도시 노동자 계급은 이전에는 이러한 중앙의 감독이나 권력의 영향을 받지 않았다. 이제 공백이 채워진 것이다. 루이스 멈퍼드는 다음과 같이 지적했다. "시계는 단순히 시간을 기록하는 수단이 아니라 사람의 행동을 동기화하는 수단이다."[52]

시계처럼 작동하는 우주

시계는 우주를 이해하는 완전히 새로운 방식인 기계론을 상징하는 강력한 기계였다. 기계론은 아리스토텔레스의 지혜에 가장 훌륭하게 반기를 든 세계관이자, 수량화 방법을 전면화하는 등 17세기 말까지 우리가 오늘날 "과학적" 사고방식이라고 생각하는 여러 사고의 요소들을 통합한 세계관이다.

기계론 철학자들은 다음과 같이 추론했다. 시계장치가 별의 움직임을 포착하고 정교한 기계장치에 생명을 불어넣을 수 있다면, 자연계가 같은 논리로 작동하지 않는다고 누가 말할 수 있을까? 우주 자체가 마키나 문디machina mundi, 즉 아직 발견되지 않은 톱니와 지렛대로 작동하는 "기계적 세상", 다시 말해서 일종의 엄청나게 복잡한 시계인 것이 아닐까? 그렇게 보면 아리스토텔레스의 목적론적 설명, 즉 바위가 땅으로 떨어지고 연기는 하늘로 올라가는 것이 그러한 사물의 본성 때문이라는 설명은 조잡하고 불충분하다. 자연이 기계처럼 작동한다면, 이러한 작동은 불가해한 영혼 같은 목적이 아니라 관찰할 수 있는 원인과 결과 때문이어야 한다. 이러한 작동을 해독하기 위해서 형상의 세계와 씨름할 필요는 없다. 실험하고 관찰하면 된다. 17세기 프랑스의 수학자이자 철학자인 르네 데카르트는 이렇게 썼다. "기계에 물리적으로 옳지 않은 규칙은 없다는 점은 분명하다.……어떤 씨앗에서 싹터 자란 나무가 그에 맞는 열매를 맺는 것처럼, 필요한 수의 톱니바퀴로 만들어진 시계가 시간을 나타내는 것은 적어도 자연스러운 일이기 때문이다."[53] 이러한 세계에서 측정은 수확한 과실의 무게를 재는 일뿐만 아니라 애초에 씨앗이 어떻게 뿌리내렸는지를 설명하는 데에도 중요했다.

데카르트 같은 사상가들은 소화消化부터 자기장까지 다양한 현상에 기계적 설명을 광범위하게 적용했다(그러나 데카르트 자신은 마음을 기계화하는 데에는 선을 그었고, 이는 의식이 무형의 작용으로 일어난 결과라는 이원론적 결론으로 나아갔다). 그러나 기계론에 가장 크고 지속적인 영향을 미쳤으며 아리스토텔레스의 물활론적 세계를 계산 가능한 무생물적 우주로 바꾼 것은 천문학이었다. 고대부터 인간은 우주의 규칙성에 더 큰 질서가 있다는 인상을 받았다. 과학혁명을 통해서, 하늘의 운동을 예측하여 왕에게 조언하던 천문학자 및 사제는 영적인 영감은 덜하지만 자연계를 이해하고 통제할 더욱 명확한 틀을 제공하는 과학자로 대체되었다.

16세기 중반까지 사람들은 우주의 태양, 달, 별, 행성이 모두 지구 주위를 돌며 지구는 회전하는 동심원의 중심에 고정되어 있다는 천동설을 받아들였다. 아리스토텔레스에 따르면 (우주의 영구적인 회전 운동을 제외하고) 우주는 그 크기가 유한하고 불변하며, 하늘은 지구에는 없는 불멸의 물질 형태로 구성되어 있다. 우리가 사는 세계는 4가지 기본 원소—땅, 물, 불, 공기—로 구성된 반면, 영원한 완결성을 구현하는 저 위의 세계는 에테르, 부패하지 않는 제5원소인 정수精髓로 주조되어 있다는 것이다. 이러한 모형은 수 세기 동안 권위를 유지했지만, 점점 더 정확한 망원경으로 밤하늘을 자세히 관찰하게 되자 불일치가 드러났다. 우주의 상태와 움직임이 불변한다는 주장이 거짓임을 드러내는 변화를 보게 되면서 단순한 지구 중심 우주라는 예측이 들어맞지 않게 된 것이다. 옛 모형으로 이러한 기이함을 설명하려는 연구가 여럿 있었지만, 수학적 오류들이 누더기처럼 덧대어지며 모형의 진실성이 의심을 피할 수 없게 되었다.

망원경 덕분에, 과학적 조사가 진보하려면 장인의 도구가 필요하다는 주장이 설득력을 얻었다. 망원경은 유리 세공법을 터득하여 전문 기술로 삼은 숙련된 렌즈 장인들이 처음 개발했다. 측량사나 군 장교들이 망원경을 사용한 최초의 고객이었다. 이탈리아의 천문학자인 갈릴레오 갈릴레이 같은 인물이 학자의 기술과 장인의 기술이라는 두 영역을 통합했다. 1564년에 태어난 갈릴레오는 청년 시절에 포병 장교가 사용하는 컴퍼스를 설계하며 생계를 유지했다. 대포와 포물선으로 가득한 그의 물리학 연구는 여기에서 영감을 받은 것으로 보인다. 갈릴레오는 아리스토텔레스의 지혜에 나타난 결함을 입증하기 위해 실제적인 실험을 수행하며 옥스퍼드 계산학파의 초기 시도를 따라서 운동을 진정으로 수학화했다. 그는 피사의 사탑에서 대포알과 총알을 떨어뜨리는 유명한 실험(사고실험이었으며, 공기의 저항 등이 있기 때문에 갈릴레오가 주장한 방식의 운동은 실제로는 지구에서 일어나지 않을 것이다)으로 아리스토텔레스의 주장과는 달리 두 물체는 질량에 비례하지 않고 같은 속도로 가속된다는 사실을 밝혔다. 다른 실험에서 갈릴레오는 공을 굴릴 때 장애물이 없다면—공을 마찰 없는 평면에 놓는다면—공이 영원히 굴러갈 것이라고 추론했다. 이는 운동이 계속되려면 항상 힘이 필요하다는 아리스토텔레스의 원리를 무효화하는 통찰이었다.

1609년부터 갈릴레오의 작업은 새로운 단계로 옮겨갔다. 그는 그 장치에 대한 서술만 읽고 집에서 망원경을 만들어 밤하늘을 연구하기 시작했다. 이를 통해서 그는 목성의 위성, 다른 행성 주위를 도는 최초의 천체, 달 표면(권위 있는 고대의 주장과 달리 매끈하지 않고 "여기저기 거대한 홈이 울퉁불퉁 파여 있고 깊은 틈과 만곡이 있다"[54]) 등 예상치 못한 것들을 많이 관찰했다. 그는 태양으로 눈을 돌려, 태양 표면을 가로지르면서 서쪽에서 동쪽으로 가는 어둡고 규칙적인 움직임에 주목했다. 구름일까? 다른 행성일까? 무엇이든 간에 그것은 아리스토텔레스의 주장처럼 하늘이 변하지 않는다는 생각이 틀렸음을 보여주었다. 저 하늘 위의 세상은 땅 위의 이곳과 마찬가지로 매일 변했다. 감각의 증거 대신, 전통과 권위를 믿는 실수가 그때껏 있었던 것이다. 갈릴레오는 오늘날 흑점으로 밝혀진 것을 발견하고는 다음과 같이 기록했다. "인간이 태양을 가장 순수하고 밝은 것으로 보는 한 우리는 어떤 그림자나 불순물도 지각할 수 없다. 그러나 태양은 완전무결하지 않고 일부는 얼룩져 보인다. 왜 우리는 태양이 완전무결하지 않고 얼룩졌다고 말할 수 없는가? 이름과 특성은 사물의 본질에 순응해야 하지, 본질이 이름에 순응해서는 안 된다. 사물이 먼저이고 이름은 그다음이기 때문이다."[55]

갈릴레오는 별을 관찰하면서, 1543년에 태양 중심설을 발표한 폴란드의 천문학자 니콜라우스 코페르니쿠스의 이론을 뒷받침하는 증거를 발견했다. 코페르니쿠스의 이론은 분명 교회를 분노하게 했지만, 처음에는 학계에서 그다지 주목받지 못했다. 코페르니쿠스의 모형은 지구를 탈중

심화했고, 그렇게 함으로써 인간이 특별한 본성을 지닌다는 우주적 확신을 약화했다. 하지만 그의 모형은 행성이 균일한 속도로 궤도를 돈다는 가설과 그 가설을 증명하기 위해서 동원된 터무니없을 정도의 수학적 복잡성 같은 아리스토텔레스 체계의 속성을 그대로 가지고 있었다. 이러한 체계는 코페르니쿠스는 얻을 수 없었던 새로운 관찰 결과를 얻은 17세기 독일의 천문학자 요하네스 케플러의 연구에 이르러서야 단순해졌다. 케플러는 자신의 모형에서 태양에 가까워지면 빨라지고 멀어지면 느려지는 행성의 타원 궤도를 설정했다. 이러한 변화로 행성 운동을 더욱 정확하게 예측할 수 있게 되었는데, 케플러는 자신의 연구가 아리스토텔레스적 세계관에 대한 직접적인 도전이 된다는 사실도 눈치챘다. 케플러는 1605년에 친구에게 쓴 편지에서, 과거에는 행성 운동의 "원인"이 "영혼"이라고 믿었지만, 이제는 "물리적인 원인을 조사하는 데에 더욱 몰두하고" 있다고 밝혔다. "나의 연구 목적은 우주 기계가 생명 있는 존재인 신이 아니라 시계를 닮았다는 사실을 보이는 것이네. 이러한 물리적 개념은 계산과 기하학으로 제시되어야 하네."[56]

코페르니쿠스와 케플러, 갈릴레오에게서 시작된 이러한 일련의 사고방식은 영국의 수학자 아이작 뉴턴에 이르러 더욱 결실을 보았다. 어린 시절 뉴턴은 도구를 이용해 나무로 기계 모형을 만들어 풍차, 해시계, 특히 물시계를 고안하고 개선하는 데에 몇 시간이나 몰두했다. 성인이 되어서는 그때까지 고안된 가장 완벽하고 영원한 우주 역학의 그림을 창조하여 1687년에 『자연철학의 수학적 원리_Philosophiae Naturalis Principia Mathematica_』로 출판했다. 줄여서 『프린키피아_Principia_』라고 불리기도 하는 이 저서에서 뉴턴은 수학을 통해서 땅의 영역과 하늘의 영역을 통합하며 세 가지 운동

법칙을 고안했다. 갈릴레오 실험의 대포알들은 모두 뉴턴의 만유인력의 법칙에 따라 작동하는 행성과도 같았다. 아리스토텔레스의 원인만큼이나 엄청나게 총체적인 도식이었고, 자연계의 모든 영역에 그 계산을 적용할 수 있었다. 하늘과 땅에는 더 이상 구분이 없었고, 우주가 유한한 본성을 지닌다는 명확한 감각도 사라졌다. 세상의 경계는 무한대로 열렸고 세상에 담긴 모든 것을 역학과 수학으로 추적할 수 있게 되었다.

뉴턴 이후에는 "모든 자연적 과정이 이제 국지적이며 한정된 인간 경험과는 무관하게, 추상적인 시공간 구조 안에서 독립적으로 일어나는 것으로 생각되었다"고 스티븐 샤핀은 지적했다.[57] 이는 측정의 역사에서 핵심적인 역학관계이다. 도구가 더욱 추상화될수록 더 넓은 영역을 포괄하게 된다. 추상화는 국지적인 것과 특정한 것의 연결을 느슨하게 만들고 자유롭게 움직이게 한다. 그러나 그렇게 하려면 대가를 치러야 한다. 이 장의 첫 부분에서 "새로운 철학은 모든 것을 의심에 빠트린다"는 존 던의 우려에서 살펴보았듯이, 추상화와 측정에 힘입은 과학혁명은 단절이라는 심리적 비용을 대가로 치러야만 했다. 믿음의 확실성과 고대의 위안은 그 힘을 잃었다. 문자 그대로든 형이상학적으로든 우주 속에서 인간이 차지하는 위치에 대한 새로운 지식도 받아들여야 했다. 독일의 사회학자 막스 베버는 이러한 비판을 "세계의 탈주술화Entzauberung"라고 요약했다. 자연에 대한 초자연적이고 신비로운 설명이 합리적이고 과학적인 설명으로 대체되었다는 것이다.[58] 어떤 이들은 새로운 존재가 물질적으로는 풍요롭지만 영적으로는 빈곤하다고 볼 수도 있다. 물활론이라는 틀과 타고난 목적이라는 아리스토텔레스의 물리학이 대체되는 것도 이 과정의 일부이다. 뉴턴의 세계는 더 이상 인간적으로 느껴지고 우리에게 익숙한 질적인 세계가 아니다. 세상과 분리되었을 때 가장 효율적으로 작동하는 양적인 세계이다.

그러나 아마도 이것이 전부는 아닐 것이다. 아니면 이 연구의 결과로 우리가 알고자 했던 거대한 문화적 변화는 적어도 서서히 침투할 것이다. 뉴턴은 당대의 누구보다도 시대의 풍부한 모순을 구현했다. 그는 현대인의 눈에는 너무나 모순되어 보이는 믿음과 이론을 뒤섞었다. 뉴턴은 엄격하고 독창적인 실험자였다. 태양을 정면으로 바라보았고, 빛의 본질을 조사하다가 뭉툭한 바늘로 눈을 찌르기도 했다. 그러나 뉴턴은 (비판자들의 주장대로라면) 자신의 논리를 실험적인 증거로 뒷받침되는 범위 이상으로 확장한, 열렬한 연금술사이자 수비학자이기도 했다. 뉴턴의 만유인력 법칙과 운동 법칙이 우주를 기계화하여 천체의 음악을 한낱 우주의 당구 게임처럼 바꾸어놓았지만, 그는 자연의 보이지 않는 힘이 지닌 중요성도 강조했다. 뉴턴은 자기磁氣나 전기처럼 자신의 철학 영역을 넘어서는 현상을 염두에 두고, 어떻게든 우주를 하나로 묶는 중력상수gravitational constant인 G라는 형식을 고안하여 『프린키피아』의 핵심에 비물질적 원리를 놓아두었다. 뉴턴은 이 힘을 정확히 수량화하거나 설명하지는 못했지만, 계산이 작동하려면 그것이 필요하다는 사실은 알고 있었다. 그는 "나는 현상으로부터 중력의 원인을 밝히지 못했다"고 고백하면서도 "가설을 가짜로 세우지는 않겠다"고 말했다.[59] 모든 물리적 물질에 어떻게든 침투하여 행성에든 사람에게든 똑같이 작동하지만 상당히 다른 결과를 낳는 보이지 않는 힘이라는 개념은 실로 믿을 수 없을 만큼 놀랍다. 영국의 경제학자이자 뉴턴학자인 존 메이너드 케인스는 다음과 같이 썼다. "뉴턴은 이성의 시대를 연 첫 사람이 아니었다. 그는 최후의 마술사였다."[60]

제4장

정량화 정신

세상의 탈주술화, 그리고
뜨거움과 차가움의 역사

누군가는 세상이 불로 끝나리라 하고
누군가는 얼음으로 끝나리라 하네.
　　　　　　　　—로버트 프로스트, "불과 얼음"[1]

세상을 해부하다

"그리고 이것은 정말 엄청난 도발이었죠." 안나-자라 린드봄은 스웨덴에 있는 웁살라 대학교의 해부학 강당 중앙에 놓인 튼튼한 나무 해부대를 탁탁 치며 말했다.

　린드봄과 나는 웁살라 대학교에서 가장 오래된 건물인 구스타비아눔의 거대한 돔 천장 아래에 서 있었다. 해부학 강당과 돔은 모두 1660년대에 건축된 것으로, 해부 작업이 중세 금기의 그늘에서 벗어난 시기에 자연광의 혜택을 누릴 수 있는 곳에 지어졌다. 오늘처럼 서늘하고 건조한 가을 아침이면 이곳에서는 젊은 의대생들의 공부를 위해서 사형수의 시체가 잘려 나갔다. 과학을 위해 사후 기증을 한 자는 보답으로 기독교식으로 매장되는 구원을 얻었고, 아찔한 경사의 나무 단으로 된 의자에 앉은 학생들은 산 자를 구원하는 방법을 배웠다. 해부학실 한가운데에 서자, 머리 위의 나무 채광통으로 서늘한 공기가 흘러들어와 마치 죄를 짓고 재판장에 서 있는 듯한 느낌이 들었다.

"보시다시피, 강당은 대성당 맞은편에 있습니다." 린드봄은 창밖으로 뾰족한 돌창 끝처럼 하늘을 찌르고 있는 웁살라 대성당의 첨탑을 가리키며 말했다. 그리고 탁자를 두드렸다. "이는 대학이 보내는 도전이었죠." 그러고는 창밖을 가리켰다. "이곳에 와서 감히 신의 창조물을 해부하려는 학생들을 위한 도전이요." 나는 고개를 끄덕였고, 조금이나마 열을 내보려고 양손을 비비며 죽은 자의 차가운 피부 말고 다른 것을 상상하려고 애썼다.

우리가 이야기를 나누는 동안 겨자색 재킷을 입은 청년이 우리 뒤쪽의 계단을 쿵쿵 밟았다. 해부학 강당으로 들어온 그는 자신을 소개하듯이 탁자 위에 시체를 털썩 내려놓았다. 다행히도 실제 크기의 플라스틱 모형이었다. 장기를 꺼낼 수 있지만 표정은 평온했다. 그는 몇 분 후면 의대생들이 해부학 입문 강의를 들으러 몰려올 테니 우리에게 "곧 끝내야 한다"고 말했다. 오늘날 구스타비아눔은 박물관으로 사용되지만, 스웨덴 사람들은 해부학 강당의 역사와 광경이 너무 멋져서 그냥 둘 수가 없었다. 돔이 건설된 지 거의 400년이 지난 지금도 웁살라 대학교 학생들은 여전히 돔으로 들어오는 햇살 아래에 모여서 신의 창조물을 해부하는 방법을 배운다.

구스타비아눔의 과학사 큐레이터인 린드봄은 계단을 내려오면서 스웨덴의 "측정에 대한 집착"에 대해서 말해주었다. 수량화에 열성적이었던 17-18세기에 측정에 대한 집착은 자연을 셈하기 위한 동력이었고, 유럽 전역에 퍼져 있었다. 케플러나 갈릴레오 같은 인물의 업적이 당대의 지식 기반을 파고들면서, 경험적 기술로부터 새로운 통찰과 힘을 얻을 수 있다는 사실이 분명해졌다. 역사가들은 이 시대를 "정량화 정신"의 시대라고 부른다. 질서 잡힌 유령처럼, 관찰과 실험, 측정에 기반한 이론이 질적 이론을 대체하면서 학문의 장을 휩쓸던 격변기였다는 것이다.[2] "그들은 모든 것을 측정하고 싶어했죠." 린드봄은 황동 망원경, 저울, 측량 도구로 가득 찬 방을 걸어가며 이렇게 말했다. "그들은 '우리는 지구를 측정하고, 하늘을 측정하고, 물론 사람도 측정할 것이다'라고 말했답니다."

이 정신은 지적일뿐만 아니라 정치적이기도 했다. 지구 전반을 지배하는 일을 다루었으니 말이다. 영국의 철학자인 프랜시스 베이컨은 『신기관』에서 "신의 유산을 이용하여 자연에 복속된 권리를 되찾아오는 것"이 인류의 운명이라고 주장했다. 베이컨은 중세의 지식인들이 사물보다 언어를 연구하는 실수를 범했고, 그러면서 논리를 지배할 힘을 얻었지만 자연을 지배할 힘은 얻지 못했다고 말했다. 베이컨은 그 대신 "발견표"에 근거한 경험적 탐구 방법을 옹호했다. 물질적 현상을 체계적으로 기록하여 인간에게 도움이 되도록 세상을 재구성하는 데에 이용할 수 있는 표이다. 베이컨은 자신이 쓴 유토피아 소설 『새로운 아틀란티스New Atlantis』에서 이 상적인 국가의 청사진을 그렸다. 경건한 군주가 통치하는 이 섬 제국에서 군주의 권력은 "솔로몬의 집"이라고 부르는 기관이 유지한다. 솔로몬의 집은 국영 과학기관인데, 비밀 공동체이자 연구대학이다. 이 기관의 신조는 초기 경험주의자들의 거대한 야망을 압축해서 보여준다. "우리 재단의 목적은 사물의 궁극적인 원인과 비밀스러운 움직임을 깨닫고, 인간 제국의 영역을 확장하여 가능한 한 모든 것에 영향을 미치는 것이다."[3]

따라서 스웨덴이 강대국으로 부상하고 군사력을 확장하던 시기에 측정에 대한 열풍이 일어났다는 사실은 놀랍지 않다. 다른 유럽 국가들과 마찬가지로 스웨덴의 관료제는 근대 초기에 더욱 복잡해지고 강력해지면서 국가의 자원을 통제했으며 이 자원을 교역과 산업, 군사력에 집중했다. 정밀하게 훈련되고 최신 무기로 무장한 스웨덴 군대는 유럽에서 최고라는 명성을 얻으며 오늘날의 핀란드, 노르웨이, 러시아, 에스토니아에 이르는 영역을 정복했다.[4] 1655년 스웨덴이 폴란드-리투아니아 연방을 몹시 신속하고 잔혹하게 침공한 사건으로는 연방 인구의 3분의 1이 사망했다. 역사가들은 "대홍수Deluge"라고 일컫는 사건이다.[5]

측정과 정복 사이의 연관성은 린드봄이 가리킨 한 그림에서 명확하게 드러난다. 웁살라 대학교 해부학 강당의 창설을 감독한 17세기 의학 교수 올로프 루드베크를 그린 것으로, 구스타비아눔에 걸려 있는 이 그림에서 루드베크는 메스를 휘두르고 있는데, 시체가 아니라 지구본을 가르며 마치 오렌지 껍질을 벗기듯이 지구 상층부를 벗겨내고 있다. 루드베크는 감염 퇴치를 돕는 체내 림프계의 흐름과 배출을 추적한 것으로 명성을 얻었다. 그는 새로운 학문의 선구자이기도 했다. 바로 오늘날 층위학層位學이라고 부르는, 암석 지층을 연구하는 고고학이다. 루드베크는 스웨덴이 잃어버린 아틀란티스 문명의 현장이며, 근대 스웨덴인은 이 고대 종족의 후손이라고 믿었다. 림프계의 지도를 성공적으로 그린 그는 그다음으로 메스를 땅에 대어 스웨덴의 점토층과 침식된 수로를 지도로 그렸다. 루드베크는 이곳이 잃어버린 아틀란티스 운하와 수로의 유적지라고 주장했다. 스웨덴의 위대함을 구성하는 장기들을 드러내고 싶어하던 루드베크의 전국적인 해부 작업이었다.

내가 구스타비아눔에 간 것은 스웨덴의 측정에 대한 열광이 낳은 특별한 산물을 보기 위해서였다. 우리가 매일 일상에서 만나는 현상을 정의하는 측정학 인공물, 바로 최초의 섭씨온도계이다. 이 대학교에서 천문학 교수로 일했던 안데르스 셀시우스(1701-1744)가 손수 표시를 붙인 섭씨 온도계가 이곳에 있다.

린드봄은 섭씨온도계가 보관된 진열장으로 안내했지만 나는 그것을 찾느라 잠시 두리번거렸다. 이 유물은 박물관의 측정 도구들 중에서도 단연 독특했는데, 복잡하기 때문이 아니라 깨질 듯이 섬세하기 때문이다. 이 온도계는 서로 다른 두 가지의 온도 눈금이 쓰여 있는, 이제는 색이 바랜 종이에 고정되어 나무 틀에 얹혀 있다. 이 기구는 유리로 만들어졌지만, 은빛 액체인 수은이 채워져 있어서 거울처럼 반짝인다. 유리관은 지름이 2밀리미터밖에 되지 않을 정도로 가늘지만, 잘 익은 은색 배처럼 생긴 아래쪽 구부球部는 위험해 보일 정도로 부풀어 있다. 1741년 성탄절에 셀시우스가 눈 속에서 처음 온도를 측정할 때 이용한 것이 바로 이 기구였다.[6] 이후 물의 어는점을 0도, 끓는점을 100도로 하여 오늘날 익숙한 온도 척도이자 셀시우스의 이름을 딴 섭씨온도가 확립되었다. 린드봄은 온도 측정 분야에서 셀시우스가 거대한 이론적 성취에 공헌한 것은 아니었다고 설명했다. 셀시우스는 심지어 자신의 유명한 온도계를 직접 만들지도 않았다. 섭씨와 경쟁하는 자신만의 온도 척도를 발명한 프랑스 천문학자이자 기구 제작자 조제프-니콜라 드릴이 만들었다. 린드봄은 이렇게 말했다. "셀시우스의 혁신은 자신의 척도를 신뢰할 수 있도록 만들었다는 것입니다. 그는 검증하고 실험하는 것을 정말 좋아했죠. 가는 곳마다 그렇게 했습니다. 셀시우스는 모든 것을 입증하고 싶어했어요."

초기 온도 측정에서는 측정의 초석인 신뢰성 확립이 매우 어려운 일이었다. 오늘날 우리가 온도에서 맞닥뜨리는 유일한 혼돈은 화씨에 익숙한 사람이 섭씨를 읽어야 할 때나 그 반대의 상황 정도이다(섭씨는 미터법 단위로 온도의 세계 표준이고, 화씨는 미국 등 몇몇 나라에서만 사용된다). 그러나 셀시우스가 뜨거움과 차가움의 문제를 연구할 때에는 유럽에서만도 30개가 넘는 온도 척도가 경쟁하고 있었으며 모두 신뢰성이 불분명했다. 누구나 자신만의 온도 척도를 만들 수 있을 만큼 온도 측정의 기초가 널리 알려져 있었지만, 일관되고 신뢰할 만한 장치를 만드는 방법은 아무도 모른다는 것이 문제였다.

케임브리지 대학교의 과학사 및 과학철학과 교수인 장하석은 이러한 문제를 심도 있게 다룬 책을 썼다. 장하석은 신뢰할 만한 온도계를 만드는 일이 미지의 영역에서 과학적 진리를 확립하는 일의 어려움을 완벽하게 보여준다고 말한다. 온도의 경우 문제를 표현하기는 쉽지만 대답하기는 몹시 어렵다. 기준이 될 믿을 만한 온도계가 없다면, 어떤 온도계의 신뢰성을 어떻게 검증할 수 있을까? 셀시우스나 다른 과학자들의 연구 덕택에 오늘날 우리는 물이 0도에서 얼고 100도에서 끓는다고 말하지만, 측정할 믿을 만한 온도계를 얻기 **전이라면** 이러한 사실을 어떻게 확신할 수 있을까?[7] 인식론적으로 허공에 못을 박는 것과 비슷한 이 문제를 풀려면, 신뢰할 수 있는 지식 틀이 부재한 상황에서 세계와의 특정한 접촉점을 생각해내야 한다.

측정학의 역사 전반에서 일어나는 이러한 딜레마는 이 학문의 어려움과 유용성을 모두 보여준다. 우리는 불확실성을 측정하려는 시도를 통해 새로운 지식을 구성하고, 또 그럼으로써 필연적으로 세상에 대한 지식을 재구성한다. 셀시우스의 온도계는 이 사실을 간단하게 보여준다. 색이 바랜 종이에 쓰인 눈금을 자세히 들여다보면, 셀시우스는 오늘날 우리가 뜨거워지면 온도가 **올라간다**고 이해하는 것의 반대로 생각했다는 사실을 알 수 있다. 셀시우스가 고안한 원래 눈금에는 100도가 물의 어는점을 나타내며 아래쪽에 적혀 있고, 0도가 물의 끓는점을 나타내며 위쪽에 적혀 있다. 누군가는 환경 때문에 이렇게 되었다고 본다. 스웨덴에서는 기온이 어는점 이하인 경우가 많아서 눈금을 100에서 시작해 0으로 가도록 순서를 매기면 겨울에도 음수를 쓰지 않고 온도를 쉽게 기록할 수 있다. 누가 바꾸었는지는 확실하지 않지만 뒤집히기까지는 수년이 걸렸다. 물이 0도에서 끓는 세상보다 우리의 측정학 지식을 구성하는 본질을 잘 나타내는 것은 거의 없다.

"빛 속으로 떨어지는 분수"

온도 측정은 다른 현상에 비하면 하찮아 보일지도 모른다. 뜨거움과 차가움은 교역이나 건설 같은 활동에 긴요한 요소가 아니며, 시간 측정처럼 세상에 대한 우리의 개념적 이해를 지배하지도 않는다. 그러나 이러한 태도는 온도에 길든 결과이자 근대성의 습관이다. 에어컨과 중앙난방, 오리털 재킷과 휴대용 선풍기 덕분에 인간은 극한의 열과 추위를 견딜 수 있다. 불과 얼음은 여전히 위협적이지만 일상에서는 대부분 통제된다. 열은 온도 조절기로 조절할 수 있고, 추위는 얼음과 냉동고에 갇혀 있다. 선진국에 사는 사람들 대부분이 정말로 기후 변화의 위기를 느끼는 때는 지구가 산불, 허리케인, 눈보라를 던질 때뿐이며, 우리는 그제야 온도를 다루기가 얼마나 어렵고 통제하기도 쉽지 않은지를 체감한다.

우리 조상들도 이러한 생각을 분명 떠올렸다. 과거에는 온도를 측정 가능하다고 보는 개념이 존재하지 않았지만, 열과 추위는 자연계의 물활론적物活論的 원리로 인식되었다. 고대 그리스 철학자 헤라클레이토스는 불을 단순한 물질적 현상이 아니라 우주의 제1원리로 보았다. 불은 모든 생명의 근원이자 세상을 태워 물질을 변형시키는, 끊임없이 소용돌이치는 변화였다. 헤라클레이토스는 만물의 질서는 "신도 인간도 창조하지 않았으며" "영원히 살아 움직이는 불"만이 자궁에서 생명을 빚고 죽은 나무를 태워 새로운 성장을 위한 공간을 만든다고 가르쳤다. 그는 "상품이 금으로 교환되고 금이 상품으로 교환되듯, 모든 사물은 불로 교환되고 불은 모든 사물로 교환된다"라고 말했다.[8]

헤라클레이토스 이후 수백 년이 지나 플라톤과 아리스토텔레스가 철학에서 열의 중요성을 이야기했는데, 열을 서로 상반되는 4가지 특성인 열과 추위, 습기과 건조함 중의 하나로 다루며 그림을 더 복잡하게 만들었다. 기원전 5세기 히포크라테스나 기원후 2세기 갈레노스 같은 후대의 사상가들은 서양에서 1,000년 이상 몸에 대한 지식을 지배해온 의학 및 도덕 체계인 체액설에 열을 통합하며 이러한 전제를 더욱 밀고 나갔다. 갈레노스는 열이 생명을 이끄는 동력을 제공하는 연료라고 보았다. 열은 자궁에서 유기체를 형성하고 아이들을 성장하게 하며 나이가 들면 몸에서 빠져나간다. 성인은 운동하거나 특정 음식(포도주가 가장 좋다)을 섭취해 열을 다시 만들 수 있지만, 열이 몸에서 다 빠져나간다면 죽음이 멀지 않았다는 의미이다.[9] 이처럼 세상을 이해하는 방식은 신비롭고 직관적이었다. 열이 생명이고 차가움이 죽음이라는 사실을 알기 위해 해부대에 놓인 시체를 볼 필요는 없었다.

자연스럽게 온도의 근본적인 위치는 더 철저히 조사되었다. 갈레노스는 "열과 추위의 정도"가 있다고 주장하며 이들을 구분하려고 한 최초의 사상가였다(그는 4단계 정도면 충분하다고 생각했다).[10] 그러나 이는 양을 측정하는 것이 아니라 모호하게 정의된 범주에 붙이는 약식 이름표로, 열 4단계는 너무 덥고 3단계는 이보다 조금 적다는 식으로 이어지는 단계에 불과했다. 같은 시기에 사람들은 이러한 온도 변화를 표시하는 기구를 고안했다. 보통 이러한 기구는 물이 담긴 용기 안에 빨대처럼 속이 빈 관을 찔러넣은 모양이었다. 온도가 변하면 용기 안의 공기가 수축하거나 팽창하여 진공을 만들어 물을 관으로 끌어올린다. 공기 온도계에서 사용되는 것과 같은 원리이다. 이러한 장치를 기록한 최초의 인물인 기원후 1세기 로마의 수학자이자 공학자인 알렉산드리아의 헤론은 이 기구를 "빛 속으로 떨어지는 분수"라고 불렀다.[11]

자연철학자들이 이러한 기구에 숫자를 붙이기 시작한 것은 1500년대가 되어서였다. 베네치아 의사인 산토리오 산토리오와 별을 바라보던 갈릴레오 갈릴레이가 선두 주자였다. 갈릴레오와 마찬가지로 유능한 실험자였던 산토리오는 의사로서 인체에 측정법을 적용하는 데에 특히 열성적이어서, 맥박을 측정하는 맥파계("의학 역사상 최초의 정밀기구")와 인간의 대사代謝를 잘 이해할 수 있도록 사람이 앉을 수 있는 크기의 "무게 측정 의자"를 고안하기도 했다.[12] 산토리오는 이 거대한 저울에 직접 앉아 일하고 잠자고 먹고 마시고 배변하고 소변을 보며 각 활동 전후의 자기 무게를 달아서 인체로 드나드는 물질을 정확히 계산하려고 했다. 산토리오의 목표는 이러한 요소들의 균형이 이루어 "100세까지 살 수 있는 완벽한 표준 건강"에 도달하는 것이었다.[13]

산토리오와 갈릴레오가 헤론의 분수와 비슷한 장치를 고안했다는 사실은 잘 알려져 있다. 이들은 더욱 엄밀하게 장치를 적용하여 특정 물체와 주변의 열을 비교하는 데에 이용했다. 적절한 척도가 없었기 때문에 이러한 장치는 온도계라기보다는 온도경이라고 부르는 편이 낫다. 이 장치의 척도는 순서대로 나열된 서열척도였다. 즉, 위에서 아래로 위계를 이루지만 각 단계가 균일한 간격을 지닌 등간척도는 아니었다. 둘의 차이를 이렇게 생각해보자. 만족도를 1에서 5까지로 평가하는 소비자 설문지가 있다고 치자. 이것은 대답의 순위를 매기므로 서열척도이다. 그러나 만족도의 정확한 단계는 주관적이며 정의하기가 모호하므로 등간척도는 아니다. 따라서 이 값들을 서로 더하거나 빼거나 할 수는 없다. 어떤 사람이 대답한 5점이 또다른 사람이 답한 3점과 다른지 알 방법이 없다.

산토리오는 인체에 온도경을 적용했고 한쪽 끝을 사람이 물고 측정하는, 눈금이 표시된 공기 온도계를 설명하는 문헌을 1626년에 발표했다. 갈릴레오의 장치에 대한 가장 흥미로운 기록으로는 이 천문학자의 설계를 바탕으로 여러 온도경을 만들고 이를 통해 발견한 내용을 알린 갈릴레오의 친구 조반니 프란체스코 사그레도의 편지가 있다. 사그레도는 한여름에 갈릴레오에게 보낸 유머러스한 편지에서 모든 관심을 "앞서 언급한 더위를 측정하고 포도주를 식히는" 데에 쏟고 있다고 말한다. 반면 서늘한 달에는 공기가 때로 눈보다 차갑다든가, 소금 섞인 눈은 더 차갑다는 등의 관찰 결과와 함께 "이와 비슷하게 미묘한 문제" 등을 포함한 "다양하고 놀라운" 현상들을 발견했다고 전한다.[14]

이러한 실험들은 수량화를 통해 온도와 같은 개념이 어떻게 바뀔 수 있는지를 보여준다. 초기 온도경 덕택에 뜨거움과 차가움은 더 이상 사물 속에 불가사의하게 숨겨진 특성이 아니라 그 원천에서 추출할 수 있는 정보가 되었다. 이러한 정보를 추상적인 값으로 변환하면, 수집하고 공유하고 비교할 수 있게 된다. 이 기구들이 보여주는 새로운 증거는 너무나 강력해서 우리의 감각까지 압도했다. 사그레도는 천연 샘물이 여름보다 겨울에 더 차갑다고 지적하면서 "우리의 감각은 그 반대라고 느끼지만 말이다"라고 썼다.[15] 비슷한 시기인 1620년에 프랜시스 베이컨은 온도경이 감지하는 "뜨거움과 차가움에 대한 감각이 매우 섬세하고 정교해서 인간의 손길을 훨씬 능가한다"라고 적었다.[16] 과학기구는 실제의 중재자로서 인간의 경험을 대체하기 시작했다.

"온도계thermometer"라는 단어는 1624년 프랑스의 예수회 신부인 장 뢰르송이 만들었다. 이 단어는 "뜨거움"을 나타내는 그리스어 테르모스thermos와 "측정"을 나타내는 메트론metron에서 왔다.[17] 당시의 온도계 장치는 익숙한 설계를 따라서 만들어졌다. 뢰르송은 "유리로 된 이 기구의 위쪽에는 작은 구부가 있고 아래로 긴 관이 있는데, 이 유리관은 식초나 포도주 또는 붉은색 염료를 탄 물이 채워진 용기에 꽂혀 있다"라고 적었다. 추운 곳에서 더운 곳으로 기구를 옮기면, 구부의 공기가 "희박해지고 팽창해 공간이 더 많이 필요해지므로 유리관의 액체를 누르고", 더운 곳에서 추운 곳으로 옮기면 "공기가 차가워지고 수축하면서" 반대 현상이 일어난다. 근본적인 원인은 알려지지 않았지만 이러한 현상은 단순하고 믿을 만했고, 뢰르송은 이 마법에 대해 거의 애틋할 정도로 적으며, "기구에 주문을 속삭이듯이 내려갈 것을 명령하면서" 숨을 불어넣으면 온도계가 움직인다고 지적했다.[18]

갈릴레오와 동시대 사람으로 당대 가장 유명한 발명가였던 네덜란드의 땜장이 코르넬리스 드레벌 등 다른 기구 제작자들은 이 초자연적인 요소를 극단으로 올렸다. 18세기 역사가들은 드레벌을 "세상에 자신을 과시하는 대담한 정신을 지닌" 사람으로 묘사했지만, 드레벌을 직접 만난 사람들은 그가 온화하고 (실용적인 것[렌즈를 다듬는 연삭기]에서부터 환상적인 것[태양 에너지로 작동하는 하프시코드]까지) 다양한 발명을 하느라 쉬지 않는 인물이라고 말했다.[19] 그는 영국의 국왕 제임스 1세(훗날 스코틀랜드의 군주 제임스 6세가 된다)의 궁정에서 궁정 전속 흥행사라는 지위를 얻었고, 그곳에서 자신의 가장 유명한 발명품인 영구 운동 기계 페르페투움 모빌레perpetuum mobile를 시연했다. 장치의 구조에 대한 세부 사항은 잘 알려지지 않았지만, 전통적인 천체관측기인 아스트롤라베astrolabe의 요소에 계속해서 움직이는 액체가 채워진 완벽한 원형 관을 조합한 것으로 보인다.[20] 드레벌은 페르페투움 모빌레가 자신이 연금술적 성취를 이루었으며 그것이 "타는 듯한 공기의 정령"을 비롯한 신비로운 힘에 숙달했다는 증거라고 말했다.[21] 그러나 갈릴레오의 옛 제자가 갈릴레오에게 쓴 몹시 회의적인 편지나 이 기구에 대한 당대의 묘사를 보면, 페르페투움 모빌레는 그저 초기 온도경이고, 기구 내부를 쉼 없이 휘도는 액체는 날씨만큼 설명할 수 없는 것에 의해서 움직인 것에 불과했다. 드레벌의 기계는 신기하지만, 지적 사고의 과도기적 순간을 나타낸다. 그 당시에는 기초적인 과학기구를 신비로운 장치로 보았다.[22]

고정점 정하기

현상을 설명하는 온도계의 가능성을 보면, 과학자들이 왜 그토록 온도 측정을 표준화하는 데에 열성이었는지 알 수 있다. 근대 초기에는 뜨거움

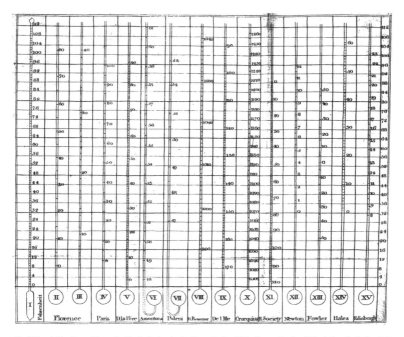

신뢰할 만한 온도 척도가 확립되기 전까지는 각자 다른 온도 측정 기준점을 지닌 수많은 측정법이 경쟁했다.

과 차가움의 정확한 원리가 완벽히 이해되지 않았지만, 과학자들은 온도 변화가 화학 반응속도 같은 미묘한 과정부터 녹음, 증발, 결정화 등 좀더 분명한 사건에 이르기까지 다양한 현상에 영향을 준다는 사실을 알고 있었다. 온도를 기록하고 조절하는 능력이 다양한 분야의 실험에 필수적이라는 의미였다. 온도계가 이러한 작업에 유용하려면 온도계의 척도가 일관되고 검증될 수 있어야 했다. 다시 말해서 뜨거움과 차가움을 나타내는 공통의 언어가 필요했다.

17세기까지 초기의 온도경들은 단계를 구분한 눈금으로 척도를 표시했지만, 이러한 표시는 임의적이었고 기구마다 달랐다. 자신의 이름을 딴

혜성을 발견한 영국 천문학자 에드먼드 핼리는 1693년에 쓴 글에서 모든 온도계가 "서로 합의하거나 참조하지도 않고 특정 장인들이 각자 보유한 표준들에 따라서" 작동한다고 불평했다. 그 결과 "호기심 많은 사람이 발견한 어떤 관찰값도……이해할 수 없게 된다. 이들이 똑같이 제작하고 조정한 온도계를 가지고 있지 않다면 말이다."[23]

일관된 온도 척도를 만들려면 안정된 온도 측정 표지, 즉 언제 어디에서든 온도가 일관되게 나타나는 현상이 필요했다. 일관된 수수씨를 고대 도량형의 기준으로 삼아서 수수씨만 충분하다면 누구나 무게나 길이 척도를 만들 수 있었던 것처럼, 과학자들에게는 척도를 고정할 고정점이 필요했다. 가장 더운 여름날, 촛불 하나의 열, 파리 시내의 특정 지하실의 추위 등 초기에 제안된 고정점들은 몹시 부정확했다.[24]

가장 초기에 교정된 이러한 척도 하나는 1701년 아이작 뉴턴이 아마씨유를 이용해 만든 온도계에서 유래했다. 이 온도계는 여러 고정점들을 이용해 온도를 정의했다. 겨울과 봄, 여름의 공기 온도, "사람이 참을 수 있는 가장 극단의 목욕탕 온도"에 기반한 두 개의 점(가장 차가운 온도는 손을 계속 움직일 수 있는 온도이고, 가장 뜨거운 온도는 손을 계속 담가둘 수 있는 가장 높은 온도이다), 또는 "자연스러운 상태의 신체 외부 열"이나 "갓 뽑아낸 혈액의 열" 등이 기준이 되는 고정점이었다.[25] 이러한 현상들은 온도 측정이라는 면에서 보면 버터의 녹는점만큼이나 모호해 보일 수 있지만, 일부는 놀라울 만큼 신뢰할 만했다. 예를 들면, 수백만 년의 진화를 거쳐 한 점으로 거의 고정된 체온은 보통 안정적이다. 우리 몸은 최적으로 작동하기 위해서 점차 체온을 좁은 범위 내에서 유지하도록 조정되었으며, 발한, 오한, 혈관 확장 같은 다양한 신체적 반응으로 체온을 조절한다. 그 결과 대체로 체내 온도는 섭씨 37도 근처이며 여기에서 몇 도만 달라져도 신체는 심각한 해를 입는다.

18세기에 두 가지 혁신이 일어나서 온도 측정을 신뢰할 수 있는 영역으로 옮겨놓았다. 첫 번째 혁신은 물의 어는점과 끓는점이 가장 편리하고 일관된 온도 측정 기준을 제공한다는 점에 점차 합의하게 되었다는 것이다. 두 번째 혁신은 일련의 기술적 진보가 이러한 고정점의 신뢰성을 확립하는 데에 도움을 주었다는 것이다. 예를 들면 기술적 진보로 밀봉된 온도계가 점점 널리 쓰였고, 다양한 액체가 온도계 속 매질로 사용되었다. 그러나 온도계의 역설은 아직 남아 있었다. 이러한 기준점이 고정되어 있는지 확인할 믿을 만한 온도계가 없는데, 어떻게 온도가 고정된 믿을 만한 온도계를 만들 수 있을까? 이러한 진퇴양난에 대한 해결책은 수십 년 동안 수많은 사람들이 끈기 있게 노력한 끝에야 탄생했다.

눈에 띄는 공로자는 기구 제작자 다니엘 가브리엘 파렌하이트였다. 그는 18세기 초에 이름을 날렸지만 비극적인 젊은 시절을 보냈다. 단치히 (오늘날 그단스크)의 부유한 가정에서 태어난 파렌하이트는 열다섯 살에 부모가 독버섯을 먹고 사망하면서 고아가 되었다. 법정 후견인들은 파렌하이트가 암스테르담에서 무역업 수습생이 되도록 주선했지만 그는 부기 簿記 따위에 관심이 없었다. 대신 그는 학창 시절 좋아했던 과학적 탐구를 갈망했다. 암스테르담에서 4년을 보낸 그는 수습생 일을 그만두고 달아났고, 고용주에게서 훔친 돈을 연구 자금으로 삼아 과학을 연구했다. 그는 유럽의 도시들을 돌아다니며 당대 위대한 과학자들에게서 수학했다. 후견인들은 응당 이 사건에 대응하여 파렌하이트에게 체포 영장을 발부했고, 당국은 그를 체포하면 동인도 제도로 추방하도록 허가했다.[26]

다행스럽게도 체포 영장은 파렌하이트에게 손을 뻗지 못했다. 그는 20대부터 과학기구 제작의 세계에 빠져들었다. 그 일을 하려면 이론적 지식과 실용적 능력을 겸비해야 했다. 그는 유리 공예와 온도계, 고도계, 기압계 제작을 전문으로 하며 명성을 얻었다. 한 동시대인은 그를 "근면하고 비할 데에 없는 기술자 다니엘 가브리엘 파렌하이트"라고 부르기도 했다.[27] 1708년 그는 유명한 덴마크 천문학자이자 코펜하겐 시장을 지낸 올라우스 뢰메르를 만났다(파렌하이트가 여전히 미결 상태였던 체포 영장 문제를 해결하고자 그를 찾아갔을 가능성도 있다). 뢰메르는 천문학자로서 익숙한 숫자 체계인 60진법을 이용해 자신만의 온도 척도를 고안했다. 그는 척도 가장 위에 물의 끓는점으로 60도를 두었고 아래에는 소금물의 어는점으로 0도를 두었다. 파렌하이트는 뢰메르의 척도를 받아들이고는 몇 가지 핵심 사항을 수정했다.

먼저 파렌하이트는 뢰메르의 척도에서 어는점과 체온(각각 7.5도와 22.5도)을 표시하는 "불편하고 우아하지 못한" 부분이 마음에 들지 않았다. 그는 이 값을 반올림해 8과 24로 깔끔하게 정리한 다음, 모든 눈금에 4를 곱해서 각 온도 사이에 더 좁은 간격을 만들고 판독 정확도를 높였다. 이렇게 화씨 사용자들에게 친숙한 온도 기준이 만들어졌다. 물의 어는점은 화씨 32도, 체온은 화씨 96도가 되었다(이 고정점은 오늘날의 추정치보다 화씨 2.6도 더 낮기는 하다).

파렌하이트는 온도계 내부에 매질로 흔히 사용되던 "포도주의 정령(에틸 알코올)" 대신 수은을 이용하는 단계로 나아갔다. 액체 수은은 오랫동안 알려진 것처럼 알코올보다 끓는점이 높아서 더 넓은 온도 범위에서 사용할 수 있을 뿐만 아니라, 뜨거움과 차가움의 변화에 더 빨리 반응하여 더 넓은 온도 범위로 팽창하고 수축한다. 그러면 온도계가 동일한 온도 범위를 나타내면서도 더 작게 만들어질 수 있다. 측정학 사례에서 흔히 볼 수 있듯이, 파렌하이트의 기구가 돋보인 것은 한 가지 변화가 아니라 다양한 개선사항을 통합한 덕분이었다. 파렌하이트의 온도계는 매우 유명해졌고, 그는 이 업적을 인정받아 1724년 영국 왕립학회에 입회했다. 그리고 그의 온도 척도는 미터법이라는 경쟁자로 대체될 때까지 전 세계 영어권 국가에서 채택되었다.

—.——.——.—

파렌하이트의 실용적인 천재성은 다른 사람들이 만든 토대에 기초한다. 특히 그는 강풍에도 텐트를 단단히 고정하는 쐐기처럼 온도 척도의 양 끝을 고정하는 물의 끓는점과 어는점의 고정성에 대한 믿음에 기반을 두었다. 이러한 확신은 대체로 물의 어는점과 끓는점 사이를 100개의 간격으로 나눈, 지금은 친숙한 섭씨 척도를 개척한 안데르스 셀시우스의 작업 덕분이었지만, 셀시우스의 작업도 완벽하지는 않았다.

파렌하이트의 척도에서 물의 "끓는점"이 무엇인지를 생각해보자. 물이 끓는 온도는 물의 순도, 대기압, 사용된 용기의 깊이 등에 영향을 받는다. 그뿐만 아니라 끓는다는 것 자체도 결코 사소하게 넘길 수 없다. 물이 끓는 것은 처음 거품이 생기기 시작할 때일까, 아니면 연속적으로 증기가 발생하기 시작할 때일까? 영국에서 존경받는 발명가인 조지 애덤스가 1750년에 만든 온도 척도는 이러한 문제를 명확하게 보여준다. 그는 끓는점을 두 가지로 표시했다. 하나는 "물이 끓기 시작함"을 나타내는 화씨 204도, 다른 하나는 "물이 맹렬하게 끓음"을 나타내는 화씨 212도이다.[28]

18세기 중후반에 이 척도의 끝을 고정하는 일은 많은 과학자에게 우선순위가 되었으며, 왕립학회는 이 문제를 해결하기 위해서 1776년 7명으로 구성된 특별 위원회를 만들기까지 했다.[29] 이 작업에는 매우 세심한 주의를 기울여야 했고, 과학자들은 끓는 물의 모든 구성을 철저하게 분석했다. 이 위원회의 위원이었던 스위스의 지질학자이자 기상학자 장-앙드레 드 뤽(1727-1817)의 연구는 사소한 일도 자세히 살펴보는 헌신과 관심으로 단연 눈에 띄었다.

드 뤽은 한 실험에서 물이 끓지 않으면서 100도 이상으로 올라가는 과가열superheating 영역을 탐구했다. 그는 물에서 산소를 제거하면 이러한 현상이 일어난다는 사실을 발견했지만, 시료에서 산소를 제거하는 기계가 없었기 때문에 탄산음료에서 거품을 빼듯이 시료를 손으로 흔들어야 했다. 드 뤽은 한 보고서에서 이렇게 밝혔다. "이 작업은 4주일 내내 계속되었다. 그동안 나는 잠자거나 시내에서 일을 볼 때 말고는 플라스크를 손에서 거의 내려놓지 못하고 양손으로 이 일을 계속해야 했다. 먹고 쓰고 읽고 친구들을 만나고 산책하는 동안에도 나는 내내 물을 흔들었다."

한편 드 뤽은 1772년 논문에서 정확히 무엇이 진정한 끓음을 결정하는지를 알아보기 시작했지만, 결국 다양한 현상이 이 제한적인 하나의 용어로 균일화되어버린다는 사실을 발견했을 뿐이었다. 드 뤽은 요람을 지켜보는 부부처럼 끓는 물이 담긴 냄비를 세심하게 지켜보면서 거품이 형성되는 속도, 크기, 소리에 주목해 끓음을 관찰했다. 그는 물속 얼마나 깊은 곳에서 끓음이 보이는지, 표면에서 일어나는지 혹은 중간층에서 일어나는지, 물 표면에서 어느 정도로 교반攪拌(액체가 섞이는 일/역주)이 일어나는지를 관찰했다. 새로운 범주들로 끓음을 구분하기도 했다. 그는 물이

"치익 소리를 냄", "부글거림", "요동 끓음(빠르고 짧게 수직으로 점프하는 발레 동작처럼 거품이 움직이는 모양)" 같은 용어를 만들었다. 측정은 세상의 생생한 활력을 그저 숫자로 축소해버리는 전형적인 어리석은 행동일 수도 있지만, 드 뤽의 연구는 그 반대가 사실일 수도 있음을 보였다. 사람들은 무엇인가를 정확하게 측정하려는 욕망으로 현상학적 세상의 새로운 모습들을 발견하고, 이전에는 가까이에서 놓친 물리적 경험을 구석구석 들여다보았다. 우리가 가까이 들여다볼수록 세상은 더 많이 자신을 드러낸다.

드 뤽과 동료들이 수행한 조사는 아이러니하게도 물의 끓는점이 생각처럼 믿을 만한 온도 측정 지표가 아니라는 사실을 밝혔다. 끓음이 일어나는 온도는 너무 다양했다. 대신 과학자들은 훨씬 더 안정적인 기준점으로 판명된, 물에서 생성된 증기를 측정하는 방법으로 눈을 돌렸다. 물이 치익 소리를 내든 요동 끓음을 하든 그 위의 증기는 균일했다. 이러한 과정은 과학자들이 "올바른" 해결책에 도달하기까지 연달아 오답을 내며 시간을 낭비한 실패처럼 보일 수도 있다. 그러나 이러한 과정은 측정학과 과학의 중요한 개념인 "인식적 반복"을 보여준다. 장하석에 따르면, "특정한 인식적 목표의 성취를 높이고자 형성되는 각각의 선행 단계를 기반으로 한 일련의 앎의 과정"을 뜻한다.[30]

온도 측정에서 이러한 과정은 뜨거움과 차가움을 느끼는 인간의 경험에서 시작해 최초의 기본 온도경에서 반복된다. 온도경은 눈은 불보다 차갑고 여름은 봄보다 따뜻하다는 명백한 진리를 확인해준다. 결국 이러한 온도경은 사그레도의 관찰처럼 세상에 대한 새로운 앎을 준다는 점에서 신뢰를 얻었다. 이후 숫자 표기가 추가되어 오늘날과 같은 기본 온도계가 되었다. 표기는 처음에는 임의적이고 독특했지만, 이후 고정점에 연결되면서 온도 척도를 그대로 따라서 만들거나 온도의 값을 공유할 수 있게 해주었다. 기술이 발전하고 이러한 온도계의 성능이 향상됨에 따라 고정점은 훨씬 정밀하게 좁혀졌고, 변동을 식별하고 설명할 수 있게 되었다. 이 과정에서 무엇보다도 연속된 각 단계는 선행 지식을 기반으로 생성되었으며, 각각의 새로운 수준은 이전 수준으로 뒷받침되었다. 그리고 수백명이 수 세기에 걸쳐 작업한 결과, 믿을 만한 척도가 서서히 수면 위로 드러나기 시작했다.

절대영도에 도달하다

그러나 이 이야기는 신뢰할 수 있는 온도계를 만드는 것에서 끝나지 않는다. 온도에는 섭씨나 화씨 척도에서 찾을 수 있는 것보다 미묘한 점이 훨씬 많다. "당신이 말하는 것을 측정할 수 있고 숫자로 표현할 수 있다면, 그것을 안다고 할 수 있다"라고 주장한 19세기 영국 물리학자 윌리엄 톰슨, 즉 켈빈 경에게는 이미 명백한 일이었다. 톰슨은 측정학에 대한 믿음을 온도에도 적용하여, 뜨거움과 차가움을 고대 그리스 철학의 위대함과 규모를 떠올리게 하는 방식으로 이해하도록 했다.

톰슨이 온도 측정에서 마주한 문제는 이것이 항상 간접적이라는 점이었다. 온도계가 얼마나 믿을 만한지, 얼마나 예리하게 값을 읽는지에 상관없이, 온도계는 온도 변화에 따라 팽창하거나 수축하는 기구 속 액체인 매질에 의존했다. 이러한 척도는 온도를 직접 측정하는 것이 아니었고, 서로 다른 판독값들을 서로 확실히 연관 짓는 방법도 없었다. 톰슨은

1848년의 논문에서 다음과 같이 불평했다. "그리하여 우리는 온도를 추정하는 명확한 체계를 구축하기 위한 엄격한 원리를 가지게 되었지만" 눈금 자체는 그저 "숫자가 매겨진 임의의 연속된 점일 뿐이다."[31] 이 숫자들은 문제의 본질—온도의 진짜 본질—을 다루지 않았다. 갈릴레오와 산토리오의 온도경보다 낫다고 볼 수가 없었다.

이러한 불확실성이 발생한 이유는 톰슨이 살던 시대의 사람들이 실제로 열이 무엇인지 명확히 설명하지 못했기 때문이다. 수 세기 동안 연금술사, 자연철학자, 과학자들은 열이 그 자체로 물질인지 아닌지, 즉 물질 내에 존재하는 별개의 요소인지, 아니면 물질에 의해서 나타나는 현상, 즉 가장 일반적으로 여겨진 것처럼 운동 형식인지를 두고 논쟁했다. 두 가지 접근법 모두 온도의 측면 일부를 설명했지만 둘 다 분명하지는 않았고, 화학 같은 다른 분야에서도 온도가 중요했기 때문에 이 문제를 빠르게 해결해야 했다. 네덜란드의 의사이자 화학자인 헤르만 부르하버는 1720년에 이렇게 말했다. "불의 본질을 설명하는 데에 실수한다면 그 실수는 물리학의 모든 분야에 퍼질 것이다. 모든 자연의 산물에서 불은……항상 주요 매개체이기 때문이다."[32]

18세기에 들어서자 열이 물리적 존재라는 개념은 "칼로릭caloric" 이론으로 발전했다. 이때 칼로릭이란 물질 안에서 부드럽게 흐른다고 여겨지는, 보이지 않는 순물질이다. 18세기 프랑스의 화학자 앙투안 라부아지에는 실험에 종종 이 이론을 적용했다. 그는 칼로릭이 무게 없는 액체로서 "매우 탄력적이고" "아주 미묘하며", 어떤 질료에도 침투할 수 있고 보통 물질에 강하게 들러붙으며, 그림자처럼 재빨리 "사물의 입자 사이에 퍼질" 수 있다고 보았다.[33] 많은 동시대인처럼 라부아지에도 칼로릭의 존재에 완벽히 동의하지는 않았지만, 이 이론은 실험을 설계하고 특정 현상을 설명하는 데에 도움이 되었다. 자기 반발성을 지녔다고 여겨진 칼로릭은 열이 왜 뜨거운 물체에서 차가운 물체로 흐르는지, 금속이 데워지면 왜 팽창하는지 등을 설명하는 데에 이용되었다. 칼로릭 이론은 그 이유를 칼로릭이 금속에 채워지면서 안에서 바깥으로 확장하기 때문이라고 보았다.

신뢰할 만한 온도계가 개발되면서 이 논쟁에 새로운 증거가 들어왔다. 물체가 타버릴 때 공기 중으로 발산되는, 고대 그리스어로 "타버리다"라는 뜻의 단어에서 온 플로지스톤phlogiston이라는 물질이 있다고 상정하던 기존 이론을 폐기하는 데에 라부아지에는 이미 도움을 준 바 있었다. 칼로릭과 달리 플로지스톤은 질량이 있었지만 라부아지에는 일부 물질이 탈 때 오히려 어떻게 무게가 늘어나는지를 밝히며 이 이론을 반증했다(이는 결국 연소의 핵심 요소인 산소의 발견으로 이어진다). 칼로릭의 경우 온도를 정량하면서 한 가지 문제가 발생했다. 바로 잠열潛熱이었다. 잠열은 기체가 액체로 바뀔 때처럼 물질이 다른 상태로 바뀔 때 방출되거나 흡수되는 에너지이다. 민감한 온도계를 사용하자, 과학자들은 얼음이 녹고 있는 양동이를 데워도 얼음이 완전히 녹을 때까지는 전체 온도가 변하지 않는다는 사실을 관찰할 수 있었다. 칼로릭 이론에 따라서 얼음이 녹기 시작하고 칼로릭이 액체로 스며들기 시작하면 곧바로 온도 변화가 일어나리라고 예측했지만 말이다. 칼로릭 이론 지지자들은 이러한 문제에 이론을 꿰맞출 방법을 찾으려고 했지만 점점 불일치만 늘어날 뿐이었다. 실험적 증거가 쌓이며 칼로릭 이론에 대한 확신은 점점 약해졌다. 문제는 아직 확실한 대안이 나오지 않았다는 점이었다.

톰슨과 여러 동료가 개괄한 새로운 열 이론은 궁극적으로 그 시대의 상징인 증기기관에서 영감을 받았다. 프랜시스 베이컨과 갈릴레오로 거슬러올라가는 과학자들이 오랫동안 의심했던 사실, 즉 열이 운동의 한 형태라는 사실에 증거를 제시할 수 있는 기계였다. 세상을 이해하는 방식에서 칼로릭을 뿌리 뽑은 것은 바로 이 이론—톰슨은 증기기관을 "열역학 엔진"이라고 표현하며 열역학熱力學이라는 말을 처음 만들었다—이었다.[34]

톰슨은 프랑스 과학자이자 군사 공학자인 니콜라 레오나르 사디 카르노가 수십 년 전인 1824년에 발표한 『불의 동력에 관한 고찰*Réflexions sur la Puissance Motrice du Feu*』로부터 영감을 받았다. 카르노가 발표한 유일한 이 저서는 당대의 동료들에게 완전히 무시당했지만, 일생의 작업에서 얻은 그의 독창적인 생각을 충분히 담고 있다. 한 역사가는 이 문헌에 대해서 "완전히 전례 없고 함축적 의미가 깊다"고 평했다.[35]

증기기관을 군사적, 경제적 힘의 도구로 본 카르노는 증기기관의 효율성을 개선하는 데에 관심이 있었다. 카르노의 아버지는 나폴레옹 시대의 전쟁부 장관이었고, 카르노는 영국이 유럽에서 승승장구한 것이 육군이나 해군이 아니라 증기기관 덕분이라고 생각했다. 아리스토텔레스가 인체를 볼 때 심장이 사지를 움직이는 열을 전달한다고 이해한 것처럼, 카르노는 증기기관이 국가 경제의 원동력이라고 보았다. 증기기관은 산업의 동맥에 석탄과 철을 공급하고, 이 과정에서 배와 총을 만들고 탄약을 공급하는 기계였다.[36] 카르노는 『불의 동력에 관한 고찰』에서 증기기관의 작동을 추상화하여 더욱 잘 이해하려고 노력했다. 그는 고정쇠와 새어 나오는 증기라는 방해 요소에서 눈을 돌려 이 기계의 본질적인 특성, 즉 증기기관이 뜨거운 물체에서 차가운 물체로 열을 전달한 다음 이를 운동으로 바꿔 작동한다는 점에 주목했다. 그는 증기기관의 구조를 물레방아의 구조에 비유했다. 물레방아는 아래로 흐르는 물의 흐름을 이용하여 터빈을 돌린다. 카르노 자신은 칼로릭 이론을 믿었지만, 이러한 방식으로 증기기관의 작동을 단순화해서 결국 열역학 제2법칙, 즉 뜨거운 계에서 차가운 계로 흐르는 피할 수 없는 열의 흐름을 설명했다.

뜨거운 용광로에서 힘을 얻어 작동하는 엔진으로 가득 찬 증기기관의 시대에, 온도와 운동 사이의 관계에 주목한 것은 카르노만이 아니었다. 유럽 전역 과학자들은 이 문제의 여러 특성에 의문을 품었다. 이들 중에는 독일의 물리학자인 로베르트 마이어와 영국의 물리학자인 제임스 줄도 있었다. 두 사람은 각자 연구한 끝에 열역학 제1법칙에 이르렀다. 이 법칙은 에너지 보존 법칙, 즉 에너지는 파괴될 수 없고 변환될 뿐이라는 개념이다.

줄은 실험을 통해 자신의 생각을 요약하는 능력으로도 연구 공로를 크게 인정받은 인물이었다. 그는 주로 열과 운동이 관련 있을 뿐만 아니라 상호 전환할 수 있다는, 즉 이쪽에서 저쪽으로 변할 수 있다는 개념에 주목했다(칼로릭 이론에서는 허락되지 않은 개념이었다). 줄은 특정 장면에 매달리는 화가처럼 다양한 각도에서 이 문제를 여러 번 조망하며 이 아이디어를 증명하는 일에 착수했다. 가장 잘 알려진 줄의 시연은 물이 담긴 플라스크에 작은 노가 여럿 달린 바퀴를 넣고, 이 바퀴를 추를 매단 도르래에 연결한 장치를 이용한 것이었다. 추가 떨어지면 노가 회전하면서 물이 가열되었다. 이 장치는 열이 운동(이 경우 물속에서 일어나는 노의 마찰)

에서 생성될 수 있음을 보여줄 뿐만 아니라, 무엇보다도 이 과정을 측정해 수량화할 수 있게 해주었다. 줄은 물속에서 일어나는 온도 변화, 추의 질량, 추가 움직인 거리를 기록해 열을 운동이나 일work의 형태로 계산할 수 있었다. 정확히 말하면 줄은 자신이 고안한 장치를 이용해 물 1파운드의 온도를 화씨 1도만큼 온도를 올리려면 약 780피트파운드의 일이 필요하다고 언급했다.[37]

톰슨은 이 문제를 다룬 줄의 시연에 대해서 듣고서는, 열과 운동이 동등하다고 확신하게 되었다. 그는 "처음에는 그것이 틀렸다고 말해야 한다는 생각이 강하게 들었지만", 앞서서 줄의 이야기를 듣고 나자 그가 "위대한 진리와 가장 중요한 측정법"을 발견했다는 사실을 깨달았다고 말했다.[38] 톰슨을 계속 괴롭혔던 것은 열을 운동이나 일로 완벽하게 변환할 수 있다는 생각이었다. 분명 그렇지 않은 상황이 있었기 때문이다. 톰슨은 1849년에 다음과 같이 썼다. "고체에서 열이 전도될 때 '열의 작인 thermal agency'이 사용되었다면, 이것이 생성하는 역학적 효과는 무엇인가? 자연이 작동할 때에는 어떤 것도 사라지지 않으며, 그 어떤 에너지도 파괴될 수 없다. 그렇다면 소실된 기계적 효과 대신에 어떤 효과가 생성되는가?"[39]

톰슨과 독일의 물리학자 루돌프 클라우지우스가 오늘날에는 익숙한 열역학이라는 설명을 고안한 것은 이러한 문제에서 연유했다. 이들은 오늘날에는 과학과 동의어로 보이지만 19세기 초 당시에는 잠정적으로만 도입되었던 에너지라는 개념을 사용했다. 오늘날 우리는 에너지를 "일할 수 있는 능력"이자, 자연계의 다양한 현상을 설명하는 광범위하고 유연한 개념이라고 이해한다. 그러나 열역학이라는 새로운 과학을 설명하려는 이들에게 에너지는 훨씬 구체적인 것, 즉 원자의 운동을 의미하게 되었다. 궁극적으로 열을 구성하는 것은 분자 운동이라는 형태를 띤 이 에너지였다. 이 에너지는 열이 손실 없이는 일로 전환될 수 없는 이유를 설명해주었다. 열은 "더 이상 사용할 수 없는 퇴화된" 에너지의 형태이며, 대부분은 조직되지 않고 무작위적이다. 이 에너지는 세상으로 새어 나온다. 클라우지우스는 이를 우주의 무질서를 재는 척도인 "엔트로피entropy"라고 불렀다. 1865년 클라우지우스는 다음과 같은 열역학의 두 가지 법칙으로 이 새로운 과학을 아주 간명하게 포착했다.

첫째, 우주의 에너지는 일정하다.
둘째, 우주의 엔트로피는 극대화되는 경향이 있다.[40]

이러한 공리는 다양한 과학 분야에 지대한 영향을 미쳤다. 열역학이라는 이 새로운 열 이론이 고안되면서 톰슨 역시 마침내 온도 측정에서 확인한 문제점을 극복할 수 있게 되었다. 이제 그는 생산된 일의 양을 추상적으로 계산해 열을 측정하는 것은 물론, 온도 척도의 새로운 근간을 정의할 수 있게 되었다. 열이 원자 운동의 한 요소라면, 분명 이는 운동이나 에너지, 열이 전혀 없는 상태도 있을 수 있다는 의미였다. 톰슨은 이를 "절대영도"라고 설명했다. 그저 아무 일도 일어나지 않는 지점을 말한다. 톰슨은 자신의 새로운 온도 척도를 켈빈 온도로 공식화했고, 이 온도는 이후 많은 과학 및 고정밀 작업에서 표준 단위가 되었다. 이 척도에서 절대영도 0K는 섭씨 −273.15도, 혹은 화씨 −459.67도이다. 절대영도에 도달하기는 물리적으로 불가능하지만, 톰슨은 마침내 특정 물질의 행동에 의존하지 않는 온도 척도를 확립했다. 수 세기에 걸친 실험 끝에 온도 측정은 마침내 명백하게 확고한 것에 단단히 닻을 내렸다.

영원한 불 : 에너지와 엔트로피

측정을 연구하는 역사가 시어도어 포터는 18세기 과학자들이 온도를 수량화하며 "엄밀성과 명료성을 높이기 위해서 풍부한 개념을 희생할 만반의 준비가 되어 있었다"라고 썼다. 이 과학자들의 "측정에 대한 열광은 개념을 무효로 하는 한편으로 개념을 창조했다."[41] 측정학자들은 헤라클레이토스의 우주적 불을 꺼서, 온도계를 통해 걸러진 열이라는 개념으로 대체했고 촘촘한 눈금으로 축소했다. 측정이 대상을 축소한다는 주장은 측정학 논의에 자주 등장한다. 과학에 대한 광범위한 비난의 일부인 이러한 주장은 막스 베버의 탈주술화라는 개념으로 잘 설명된다. 초자연적인 것을 과학적인 것으로 대체하면서 의미가 사라진다는 개념이다. 예를 들어 칼로릭이 증기기관이라는 무차별적인 기계와 열역학 이론으로 어떻게 대체되었는지를 생각해보자. 화학이 연금술을 대체하고 공학이 마법을 대체했듯이 이러한 지식 체계 안에서는 우주의 신비가 사라진다. 이러한 이야기는 계속 이어진다.

나는 온도를 이해하는 우리 생각의 변화가 의미의 빈곤을 초래했다는 말에 동의하지 않는다. 대신 용광로의 열이 석탄을 증기와 터빈의 운동으로 바꾸는 것처럼, 온도계라는 과학적 개선이 대상의 풍부함을 변형해 오래된 신화에 활력을 불어넣고 세상을 이해하는 새로운 방법을 제공한다고 생각한다.

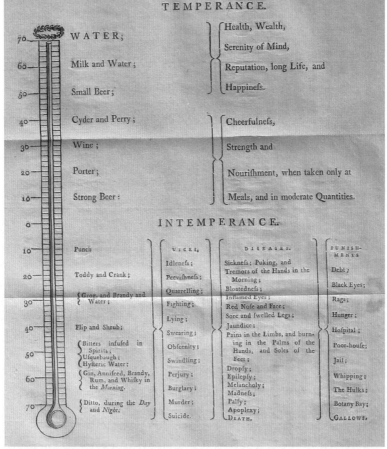

"도덕적, 육체적 온도계 : 절제와 무절제의 정도의 척도"를 나타내는 그림. 정량화되지 않는 것을 정량화하다 보면, 온도계나 기압계를 은유적 척도로 사용한 것처럼 새로운 상상력의 영역이 만들어진다.

온도 측정기구가 새로운 설명을 할 수 있는 아이디어를 제공하면서 우리의 언어를 얼마나 풍성하게 만들었는지를 생각해보자. 18–19세기의 온도계와 그 사촌인 기압계는 책이나 신문 기사, 정치 연설에 은유로 등장하며 열광적으로 받아들여졌다. 오르락내리락하는 액체라는 시각적 언어는 직관적으로 이해되었고, 보이지 않는 현상을 드러내는 이 장치의 기묘한 민감도는 이 장치들이 다른 신비로운 수량화의 힘을 지녔을 수도 있다는 점을 시사했다. 라부아지에는 "공공 번영의 온도계"라는 표현을 사용했고, 풍자 화가인 윌리엄 호가스는 삽화에서 사랑의 열정과 종교적인 열정이 올라가고 있음을 나타내기 위해 온도계를 사용했다.[42] 1694년의 기압계 설명서는 독자들에게 기압뿐만 아니라 사람의 기질도 측정할 수 있다고 명시한다. "수은이 내려갈수록 그 사람의 몸이 무기력하고 흐트러졌다는 의미이다. 사람은 습한 요소 안에서 살지 못하는데, 그 사람의 기질은 이런 인간의 본성에 부합하지 않은 것으로 가득 차 있기 때문이다."[43]

미국의 문학평론가 테리 캐슬은 오랫동안 변형, 움직임과 연관이 있던 은빛의 광택 있는 화학물질인 수은이 온도계에 사용되면서, 온도계와 영혼의 연관성이 확립되었다고 지적했다. 그녀의 저서 『여성 온도계The Female Thermometer』는 이러한 기구가 성적 욕망 및 여성의 기질과 어떻게 연관되었으며 당대 여성혐오의 새로운 표현이 되었는지를 추적한다. 예를 들어 1754년에 출판된 풍자적 글에서는 "숙녀의 욕정을 나타내는 정확한 온도"를 측정하는 온도계가 발명되었다고 설명한다. 이 온도계에는 상단의 "타락한 뻔뻔함"에서 하단의 "범접할 수 없는 정숙함"까지가 적혀 있다. 이 온도계를 사용하면 런던 각 지역의 도덕성을 조사할 수 있다. 1712

년 「스펙테이터*The Spectator*」에는 온도계 안에 든 수은 대신에, 사망한 "요부"의 심장에서 추출한 "파리하고 붉은빛의 액체"를 담아서 요부의 욕정을 점치는 요술 막대로 만들었다는 섬뜩한 일화가 실려 있다. 캐슬은 다음과 같이 썼다. "이 기구는 소중한 액체를 내어준 요부만큼이나 남자에 미친 것으로 판명되었다. 이 온도계의 개발자는 이렇게 회상했다. '깃털 장식, 수놓은 코트, 술 달린 장갑' 같은 것을 가까이 가져가면 온도는 미친 듯이 춤추며 올라가고 '모양이 이상한 가발, 볼품없는 신발, 유행에 뒤떨어진 코트'를 보여주면 급속하게 떨어진다."[44]

정량적 방법으로 밝혀진 온도 개념은 그 자체로 영향력이 있었다. 열역학에 대한 인식은 특히 19세기 사상에 큰 영향을 미치며, 다윈의 진화론처럼 사회적, 정치적 논쟁을 첨예하게 일으켰다. 이 이론의 핵심 요소—특히 열역학의 두 법칙—가 세상을 바라보는 오래된 직관과 연관된 신화적 감각을 어떻게 획득했는지 생각해보면 놀라운 일도 아니다. 열역학 제1법칙인 에너지 보존 법칙은 불변성과 지속성, 즉 아무것도 영원히 사라지지 않는다는 확신을 준다. 이러한 약속은 열역학 제2법칙인 엔트로피 증가 법칙으로 약화된다. 우주에서 보존되는 것은 생각대로 생명이 아니라 무질서뿐이라는 경고이다. 이러한 균형감은 클라우지우스가 의도한 것이다. 그는 "나는 일부러 에너지라는 단어와 최대한 비슷하게 엔트로피라는 단어를 만들었다"라고 썼다. 그는 이러한 "두 가지 중요성"의 대칭성, 즉 이러한 숭고한 개념들의 대칭성을 반영하고자 했다.[45] 우주의 역동성을 제공하고 우리 주변 세계를 계속 변화시키는 것은 에너지이고, 우리가 보는 모든 것을 결국 사라지게 만드는 것은 엔트로피이다. 증기기관, 철도, 공장의 에너지를 통해 주변의 풍경이 달라지는 것을 지켜본 19세기의 많은 사람들에게 이러한 진실은 자명해 보였을 것이다. 그들은 이렇게 말할 것이다. 세상에는 물론 진보와 질서가 있지만, 낭비와 부패도 있다.

열역학이 문화, 종교, 철학에 미친 영향을 완전히 지도로 그려보려는 것은 무모한 작업이다. 다만 한 가지 측면이 전체를 대표하는 표본이 되어줄 수는 있다. 바로 열역학 제2법칙의 자연스러운 결과인, 우주의 열적 죽음이라는 이론이다. 1862년 톰슨이 어느 인기 있는 잡지에 기고한 기사에서 설명했듯이 "기계적 에너지는 파괴할 수 없지만 우주에는 소멸하려는 경향이 있다. 이러한 경향은 열을 점진적으로 증강하고 확산시키며, 운동을 멈추게 하고, 물질적 우주 전반에서 잠재적인 에너지를 소진하게 한다." 그 결과 태양처럼 거대하고 고갈되지 않을 것으로 보이는 배터리도 결국은 소멸하며, "지금은 우리가 알지 못하는 원천이 거대한 창조의 창고에 준비되어 있지 않은 한, 지구의 거주자들은 수백만 년 넘게 생명에 필수적이었던 빛과 열을 더 이상 누리지 못하게 될 것이다."[46]

톰슨 자신은 이 아이디어를 그다지 매력적으로 느끼지 않았다. 그는 독실한 기독교인이었으며, 유한하고 일방향적인 우주관이 『성서』의 말씀에 부합한다고 여겼다.[47] 인간의 삶에 시작과 끝이 있고 내세라는 운명이 있는 것처럼, 우주 전체도 언젠가는 문을 닫고 마감해야 한다. 그는 몇 편의 글을 통해 열역학 법칙을 「시편」 102편과 비교했다. 클라우지우스가 묘사한 불변성과 낭비의 균형에 비견할 만한 예언 같은 부분이다. "천지는 사라질지라도 하느님은 그대로 계시옵니다. 옷처럼 모든 것이 삭아 빠져도 갈아 입는 헌 옷처럼 모든 것이 바뀌어도."[48] 열역학은 단지 『성서』 말씀을 재구성한 것에 불과할까?

그러나 모든 이들이 이 해석에 만족하지는 않았고, 몇몇 학자들은 과학적 정언으로 우주의 종말점을 명확히 확인하는 일이 "광범위한 문화적 불안을 촉발했다"[49]고 주장했다(열역학은 단순히 현존하는 사회적 불안을 실어 나르는 새로운 도구를 제시했다는 또다른 해석도 있다).[50] 일부 학자들은 과학과 종교를 새롭게 결합하여 이러한 위협을 무력화하려고 했다. 두 명의 물리학 교수가 쓴 1857년의 베스트셀러 『보이지 않는 우주*The Unseen Universe*』는 "에너지 물리학을 변화를 이끄는 영혼의 쉼터로 재창조하면서" 열역학 제1법칙의 연속성이 새로운 내세일 뿐이라고 주장한다.[51] 다른 이들은 소멸하는 태양을 문학적 은유로 확장하며 두려움을 예술로 승화했다. 앨저넌 스윈번은 1866년의 시 "페르세포네의 정원"을 완전한 정적이라는 이미지로 끝맺는다. "별도 태양도 깨어나지 않으며 / 빛도 변하지 않으리…… / 오직 영원한 잠만 있으리 / 영원한 밤 속에서."[52] 다른 시대에는 이러한 은유가 용해나 소멸 같은 형태와 연관되기도 했다. 조지프 콘래드의 1899년 소설 『암흑의 핵심*Heart of Darkness*』에서 반복적으로 묘사되는 가라앉는 붉은 태양은 콩고 사유 영역을 지배한 식민화의 잔혹함으로 향하는 화자의 악몽 같은 여정에 함께 등장한다. 콘래드는 사적인 편지에서 이러한 비관론을 더욱 분명하게 설명했다. "진보를 믿는다면 당신은 울게 될 것이다. 우리가 얻은 완벽함은 추위와 어둠, 침묵으로 끝날 것이기 때문이다."[53] 이러한 애도가 열역학 법칙으로부터 영감을 받았다고는 보기 힘들지만(소멸하는 태양의 이미지는 수많은 고대 문헌에서도 찾아볼 수 있다) 이러한 과학적 발견으로 새로운 권위와 적합성을 얻었다고는 할 수 있다.

궁극적으로 다가올 침묵과 어둠에 대한 공포는 기술이 인공적인 소리와 빛을 과도하게 전달하는 시대에 이르자 특히 예리하게 다가왔던 듯하다. 그리고 적절하게도 엔트로피와 우주의 열적 죽음을 가장 선명하게 탐구한 것은 공상과학 장르였다. 허버트 조지 웰스의 1895년 소설 『타임머신*The Time Machine*』이 가장 유명한 사례이다. 이 소설의 주인공인 시간 여행자는 지구의 미래로 여행하지만 모든 것의 종말을 목격할 뿐이다. 처음에 80만2701년에 도착한 주인공은 새로운 계급 체계가 장악한 지구에서 아름답고 순수한 엘로이족이 아이처럼 뛰노는 동안 지하에서는 살인마이자 비인간적인 몰록족이 음모를 꾸미는 것을 목격한다. 시간 여행자는 가까스로 몰록족에게서 탈출한 후에 앞으로 더 건너뛰어 우주의 거대한 시계가 서서히 멈추는 것을 목격한다. 시간 여행자는 이렇게 말한다. "마침내 황혼이 서서히 지구를 뒤덮었다. 별의 선회가 점점 느려지더니 점차 한 점이 되는 빛에 자리를 내주었다. 마침내 내가 도착하기 얼마 전, 붉고 아주 거대한 태양은 움직임을 멈추고 지평선에서 꼼짝하지 않았다. 희미한 열을 발하며 빛나는 거대한 반구는 이따금 깜빡일 뿐이었다." 그는 타임머신의 속도를 늦추지만 시간의 끝에서 "황폐한 해변"에 서 있는 자신을 발견한다. 그곳에는 흠집 나고 주름진 껍데기를 이고 있는 거대한 게와 머리 위로 나른하게 날개를 펄럭이는 크고 흰 나비들처럼 거대하고 쇠약해진 생물들만이 살고 있다. 겁에 질렸지만 멈출 수 없었던 시간 여행자는 수백만 년 후 미래로 더 나아가 마침내 태양마저 꺼지고 아무것도 남지 않은 곳에 이른다.

사람 소리, 양 우는 소리, 새 소리, 벌레 윙윙거리는 소리, 우리 삶의 배경을 이루는 모든 소동은 이제 모두 끝났다……. 산들바람이 신음을 내며 일었다. 나는 일식 한가운데의 검은 그림자가 나를 덮쳐 오는 모습을 바라보았다. 다음 순간에는 창백한 별들만 보였다. 다른 모든 것은 빛 없이 희미했다. 하늘은 칠흑같이 검었다.[54]

웰스가 묘사한 고요함은 이야기가 끝난 후에도 오래 남는다. 그가 제시한 광경은 세속적 세계에 큰 울림을 주는 묵시록이 되었다. 수량화, 측정, 과학적 방법은 자연으로부터 어떤 신화를 추방했을지 모르지만, 이들은 고유하고 낯선 풍경도 도입했다. 마법의 영역처럼 접근할 수 없지만 상상할 수 있을 만큼 현실적인 모습이다. 헤라클레이토스의 꺼지지 않는 불은 더 이상 우주에서 영원히 요동치지 않고, 대신 원자와 분자가 에너지와 열로 눈에 띄지 않게 세상을 밀고 당긴다. 마침내 모든 것이 멈출 때까지.

제5장

미터법 혁명

미터법의 급진적 정치,
그리고 그 기원인 프랑스 혁명

이성 외에는 어떠한 주인도 인정하지 않는 자유국가만을
태양이 비추는 시기가 도래할 것이다.

—콩도르세 후작[1]

기록원 미터와 킬로그램

파리 국가기록원 복도에서는 약간 퀴퀴한 냄새가 날 것이라고 생각할지
도 모른다. 도심 한복판에 있는 이 수비즈 저택은 프랑스 대혁명 당시 국
가에 징발당했고 현재는 한 나라의 사료가 높다랗게 쌓여 있다. 한때 귀
족 무도회를 주최하던 방에는, 국가기록으로 꽉 채워져 도장이 찍히고 번
호가 매겨진 종이 상자들이 철제 통로와 사다리를 갖춘 화려한 책장들에
깔끔하게 정리되어 있다. 마치 현재가 과거로 스며들어 목록 사이에서 제
자리를 찾기를 기다리듯이, 건물 분위기는 조용하고 기대감에 부풀어 있
다. 그러나 공기는 놀랍게도 낡지도 눅눅하지도 않고 미묘한 향기마저 난
다. 이른 봄날 아침인 오늘, 이곳에는 꿀 향기마저 은은하게 스며 있다.

　"밀랍이에요." 기록원 큐레이터인 사빈 뮐로가 "출입 금지" 표시가 있는
문을 열고 우리를 안내하며 말해주었다. "마룻바닥과 선반에 사용되었
죠." 사빈은 잠시 걸음을 멈추고 오랫동안 익숙해졌을 냄새의 자취를 찾

아 킁킁거렸다.

우리는 건물을 가로질러 목적지인 기록원의 철통같은 심장으로 가까이 다가갔다. 가장 귀중한 문서가 보관된 거대한 철제 캐비닛이다. 3개의 자물쇠와 1791년에 설정된(그리고 그후로 한 번도 바뀌지 않았다) 알파벳 조합으로 잠긴 문 뒤에는 보물이 가득하다. 이곳에는 1789년에 삼부회가 서명한 그 유명한 테니스 코트 서약이 있다. 평민들이 "프랑스를 위한 헌법을 제정할 때까지" 절대로 해산하지 않겠다고 서약한 문서이다. 같은 해 채택된 "인간과 시민의 권리 선언"이 새겨진 동판 원본도 이곳에 보관되어 있다. "인간은 권리에 있어서 자유롭고 평등하게 태어나 생존한다"라는 획기적인 선언이 적힌 문서이다. 1793년 1월 21일 단두대에서 처형된 루이 16세의 마지막 편지도 이곳에 있다. 그가 시민 루이 카페라는 세속화된 이름으로 서명한 편지이다. 그의 처형은 앙시앵 레짐Ancien Régime과 새로운 공화정 시대 사이에 분명하고 돌이킬 수 없는 구분을 남겼다. 여기에는 근대 세계에서 가장 위대한 혁명의 역사가 있다.

그러나 우리가 찾는 것은 종이가 아니다. 사빈과 그의 동료인 스테파니 마르크-마유는 여러 캐비닛의 자물쇠들을 풀고 상자 두 개를 꺼냈다. 하나는 가늘고 길며, 다른 하나는 작은 팔각형이다. 이 상자 안에는 그 어떤 문서보다 혁명의 이상, 그리고 성공과 실패를 설득력 있게 웅변하는 물건이 들어 있다. 새로운 공화정의 질서와 함께 시작되었으며 혁명 그 자체였던 미터법의 원본 표준이다. 이들은 기록원의 미터와 킬로그램이다.

탁자 위에 놓인 색 바랜 붉은 벨벳 상자 안에 들어 있는 두 표준은 소박한 모습이다. 길쭉하고 반짝이며 아무런 표시가 없는 이 물건들은 매우 친숙한 모양의 반짝이는 상징물인 최초의 섭씨온도계를 떠올리게 한다. 고대 왕과 왕비가 지녔던 다른 측정 표준들과 달리, 이 물체들은 권위를 부여하는 인장이나 문장이 찍혀 있지 않고 오직 합리적인 디자인만으로 권위를 나타낸다. 군주의 보주寶珠와 홀笏이 아닌, 혁명의 무게와 길이이다. 반짝이는 표면에 이끌려 두 표준을 살피느라 점점 가까이 다가가자, 사빈은—예의 바르지만 단호하게 반복해서—눈으로만 보고 만지지는 말라고 주의를 주었다.

—·———·———·—

세계에서 가장 성공적인 측정 체계인 미터법의 역사는 이를 고안한 정치학과 밀접한 연관이 있다. 18세기 프랑스의 지식인 집단 학자들은 앙시앵레짐 동안 사용된 임의의 측정 단위를 대체할 새로운 측정 체계를 설계했다. 이들은 "왕의 발"(카롤루스 마그누스 시대까지 거슬러올라간다)이라는 길이 척도 대신에 "인간이 측정할 수 있는 가장 크고 변하지 않는 물체", 즉 지구 자체라는 공정하고 불변하는 중재자로 정의되는 단위를 고안했다.[2] 미터의 길이는 북극에서 남극으로 이어지는 가상의 선인 지구 자오선의 일부로, 그리고 킬로그램은 물 1,000제곱센티미터의 무게로 정의했다. 이러한 정의는 왕의 자아와 국가라는 특수성을 넘어선 것으로, 모든 시대와 모든 사람을 위한 도량형이었다.

　미터와 킬로그램의 재료에도 이러한 역사가 구현되어 있다. 두 표준은 모두 백금으로 주조되었다. 유럽인들이 그즈음에 남아메리카 식민지를 탐험하다가 발견한 이 금속은 그 순도와 견고함으로 높이 평가받는다. 당대의 보고에 따르면 백금은 "강철 모루로 두드려도" 흠집이 나지 않으며 "엄청난 노동과 힘을 들여야만" 추출할 수 있다고 한다.[3] 이러한 재료의 사용은 자연에 대한 인간의 지배력을 나타낸다. 게다가 이러한 원기가 전쟁으로 파괴되거나 닳아도 현명한 사람이라면 과학적 정의를 이용해 똑같은 값으로 복원해낼 수 있다. 나폴레옹 보나파르트는 나중에 미터법을 두고 다음과 같이 선언했다. "정복은 성공했다가 실패할 수 있지만 이러한 업적은 사라지지 않는다."[4]

그러나 이러한 말들은 사실이 아니다. 프랑스는 미터법 체계를 도입한 지 얼마 지나지 않아 이를 거부했다(수십 년 후에야 다시 채택했다). 게다가 오늘날의 위성 연구에 따르면, 당시 학자들의 자오선 측정은 정확하지 않았다. 또한 계산상 오류로 인해서 기록원 미터는 실제 목푯값보다 0.2밀리미터(0.008인치) 짧다.[5] 종이 몇 장 두께밖에 되지 않지만, 모든 미터 값에서 이후 영원히 계속될 차이이다.

수비즈 저택에서 우리 앞에 놓인 이 인공물은 고상한 학문 연구의 산물이지만, 프랑스에서 표준 척도에 대한 요구는 학자가 아니라 평민으로부터 시작되었다. 프랑스 혁명을 앞두고 국가의 도량형을 개혁해야 한다는 중요한 주장이 등장했다. 정치적 격변의 단초를 제공한 수많은 경제적, 관료적 실패들 가운데 하나에 대한 불만이었다. 1789년에 프랑스를 여행하던 영국의 농업가이자 여행 작가인 아서 영은 국가 측정 단위의 "괴로운 차이"에 대해서 다음과 같이 논평했다. "척도들 사이의 무한한 혼란은 이해 범위를 넘어선다. 모든 지방뿐만 아니라 모든 지역, 거의 모든 도시마다 척도가 다르다.……독자들이 알 수 있듯이 프랑스 척도 단위명은 거의 무한할 지경이다."[6]

물론 프랑스만 그랬던 것이 아니다. 당시 유럽의 측정 단위는 유연했고 그 수도 엄청나게 많았다. 모든 직업과 목적에 맞게 각각의 척도가 있었고, 단위는 목표에 맞추어 늘거나 줄었다. 이러한 유연성은 기능적이었고, 봉건 제도에서는 약간의 유대감을 주기도 했다. 그러나 수 세기 동안 측정법 개혁이 진지하게 이루어지지 않은 프랑스 앙시앵 레짐 아래에서는 상황이 특히 심각했다. 예를 들어 핑트pinte라는 용량 단위는 파리에서는 0.93리터, 센-앙-몽타주에서는 1.99리터, 프레시-수-틸에서는 3.33리터였다. 옷감을 재는 가장 일반적인 척도인 온aune 역시 지방마다 크기가 대략 300~600린 사이에 17가지 변종이 있었다.[7] 그렇다면 린ligne의 길이는 얼마나 될까? 린은 대략 2밀리미터를 나타내지만 역시 제각각이었다. 추정에 따르면, 당시 프랑스에는 1,000여 개의 단위가 있었고 지방에 따라 25만 가지의 변종이 있었다.[8]

이러한 모든 상황을 보면, 1789년 혁명의 서곡이 울리며 프랑스 삼부회가 소집되었을 당시에 도량형 표준화 요구가 중요한 의제였을 것이다. 개혁을 이끌기 위한 국가 고충 처리기관의 대규모 조사인 『진정서』에 따르면, 제3신분 사람들은 법원에 대한 불만이나 개인의 자유 침해보다 도량형 문제를 더 자주 언급했다.[9] 비톨트 쿨라는 다음과 같이 말했다. "놀랍게도 도량형 표준화 문제에 대한 국가의 태도는 일관되게 하나의 목소리를 냈다. 서로 다른 지역의 농부들부터 다양한 분야의 장인, 거의 모든 도시의 단체 지도자들에 이르기까지 모두가 이를 원했다."[10] 평민은 귀족의 속임수로부터 자신을 보호하기 위해서, 귀족은 교역과 농업 생산을 촉진하기 위해서 표준화를 원했다. 두 집단의 욕망이 항상 일치하지는 않았다. 특히, 학자들의 거창한 계획이 일상 노동자들의 현실적인 요구와 부딪혔을 때는 더욱 그랬다. 그러나 적어도 이 『진정서』에서 이들은 여러 번 반복된 단일한 요구로 하나가 되었다. 바로 "하나의 왕, 하나의 법, 하나

의 무게, 하나의 척도"였다.[11]

기록원의 미터와 킬로그램 표준은 학자들의 이상주의와 농부들의 실용주의라는 매우 다른 요구로부터 나온 산물이다. 이 인공물은 이러한 이중성을 포착한다. 자연의 상태를 열망하며 치열하게 설계된 이 사물은 합리적인 계산의 산물이기는 하지만, 이들이 대체한 단위들만큼 임의적이기도 하다. 사회 상류층을 위해 설계되고 이들에게 도움을 주지만 평등한 도구라고도 여겨진다. 이러한 모순을 모두 지녔음에도 이 표준은 어쨌든 작동했다.

햇살이 구름 사이로 드러나 미터와 킬로그램 표준의 표면을 비추었다. 스테파니는 이 인공물들이 이처럼 아름답고 역사적으로 중요한데도 전시되었을 때 사람들의 관심을 그다지 받지 못한다고 한탄했다. 철제 상자에서 꺼내놓는 일이 자주 있는 것도 아닌데, 방문객들이 그 중요성을 깨닫지 못하고 지나쳐버린다고 했다. 스테파니는 다음과 같이 말했다. "사람들에게는 평생 미터가 있었기 때문에 우리가 왜 미터를 보여주는지 의아해해요. 미터가 이미 머릿속에 있는데, 왜 사물로 존재해야 하는지 이해하지 못하는 거겠죠."

불규칙한 지구

1790년 3월 9일, 정치가이자 귀족이었고 한때는 사제였던 샤를 모리스 드 탈레랑-페리고르는 국민의회 앞에 서서 의회가 야망이 부족하다고 연설했다.

바로 그전 해만 해도 혁명가들은 바스티유를 습격했고 귀족과 성직자의 봉건적 권리를 폐지하며 "인간과 시민의 권리 선언"을 확립했다. 그러나 탈레랑은 이제 법 앞에 평등해진 프랑스 시민이 불평등한 도량형 때문에 여전히 고통받고 있다고 지적했다. 정직한 시민들이 매일 앙시앵 레짐의 무정한 투아즈toise(프랑스의 옛 길이 단위/역주)에 억눌리고, 그릇에 곡물 한 리브르livre(프랑스의 옛 질량 단위/역주)를 쏟아부을 때마다 짜디짠 대접을 받았다. 탈레랑은 이렇게 말했다. "도량형이 너무 다양한 탓에 우리의 생각이 혼란스러워지고 필연적으로 상거래가 저해된다. 이러한 악용은 결코 정당화될 수 없다." 그는 "도량형 개혁"만이 문제를 해결할 수 있다고 결론을 내렸다.[12]

탈레랑의 말은 『진정서』에서 밝혀졌듯이 일반적인 것으로 드러났다. 그러나 나라의 도량형을 수정해야 한다는 주장 대부분이 파리 표준을 도입하자고 제안한 것과는 대조적으로, 탈레랑은 한 걸음 더 나아갔다. 파리 척도를 채택하면 "문제의 중요성에는 물론, 계몽되고 까다로운 사람들의 열망"에도 부응하지 못한다는 것이었다.[13] 탈레랑은 과학 아카데미 학자들의 도움을 받아 프랑스의 도량형을 개혁한다는 야심 찬 계획을 세웠다. 일관성을 확보하는 것이 그 시작이었지만, 국민의회는 그보다 더 위대한 것을 열망하면서 자연의 계율로부터 파생된 완전히 새로운 측정 체계를 만들어야 했다. 그러면 계몽주의의 가장 고결한 이상을 따르게 되는 한편, 프랑스가 전 세계적인 과학계를 선도할 것이다. 탈레랑은 다음과 같이 주장했다. "단순하고 몹시 정확한 이 계획은 모든 의견을 통합하고, 학식 있는 나라들 사이에서도 건전한 경쟁을 촉발할 것이 틀림없다."[14]

미터법은 자신을 홍보할 완벽한 영업사원을 찾은 셈이었다. 탈레랑은 기이한 정치적 본능에 사로잡힌 인물로, 뱃사공처럼 혁명의 격랑을 읽었고, 다른 사람들이 익사하는 와중에도 안전한 출구를 찾을 줄 알았다(이전에 함께했던 동료들을 버렸다는 의미이다). 동시대의 한 역사가는 탈레랑이 평생 왕과 황제를 배신했지만 프랑스를 배신한 적은 없다고 기록했다.[15] 나폴레옹은 그를 "비단 스타킹을 신은 놈"이라고 불렀다.[16] 그러나 탈레랑은 1790년의 정치적 분위기가 점진적인 변화가 아니라 급진적인 변화를 열망하고 있다는 사실을 내다보았다. 그보다 부족한 변화는 사람들을 배신하고 그들이 피와 고통으로 만들어낸 기회를 저버리는 것으로 보일 터였다. 탈레랑은 국민의회에 다음과 같이 말했다. "국가가 위대한 개혁을 이루고자 결의한다면 그 작업을 어중간하게 해서는 안 된다. 또는 적어도 그러지 않도록 조심해야 할 것이다. 그렇지 않으면 처음부터 다시 해야 하기 때문이다."

아카데미는 혁명이 측정법을 통해서 프랑스를 재건할 기회라고 여기고, 도량형 위원회를 근래에 결성하여 이러한 야심을 공유했다. 명단이 계속 달라지기는 했지만 여기에는 조제프-루이 라그랑주에서 피에르-시몽 라플라스, 그리고 앞에서 언급한 라부아지에 등 세계에서 가장 위대한 과학자들이 포함되었다. 이들 가운데 측정학 개혁이라는 야망에서 가장 눈에 띄는 인물은 정부 발표에서 탈레랑을 이끌고 기록원의 백금 표준에서 개인적 이상을 포착한 철학자이자 수학자, 콩도르세 후작이었다.

탈레랑의 연설 이후, 위원회는 미터법 계획에 살을 붙여 몇 가지 중요한 특성을 정했다. 첫째, 단위는 상호 연결되어야 한다. 용량 척도는 길이 단위를 바탕으로 만들어진 입방체이므로, 여기에 물을 채우면 무게의 기본 단위도 만들 수 있다는 식이다. 이렇게 척도들이 연결되면 각 단위의 가치가 상호 강화되는 한편—여러 단위가 함께 엮여 자리를 잡으면 어떤 척도도 부정확해질 염려가 없다―단위 간 계산과 변환이 더 쉬워진다.

둘째, 미터법은 10진수로 이루어져야 하며 모든 단위는 10으로 나눌 수 있어야 한다. 이러한 특성은 오늘날에도 그렇듯이 상반된 요구에 부딪혔다. 반대자들은 12진법이나 16진법(제국 도량형이나 미국 도량형 측정법에서 사용되는 것처럼)을 사용하면 계산이 더 쉽다고 주장했다. 12진법이나 16진법을 이용하면 소수점 이하 자릿수에 의존하지 않고 둘, 셋, 넷으로 더 쉽게 나눌 수 있어서 일상적인 거래가 단순해지기 때문이다. 그러나 학자들은 10진법이 더 많은 사람들에게 사용될 준비가 되어 있다고 결정했다. 10진법은 수학에서 오랫동안 그 가치가 입증되었으며, 라부아지에 같은 옹호자들은 10진법이 측정법에 도입되면 공학과 상업 분야에도 비슷한 이점을 가져올 것이라고 주장했다. 계몽주의의 야망을 반영한 믿음이었다. 과학은 우주를 가로질러 손을 뻗어 미시적인 영역으로 파고들었다. 둘, 셋, 넷으로 나누는 방법은 시장에서 흥정할 때 유용했을지 모르지만, 시대의 야망을 충족할 수 있는 것은 아주 크거나 아주 작은 것을 계산할 수 있는 능력을 지닌 10진법뿐이었다.

셋째, 언어에도 변화를 준다. 학자들은 배수와 분수를 나타내기 위해 그리스어와 라틴어 접두어를 붙인 새로운 단위명을 사용하는, 완전히 새로운 분류법 체계를 고안했다. 여기에는 1,000을 의미하는 킬로와 0.01을 의미하는 센트처럼 익숙한 용어도 있었고, 반을 의미하는 드미demi, 그리고 이제는 잊혔지만 1만의 배수를 의미하는 미리아myria 같은 덜 일반적인 용어도 있었다. 1790년에 길이의 기본 단위를 나타내는 신조어 "미터metre"가 만들어졌다. 이 말은 측정에 사용되는 물건, 그리고 시나 음악의 박자나 운율을 모두 의미하는 그리스어 메트론metron에서 유래했다. 이 용어를 만든 수학자 오귀스트-사비니앵 르블롱은 "몹시 표현적이어서 거의 프랑스어였다고 볼 수 있을 정도"의 이름이라고 열광했다.[17]

그러나 한 가지 문제가 남았다. 미터법의 각본과 무대는 준비되었지만 주인공이 아직 오지 않은 것이다. 새로운 길이 단위인 미터는 미터법의 핵심이었지만, 그 정의에 대해서는 여러 주장이 있었다. 학자들 사이에서는 둘 사이에서 의견이 분분했다. 지구 자오선의 일부를 이용하거나, 정확히 2초마다 앞뒤로 흔들리는 초秒진자를 사용하는 것이었다. 탈레랑과 위원회의 자연으로부터 파생된 단위의 지혜에 대한 확신에도 불구하고 어떤 정의에도 쉽게 합의가 이루어지지 못했다.

수년 동안은 초진자가 선호되는 방법처럼 보였다. 영국과 프랑스는 이 방법을 선호했다. 이 방법의 계보는 진자가 앞뒤로 완전히 한 번 왕복하는 데에 걸리는 시간(주기)이 흔들리는 정도에 상관없이 절대 변하지 않는다는 사실을 밝힌 갈릴레오의 1602년 연구로 거슬러올라간다.[18] 이는 중력이 추에 다르게 작용하기 때문인데, 진자는 움직이는 거리가 길수록 빠르게 움직이고, 반대로 거리가 짧을수록 느리게 움직인다. 학자들은 진자의 길이가 주기성과 연관된다는 점에 주목했다. 한 요인을 측정할 수 있다면 다른 요인은 항상 동일하다는 점 말이다. 물의 끓는점과 어는점처럼 등시성으로 알려진 이러한 성질은 혼돈의 우주에서 우리가 발견한, 안정성을 주는 편리한 안식처이다. 초진자는 주기가 2초인 진자로, 이때 1초는 태양일의 8만6,400분의 1로 정의된다. 1미터를 진자가 2초에 한 번 왕복하는 거리로 정의하면, 이때의 1미터는 오늘날의 1미터보다는 1센티미터 정도가 부족한 993밀리미터(39.1인치)가 된다. 이 장치를 복제하는 데에는 실, 추, 시계만 있으면 된다.

이러한 우아한 해결책에도 불구하고 초진자에는 결함이 있었다. 먼저, 진자의 흔들림은 엄밀히 말하면 갈릴레오가 주장한 것만큼의 일관성이 없고, 관찰자가 적도로부터 떨어져 있는 거리와 위도에 따라서 달라진다. 1672년 과학 아카데미의 한 회원은 자신이 가진 초진자의 진동이 남아메리카에서는 파리에서보다 1.25린(2.8밀리미터) 짧다는 사실을 발견했다.[19] 당시의 발견은 과학자들 사이에 논쟁이 되었지만, 아이작 뉴턴은 이 사실을 기꺼이 받아들였다. 그는 이 발견을 1687년에 저서 『프린키피아』에서 지구가 중력의 영향을 받으므로 완전한 구가 아니라는 논쟁을 불러일으킨 이론의 증거로 삼았다.[20] 뉴턴은 지구가 구심력 때문에 극 쪽이 납작한 형태이므로, 남아메리카의 적도 부근에서는 중력이 감소해 진자의 흔들림이 느려진다고 예측했다.

프랑스 학자들이 보기에 이는 초진자에서 파생된 모든 측정 단위가 특정 위도에서만 사실임을 의미했다. 이렇게 미터의 정의를 특정 위치에 고정해버리면 특정 국가가 더욱 유리해질 수 있었다. 게다가 심지어 같은 위도라도 산 같은 거대한 지형지물이 있으면 중력이 달라질 수 있다. 또 다른 걱정도 있었다. 초진자 정의는 새로운 길이 단위를 초라는 값과 연결했는데, 초 역시 항구적인 값이 정해지지 않았다는 문제였다. 초 자체도 개혁의 대상이었다. 유럽은 고대 바빌로니아 천문학자들에게서 물려받은 60초와 60분이라는 개념을 재정의하려고 계획하고 있었다. 학자들은 불필요한 어려움을 만들고 싶지 않았다.

이러한 어려움 때문에 자오선이 새로운 미터의 가장 좋은 기준으로 떠올랐지만, 역시 문제는 남아 있었다. 뉴턴이 『프린키피아』를 발표한 이래로, 과학계는 수많은 토론과 비용이 많이 드는 숱한 지형 측정 탐사를 통해서 지구가 실제로 양쪽 극이 납작한 타원체라는 데에 합의했다. 그러나 정확히 얼마나 납작하고 곡률이 얼마나 다양한지는 여전히 논쟁거리였다. 미터가 자오선—북극과 남극을 가로지르는 가상의 선—의 일부로 정의된다면, 자오선 자체를 새로 측정해야 했다. 불과 한 세기 전만 해도 완전한 구체로 여겨지던 지구의 모습이 변화했으니 이전의 조사는 불충분했다. 결국 아카데미는 이 작업을 수행할 두 사람을 선택했다. 천문학자 장-바티스트-조제프 들랑브르와 피에르-프랑수아-앙드레 메생이었다. 두 사람은 자오선 전체를 조사하지 않고, 파리를 직접 지나가는 호의 일부만 조사하기로 했다. 프랑스 북부의 해안 됭케르크에서 스페인 국경 바로 너머에 있는 바르셀로나까지를 잇는 선이었다. 거구의 고객이 입을 양복을 짓기 위해서 치수를 재는 재단사처럼, 이들은 한 명은 북쪽으로, 한 명은 남쪽으로 토지를 횡단하며 이 넓은 영역을 측정한 다음에 이 값을 계산하여 북극에서 적도까지의 자오선 길이를 측정하려고 했다. 그 다음 이 길이를 1,000만으로 나누는 방식의 미터의 정의를 고안했다.

원정 자체는 7년이 걸렸고, 그동안 들랑브르와 메생은 정밀성에 대한 요구뿐만 아니라 프랑스 혁명의 과열된 분위기 때문에도 어려움을 겪었다. 이들은 기하학으로 거리를 계산하는 삼각 측량법을 이용했다. 삼각형의 세 각과 한 변의 길이를 알면 다른 두 변의 길이를 계산할 수 있다는 유클리드 원리를 바탕으로 한 접근법이다. 그래서 이들은 나라의 양쪽 끝에서 두 기준 사이를 측정해 첫 번째 길이를 설정한 다음, 높은 곳에서 읽은 여러 판독값을 이용해서 이 둘을 연결했다. 교회 첨탑이나 요새, 언덕 위에 올라가 한 지점에서 다른 지점까지의 각도를 재는 거대한 점 잇기 놀이라고 상상하면 된다. 두 사람은 이렇게 모든 점을 연결하여 기준 사이의 전체 거리를 계산할 수 있었다.

켄 올더가 집필한 도량형 역사의 고전 『만물의 측정법*The Measure of All Things*』에 쓰여 있듯이, 지방 현지인들은 두 사람의 이상한 행동을 의심해 첩자, 더 나쁘게는 반反혁명가로 여기기도 했다. "두 사람은 가는 곳마다 의심과 방해를 받았다."[21] 왕의 이름으로 이들의 여행을 승인한 인증서는 아무런 소용이 없었다. 원정을 시작한 지 1년 후인 1793년에 루이 16세가 처형되었기 때문이다. 토지나 재산을 측정하고 다니며 흔히 세금을 올리는 토지 조사관과 비슷한 모습이나 행동도 도움이 되지 않기는 마찬가지였다. 들랑브르는 생-드니에서 자신을 의심하는 마을 폭도들에게 붙잡히기도 했다. 시장 보좌관이 빵값을 낮추지 않았다는 이유로 14번이나 칼에 찔리는 사건이 일어나기도 했던 혁명 초기였다.[22] 들랑브르는 후에 의심에 가득 찬 군중들이 즉석에서 측지학 강의를 해보라고 요구한 적도 있다고 적었다. 그가 시행하려고 하는 바로 그 개혁을 『진정서』에서 요구했을 이들이 말이다. 들랑브르는 이렇게 회상했다. "청중은 꽤 많았다. 짜증 섞인 웅성거림이 여기저기에서 들리기 시작했다. 몇몇 사람들은 당대에 유행하던 신속한 방법으로 모든 어려움을 잘라내고 의심을 종식하자고 목소리를 높이기도 했다."[23]

위험과 어려움을 무릅쓰고 몇 년간 이어진 작업의 결과는 놀랍도록 정밀한 측정으로 이어졌고, 이는 올더의 지적대로 "이 모든 여정을 이끈 전제를 무효화했다."[24] 아카데미의 학자들은 애초에 자오선을 이용해 미터를 정의하기로 선택했다. 그들은 자오선이 완벽하고 변하지 않는다고 믿었다. 그러나 천문학자들의 끈질긴 조사에 따르면, 사실은 그 반대로 드러났다. 천문학자들이 측정한 지구는 완벽한 구체가 아님은 물론, 완벽한 달걀형도 아니었다. 프랑스의 언덕과 산에 넓게 펼쳐진 이들의 삼각형 그물은 지구의 표면이 마치 주름진 과일처럼 고르지 않고 울퉁불퉁하게 뒤틀렸다는 사실을 보여주었다. 정밀성을 요구할수록—펼쳐진 현실의 천에 더욱 근접하게 파고들수록—훨씬 더 많은 불규칙성만 드러날 뿐이라는, 측정의 역사에 자주 등장하는 일종의 계시였다.

메생은 이러한 소식에 당황하지 않고 오히려 자극을 받았다. 그는 "나의 수학 동료들의 공식에 부합하기를 거부하는" 지구의 비타협적인 특성에 경탄하면서, 사적인 편지에서는 경외감 섞인 불신을 드러내며 이렇게 질문하기도 했다. "왜 신은 우리 지구를 빚을 때 좀더 섬세하게 만들지 않으셨는가?……신이 일을 시작하기 전에 천명하셨을 운동의 법칙, 무게의 법칙, 인력의 법칙을 따라, 그분이 새로이 시작하지 않는 한 불완전한 지구를 치유할 수 없는 불규칙한 모양으로 엉성하게 만드신 일은 어째서 일어났는가?"[25] 부모도 완벽하지는 않다는 사실을 처음 발견한 아이처럼, 메생은 이러한 오류에서 위험한 전율을 느낀 듯하다.

1798년에 측량 자료가 최종적으로 수집되자, 학자들은 지구의 기묘함을 매끈하게 다듬어 지구의 전반적인 곡률에 대해서 자신들이 이해한 바를 가장 잘 반영한다고 생각되는 측정법을 고안했다.[26] 학자들은 미터를 정의할 때 파리 자오선을 사용하면서 일찍이 영국과 미국 동료들을 소외시켰으므로, 어쨌든 미터법을 승인한 이들 나라의 심기를 더 이상 거스르고 싶지 않았다. 메생이 채택한 측정법은 최종 자료에서 약간의 불일치를 무시했는데, 이는 그의 기기 결함 때문인 것으로 추정된다. 메생은 평생이 오류를 숨겼지만, 오류가 있다는 사실이 그의 양심을 괴롭혔다. 올더에 따르면, 이 사실은 메생 사후 들랑브르가 원정의 공식 역사를 기록할 때 "인간 지식의 덧없음에 대한 계산된 경의"라고 쓰며 조용하고 정중한 방식으로 밝혀졌다.[27] 즉, 미터 측정자에는 오류가 하나(오늘날 측량에서 입증된 자오선 길이가 약간 짧다)가 아니라 두 개가 있다는 의미이다. 그러나 둘 다 전혀 문제가 되지 않았다.

새로운 미터 원기의 제막식은 1799년 6월 22일 원로원에 백금으로 만든 최종 미터 측정자—바로 오늘날 미터의 정의—가 제출되면서 열렸다. 이 자는 미터의 새로운 권위를 강조하기 위해서 "아테네 사람들이 그들의 척도를 아크로폴리스에 보관하고 야곱의 자손들이 그들의 척도를 교회에 보관한 것처럼" 입법부에 보관되었다.[28] 미터 원기는 현대적인 유물이었고 지금도 마찬가지이다. 비극적인 결함이 있지만 더할 나위 없는 물건으로, 고결한 질서를 구현하기 위해서 만들어졌지만 그럼에도 불구하고 인간의 실수가 포함되어 있었다. 라플라스가 제막식에서 말했듯이, 미터의 창안은 프랑스의 미천한 농부라도 이제 다음과 같이 말할 수 있게 되었다는 뜻이다. "우리 아이들을 먹여 살리는 이 땅은 지구의 알려진 일부이니, 그런 면에서 나는 이 세상의 공동 소유자이다."[29] 불규칙하지만 경외감을 불러일으키는 세계이다.

이데올로기와 추상화

의도하지는 않았겠지만 1799년 라플라스의 연설은 미터법 프로젝트의 핵심에 깔린 긴장을 무의식적으로 강조했다. 미터법의 몰락에 기여하고 오늘날에도 여전히 측정을 괴롭히는 긴장이다. 미터가 "지구의 알려진 일부"라는 사실만으로 정말 이것을 자연스럽다고 할 수 있을까? 엄청난 비용과 노력을 들여 소수의 전문가들이 결정한 숫자의 어떤 점이 자연스럽다는 것일까? 그리고 왜 프랑스 사람들은 이러한 기원에 관심을 가져야 했을까? 그들은 정말 "세상의 공동 소유자"라고 느꼈을까? 아니면 라플라스의 호언장담은 동료들을 겨냥한 것이었을까? 결국 지구를 두른 그 둘레를 손에 쥘 수 있는 백금의 길이로 축소한 것은 학자와 과학자들이었다. 어떤 왕도 이보다 더 위대한 정복을 자랑할 수는 없었다.

계몽주의 사상가들처럼 미터법을 개발한 학자들도 정치적 입장이 제각각이었다. 일부는 온건했고 다른 이들은 과격했다. 일부는 보수적이었고 다른 이들은 급진적이었다. 그러나 모두가 몇몇 핵심 신념을 공유했다. 그중 무엇보다도 앞선 것은 합리적인 수단을 이용해서 운명을 개척하는 인류의 능력에 대한 믿음이었다. 많은 학자들과 18세기의 상류층은 과거 수십 년간의 과학적 발견으로 실증적인 방법이 우주에 대한 새로운 진리를 드러낼 뿐만 아니라, 인간이 창조의 새로운 주인으로서 우주 자체를 재정렬할 수 있음이 입증되었다고 생각했다. 풍자 작가 알렉산더 포프는 아이작 뉴턴의 비문碑文에 대해서 이렇게 썼다. "자연과 자연법칙은 어둠 속에 숨어 있다. 신이 '뉴턴이 있으라!' 하자 온 세상에 빛이 가득했다."[30]

수학자이자 경제학자, 철학자인 콩도르세 후작보다 이러한 믿음을 강하게 구현한 사상가는 거의 없었다. 그는 과학만이 "인류의 무한한 완전성"이라는 약속을 성취할 수 있다고 주장했다. 그는 세계를 10개의 시대로 나누며 제8기는 "인쇄술의 발명부터 과학과 철학이 권위라는 멍에를 떨치기까지의 시기"로 정의하고, 제9기는 "프랑스 공화국 건국"으로 끝나며, 아직 도래하지 않은 가장 영광스러운 시기인 제10기는 "미래의 인간 정신 발전"을 포함한다고 정의했다.[31]

콩도르세는 성실하고 호의적이며 매력적이었다. 그는 프랑스 계몽주의에서 중요한 마지막 사상가이자 혁명에 진지하게 관여한 유일한 인물이었다. 동시대 사람들은 겉으로는 겸손하지만 내면에 열정을 품은 그를 "눈 덮인 화산"이나 "분노한 양"이라고 묘사했다.[32] 그는 혁명 초기에는 군주제 지지자였지만, 재빨리 공화당원에 합류했고 민주당 당원으로 세상을 떠났다. 그는 평생 몇몇 도덕 원칙에 확고한 지지를 보냈다. 예를 들면 그는 노예제와 사형제도에 반대했고 성평등과 보통교육을 옹호했다. 인류가 평화와 화합의 새 시대를 이루는 데에는 평범한 사람의 삶을 개선하는 것만이 유일한 길이라는 것이 그가 품은 신념의 핵심이었다.

콩도르세는 결국 수많은 혁명의 총아들과 함께 희생되었다. 1793년 공포정치 동안 권력을 잡은 급진 산악파는 온건한 지롱드파가 밀어붙인 헌법 개정의 선봉에 섰던 그에게 체포 영장을 발부했다. 할 말이 넘쳤던 콩도르세는 체포를 피해 숨어 지내며 역작이 될 『인간 정신의 진보에 관한 역사적 개요*Esquisse d'un Tableau Historique des Progrès de l'Esprit Humain*』를 집필했다. 미완성인 이 책은 말 그대로 개요일 뿐이지만 흔히 계몽주의 최후의 논제로 여겨진다. 이 책은 쫓기던 사람이 휘갈겨 써내려가며 미래에 희망을 던진, 계몽주의 이상의 정점이다.

『인간 정신의 진보에 관한 역사적 개요』는 다음 세대에 대한 확신에 집중한다. 콩도르세는 오늘날에는 보편화된 개념을 열렬히 탄원한다. 바로 인류의 축적된 미덕에 대한 믿음, 즉 세상은 지혜롭게 발전하고 있으며 내일의 삶은 오늘보다 나으리라는 믿음이다. 다시 말해서 진보에 대한 믿음이다. 콩도르세는 다음과 같이 썼다. "그러므로 이성 외에는 다른 주인을 모시지 않는 자유로운 인간에게만 태양이 빛을 비추는 날이 올 것이다. 폭군과 노예, 사제와 그들의 무지몽매하고 위선적인 부하들은 역사책이나 연극 무대에만 등장할 것이다. 우리는 다만 그들에게 희생되거나 속은 이들을 동정하고, 그들의 과도한 힘에 대한 공포가 조성한 쓸모 있는 경계심을 유지하며, 감히 다시 등장할지 모를 미신과 폭정의 첫 씨앗을 이성의 무게로 발견하고 억누르는 법에 관심을 둘 뿐이다."[33]

콩도르세는 과학적 방법의 성공을 지적하며 낙관주의를 정당화했다. "오늘날 학교를 졸업하는 젊은이들은 뉴턴이 심오한 연구를 통해서 얻고 그의 천재성을 통해서 발견한 것보다 더 많은 수학을 알고 있다. 정도는 다르지만 같은 양상을 모든 과학에서 관찰할 수 있다."[34] 그는 과학과 통치 모두에 실수가 있을 수 있음을 기꺼이 인정하지만, 그 실수도 그저 미래의 개선을 위한 전조라고 본다. 그의 철학에서 핵심은 회복력과 낙관주의이다. 그의 생각에 유일한 과제는 모든 사람이 진보의 열매에 접근할 수 있도록 하는 것이다. 이는 사상가가 폭군과 성직자의 칙령에 구속되지 않아야 할 뿐만 아니라 물질적 지원도 받지 말아야 함을 의미한다. 콩도르세는 개선을 막는 주요 장벽으로 부의 불평등, 지위의 불평등, 교육의 불평등이라는 세 가지 불평등을 지적했다. 이러한 불평등을 해결하면 사회는 거대한 진보 기계가 되어 교육과 가르침, 배움의 톱니바퀴가 거대한 선순환을 이루며, 각 세대는 마지막까지 발전할 것이다. 콩도르세는 다음과 같이 썼다. "사실이 증가함에 따라 인간은 사실을 분류하고 더욱 일반적인 사실로 축약하는 방법을 배우게 되며, 사실을 관찰하고 측정하는 기구와 방법은 새로운 정밀도를 얻게 된다. 더 복잡한 조합을 만날수록 더 간단한 공식으로 이들을 쉽게 이해할 수 있게 된다."[35]

그러나 이 주기가 확립되려면 특정한 사고 도구가 필요하다. 그중 가장 중요한 것은 "보편적 언어", 즉 명료한 수학으로 탐구해야 하는 모든 분야에 이성을 적용하게 해주는 도구를 개발하는 일이다. 그런 언어는 "인간 지성이 받아들이는 모든 대상에 엄밀성과 정확성을 주어서 진리에 대한 지식을 쉽게 만들고 오류가 거의 없도록 만든다."[36] 한편 그는 정보를 분류하는 데에 이용할 수 있는 10진법을 상상했다. 체계 내의 각 항목은 열 자리 코드로 설명되며, 각 숫자는 기본 특성의 다양한 경우를 나타낸다. 이렇게 볼 때 기호 4618073에 해당하는 항목은 동물강, 포유동물목, 육식동물과, 고양이속, 고양이종이며 줄무늬가 있고 체형은 통통하다고 분류된다. 다시 말하면 통통한 얼룩고양이이다.[37] 콩도르세는 상상할 수 있는 모든 사실과 진술을 포착하는 보편적인 데이터 항목 체계를 상상했다. 이러한 정보 체계는 지난 세기에 프랜시스 베이컨이 옹호한 것처럼 방대한 도표로 표시되며 과학적 지식은 물론이고 도덕적, 정치적 지혜도 포함한다.[38] 따라서 번역되고, 분류되고, 증류된 세상의 지식은 이제 다루기 쉬워져서 계산하고, 검증하고, 발견할 수 있다. 이러한 도표를 본 사람은 누구나 한눈에 "이 사실 체계가 드러내는 모든 결과, 일반적인 사실, 자연법칙을 발견할" 수 있게 된다.[39]

콩도르세의 이상은 유토피아적이면서도 전체주의적이다. 그는 세상을 완벽하게 분류하고 지식에 평등하게 접근할 수 있다면 완전한 행복으로 이어질 것이라고 꿈꾼다. 그의 방법과 계획에는 모호함의 여지가 없다. 고대 그리스의 용어집이나 린네의 분류법처럼, 범주화는 그 자체로 지식 생산의 한 방법으로 여겨진다. 분류는 계시나 마찬가지이다.

콩도르세는 자신의 보편적인 언어를 완성할 기회가 없었지만, 미터법을 중요한 전조로 보았다. 미터법 단위는 칼레 지방의 레이스 장식이나 오베르뉴 지방의 치즈를 말할 때도 하나의 언어로 말할 수 있게 해준다. 콩도르세는 시간이 지나면 프랑스나 유럽뿐만 아니라 전 세계가 이 단위를 받아들이리라고 생각했다. 그리고 이 단위는 공통 언어를 제공할 뿐만 아니라 10진법을 따르므로 콩도르세와 그의 동료 학자들이 자연스러운 개선이라고 본 계산법을 시민들에게 주입할 수 있다. 라부아지에는 10진법이 "과학의 영역에만 갇힌" 것을 안타까워하며 이것이 대중에게 소개되면 집단 지성이 훨씬 더 날카로워질 것이라고 상상했다.[40] 10진법이라는 방법으로 무장하면 주부는 가계부를 훨씬 효율적으로 관리하고, 농부는 땅을 더욱 정확하게 측량하고, 상인도 상품을 더 정확하게 셈하고 거래할 수 있을 것이다. 콩도르세는 사람들이 10진법을 이용하면 "자신의 이익과 연관된 계산을 할 때 훨씬 더 만족할 것"이라고 말했다. "10진법이 없다면 사람들은 진실로 동등한 권리를 가지지 못하고……진정 자유로워지지 못한다."[41]

그 고결한 이상은 좀더 실용적인 관심과 맞물려 있었다. 미터법 설계를 담당한 학자들은 추상적인 이상을 충족할 뿐만 아니라 프랑스 경제와 관련된 긴급한 문제를 해결할 방법을 찾고 있었다. 콩도르세 역시 농업 생산성이 국가 번영의 초석이라고 주장한, 오늘날 중농주의자로 알려진 경제학자들과 연관이 있었다. 카를 마르크스가 훗날 『자본론*Das Kapital*』에서 설명했듯이 "중농주의자는 농업 노동만이 생산적이라고 주장하는데, 그들의 말에 따르면 농업 노동만이 잉여가치를 생산하기 때문이다."[42] 그러나 이들의 연구에서 중요한 것은 한 국가의 경제를 형성하는 올바른 방법으로 측정과 분석을 강조하는 방법론적 접근법이었다. 명령에 의한 통치도 나쁘지 않았지만, 그 명령이 합리적으로 설명되어야 했다.

중농주의자들이 보기에 앙시앵 레짐의 척도가 바람직하지 않은 주된 이유는 이것이 합리성에 방해가 되었기 때문이다. 옛 단위는 혼란스럽고 탄력적이어서 부정확했다. 온이라는 단위가 천 조각마다 다른 길이를 나타낸다면, 애초에 측정이 무슨 소용이 있겠는가? 그러나 미터는 "자산을 소유한 신흥 민주주의의 단위"가 되어 토지를 정확하고 일관되게 구분하고, 소유권을 정의하고, 과세와 농업 수확을 향상할 것이다.[43] 미터법은 일관적이고 보편적이었다. 사람에서 온 것이 아니라 종이에 적힌 완벽한 측정 도구였다. 수량화 방법을 통해서 갈릴레오나 뉴턴 같은 이들이 하늘을 새롭게 지배할 수 있었던 것처럼, 새로운 도량형은 프랑스 지도층이 국가 자산을 더욱 잘 조직하게 해줄 것이었다.

미터법 개발에 참여한 학자들이 바로 이 변화로부터 가장 큰 혜택을 받을 계급에 속했고 일부는 더욱 직접적인 관련이 있었다는 사실은 우연이 아니다. 콩도르세는 왕실 조폐국의 전前 수장이었고, 라부아지에는 지식인으로서 왕의 세금 징수를 도운(그리고 자신을 위해서도 그 일을 계속한) 세금 징수관이었다. 세금 징수라는 일이 몹시 경멸받게 되면서, 라부아지에가 얻은 지위는 "프랑스의 가장 위대한 자산이자 프랑스의 일반 시민 수백만 명이 가장 증오하는" 지위가 되었다.[44] 세금 징수관은 『진정서』에서 자주 언급되는데, 농부들은 이들을 "국가의 피를 빠는 자"라고 부르기도 했다.[45] 라부아지에는 이 지위에 종사한 과거 때문에 결국 최종적으로 미터가 공개되기 5년 전인 1794년에 27명의 세금 징수관들과 함께 사기 혐의로 처형되었다. 도량형 위원회 동료인 조제프-루이 라그랑주는 라부아지에를 잃은 것을 애도하며 다음과 같이 말했다. "그의 머리를 자른 것은 순간이지만 그와 같은 사람이 다시 나오려면 100년도 부족하다."[46]

개혁된 도량형을 채택하자 상인과 관료, 세금 징수원들의 일이 더욱 수월해졌다. 뒤죽박죽이고 조정되지 않은 단위, 부셸이나 엘레의 크기 변화와 같은 비공식적이고 설명할 수 없는 변경을 처리할 필요가 없어졌다. 대신 모든 것이 통합되고 체계화되고 합리화되었다. 미터법 전환에 관여한 정치인이자 전 공학자인 클로드-앙투안 프리외-뒤베르누아는 새로운 표준을 도입하면 프랑스의 상업이 "직접적이고 건전하며 신속해져서" 국가를 "각 부분이 잉여를 서로 교환하는 광대한 시장"으로 바꿀 것이라고 말했다.[47]

따라서 미터법 개혁은 시장 개혁이 될 것이며, 그것도 급진적인 개혁이 될 터였다. 그러나 학자들은 새로운 체계의 자연스러움과 합리성을 거듭 강조하며 개혁을 성공적으로 추진할 수 있었다. 언뜻 모순되어 보이지만, 계몽주의 사상가들은 과학으로 자연계를 활용하고 통제할 수 있다고 규정하며 문제들을 해결했다. 정치적 차원에서 미터법 옹호자들은 지지를 얻었다. 그들은 반대자들이 비합리적이고 부자연스럽다며 조롱했고, 자신들의 척도가 중립적인 지구 자체에서 가져온 것이라고 주장하며 편파적이라는 비판을 누그러뜨렸다. 이전의 측정법은 자의적이고 비합리적이며, 따라서 낡은 폭정의 세계 혹은 교육받지 못한 어리석은 자들만이 이전의 측정법을 받아들인다고 비판했다. 미터법 옹호가들은 옛 단위 모두가 "특정 표시가 있고 특정 이름이 부여되었다는 점 외에는 표준이 될 만한 권리가 없으며", 미터와 킬로그램이 "완벽하고", "진실하며", "객관적"이라고 주장했다.[48]

새로운 단위를 정의하고 실현한 실제 작업을 파헤쳐보면 그들의 주장의 불일치가 드러난다. 예를 들어 킬로그램(원래는 그라베였다)을 재현하려면 1제곱데시미터인 물의 질량을 측정해야 한다. 이 과정은 아주 자연스럽게 들린다. 그러나 과학자들은 바다, 호수, 산의 개울에서 가져온 물의 조성이 모두 다른 탓에 킬로그램의 최종 무게가 달라지므로, 작업에 아무 물이나 사용할 수 없다는 사실을 금세 발견했다. 정제된 물, 혹은 실험실에서 얻은 물이어야만 했다. 이에 더해 물의 온도는 새로 개선된 온도계로 고정되어야 했고, 무게도 마치 달에 있는 숲처럼 지구에서는 자연스럽지 않은 진공 환경에서 측정되어야만 했다. 이러한 과정에 내재한 불일치는 미터법이 정치적 과제로서 지닌 더욱 광범위한 모순을 반영한다. 그래서 미터법 전환이 시작된 지 불과 몇 년 만에 프랑스의 첫 미터법 전환 시도는 결국 무효가 되었다.

시간의 10진법

공화력 2년 목장의 달 20일(1794년 6월 8일), 파리 중심부 근처의 군사 훈련장 마르스 광장의 평지에서 산이 솟아올랐다. 물론 공화주의적 기적은 아니었다. 그러나 기적을 유도하기 위한 것이기는 했다. 이 산(실제로는 언덕에 가까웠다)은 막시밀리앙 로베스피에르가 새로운 시민 종교로서 최고 존재 숭배를 출범하기 위해서 조직한 전국적인 축제, 최고 존재의 제전의 중심지로서 만들어졌다.

이전의 혁명 제전과 마찬가지로 이 행사는 상징과 표현으로 가득 차 있었다. 음식과 풍요의 상징인 코르누코피아cornucopia를 실은 마차, 아기 업은 어머니들의 행진, 공화당 찬가를 부르는 합창단이 있었다. 이날 행사의 절정에서 로베스피에르는 새로운 복음을 전하는 모세처럼 산에서 내려왔다. 이 복음은 창조의 지고한 존재—자연의 창조자이지만 기독교 신은 아니다—가 아버지 같은 사랑으로 프랑스 국민의 투쟁을 내려다보며 용기와 불굴의 정신을 북돋우려고 하사한, 이신론적이고 민족주의적인 이상이었다. "인간의 마음에 정의와 평등의 법령을 새긴 불멸의 손으로 같은 마음에 폭군에 대한 사형 선고를 써내려간 분이 바로 그분이지 않은가?"[49] 지난 시간 권력을 강화하고 고결한 공포라는 이름으로 수천 명의 반혁명군을 처형한 로베스피에르는 이렇게 질문했다. 그는 연설을 마무리하며 흉물스러운 무신론을 나타내는 판지로 만든 상像에 불을 질렀고, 그러자 그 속에 있던 불에 타지 않는 재료로 만든 또다른 조각상인 지혜가 드러났다.[50]

이 축제가 혁명의 정점이었다. 19세기 독일의 철학자 헤겔의 말을 빌리자면, 인간이 세상을 머리에 이고 자신의 이념에 따라서 세상을 재창조한 순간이었다.[51] 지배파인 자코뱅파는 학자들이 옹호하는 합리성과 자연이라는 패러다임을 수용하고 그 안에서 유토피아에 대한 정당성을 찾았다. 축제는 조각상을 태우는 것처럼 조잡한 설교로 그들의 이념을 구체화하는 하나의 사건이었다. 미터법과 그 평등주의 원칙은 미터와 킬로그램이 공화주의의 상징적인 언어 안에 자리를 잡으며 무리 없이 통합되었다. 삼색 완장을 달고 서로를 시민이라고 부르면 공화주의자처럼 보이고 공화주의자처럼 말하게 되듯이, 미터법 단위를 사용하면 대의에 충성하는 것처럼 보였다. 이는 세계를 다시 만드는 일이었다.

이제 대중을 위한 개선으로 우뚝 선 10진법 원칙은 이 과정의 중요한 요소가 될 것이었다. 공포정치가 시작되고 몇 주일 후인 1793년 10월, 국민공회 의원들은 당시의 그레고리력을 새로운 공화당 달력(공화력)으로 교체하기로 했다. 공화력은 10일이 1주일이 되고, 3주일이 1달이 되는 12개의 달로 이루어졌는데, 달의 이름도 새로 명명했다. 심지어 하루도 십진수로 표시해야 했다. 하루는 10시간, 한 시간은 100분, 1분은 100초였다. 이는 하루가 10만 초(이전의 8만6,400초가 아니다)라는 사실을 의미했으며, 이렇게 되자 어쩔 수 없이 미터법의 초는 오늘날 1초 길이의 0.864배로 조금 짧아졌다. 한 역사가가 공화주의자를 "시간의 본질 자체를 혁명적으로 통제하여 휘어잡았다"라고 묘사했듯이, 이념이 세계를 형성하는 일의 궁극적 표현이었을 것이다.[52] 프리츠 랑은 1927년 영화 「메트로폴리스」에 이 혁신을 빌려다가 썼다. 이 영화에서 하층민은 10진법 시계의 일정에 따라 힘든 노동을 한다.

이들이 만든 이 두 창조물 중에서 달력이 좀더 완벽했고 많은 위원회의 주제가 되었다. 달력의 순서에 대한 초기 제안에는 매우 합리적인 명명체계("첫 달", "둘째 날" 등)도 있었고, 혁명 주제를 변용한 체계(재생의 달로 시작해서 평등의 달로 끝난다)도 있었다.[53] 그러나 정착된 체계는 농업과 관련된 것으로, 새로운 달력의 자연스러운 합리성뿐만 아니라 정권이 노동자에 충성한다는 것을 강조했다. 새로운 달은 날씨(눈의 달, 비의 달)나 노동(포도 수확의 달, 과실 수확의 달)을 따서 지었고, 날은 농산물을 따서 지었다. 대부분 곡식, 꽃, 채소를 의미했고, 다섯 번째 날은 동물, 열 번째 날은 도구에 주어졌다. 이를테면 목장의 달의 두 번째 주일에는 딸기의 날, 석잠풀의 날, 완두콩의 날, 아카시아의 날, 메추라기의 날, 카네이션의 날, 엘더베리의 날, 양귀비의 날, 보리수의 날, 갈퀴의 날이 있었다. 달력의 창시자이자 시인이고 극작가인 파브르 데글랑틴에 따르면, 이러한 주제는 "이성의 눈으로 보면 로마 카타콤에서 끌어낸 시복된 해골보

공화당 달력에 따르면 10일이 1주일이 되고, 3주일이 1달이 되며, 3달이 한 계절이 된다. 1년은 다음의 표처럼 사계절로 나뉜다.

다는 의심할 여지없이 훨씬 더 소중했다."[54] 물론 모든 사람이 이 견해에 동조한 것은 아니었다. 동시대 영국의 한 작가는 각 달에 자신만의 이름을 붙여 이 달력을 조롱했다. 이 작가는 각 달에 헐떡이는 달, 재채기하는

가을	방데미에르	수확의 달	9–10월
	브뤼메르	안개의 달	10–11월
	프리메르	서리의 달	11–12월
겨울	니보즈	눈의 달	12–1월
	플뤼비오즈	비의 달	1–2월
	방토즈	바람의 달	2–3월
봄	제르미날	씨앗의 달	3–4월
	플로레알	꽃의 달	4–5월
	프레리알	목장의 달	5–6월
여름	메시도르	수확의 달	6–7월
	테르미도르	더위의 달	7–8월
	프뤽티도르	과실 수확의 달	8–9월

달, 얼음 어는 달, 미끄러지는 달, 물 똑똑 떨어지는 달, 새순 따는 달, 폭우 쏟아지는 달, 꽃 피는 달, 그늘지는 달, 폴짝 뛰는 달, 수확하는 달, 펑 터지는 달 같은 이름을 붙였다.[55]

공화당 달력을 적용하는 일이 생각보다 그렇게 기괴하거나 불합리하지는 않았다. 18세기 대중의 시간 개념은 오늘날보다 다원적이었다. 각 영역과 관심사를 강조하는 다양한 달력이 1년 내내 투사지透寫紙처럼 서로 겹쳐 있었다. 행진, 성인의 날, 축제를 표시한 가톨릭 교회 달력도 있었고, 계절의 변화와 노동에 중심을 둔 농민 연감도 있었으며, 관료나 서기관, 상인들을 위한 법적, 재정적 달력도 있었다. 달력을 재구성한다는 생각은 특별히 이상한 것이 전혀 아니었다. 달력의 재구성은 혁명 이전에도 지식인들 사이에서 자주 논의되었는데, 특히 그레고리력이 이전 여러 세기에 걸쳐서 느리게 채택되었기 때문이다(그전의 율리우스력이 태양년의 길이 계산이 잘못되었다는 부작용 탓에 계절과 잘 맞지 않아서 점차 폐기되었다).

대영제국과 그 식민지들은 그간 율리우스력을 따른 탓에 차이가 난 11일을 빼버리며 1752년에야 그레고리력으로 전환했다. 또다른 나라들은 수 세기 더 율리우스력을 고수했다. 튀르키예는 1917년, 러시아는 1918년에야 율리우스력을 포기했다.[56]

따라서 달력을 바꾼다는 아이디어가 전례 없던 것은 아니었다. 중요한 것은 한 해의 구성에서 교회의 영향력을 제거했다는 점이었다. 그리고 이 것이 바로 공화당 개혁의 진정한 목표였다. 새로운 10일 주기의 1주일에는 더 이상 일요일 예배가 없었다. 대신 열 번째 날은 공휴일이었다. 성인의 날과 종교 축제도 없어지면서, 프랑스 사회에서 공동체 생활의 중심이었으며 "소박한 존재에 작은 영광과 아름다움을 더하는" 일들이 사라졌다.[57] 혁명가들은 이러한 날들의 매력을 잘 알았지만, 그 기쁨을 자신들이 베푼 관용의 결과로도 줄 수 있다고 주장하려고 했다. 최고 존재의 제전이 하나의 사례였다. 젊은이, 승리, 노년, 배우자, 인민의 주권 등 다양한 주제에 헌정된 수많은 것들에 찬사를 바치는 날이었다.

프랑스의 역사가이자 철학자인 모나 오주프의 주장대로, 이러한 행사는 단순한 선전을 넘어, 시공간을 새로운 시민을 중심으로 재구성했다. 한 해는 이제 공화국의 덕목에 따라서 구분되었고, 물리적으로 축제를 개방한 것은 새로운 프랑스의 자유와 평등을 나타냈다. 오주프는 다음과 같이 적었다. "축제는 입법 체계에 없어서는 안 될 보완물이었다. 입법자들은 시민을 위한 법을 만들지만, 축제는 법을 위한 시민을 만들기 때문이다. 축제를 통해서 새로운 사회적 유대는 명백하고 영원하며 침범할 수 없는 것이 되었다."[58]

10진법 시간 역시 의심할 여지없이 이 계획의 일환이었지만, 공화정 달

10진법 유행은 시간에도 영향을 미쳐서, 하루는 10시간, 1시간은 100분, 1분은 100초로 나뉘었다. 여기에서 1초는 오늘날의 0.864초에 해당한다.

력에 근접한 영향을 미치지는 못했다. 라플라스와 같은 극우주의자나 정치가 루이 생-쥐스트(로베스피에르의 오른팔로, 더위의 달 반동 중에 체포되었을 때 10진법 회중시계를 차고 있었다) 같은 헌신적인 혁명가들이 10진법 시간을 사용했다. 10진법 시계가 공공장소에 설치되었다는 기록은 있지만 이 새로운 시간 기록법이 일반 시민에게까지 받아들여졌다는 증거는 없다. 오늘날까지 여럿 남아 있는 이 놀랍고 기이한 시계는 10진법 시간을 나타내는 시계판과 미묘하게 다른 초의 길이 때문에 다른 시간대에서 온 방문자처럼 보인다.

새로운 날과 날짜가 완전히 거부된 것은 아니었다. "무슈 디망슈(일요일 씨)"와 "시민 데카디(10일 시민)"는 대중적인 우화 속의 인물이었다. "무슈 디망슈"는 앙시앵 레짐을 따르는 전통적인 인물이고, "시민 데카디"은 10진법을 따르는 새로운 시민을 나타낸다.[59] 그러나 옛 달력은 공화정에서도 계속 사용되었다. 역사가 매슈 쇼는 "이 달력이 있던 대부분의 시기 동안에 이 새로운 체계의 인공성을 바라보는 어색함과 당혹함을 감지할 수 있다"라고 말했다. 이 달력은 변화의 표시이자 **동시에** 변화의 불가능성을 나타냈다. "혁명의 목표가 아직 완수되지 않았음을 끊임없이 상기시키는 동시에, 공화국이 기껏해야 진행 중인 작업임을 드러내는 표시"였던 것이다.[60]

10진법 시간은 도입된 지 2년도 채 되지 않은 1795년 씨앗의 달 18일에 폐기되었다. 이 달력은 사회 지도층의 지지를 받았지만 대중에게 도입되지 못한 채로 1806년 1월 1일까지 계속 이어지기는 했다. 결국 이 달력은 압제적이고 엉뚱하다고 비난받았다. 반대론자들은 "인간은 물론 짐승도" 그 달력에 맞추어 10일 단위로 계속 일할 수는 없다고 말했다.[61] 게다가 달이 의미하는 계절 설명은 프랑스 남부 이외의 지역에서는 "영원한 거짓말"일 수밖에 없었다. 다시 말하면, 이 달력은 학자들의 이상과는 정반대로 부자연스럽고 비합리적이었다.

시간이 지나며 미터법 역시 비슷한 비판에 놓였다. 1799년에 미터법이 완성되자 정부는 사람들을 개종하는 작업을 시작했다. 정부는 미터법 단위와 각 지역의 척도를 변환하는 도표를 만들었다. 새로운 체계의 미덕을 설명하는 선전물도 인쇄했다. 각 마을에 보낼 미터와 킬로그램 표준도 제작했다. 정부는 요원을 배치하여 지역 표준을 검증했고, 공립 학교에서 미터법 단위를 의무화했다. 점점 더 권위가 커진 국가 체제 아래에서는 권력이 강화된 잠복 경찰이 시장의 현장 점검을 시행했다. 하지만 이것으로는 충분하지 않았다.

미터법이 공개된 이후 몇 년 동안 프랑스에서는 도량형 혼선이 이어졌다. 상점 주인과 상인들은 계산대 뒤에 여러 표준을 갖춰두었다. 미터법 체계가 없애려고 했던 바로 그 속임수와 사기가 조장되는 상황이었다. 이들은 가격을 새로운 단위로 변환하면서 계산을 반올림해서 구매자에게 10진법의 비용을 전가했다. 측량사, 회계사, 군사 공학자들마저 모두 옛 단위를 계속 사용하는 경우가 많아서 정부 관리들조차 그 상황을 따라잡지 못할 판이었다. 올더가 주목한 인상적인 한 이야기에 따르면, 새로운 단위 도입을 담당하는 중앙 사무실에서 현지 지사로 미터법 표준을 보냈는데, 정작 이 소포의 무게를 앙시앵 레짐 시대 단위인 60리브르라고 적은 영수증이 붙어 있었다고 한다.[62]

미터법 체계에서 확인된 여러 강점은 대중과 접촉하며 일종의 의무가 되었다. 상호 연결된 단위 체계를 수호하는 도량형기관은 비판자들에게 다음과 같이 경고했다. "전체를 위험에 빠트리지 않고는 체제 일부를 공격할 수 없다. 그렇지 않으면 많은 반대가 뒤따를 것이다."[63] 그러나 이러한 고집 센 입장은 더욱 엄격한 집행으로 이어져서, 일반 시민을 위한 독립이라는 원칙과 미터법 단위가 육성해야 할 원활한 거래를 훼손했다. 정부는 상업 거래에서 무게를 검증하여 수수료를 부과할 사무소를 설치하기까지 했다. 『진정서』에서 일반 시민이 그토록 분노했던 봉건적 독점으로 복귀하는 일이었다.

혁명의 정치적 열광이 사그라들며 미터법 열광도 마찬가지로 줄어들었다. 1799년 안개의 달 18일 쿠데타가 일어나 나폴레옹이 권력을 쥘 무렵, 앙시앵 레짐의 명명법을 따와서 일부 미터법 단위의 이름을 바꾸는 양보가 이루어졌다. 데시미터는 팔름palme이 되었고 센티미터는 두아doigt로 바뀌었다. 황제가 된 지 2년이 지난 1804년, 나폴레옹은 교회가 자신의 통치를 승인한 대가로 공화주의 달력을 버리고 성인의 날과 일요일 예배를 되살렸다. 그후 제1제국이 된 프랑스는 1812년 2월 12일에 투아즈나 리브르 같은 옛 단위를 제한적으로 복원한 새로운 체계인 "일반 척도"를 채택했다. 이 척도의 값은 여전히 미터법 표준에 따라서 정의되었지만 단위는 더 이상 10진법으로 표시되지 않았다. 나폴레옹은 미터법 계획의 일관성과 정확성을 기꺼이 유지했지만, 더 이상적이고 골치 아픈 요소는 빼버렸다. 영국의 한 측량학자는 이렇게 말하기도 했다. "따라서 20년 동안 골머리를 앓고 난해한 일과 소송을 거치면서도 하나의 공통 표준을 얻었다는 점을 빼면 거의 진전이 없었다."[64]

황제 나폴레옹은 훗날 대륙을 통일하여 통치하려는 시도가 실패하고 세인트헬레나 섬에 유배되었을 때, 회고록에 미터법에 대한 생각을 남겼다. "마음, 기억, 상상의 조직화에 이보다 더 반하는 것은 아무것도 없다." 그는 기억을 더듬었다. "새로운 도량형 체계는 여러 세대에게 걸림돌이자 어려움의 근원이 될 것이다.……사소한 것으로 사람들을 괴롭히는 일일 뿐이다." 유럽의 정복자가 되려던 이 사람은 특히 학자들의 오만함을 비난했다. 그는 학자들이 목표를 너무 높게 잡고 괜한 꿈을 꾸었다고 주장했다. "학자들은 4,000만 명의 사람들을 행복하게 하는 것만으로는 부족하다고 생각했다. 이들은 그 계획에 온 우주를 참가시키려고 했다."[65]

제6장

온 세상에 그려진 격자판

토지 측량, 미국의 식민지화,
그리고 추상화의 힘

궁극적으로 제국이란 토지를 실질적으로 지배하는 것이다.
—에드워드 사이드[1]

읽을 수 있는 경치

미국에 대한 나의 첫 기억은 하늘에서 내려다본 생생한 경치로 남아 있다. 비행기 창밖으로, 미국 중서부가 거대한 초록색 격자로 구획되어 발 아래에 펼쳐져 있었다. 비행기를 탄다는 경험을 이해할 만큼 자란 후에 처음으로 가족과 휴가를 떠난 여덟 살 때였다. 하늘에 떠 있다는 흥분과 신기함이 아래를 내려다보는 시선과 합쳐져서, 그 풍경은 나의 기억에 깊이 각인되었다. 마을과 농지로 이루어진 격자가 지평선까지 곧게 펼쳐져 있었다. 당시에는 몰랐지만, 그 광경은 내가 자란 요크셔 데일스의 풍경과 기묘한 대조를 이루었다. 요크셔 데일스는 돌담과 불규칙한 들판이 계곡 주위로 구불구불 펼쳐져 있고, 빨랫줄에는 갓 널은 깨끗한 빨래가 휘날리는 곳이었다. 반대로 미국 중서부의 지형은 질서의 화신 같았다. 완벽한 정사각형 조각이 이어진 모습이 기이했지만, 정형화된 그 광활함에 안심이 되기도 했다.

흔히 이 격자를 만든 공로를 인정받는 사람은 토머스 제퍼슨이다. 미국제3대 대통령인 제퍼슨은 노예제도 옹호자이자 학자로, 미터법을 형성한 계몽주의 가치를 주창했다. 제퍼슨은 1784년부터 파리에서 살면서 일했고 1785년에는 프랑스 주재의 미국 공사였던 덕분에 미터법 도량형을 뒷받침하는 이상을 잘 이해했다. 제퍼슨은 지식인 살롱에서 콩도르세 같은 인물들과 어울렸고, 권위 있는 과학 아카데미의 보고서를 열성적으로 흡수했으며, 새로운 국가를 건설하는 작업을 시작했던 혁명 정치가들의 노력을 뒤이었다.

말년에 급진주의자들에게 쫓기며 인류를 위한 계획을 휘갈겼으나 끝내 완성하지 못한 콩도르세와 달리, 제퍼슨에게는 아이디어를 광범위하게 실행할 기회가 있었다. 그의 작업장은 미국의 경관이었고, 그가 선택한 도구는 오늘날 공공토지 측량 체계로 알려진 토지 측량 계획이었다. 그는 이 기념비적인 계획으로 아메리카 대륙 대부분을 1제곱마일 단위의 구획으로 나누고자 했다. 미국 상공을 비행하는 많은 이들을 최면에 빠지게 만드는 이 격자는 애초에 그곳을 잘 아는 아메리카 원주민들로부터 땅을 탈취하여 신생 국가의 국경을 확장하도록 이주민과 군인들을 이끌기도 했다. 아메리카 대륙의 정복을 위해서 격자가 배치된 곳은 원주민들의 고향이었다.

토지 측량은 그저 관료적 편의를 위한 것처럼 보일 수 있지만, 현대 국가의 발전에도 중요한 역할을 한다. 1998년에 정치과학자인 제임스 C. 스콧은 그의 영향력 있는 저서 『국가처럼 보기*Seeing Like a State*』에서 국가가 지난 몇 세기 동안 시민의 활동을 더욱 잘 이해하고 통제할 다양한 "가독성 도구"를 이용해왔다고 주장한다. 형식과 적용 범위가 다양한 이 도구들에는 공통의 특성이 있다. 사회의 유기적인 발전을 중앙 행정부가 더 쉽게 통합할 수 있는 형태로 재형성하며 세상을 표준화하고 단순화한다는 점이다. 예를 들면 인구 조사는 인구 집단의 크기와 구성을 파악하는 데에 이용되며, 토지 측량과 재산 기록은 국민의 거주지와 소유 자산을 문서화한다. 이러한 표준화 방법은 아주 개인적인 문제까지 다룰 수 있으며, 일상생활 습관과 관습에 손을 뻗어 보이지 않는 관료제에 이익이 되도록 조정할 수도 있다. 예컨대 언어를 보면, 국가는 표준어를 선호하고 소수 민족 언어나 지역 사투리를 차별하거나 억압하면서 비표준어를 사용하는 사람들을 주류 문화에 통합시킬 수 있다. 이와 마찬가지로 각 지역의 도량형은 표준 단위로 대체되어 모든 상업 거래를 일치시키고 감시한다.

스콧은 이러한 개입이 대규모로 이루어지기 전에는 시민을 살피는 정부의 조사가 제한적이었다고 지적한다. "전근대 국가는 여러 중요한 측면들을 특히 잘 몰랐다. 국가는 국민, 국민의 재산, 토지 소유 및 수확량, 거주지, 진정한 정체성에 대해서 아는 것이 거의 없었다." 그러나 "사회적 단순화"를 통해서 "사회적으로 해독이 어렵던 상형문자들이 판독할 수 있고 행정적으로 더욱 편리한 형태"로 바뀌었다.[2] 이 가독성 도구는 국경 안팎에서 국가 권력을 강화했다. 그 덕분에 세금 징수나 징병 등 국가의 기본 기능이 더욱 원활해진 한편, 공중보건 및 복지 계획부터 정치적 감시 및 억압에 이르는 영역까지도 완전히 새로운 조치가 취해졌다.

예를 들어 중세 말 유럽에 성씨가 도입된 사례를 보자. 스콧에 따르면 적어도 14세기까지 유럽인 대다수는 아버지의 이름에서 온 영구적인 이름이 없었고, 새로운 일을 시작하거나 다른 지역으로 이사하면 새로운 이름을 쓰기도 했다.[3] 이러한 현상은 개인의 활동을 추적하려는 국가에 문제가 되었다. 16세기 영국 법정이 다룬 한 사건에는 이 문제가 잘 나타나 있다. 소환되어 법정에 출두한 한 웨일스인은 이름을 묻는 말에 "에번 본의 아들인 호엘의 아들인 리처드의 아들인 토머스의 아들인 윌리엄의 아들인 토머스입니다"라고 대답한다. 당시에는 지극히 정상적인 이름이었다. 개인뿐만 아니라 가계를 알려주는, 친밀하고도 유익하며 족보를 나타내는 이름이었다. 이 이름에는 토머스가 태어나기 전부터 토머스의 아버지나 할아버지를 알았을 공동체 구성원들이라면 이해할 만한 정보가 들어 있었다. 그러나 외부인에게는 난해했다. 판사는 화가 나서 "옛날 방식을 버리고" 국가의 행정적 요구에 맞는 하나의 성씨를 따르라고 토머스를 꾸짖었다. 이에 따라서 에번 본의 아들인 호엘의 아들 등등의 아들인 토머스는 "본가의 이름을 따라서 자신의 성을 모스턴이라고 했고 이 성씨를 후손에게 남겼다."[4]

법정에서 이름을 얻은 토머스 모스턴의 사례는 가독성 도구를 추동한 목적을 강조해서 보여준다. 국지적인 지식의 특수성을 제거하고, 보편적인 형태로 다시 꾸리겠다는 것이다. 이 역학관계를 깨닫고 나면, 국가와 기업의 관료제가 그들의 편의를 위해서 만든 범주에 우리를 끼워넣는 역학관계를 일상 곳곳에서 발견하게 된다. 요크셔의 불규칙한 목초지와는 대조적인 아이오와 주의 질서정연한 옥수수밭에서도 이 역학관계를 볼 수 있다. 영국은 분명 하향식 명령(특히 인클로저 운동)의 상당한 영향을 받아왔지만, 오래된 역사로 인해서 옛 토지 분배 체계와 새로운 체계가 서로 중첩되거나 맞대어지며 누덕누덕 기운 농지가 형성되었다. 그래서 요크셔에서는 경관의 논리에 따라서 언덕과 강의 궤적에 맞게 구획이 구분되었다. 반면 미국 중서부의 평야는 입안자 중심으로 구분되어 있다.

제퍼슨은 균일한 경관 덕분에 측량, 즉 국토를 단일하고 일관된 체계로 나타내는 거대한 사회적 단순화를 할 수 있었다.

그러나 미국에서는 규칙성을 만들기 위해서 아메리카 원주민의 영토 권리 주장을 지워버렸다. 제퍼슨의 토지 측량이 시작된 지 수십 년 후인 1814년, 스위스-프랑스 지식인이자 자유주의 정치인인 뱅자맹 콩스탕은 프랑스 혁명가들이 도입하고 나폴레옹 보나파르트가 완성한 새로운 지배방식이 세상에 나타났다고 썼다. 콩스탕에 따르면 "과거의 원시 정복자들은 외적인 복종에 만족했다. 그들은 피지배자들의 사생활이나 지역 관습을 조사하지 않았다." 그러나 그는 "지역의 이해관계와 전통에 저항의 싹이 숨겨져 있었다"고 지적하며 "우리 시대의 정복자인 국민이나 군주들은 자신들이 지닌 권력의 오만한 눈에 그들의 시선을 침해하거나 제한하는 어떤 불평등도 보이지 않도록, 제국이 고른 표면을 가지기를 원했다. 같은 법전, 같은 척도, 같은 법률, 그리고 점진적으로 가능하다면 같은 언어를 사용하는 것이다"라고 썼다.[5] 이러한 정복 상태는 측량으로 이룰 수 있다. 즉, 세상을 단일한 질서로 포착하는 것이다. 콩스탕이 말했듯이 "오늘날 가장 위대한 구호는 통일성이다."[6]

경계 두드리기

대부분의 농업 사회는 토지에 경계를 표시하는 몇 가지 방법을 개발했다. 밧줄을 늘어뜨려 농지를 정돈하여 나일 강이 범람한 평원을 복원하던 고대 이집트의 밧줄꾼들은 세계 최초의 측량사surveyor였을 것이다("감시하다"라는 뜻의 옛 프랑스어 소르부아르sorveoir에서 유래한 단어이다). 로마 제국은 센투리아티오centuriatio라고 알려진 매우 탄탄한 토지 측정법을 개발했다. 로마인들은 이 체계를 이용하여 그로마groma라는 도구로 유럽 전역의 영토를 격자로 나누었다. 그로마는 여러 명을 매다는 교수대처럼 상단에 땅과 수평으로 십자가가 있고, 십자가의 각 끝에는 수직으로 내려오는 줄이 넷 달린 긴 나무막대이다. 직선과 정확한 각도를 가늠하는 데에 사용되었던 그로마는 오랜 옛날에도 국가 운영에 중요한 역할을 했다. 로마는 센투리아티오를 이용하여 재산권과 세금 징수를 단순화했을 뿐만 아니라 군대가 행진할 지역에 도로를 곧게 깔고 퇴역 군인에게 보상으로 농지를 분배했다. 즉, 측량은 로마 제국의 전쟁 기계가 돌아가도록, 자금을 지원하고 지휘하고 보상하도록 도왔다.

그러나 로마의 측량은 역사적 예외에 속한다. 더 오래된 측량술은 보통 자연물이나 인공 표지물 같은 기념물에 의존하여 경계를 정하는 경우가 흔했다. 이러한 관행의 중요성은 여러 문헌에서 볼 수 있다. 『성서』는 표지물을 교란하는 행위에 경고를 내린다. 「신명기」 27장 17절을 보자. "이웃집 땅의 경계선을 옮기는 자에게 저주를!"[7] 카인이 도량형을 도입했다는 요세푸스의 이야기에서 볼 수 있듯이, 측량사가 필요해진 것은 인류의 부패와 기만의 조짐이 보였기 때문인 듯하다. 오비디우스는 『변신 이야기Metamorphoses』에서, 유토피아적인 황금시대에서 지금의 위태로운 상태로 떨어진 상황을 묘사하며 "햇빛이나 공기처럼 우리가 지금까지 공유해 왔던 땅은 이제 측량사가 신중하게 길게 그은 경계선으로 구분된다"라고 지적했다.[8]

그러나 16세기 유럽에서는 토지를 놓고 경쟁하는 인구가 급속히 늘어나는 등 다양한 사회적 경향을 반영하여 오늘날 우리가 알고 있는 토지 측량사라는 직업이 발전하기 시작했다.[9] 영국에서 측량이라는 주제를 다룬 최초의 인쇄된 문헌인 1523년의 『측량서Boke of Surveyeng』에는 측정에 대한 언급은 거의 없고, 면적을 추정하고 "경계표와 경계"를 말로 설명하는 데에 중점을 둔다(경계표란 눈에 띄는 주요 지형물 사이의 직선이며, 경계란 숲이나 언덕, 개울, 벽, 도로 등 경계가 되는 지형을 말한다). 이후 수십 년에 걸쳐 이 대략적인 기술은 수학적 방법과 기하학적 도구로 면적을 계산하는 "토지 측량가"의 작업으로 대체되었다.[10] 일반적으로 토지는 여전히 유연한 값(먹여 살릴 입이 얼마나 많은지, 쟁기질하는 데에 시간이 얼마나 걸리는지 등)으로 측정되기는 했지만, 새로 나타난 측량사는 "구획 분할"이라는 방법을 적용했다. 땅을 지도나 도면으로 그리는 일이었다. 1607년의 『측량사의 언어The Svrveiors Dialogue』라는 문헌("모든 남성이 일독하기에 매우 유익한 책"이라는 부제가 붙어 있다)은 새로운 방식을 낯설어하는 독자에게 이러한 방식도 전통적인 구두 설명만큼 만족스러울 수 있다는 점을 확실하게 보여준다. "실제 정보에 따라서 올바르게 그려진 도면은 하느님의 영토 이미지를 아주 생생하게 묘사하므로, 하느님은 대좌에 앉아 그분이 무엇을 가지고 계시고, 무엇이 어디에 어떻게 놓여 있고, 누가 사용하고, 누구에게 속해 있는지를 하나하나 보실 수 있다……."[11]

 "경계 두드리기" 연례행사처럼 오래된 영국의 전통 측량 및 소유권 조사 방법을 새로운 방법과 대조하고 있다는 점이 흥미롭다. 경계 두드리기 행사 때 마을 주민들은 모여서 공동체를 직접 발로 밟으며 함께 측량했다. 사제와 장로들이 이 탐험을 이끌며 교구의 경계를 나타내는 개울, 바위, 벽 등의 지리적 특징을 지적했다. 버드나무 막대기를 든 아이들 무리가 뒤따랐다. 아이들은 이 표식을 두드리며 기억했고, 이전에는 같은 목적으로 자기 몸을 두드리기도 했다. 도싯에서 실시한 경계 두드리기는 다음과 같이 설명되어 있다.

> 경계가 개울이면, 소년 한 명이 개울에 뛰어든다. 도랑이 넓으면 뛰어넘을 때 돈을 주겠다고 하는데 당연히 아이는 실패하고 진흙탕에 빠져버린다. 아이는 내내 그 자리에 박혀 있었던 것처럼 꼼짝 말고 그 자리에 서 있어야 한다.……경계가 벽이라면 아이들은 벽 위를 달려야 한다. 엎치락뒤치락하며 넘어져 고요하던 도랑 물속에 빠지거나, 신성한 "인간의 얼굴"을 빽빽한 쐐기풀 바닥에 처박아야 할지도 모른다.[12]

이 몹시 괴로운 경험이 끝나야 소년들은 볕이 잘 드는 강둑에 도착해 "맥주와 빵, 치즈, 그리고 아마도 독주 한 잔"을 보상으로 받는다. 쐐기풀에 얼굴을 처박은 대가로 받기에는 너무 야박한 보상이기는 하다.

이러한 떠들썩한 측량은 실질적으로 교구 경계에 대한 지식을 한 세대에서 다음 세대로 전달하기 위한 것이었다. 믿을 만한 지도를 쉽게 구할 수 없던 시기에는 필수적인 작업이었다. 그러나 이 작업이 의식과 기억을 통해서 땅과 사람들을 하나로 묶는 공동체적 기능도 수행했으리라는 점도 분명하다. 경계 두드리기 설명에 따르면, 그날은 이웃 간의 분쟁을 해결하고 새로운 구성원을 공동체에 들이는 날이기도 했다. 보통 이날은 마을 광장에서 부자와 빈자가 함께 어울리는 공동 잔치로 끝났고, 주님 승천 대축일 직전에 열리고 『성서』 구절을 낭독하면서 독특한 종교적 분위기를 띠었다. 이러한 측량법은 공동체의 경계를 정할 뿐만 아니라 거주자끼리의 유대를 강화했다.

경계 두드리기는 오늘날에도 몇몇 지역에도 볼 수 있지만, 토지 소유권에 대한 태도가 바뀌면서 오래 전부터 그 중요성은 점점 줄어들었다. 영국에서는 로마 제국의 멸망 이후 유럽에서 나타난 사회적, 경제적 관행인 장원 제도가 몰락하고 지도에 기반한 측량이 부상하면서 이러한 변화가 일어났다. 장원 제도 아래에서 영주seigneur("선임자"나 "연장자"를 뜻하는 옛 프랑스어 세니오르signior에서 유래한다)는 장원 농민들에게 권력을 휘둘렀다. 농민들은 어떤 형태로든 영주에게 토지 임대료를 내야 했지만, 사적 이익을 위해서 공유지를 경작할 수 있는 권한 등 특정한 권한도 지녔다. 이러한 공유지는 보통 영국의 펄롱 같은 길쭉한 고랑으로 나뉘어 있었고, 그 경계는 농민들끼리 조정했다. 그러나 14세기 흑사병으로 인구가 크게 감소하자 장원 제도는 쇠퇴했다. 노동력이 부족해지자 소작민들은 더 좋은 권한을 흥정할 수 있는 영향력을 새로 얻기도 했지만, 인구가 적다는 사실은 상인이나 부유한 농부가 땅을 싸게 살 수 있다는 의미이기도 했다. 이러한 환경에서 실제적인 측량 도구이자 권위와 소유권의 상징인 지도와 도면에 대한 수요가 늘었다. 토지로부터 부와 실제적인 이익을 얻는 사람만이 도면을 만들 수 있었고, 도면은 그 자체로 일종의 증서로서 지역 법률 체계에 통합되는 기록이 되었다.

영국에서는 토지 소유권이 정치적 주권과도 연결되었다. 1215년 마그나 카르타는 국왕으로부터 봉건적 특권을 빼앗아 자유로운 토지 소유자에게 새로운 권리와 보호를 주었다. "자유인은 누구도 체포되지도, 구금되지도, 소유물과 자유 및 자유로운 관습을 빼앗기지도, 법의 보호에서 제외되지도, 추방되지도 아니하고 어떤 방법으로도 그의 지위를 박탈당하지도 아니하며"라는 대목은 오늘날 영국 법전에도 남아 있는 핵심 조항이다.[13] 1565년 엘리자베스 시대의 변호사 토머스 스미스 경은 토지 소유권이 정부 참여를 보장하는 유일한 방법이 되었다고 언급했다. "자신의 땅이 없는 일용직 노동자, 가난한 필부, 상인이나 소매업자는……우리 영연방에서 어떤 목소리도, 권위도 없으며, 중요하게 여겨지지도 않고, 오직 지배받을 뿐이다."[14] 그다음 세기의 철학자 존 로크는 재산권을 생명이나 자유처럼 "자연법"에 따라 모든 사람에게 있어야 할 필수 권리로 보았다. 로크는 개인이 특정 제한을 따르기만 한다면 토지 소유권이 군주의 권위조차 넘어설 수 있다고 생각했다. 개인이 소유권을 주장하려면 필요한 것보다 많이 가져서는 안 되며, 다른 사람을 위해서 충분히 남겨두고, 땀과 흙을 섞어 땅을 일궈야 한다.

이러한 상황에서 토지 측정이 무엇보다도 중요했다. 그 결과 영국은 16세기에, 전 세계에서 널리 사용될 측정 도구를 탄생시켰다. 바로 측량사 사슬, 또는 건터 측쇄라고 부르는 도구이다. 이 도구의 이름은 이를 발명한 인물인 17세기 영국의 성직자이자 수학자 에드먼드 건터에게서 따온 것이다.

건터 측쇄는 구식 기술이지만 놀랍다. 애초에 이 사슬의 제작자가 쓴 1623년의 지침서에 따르면, 금속으로 만들어진 사슬은 전체 길이가 66피트(약 20미터)로, 7.92인치(약 20센티미터)의 단단한 금속 막대나 고리 100개로 이루어져 있다. 금속으로 만든 사슬은 이전에 사용하던, 금세 닳고 약한 밧줄보다 더 내구성이 있었고, 경첩 구조로 되어 있어 접어서 쉽게 운반할 수 있었다. 그러나 건터 측쇄의 진정 기발한 점은 4의 배수를 기반으로 하는 영국 전통의 토지 측정 단위에 대륙에서 온 가장 새롭고 흥미로운 수학적 혁신인 10진법을 결합했다는 것이다. 100개의 고리 사슬에는 10개마다 황동 꼬리표가 붙어 있고, 전체 길이는 4로드와 같다. 로드 rod는 전통적인 토지 척도의 하나로, 로마 군대의 피케pike 또는 페르티카 pertica(여기에서 일반적인 명칭인 퍼치perch가 왔다)의 길이에서 온 것으로 추정된다. 이러한 이중 구조 덕분에 측량사는 이 사슬을 이용해서 펄롱(10 체인, 660피트, 약 201미터), 마일(8펄롱, 80체인, 약 1.6킬로미터), 에이커(1체인 × 1펄롱, 1체인 × 10체인)를 측정할 수 있었다. 또한 체인 단위로 측정하고 결과를 에이커로 변환하고 싶다면, 그냥 결과를 10으로 나누기만 하면 되었다.

이러한 유연성 덕분에 건터 측쇄는 약 300년 동안 영어권에서 토지 측량에 사용되는 주요 도구가 되었다. 훗날 근대적 측정 도구로 대체되기는 했지만, 건터 측쇄는 여전히 미국, 캐나다, 오스트레일리아와 뉴질랜드를 포함한 영국의 옛 식민지 경관에 여전히 뿌리내리고 있다. 이 지역들의 도로는 흔히 폭이 1체인이고, 건물 부지와 도시 블록도 일반적으로 체인으로 측정된다. 영국에서 1체인의 길이는 국가 문화의 초석인 크리켓 경기장 중앙의 크리켓 피치cricket pitch에 남아 있다. 자의적이거나 엉뚱해 보이는 세상의 분할도 자세히 살펴보면 필요에 의해서 만들어지고 전통으로 보존되었으나 지금은 잊힌 선택지들을 발견할 수 있다는 사례이다.

서부를 확장하다

당시 대영제국은 식민지들에 통치의 기반인 재산권과 이를 측정하는 수단에 대한 믿음을 유산으로 남겼다. 그래서 미국은 1783년 독립전쟁을 종식하는 파리 조약에 서명할 때, 이러한 개념을 정치 상부구조 깊숙이 통합했다. 역사가 제프리 오슬러의 말을 인용하자면, 로크의 아이디어에서 영감을 받은 건국의 아버지들은 토지가 "공화국의 취약함에 대한 해결책"이자 미국을 구원할 은혜가 되리라고 믿었다.[15] 아메리카 대륙의 풍요는 미국 경제를 구동하는 농부, 투기꾼, 노예 소유주의 물질적인 수요를 충족하는 한편, 영국이나 프랑스에서 보이던난 일종의 전제적 소규모 토지 소유 계급은 나타나지 못하게 할 것이었다. 그러나 토지가 이 역할을 제대로 하려면, 미국은 동부 해안 영토라는 딱딱한 껍데기를 밀어젖히고 대륙 깊숙이 파고들어야 했다.

영토 확장 작업은 측량사의 아들이자 땅의 정치적 가능성을 굳게 믿었던 토머스 제퍼슨의 주도 아래 이루어졌다. 제퍼슨은 유일한 장편 저서인 『버지니아 주에 대한 기록Notes on the State of Virginia』에서 새로운 공화국이라는 미국의 이념적 목표를 개괄했다. 이 책은 그가 자란 고향의 지리와 자원을 건조하게 묘사하는 개요로 시작하는데, 제퍼슨은 자신의 도면에 감탄한 장원 영주처럼 토지에 대한 아이디어에 매료되어 미국 자연의 풍요로움과 특별한 자유에 자양분이 될 잠재력을 예찬한다. 제퍼슨은 토지 개발을 통해서 그 잠재력이 성취되리라고 여기며, 이러한 행위를 종교적 미덕의 경지로까지 끌어올렸다. "땅에서 일하는 자는 하느님이 선택한 백성이다. 하느님이 백성을 선택했다면 그분은 백성의 가슴에 중요하고 진정한 미덕을 특별히 남겨두셨을 것이다."[16]

유럽은 더러운 대도시와 비좁은 작업장을 그대로 두었겠지만, 미국은 경작한 "땅의 광대함"으로부터 활기차고 도덕적이며 독립적인 시민들을 양성할 수 있다고 제퍼슨은 생각했다. 이러한 사람들—백인 남성—은 자신이 딛고 선 땅을 소유하며 뇌물이나 부채, 기타 경제적 어려움의 영향을 받지 않을 것이다. 제퍼슨은 이렇게 말했다. "어떤 국가에서든 다른 시민들 인구수의 총합과 농부 인구수 사이의 비율은 건강하지 못한 부분과 건강한 부분 사이의 비율과 같다. 이것은 부패의 정도를 측정하기에 적합한 기준이다."[17] 토지를 보는 이러한 관점은 또다른 건국의 아버지들이 가진 관점과 비슷하다. 조지 워싱턴은 혁명가이기 이전에 측량사였으며, 변경邊境을 "젖과 꿀이 흐르는 약속의 땅"으로 보았다.[18] 벤저민 프랭클린은 국가의 부를 얻을 유일한 "정직한 방법"이 농업이라면서 "순결한 삶과 덕망 있는 근면은 땅에 뿌릴 씨앗이 넘쳐나는 것으로 보답받는다. 하느님이 은총의 손길로 내리시는 계속되는 기적이다"라고 했다.[19]

초창기 미국은 격동의 장소였다. 미국은 변덕스러운 충성심과 불확실한 국경으로 정의된 나라였다. 파리 조약이라는 서류로 미국의 영토가 설정되었지만, 땅의 주권과 관련해서는 유럽 열강의 잔재뿐만 아니라 토착 아메리카 원주민과의 다툼도 남아 있었다. 원주민은 무력한 방관자가 아니었다. 그들은 식민지 열강에 저항하거나 거부하는 동시에, 식민지 열강을 받아들이거나 합의에 이르기도 했다. 역사가 리처드 화이트는 "백인은 원주민에게 지시하거나 이들을 무시할 수 없었다. 그들은 동맹자이자 교역 상대, 성적 상대, 우호적인 이웃으로서 필요했다"라고 지적했다.[20] 이와 동시에 미국은 자국 내의 이주민, 투기꾼, 기업가, 정치인들의 쉼 없는 야망에도 대처해야 했는데, 이들 모두가 국가의 새로운 국경에 강한 압박을 가했다. 프랑스의 외교관 알렉시 드 토크빌은 『미국의 민주주의De la Démocratie en Amérique』에서 미국의 풍요라는 감각이 국민을 압도하고 도취시켰다고 썼다. "이 엄청난 전리품을 지키기 위해서 내달리는 미국인의 탐욕을 묘사하기는 어렵다. 그들의 앞에는 광활한 대륙이 있고, 이들은 마치 시간이 없고 자신의 노력을 보상받을 곳이 남아 있지 않을까 봐 두려운 듯이 서둘러 나아간다."[21]

이처럼 상충하는 이익들을 다루는 일은 연방정부의 우선순위였으므로, 정부는 집단 간의 갈등을 해소하기 위해서 여러 전략을 취했다. 정부는 군대를 강화하고 아메리카 원주민과 수많은 조약을 체결했으며 통신 및 운송망을 강화했다. 그러나 연방정부가 취한 가장 중요한 조치는 최초 13개 주 서쪽의 땅에 대한 권한을 주장한 것이다. 이 영역을 측량하고 구획으로 나누고 누가 어떤 권리를 가질지 결정해야 했다. 이 토지를 투기꾼들에게 팔아 독립전쟁으로 진 부채를 청산할 수도 있었고, 로마 제국처럼 참전 용사에게 상으로 내릴 수도 있었다. 원주민이나 식민지 열강 양쪽과 거래할 수도 있었다. 이 자원을 통제하는 일은 초기 미국의 생존에 매우 중요했다. 미국은 이를 통해서 당시 한정적이었던 경제적, 규제적, 군사적 역량을 무리하게 사용하지 않고도 영토 확장의 "방향, 속도, 규모"를 결정할 수 있었다.[22]

제퍼슨은 이러한 확장방식을 설정하는 데에 중요한 역할을 했고, 1784년, 1785년 및 1787년에 통과된 3가지 법률, 통틀어 북서부 조례라고 불리는 법률의 토대를 마련했다. 독립선언문, 헌법과 더불어 미국 건국에 가장 중요한 기록으로 꼽히는 이 법률에는 민주주의를 향한 열렬한 외침뿐 아니라, 미국 토지가 어떻게 구분되고 매매되고 통치되는지에 대한 간단하고 명확한 설명이 들어 있다.

북서부 조례는 건국 13주와 미시시피 강 사이에 있는 방대한 영토를 포함한 구역을 거대한 격자 형태로 측량하는 조사를 승인했다. 격자의 주요 구획 단위는 6마일 × 6마일(10진법을 염두에 둔 제퍼슨은 10마일 × 10마일을 주장했다)의 정사각형 단위인 "타운십township"으로, 1타운십은 각각이 1제곱마일인 36개의 하위 단위로 구성된다.[23] 기본 측정 단위는 100개의 체인으로 이루어진 전체 66피트의 건터 측쇄이다. 1제곱마일은 640에이커이므로 체인은 이를 나누는 완벽한 단위가 되어, 40에이커 구획(구매할 수 있는 토지 면적의 최소 단위)은 20체인 길이로 측정되었다. 토지를 측량할 때에는 뒷사람이 땅에 체인 끝을 박고 상대방에게 끝까지 걸어가라고 소리친다. 그러면 앞사람은 체인의 다른 쪽 끝을 잡고 걸어간다. 수천 명의 측량사가 이렇게 미국 전역을 가로질렀다. 스코틀랜드의 작가 앤드로 링클레이터에 따르면, 각 측량 팀은 숲과 계곡을 가로질러 "애벌레처럼 몸을 움츠렸다가 뻗으며 서쪽으로 직선을 그리며 나아갔다."[24] 지도 제작이 자체적으로 이룬 놀라운 혁신이었다. 여전히 분쟁이 있던 지역이나 경계가 불확실하던 곳에 의도적으로 구조를 적용한 것이다.

이러한 끈기 있는 노력 덕분에 연방정부는 필요에 따라 특정 지역으로 이주민의 흐름을 이끌며 국가의 확장을 통제하는 실질적인 성과를 얻었다. 정부는 이주민들에게 유리한 쪽으로 확장을 설계하기도 했다. 식민지 개척자들은 측량되기 전의 토지를 관리할 수 없는 야생의 땅, 불안정한 땅, 원주민이 통제하는 땅으로 여겼다. 숲과 초목 사이를 사슬을 들고 맴돌며 측량하고 나서야 그 땅은 멀리서도 관리할 수 있고 에이커당 최소 1.25달러에 팔 수 있는 고분고분한 부동산이 되었다. 프랑스의 정치과학자 에밀 부트미가 1891년에 논평한 바와 같이, 측량사들이 대륙 곳곳을 가로지르고 나서야 비로소 이 토지 탐색의 진짜 범위를 평가할 수 있게 되었다. "미국 사회의 놀랍고 독특한 특성은 민주주의가 아니라, 거대한 영토를 발견하고 경작하고 자본화하기 위한 거대 상업적 기업이라는 점이다. 미국은 1차적으로 상업 사회이며, 그다음에서야 2차적으로 국가이다."[25]

측량이 간단해지면서 토지 매매가 붐을 이루었다.[26] 전형적인 토지 증서에는 간단하게 "타운십 북 7, 레인지 서 4, 제20구획"으로만 표시되었다. 체스판 구획처럼 알아보기 쉽고 누구나 그리기 쉬운 간단한 방법이다. 공식 측량사보다 먼저 땅을 돌아보던 이주민들은 이전의 구획선을 따라서 자신의 땅을 확보할 수도 있었다. 이 구획선이 국가를 하나로 묶는 거대한 남북 자오선 및 동서 기선基線과 연결되기만 하면, 어느 정도 공식 척도를 따른다고 볼 수 있었다.[27] 콩도르세의 10진법이 약속한 것처럼 제퍼슨의 격자는 시민이 "자신의 이익과 관련된 계산을 스스로 할 수 있도록" 만들어졌다.

격자는 경계표와 경계를 복잡하고 모호하게 설명하지 않고 이주민들 사이에서 일어나는 경계 분쟁을 줄였다.[28] 1832년 한 미국 상원의원은 측량이 "권리를 확실하게 보호하고 경계를 명확하게 보장하며, 최악의 소송인 복잡한 토지 분쟁을 결과적으로 방지한다"라고 썼다.[29] 토지 매매는 사람들을 연방정부의 권위에 엮기도 했다. 그 권위 없이는 자신의 증서를 검증할 수 없었기 때문이다. 각 타운십에는 대학이나 법원 같은 공기관에 할당된 토지가 포함되어 있었는데, 초기 이주민들이 "정부라는 관례와 미국에 대한 충성심"을 잃지 않았다는 사실을 의미했다.[30] 미국의 건국과 초기의 성공이 평원, 산, 강을 가로지르며 퍼져나가는 이주민을 통제하는 데에 의존했다면, 이주민들 자신은 측량의 안내를 따르게 되었다.

원래 북서부 조례는 미국 본토의 일부만을 다루었지만, 측량 체계는 19세기 전반에 걸쳐서 이후의 법률에도 재현되었다. 미국이 유혈 진압과 조약, 상거래(1803년에 프랑스로부터 미시시피 주 서쪽의 땅을 구매하면서 단 하룻밤 사이에 국토 면적을 거의 2배로 늘린, 제퍼슨이 염원하던 루이지애나 매입을 포함한다)를 통해서 서쪽으로 확장되는 동안, 격자는 조직적인 의도에서 반복되었다. 미국은 이후 두 세기에 걸쳐 30개의 새로운 주를 포함하여 미국 본토 전체 면적의 4분의 3을 차지하는 18억 에이커 이상의 땅을 획득하게 되었다. 아직 측량의 손길이 미치지 못한 중요한 지역이 알래스카 대륙 깊숙이 남아 있었지만,[31] 당시까지 약 13억 에이커의 직사각형 구획이 매각되었고 나머지는 연방이나 주의 토지로 남았다.[32]

제퍼슨이 의도한 대로 토지는 시민을 키웠다. 그는 한 편지에서 "인간의 지혜로는, 자유롭고 지속적이며 잘 관리된 공화국의 견고한 기반으로 이보다 더 좋은 것을 고안할 수 없다"라고 썼다.[33] 이주민이 보기에 견고하고 흔들리지 않는 구획과 타운십 격자는 새로운 시민의 특성을 정의하는 땅의 소유권과 함께 미국 정치가 성장할 기반이 되었다. 그러나 일부 관찰자들의 눈에는 이 격자가 불안할 정도로 평등했다. 소설가 앤서니 트롤럽의 어머니이자 영국 작가인 패니 트롤럽은 미국을 방문하고 다음과 같이 썼다. "모든 사람의 자손이 다른 사람의 자손과 동등해질 수 있다. 이 점을 인지하면 누구나 분명 노력에 박차를 가할 것이다. 그러나 이 자유는 또한 아주 천박하고 낮은 사람이 매우 고상하고 세련된 사람을 만났을 때 느낄 법한 존경심으로 다듬어지지 않는, 교양 없는 친근감을 불러일으키기도 한다."[34] 트롤럽처럼 짓궂은 토리당원은 격자의 추상성이 관습과 공동체를 희생시키면서 미국인에게 살아갈 곳을 제공한다고 보았다. "마을의 종이 울려도 사람들을 기도하도록 불러들이지 못한다.…… 사람들이 죽어도 이들의 뼈를 모실, 고대처럼 공경받는 신성한 곳이 없다.⋯⋯이들은 세금이나 십일조도 내지 않는다. 모자를 벗거나 예의를 갖출 일도 없다. '국왕 전하 만세' 같은 지긋지긋한 말을 듣거나 말할 일도 없이 살다가 죽을 것이다."[35] 그러나 같은 시기에 미국을 방문한 또다른 인물인 영국의 사회이론가이자 사회학자인 해리엇 마티노는 토지의 매력이 트롤럽이 언급하는 신성한 전통보다 더욱 강력한 문화적 자극을 제공한다고 보았다. 어리둥절할 정도로 확장된 신세계에서 토지가 시민에게 방향을 제시해주는 정신적 자양분이 되었다는 것이다. "토지 소유는 모든 행동의 목적이며, 일반적으로 말하면 모든 사회악을 치유한다. 누군가가 정치나 사랑에 실패했다면 땅을 사 가리라. 명예가 더러워졌다면 서쪽으로 가서 더 많은 것을 얻으리라.⋯⋯도시에서 이웃이 자신을 넘어선다면 자신이 측량한 것의 주인이 될 수 있는 곳으로 가리라. 장인은 일하고 자신이 소유한 땅에서 죽으리라."[36]

이 땅은 너의 땅이니

그런데 이 땅은 누구의 땅이었을까? 제퍼슨이 아메리카 전역에 격자를 긋기 시작했을 때, 그는 미개척 대륙의 경계를 드러내는 것이 아니라 스페인, 프랑스, 영국 식민지 개척자들이 수 세기 전에 시작한 강탈 과정을 확장하던 셈이었다. 측량사의 사슬은 원주민의 죽음과 불행에 윈체스터 연발 소총이나 천연두 바이러스만큼의 직접적인 책임은 없었을지 모르지만, 식민지에 가하는 폭력의 필수적 도구였다. 측량의 단순성, 측량으로 가능해진 정부의 감독과 통제, 사람들의 마음에 일어난 심리적 변화—지방을 소유권이 없는 미개척지로 여기는 인식의 강화—는 모두 백인 이주

224

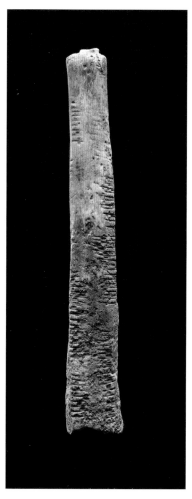

2만 년 전의 것으로 추정되는 탤리 스틱. 눈금이 새겨진 이 뼈처
럼, 최초의 측정 도구는 숫자를 세는 도구였다.

세인트 올번스 수도원장인 월링퍼드의 리처드. 수학자이자 발명가였고, 옥스퍼드 계산학파와 동시대를 살았다.

안데르스 셀시우스가 만든 최초의 온도계는 섭씨온도계 눈금의 기초가 되었다. 다만 눈금 숫자가 '거꾸로' 올라가도록 적혀 있다.

미터 원기와 킬로그램 원기는 프랑스 혁명의 다른 유물들과 함께 프랑스 국가기록원에 보관
되어 있다.

프랑스 공화력은 공화주의의 미덕과 자연계의 상징을 중심으로 시간을 새롭게 조율했다.

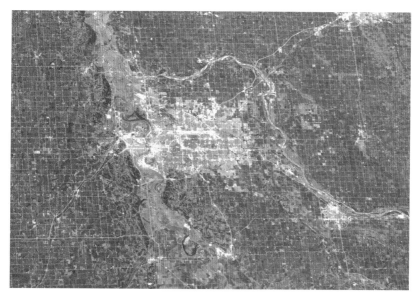

국제 우주정거장에서 촬영한 네브라스카 주 항공 사진. 미국 토지 측량의 흔적이 엿보인다.

우생학은 일부의 극단적인 운동이 아니었다. 정치인들과 대중 지식인들이 우생학을 받아들이고 널리 전파했다.

NIST에 있는, 1킬로그램을 나타내는 물체. 물리적 표준은 계량학에서
정확한 단윗값을 공표할 때 여전히 사용된다.

영국의 미터법 저항단에게는 전통적 단위를 지키는 일이 나라의 정신을 건 싸움과 같다.

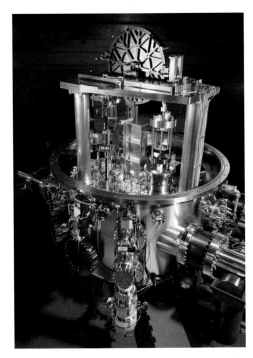

키블 저울은 구식 접시저울처럼 보이지만, 변하지 않는 자연상수를 이용해 킬로그램을 정의하는 데에 사용된다.

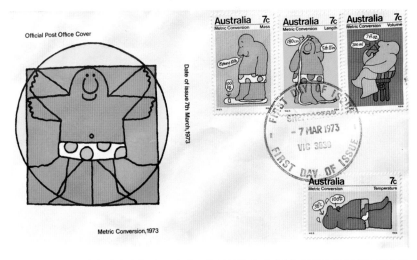

이 오스트레일리아의 사례처럼, 한 국가의 모든 영역들에 미터법을 도입하려면 광고, 포스터, 우표 등을 활용한 공공 캠페인이 필요하다.

민이 토착 부족의 땅을 훔치는 데에 도움이 되었다.

식민지 개척자들은 원주민이 미국의 자원을 낭비하고 있다고 주장하며 자신들의 토지 약탈을 정당화했다. 그들은 사냥이나 낚시 같은 이동 활동과 정주하는 농업 활동이 균형을 이루는 아메리카 원주민의 유연한 친환경성을 비생산적이라고 조롱했다. 17세기 원주민 마을의 한 식민지 개척자는 "원주민들은 근면하지 않고 예술이나 과학, 기술도 없으며, 땅이나 그곳에서 나온 물자를 이용할 능력도 없이 땅을 망치고 썩게 하며, 거름을 주고 채집하고 정리하느라 훼손하기만 할 뿐이다"라고 불평하기도 했다.[37] 1808년 제퍼슨은 "우리 사람은 늘고 당신네는 줄어드는" 이유를 설명한다면서 아메리카 원주민 대표단을 만나 직접 이런 말을 반복했다. 그는 원주민들이 미국인을 따라서 "땅을 경작하고" 재산권을 지키는 방법을 배워야만 힘을 회복할 수 있다고 주장했다. 오슬러는 특히 이 연설의 아이러니를 지적하며, 제퍼슨이 만난 원주민 대표단은 실은 기독교인이었으며 글을 읽을 수 있고 농사를 지을 수 있었다는 점을 언급한다. 오슬러가 지적했듯이 "앞에 서 있는 원주민이 실은 자신이 세운 문명의 기준에 부합한다는 사실을 인식하지 못하는" 대통령의 무능은 "인종적 열등함을 타고난다는, 모호하지만 강력하게 작동하는 가정을 드러낸다."[38]

제퍼슨이 문명을 구성한다고 생각했던 바로 그 개념은 원주민을 겨냥하는 무기로 사용되었다. 상호 합의된 언어로 작성된 조약도 흔히 소총을 겨눈 채 서명되었고, 측량은 연방정부가 원주민을 추방할 구실이 되었다. 토착민이 어떤 경계에 동의하면, 그것을 들이대며 그들을 핍박할 수 있었다. 경쟁 원주민에게 영토를 할당한다는 조약은 분할과 정복에 이용되었다. 식민지 개척자들은 다른 부족의 "권리"를 침해하지 않고도 어떤 부족을 몰아내거나 서로 싸우게 할 수 있었다.[39] 개척자들은 이러한 속임수 없이도 토지 소유권과 경계라는 엄격한 체계를 부과하며 일부 아메리카 원주민의 생존방식을 훼손했다. 예컨대 대평원 지역의 원주민은 들소를 사냥하기 위해서 들소 떼의 이동 경로를 따라 이동하며 광대한 땅을 가로지르는 유목에 의존해 살았다. 그러나 이러한 경로를 따르는 원주민은 이제 자신도 모르는 사이에 식민지 개척자들의 영토에 침입한 셈이 되었다. 측량사들의 격자는 원주민의 고향에 보이지 않는 철조망을 쳤다.

때로는 이주민이 불법으로 땅을 점거하여 아메리카 원주민과 식민지 개척자들 사이의 협정이 깨지기도 했다. 개척자들이 목적을 달성하는 동안 정부는 공식적으로 그 활동에 대해서 눈감아주었다. 이러한 태도는 정착을 더 확대할 발판을 마련했고, 원주민의 폭력을 유발하여 군사력으로 대응할 수 있게 했다. 측량은 서로 다른 집단 사이의 협정이라는 외양을 띠었지만, 식민지 개척자들은 끝내 바로 그 경계를 침범했다. 선교사 존 헤크웰더는 1818년 식민지 개척자들과 원주민 부족 사이의 관계를 기술하면서 원주민이 언제, 어떻게 "백인에게 땅을 양도했고, 경계선이 설정되었는지"를 기록한다. "……백인 침략자들이 또 그들의 땅에 들어가 정착하고 사냥할 때에는 조약이 체결된 적이 없었다!" 헤크웰더의 말에 따르면, 원주민들이 불평하자 정부가 침입자를 없애주겠다고 약속했지만, "이들이 보낸 요원들은 손에 사슬과 나침반을 들고 땅에 대한 지식을 바탕으로 침입자들이 골라낸 좋은 땅을 측량할" 뿐이었다.[40]

비옥한 미시시피 계곡에서는 촉토족, 크릭족, 치카소족이 추방되었고 뒤이어 1831년에는 토지 측량이 빠르게 이어졌다. 이 측량으로 "당시까지의 미국 역사상 가장 거대한 경제적 호황"을 이룰 발판이 마련되었다.[41]

바로 노예 노동을 통한 면화 교역의 활성화였다. 미국에서는 19세기 이전부터 면화를 재배했는데, 남부 경제를 지배한 광대하고 거대한 플랜테이션 농업 체계인 킹 코튼King Cotton이 이 시기에 부흥했다. 추산에 따르면 미시시피 계곡으로 둘러싸인 들판 한가운데에서 일하기 위해서 이송된 노예가 1820년부터 1860년 사이에만 100만 명에 달했다. 노예는 토지처럼 거래할 수 있는 대상이었고, 판매자들은 신체 능력을 기준으로 노예에 등급을 매겼다. 이들은 노예를 "최고 남성, 1등급 남성, 2등급 또는 일반 남성, 최고 여성, 1등급 여성, 2등급 또는 일반 여성"으로 분류했다. 토지 구획을 판매하듯이 노예를 범주화하자 노예 판매가 가속되었다.[42] 측량으로 토지를 구획하여 나누기 쉬워지자 부유한 투기꾼들이 지역에 투자할 수 있게 되었다. 투기꾼들은 비옥한 계곡 토양의 잠재력을 보고 노예 노동의 효율성을 더욱 극대화하기 위해서 엄청난 땅을 사들였다. 제퍼슨의 선전과 달리, 그의 격자는 번영하는 젊은 시민뿐만이 아니라 노예화되고 황폐한 사회를 뒷받침했다. 로크가 예견한 대로, 사슬에 묶인 남녀와 어린이들이 소유권을 주장할 수 있다는 기대조차 하지 못한 채 땅에 피땀을 갈아넣는 사회였다.

아메리카 원주민의 종교와 문화의 여러 측면들이 특정한 장소를 신성한 곳으로 여긴다는 사실을 볼 때, 이주민들이 미국 땅에 침입한 일은 특히 중요하다. 많은 토착민들에게 땅은 단순한 자원이 아니라 살아 있는 존재이다. 땅은 인간, 동물, 영혼이 서로 복잡한 관계로 맺어진 결합체이다. 어떤 종교의식은 특정한 장소에서만 열릴 수 있으며, 경관 자체도 신화적, 역사적 사건을 보여주는 물리적인 역사이다. 인류학자 키스 바소는 "원주민들의 눈에는 과거가 협곡과 호수, 산과 계곡, 바위와 빈 들판 같은 땅의 여러 요소에 담겨 있다"라고 썼다. 게다가 이처럼 여러 의미가 중첩된 영역은 "삶에 영향을 미치고, 사고방식을 형성하는 다양한 의미를 땅에 부여한다."[43] 아메리카 원주민 작가이자 활동가인 바인 델로리아 주니어의 말을 빌려 좀더 직접적으로 표현하자면 "아메리카 원주민은 그들의 땅—장소—이 가장 높은 차원의 의미를 지녔다고 보며, 그들의 언어는 모두 이 기준을 염두에 둔다."[44] 이러한 의미는 측량사의 체인으로 그리는 지도에 담길 수 없다.

식민지 개척자와 원주민이 표현한 토지 개념은 극명한 대조를 보이는데, 이러한 차이점을 지나치게 강조할 수도 있다. 이렇게 하면 식민지 개척자들과 비슷한 사고방식에 빠져, 세상을 "지도로 그려진" 것과 "지도로 그려지지 않은 것"으로만 구분하게 된다. 그러나 현실적으로 구분이 그렇게 명확하지는 않았다. 토착 부족은 때로 정부와 조약을 맺으며 의미 있는 양보를 얻기도 했고, 측량이 일시적으로 이들에게 이득이 되기도 했다. 마찬가지로 이주민과 연방 요원은 적합하다면 토지에 유연한 태도를 취해서 전체 영토가 아니라 목재나 물 같은 특정 자원에 대한 접근성만을 주장하기도 했다. 두 세계의 대조가 잘못은 아니지만, 그러다 보면 아메리카 식민지 개척자와 토착 부족 사이에 극복할 수 없는 이해의 틈이 있었고, 토착지 파괴 과정이 마치 세상의 수레바퀴가 돌듯이 자연스럽거나 피할 수 없었다고 생각하게 될 수 있다. 그러나 이는 사실이 아니다. 아메리칸 원주민을 땅에서 추방한 것은 양립할 수 없는 두 세계관이 낳은 슬픈 결과이거나 우월한 지식이 "자연스럽게" 승리를 거둔 탓이 아니었다. 그들을 땅에서 추방한 것은 수백만 명의 목숨을 희생하면서 땅을 빼앗고 백인 국가를 세우려는 고의적인 움직임이었다. 드 토크빌이 냉정하고 명료하게 관찰한 것처럼, 미국은 재산권, 조약, 측량이라는 합법적인 속임수를 통해서 "유혈 없이, 세상의 눈으로 볼 때 도덕이라는 위대한 원칙을 조금도 위반하지 않고도 아주 쉽고 조용하고 합법적이고 자비로운 방법으로" 원주민을 그들의 땅에서 내쫓을 수 있었다. 유혈 사태가 없었다고 묘사한 점은 틀렸지만 "인류의 법칙을 더욱 존중하면서 인류를 멸망시키기는 불가능하다"라는 드 토크빌의 쓰디쓴 결론은 전적으로 옳았다.[45]

지도와 영토

제퍼슨의 격자가 미국 역사에 미친 영향은 많은 질문들을 불러일으킨다. 애초에 토지 측량 같은 단순한 일이 어째서 그런 강력한 힘을 얻었을까? 측량의 형태에 지배력과 잔혹함을 유발하는 것이 처음부터 내재해 있었을까? 같은 도구를 좋은 목적으로 사용할 수 있을까? 세 번째 질문에 대한 답은 분명 '그렇다'이다. 물론 적절한 상황이라면 토지 측량을 공정한 자원 재분배에 이용할 수 있다. 다만 여러 요인들에 따라서 달라지기는 한다.[46] 그러나 첫 번째와 두 번째 질문에는 대답하기가 훨씬 어렵다.

우선 토지 측량을 직접적인 역사적 맥락과 떼어놓고 보기는 어렵다. 식민지 확장과 영토 취득의 시기는 다양한 지적 자만심, 특히 인종적, 민족적 위계에 대한 믿음으로 정당화되었다. 측량이 주도한 정복의 본보기는 17세기에 영국의 올리버 크롬웰이 이끈 아일랜드 전쟁으로 거슬러올라갈 수 있다. 크롬웰은 왕당파와 가톨릭 연합의 성장을 진압하려고 아일랜드에서 약탈과 학살을 감행했고, 그 결과 아일랜드 인구의 5분의 1 이상이 사망했으며 귀족과 성직자들은 토지를 몰수당했다. 크롬웰은 이 과정을 쉽게 진행하기 위해서 군의관이자 옥스퍼드 대학교의 전 해부학 교수인 윌리엄 페티에게 섬 측량을 의뢰했다. 페티는 군인 수백 명을 모집해 건터 측쇄로 지형을 측량하는 방법을 가르쳐서 측량사 역할을 하게 했다. 그 결과로 약 840만 에이커의 영토에서 이루어진 다운 측량Down Survery("체인을 늘어뜨리다lay down"라는 표현에서 붙은 이름이라고 한다47)은 지도 작성의 이정표가 되었다.48 이는 근대 초기에 시행된 가장 상세하고 정확하며 광범위한 지적 측량이자, 전국 규모로 실행된 최초의 측량이었다. 의뢰자들이 보기에는 측량이 대성공을 거두어 토지를 양도하거나 국가를 통제하는 일이 쉬워졌다. 측량이 완료되자 아일랜드 가톨릭의 토지 소유권은 약 60퍼센트에서 14퍼센트로 떨어졌고,49 그 결과 "아일랜드의 생활, 재산, 경관에서 그때까지 알려진 것들 중에서 가장 장대하고 기념비적인 변화"가 일어났다.50 국가 지배층에서 일어난 강제적인 변화는 수 세기 동안 되돌릴 수 없었고, 여기에서도 주도적인 역할을 한 것은 측량과 측정의 힘이었다.

비슷한 사례를 이 시기의 스페인 제국이 남아메리카에 도입한 대농원 체제, 뉴질랜드와 오스트레일리아의 식민지화, 그리고 19세기 말 이른바 아프리카 쟁탈에 이르기까지 전 세계에서 찾아볼 수 있다. 지도는 자원이 있는 위치를 알아내고 군대의 이동을 조정하는 실용적인 도구이자, 이주민들이 자신을 미개척지에 발을 디딘 최초의 사람이며 근대성을 전파하는 선교사라고 믿게 만드는, 상상력이 풍부한 소품으로 기능하면서 이러한 정복을 가능하게 했다. 역사가 매슈 H. 에드니는 인도가 대영제국에 편입되기 전에 인도에서 실시된 대규모 측량을 다룬 글에서, 이 시기에 제작된 지도가 어떻게 "영토 통합"의 형태로 제국의 계획을 뒷받침했는지,

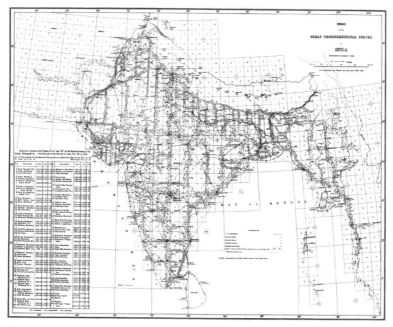

1871년 영국 왕실에서 완성한 인도 대삼각 측량에서 볼 수 있듯이, 토지 측정은 흔히 정복의 전제조건이었다.

그리고 어떻게 제국의 존재 자체를 정의하게 되었는지를 설명한다. "제국은 지도로 그려질 수 있으므로 존재한다. 제국의 의미는 각 지도에 새겨져 있다."[51]

따라서 현대적 측량은 어떤 면에서 보면 매우 특이한 식민지 확장방식의 산물이며, 이 도구가 만든 관점은 오늘날에도 세계를 바라보는 개념을 형성한다. 정치 이론가 한나 아렌트는 미국 식민지 정책과 함께 시작된 측량과 지도 그리기 작업이 "근대의 문턱에서 근대의 특성을 결정한" 세 가지 위대한 사건들 중 하나라고 지적했다(하나는 가톨릭 교회의 개혁이며 또 하나는 갈릴레오가 시작한 우주혁명이다). 아렌트에 따르면 철도와 증기선, 비행기가 우리 지구의 규모를 축소하기 전에는 "인간 정신의 측량 능력을 통해서 무한히 크고 효과적인 축소"가 이루어졌다.[52] 우리는 이러한 작업으로 지구의 규모를 압축하여 쉽게 보고 이해할 수 있는 것으로 만들었다. 그것이 이 체계가 지닌 힘이었다. 그러나 이러한 정보를 포착할 능력을 얻으려면, "당면한 일에 쏟는 모든 관심과 근심"으로부터 자신을 분리해야 한다. 이는 아렌트가 "세계 소외"라고 부른 것으로 이어진다. 우리는 인간의 경험과 행동이 중첩되어 이루어진 영역에 사는 대신에 숫자와 상징, 모형으로 이루어진 제국 안에서 살게 되며, 그 결과 서로에 대한 연결과 자아 정체성이라는 감각을 상실한다.

나는 이러한 주장을 약간 바꿔서, 아렌트가 소외를 일으킨다고 지적한 분리된 관점이 "자연스러운" 자아의 경계를 넘어 더욱 광범위한 공동체를 아우르는 새로운 연결을 만들 수도 있다고 주장하고 싶다. 온도에 대해서 더욱 잘 알게 되면서 불을 원초적인 힘으로 이해하던 고대의 개념을 대체하는 과학적 신화가 만들어진 것처럼, 지도 그리기를 통해서 세계가 축소된다고 해서 우리가 반드시 빈곤해지는 것은 아니리라. 예를 들어 기후 변화의 시대에 세계를 거대하고 상호 연결된 체계로 인식한다면, 이런 시선은 정치적 행동을 촉발하는 중요한 도구가 될 수 있다. 하나의 국가를 휩쓴 산불과 홍수를 지구의 모든 나라에 영향을 미치는 재난으로 볼 수도 있다. 아렌트가 묘사하는 소외의 근대는 이 세상이 복잡한 생명을 유지하기 위해서 고군분투하는 하나의 살아 있는 유기체라고 주장한 제임스 러브록의 가이아 가설과 같은 새로운 전체론적 상을 만들었다. 혹은 우주비행사들이 보고한 현상처럼 우주에서 지구를 내려다보면 모든 생물이 연결되어 있다는 본질을 새삼 실감하게 되는 조망 효과를 주기도 했다. 조망 효과는 아폴로 14호 팀의 일원이자 여섯 번째로 달에 발을 디딘 사람인 에드거 미첼이 가장 인상 깊게 표현했다. 그는 1974년 잡지 「피플People」과 인터뷰하며 이렇게 말했다. "우리는 즉각적인 전 지구적 인식, 인간 중심주의, 각 나라 사이의 심각한 분쟁, 그리고 무엇인가를 해야 한다는 충동에 사로잡혀 있습니다. 그러나 달에서 보면 국제 정치 같은 것은 아무것도 아니지요. 정치인의 멱살을 잡고 40만 킬로미터 밖으로 끌어내서 '이것 좀 보라고, 이 자식아'라고 말하고 싶어집니다."[53]

측정의 역사라는 맥락에서, 나는 아렌트의 설명이 특정한 것과 보편적인 것 사이에서 반복되는 긴장의 한 사례라고 본다. 특정 시공간과 관련된 지식, 그리고 원천으로부터 빠져나와 추상화된 정보 사이의 긴장 말이다. 우리는 미터법을 발명하고, 모든 영토에 똑같이 적용할 수 있는 도량형을 개발할 때 이와 같은 역학관계를 보았다. 그리고 미국의 격자 측량 역사에서도 마찬가지이다. 여기에서 이러한 역학관계는 특정한 장소에 기억과 역사를 놓는 토착민들의 영적 경관에 대한 이해와, 토지를 역사에서 떼어내 종이에 그려서 사고팔 수 있는 구획으로 만든 격자의 상업적 추상화 사이의 마찰로 표현된다. 격자라는 후자의 체계는 본질적으로 악의적이지는 않았지만, 미국에서처럼 인종적 위계와 백인 우월주의 이데올로기의 힘을 얻어 활성화되면 강력한 파괴력을 발휘한다.

격자와 같은 여러 추상화를 극복하는 일은 우리 자신과 다른 이들에게 빚진 의무이다. 국가의 가독성 도구가 국민에게 미치는 영향을 설명하면서 스콧은 "토지 측량사, 인구 조사원, 판사, 경찰 등의 인위적인 발명품이었던 범주는 궁극적으로 사람들의 일상 경험을 정밀하게 조직하는 범주로 이어질 수 있다. 일상의 경험을 구조화하는 국가 주도의 제도에 범주가 내재되어 있기 때문이다"라고 지적했다.[54] 범주는 측정과 수량화를 이용할 때 주의해야 하는 함정이다. 편리한 범주가 삶을 몰아가는 순간을 우리 모두 경험한 적이 있다. 관료주의가 시행되며 개인의 경험이 짓밟힌 경험 말이다. 내가 느끼는 증상이 공식적인 진단명에 맞지 않으면 의사를 만날 때 당황스럽고, 미리 정해진 형태의 지식을 평가하는 학교 시험은 실망스럽다. 비극적인 순간도 있다. 무국적 난민은 법적 지위가 없어서 구호를 받을 수 없다. 이러한 상황에 갇힌 사람에게 종잇장에 적힌 삶이라는 사건은 비현실적으로 느껴질 수도 있다. 그러나 스콧이 언급했듯이 "경찰과 군대는 이러한 종잇장을 대신해 배치된다."[55] 지도를 그릴 때, 우리는 지도가 부분적으로만 묘사하는 땅을 잊어서는 안 된다.

제7장

삶과 죽음의 측정

통계의 발명, 그리고
평균의 탄생

아직은 세상을 곤경에 빠뜨리지 않은 수학자들이 끝내 세
상을 곤경에 빠뜨릴까 두렵다. 이제 그들의 차례이다.

—루이-세바스티앵 메르시에,

『새로운 파리Le Nouveau Paris』(1800)[1]

사망 통계표

오늘날 세계에서 가장 오래된 국립과학연구소인 영국 왕립학회는 1660
년에 설립되었다. 1년 후에 왕립학회는 하급 상인인 잡화상 존 그론트를
회원으로 받아들였다. 그의 등장은 학회 회원 철학자들 사이에 약간의
소동을 일으켰지만, 학회 후원자이자 최고위층인 국왕 찰스 2세가 그론
트의 가입 신청을 승인한 터였다. 동시대의 한 관찰자가 지적했듯이, 국
왕은 "그론트가 런던의 한낱 상점 주인이라는 사실은 전혀 편견의 대상
이 되지 못한다고 천명하셨다. 전하께서는 이 특별한 책임을 학회에 내렸
고, 학회는 이런 상인을 더 발견한다면 지체없이 그들 모두를 받아들여야
한다"라는 사실을 명확히 했다.[2] 나라의 가장 높은 지위에서 내려온 칭찬
이었다. 그론트는 어떻게 찬사를 받게 되었을까? 바로 그가 저술한 단 한
권의 짧은 책, 『사망 통계표에 대한 자연적 및 정치적 고찰Natural and Political

The Diseases and Casualties this Week.

Abortive	6	Kingsevil	10
Aged	54	Lethargy	1
Apoplexie	1	Murthered at Stepney	1
Bedridden	1	Palsie	2
Cancer	2	Plague	3880
Childbed	23	Plurisie	1
Chrisomes	15	Quinsie	6
Collick	1	Rickets	23
Consumption	174	Rising of the Lights	19
Convulsion	88	Rupture	2
Dropsie	40	Sciatica	1
Drowned 2, one at St. Kath. Tower, and one at Lambeth	2	Scowring	13
		Scurvy	1
Feaver	353	Sore legge	1
Fistula	1	Spotted Feaver and Purples	190
Flox and Small-pox	10	Starved at Nurse	1
Flux	2	Stilborn	8
Found dead in the Street at St. Bartholomew the Less	1	Stone	2
		Stopping of the stomach	16
Frighted	1	Strangury	1
Gangrene	1	Suddenly	1
Gowt	1	Surfeit	87
Grief	1	Teeth	113
Griping in the Guts	74	Thrush	3
Jaundies	3	Tissick	6
Imposthume	18	Ulcer	2
Infants	21	Vomiting	7
Kild by a fall down stairs at St. Thomas Apostle	1	Winde	8
		Wormes	18

	Males — 83		Males — 2656		
Christned	Females — 83	Buried	Females — 2663	Plague — 3880
	In all — 166		In all — 5319	

Increased in the Burials this Week — 1289
Parishes clear of the Plague — 34   Parishes Infected — 96

The Assize of Bread set forth by Order of the Lord Maior and Court of Aldermen. A penny Wheaten Loaf to contain Nine Ounces and a half, and three half-penny White Loaves the like weight.

"이번 주의 질병 및 사망자 수". 통계의 기원은 존 그론트의 『사망 통계표에 대한 자연적 및 정치적 고찰』에서 볼 수 있는 사망자 수 집계로 거슬러올라간다.

Observations Made Upon the Bills of Mortality」덕분이었다. 이 책은 그론트가 저술한 유일한 저작인데, 오늘날에는 개별 측정이 아니라 전체로서의 측정의 힘과 연관된 학문, 즉 통계의 기본을 다진 문헌으로 평가받는다.

그론트의 연구는 측정학에 또다른 혁명의 시작을 알렸다. 측정의 영역을 개별 사건이나 행위자뿐만 아니라 서로 맞물리거나 독립적인 부분으로 구성된 복잡한 개체를 포괄하는 영역으로 확장한 것이다. 다시 말하면 사회 전반으로까지 자를 들이댈 수 있는 측정의 형태가 탄생했다.

그론트는 동료 런던 시민의 운명에 관심을 두었다. 그는 책에 런던 교구에서 발표한 출생, 세례, 사망(사망의 원인도 포함)을 주별로 기록한 표, 즉 사망 통계표로 총칭되는 표를 실었다. 여기에서 그론트는 "일반적으로 통용되는 의견이 아닌 어떤 진실"을 추출하기 위해서 "내가 상점에서 이용하는 산술법인 수학"³을 적용했다.⁴ 그는 이 책에서 런던 시민의 삶을 차곡차곡 모아 이전에는 알려지지 않았던 진실을 숫자로 계산해냈다. 여기에는 최초의 신뢰할 만한 런던 및 영국의 인구 추정치, 당시 엄청나게 높던 유아 사망률(수도에서 정점을 찍었지만 농촌으로의 이주가 늘며 균형을 이루었다), 그리고 런던에서의 구루병 증가나 매독 축소 보고 또는 "기이하고 거대한 전염병 사망률"의 영향 등 다양한 공중보건의 흐름들이 포함되었다. 오늘날 한 역학학자의 말에 따르면, 그론트는 인간의 지식에 "우리 대부분이 연구 경력을 전부 쏟아부어야 얻을 수 있는 것보다 훨씬 큰 기여"를 했다.⁵

이 연구가 왜 찰스 2세의 지지를 얻었는지는 쉽게 알 수 있다. 국가가 다양한 가독성 도구를 개발하기 전인 이 시기에 그론트의 통찰력은 매우 귀중했다. 어떤 첩자나 외교관도 그저 약간의 계산과 정보 수집으로만 전국을 조사하여 이러한 지식을 모을 수 없었다. 그론트의 작업은 군주의 통치 초기 몇 년 동안 심각한 전염병이 발생했다는, 당시 널리 퍼진 이론이 틀렸다고 폭로하기도 했다. 군주라면 환영할 만한 면죄부였을 것이다.

그론트의 분석은 그가 수집한 정보들이 당시에 이미 공개되어 있었다는 점에서 더욱 주목할 만하다. 그론트가 책의 서문에서 언급했듯이 사망 통계표는 이미 런던 사람들에게 정기적으로 발표되고 있었지만, 사람들 대부분은 "이 자료를 거의 활용하지 않고 그저 표의 끝으로 눈을 돌려 매장률이 얼마나 늘거나 줄었는지에만 관심을 두었다."[6] 그론트가 왜 수십 년 동안 이 가치 있는 숫자들을 모으기로 했는지는 분명하지 않지만, 그는 그 작업이 전례 없는 일이라는 사실을 분명히 알았다. 그는 시간을 들여 책에 계산표를 넣은 다음, 다른 이들이 이 작업을 확인하고 틀렸다면 고쳐줄 기회를 마련하려고 애썼다. 그는 자신의 증명에 대해서 이렇게 썼다. "이 책에서 어리석은 학생 같은 나는 (까다롭고 예민한 주인인) 세상에 대한 가르침과 함께, 내가 저지른 모든 실수를 바로잡아줄 회초리 묶음을 가지고 왔다고 말하고 싶다."[7]

그론트가 한 것과 같은 작업은 점점 더 중앙집권화된 국가가 자국민을 더욱 잘 이해하려고 노력한 17세기 이후로 더욱 보편화되었다. 그론트는 아일랜드 측량사인 윌리엄 페티의 친구였다. 페티는 국가 수준에서 시행하는 수치 계산을 설명하기 위해서 "정치 산술"이라는 용어를 만들었다. 1687년 글에서 페티는 국가의 운명을 포착하는 숫자의 능력을 높이 샀다. "나는 이처럼 복잡하고 당혹스러운 문제를 파악하기 위해서 숫자 용어와 도량학을 들여왔고 결과적으로 이들을 입증할 수 있었다.……나는 이러한 임무에 기꺼이 참여한다."[8] 정치인들은 건터 측쇄와 측량사의 도면이 토지에 실시한 일을 시민에게 실시했다. 출생과 사망, 결혼과 살인, 도덕성과 사망률을 도표화하여 사람들의 삶을 숫자로 표현한 것이다.

애초에 이러한 작업의 목적은 정부의 정책을 안내하는 것이었다. 페티는 다음과 같이 썼다. "정치의 대칭성과 구조, 비례를 모른 채 정치를 하면, 노파나 경험주의자의 태평한 일이 될 뿐이다(여기에서 말하는 경험주의자는 사기꾼, 돌팔이와 동의어로, 당시의 경험주의가 오늘날과 같은 평판을 얻지는 못했음을 보여준다)."[9] 정치 산술에서 개발된 분석 도구들 대부분은 다른 과학 분야로부터 차용한 것이었지만, 다른 분야에서도 매우 귀중한 도구로 판명되었고 결국에는 원래의 연구 대상에서 분리되어 고유한 지식 분야가 되었다. 그론트는 또다른 질문을 제기하는 이 연구의 잠재력을 알아채고 이렇게 언급했다. "나의 결론은 정치적이자 자연적이며, 일부는 교역과 정부에 관한 것이고, 일부는 공기, 계절, 결실, 건강, 질병, 장수, 사람들의 성별과 나이의 비율 등과 연관되어 있다."[10] 수집한 데이터를 분석하는 일이 오늘날의 생물학, 기상학, 역학 분야에 유용하다는 사실은 처음부터 분명했다. 왜 특히 이러한 분야일까? 한 가지 관찰 결과나 측정 결과만으로는 설명할 것이 그다지 많지 않은 현상을 고민하는 분야들이기 때문이다. 어떤 질병이 인구 전체에 어떻게 퍼지는지 알고 싶다면, 환자 몇몇만 연구해서 그 결과를 추정할 수 없다. 나라의 날씨가 어떤지 알고 싶다면, 그저 창밖을 내다보고 어디에나 비가 오리라고 추정해보았자 소용없다. 개별 측정값을 수집한 다음에 집단으로 모아서 검토해야 한다. 그래야 대상의 범위와 다양성에 맞는 기준을 가지게 되고 새로운 규칙과 경향을 발견할 수 있다. 이것이 통계가 매우 유용한 이유이다. 말 그대로 몸으로부터 파생된 최초의 측정 단위와는 대조적으로, 통계는 개인의 이해를 훨씬 뛰어넘는 규모로 작동한다.

이는 아마도 여러 생명이 상호 연결된 듯이 보이는 현대 세계에 통계적 척도가 보편화된 이유일 것이다. 그러나 통계적 척도의 지위는 흔히 과소 평가되고 그 방법도 폄하된다. 실업률, 인플레이션, 인구 증가에 대한 논의는 매우 일상적이지만, 과학사가 로레인 대스턴이 지적했듯이 이 수치들은 모두 "발명된 영역과 발견된 영역 사이를 오간다."[11] 이러한 수치는 매우 공고해서 정부 정책 수립에 이용될 수 있지만, 철저하게 검사하면 무너지기도 한다. 국내총생산GDP을 예로 들어보자. GDP는 한 국가의 경제적 건전성을 나타내는 지표로 널리 받아들여지는 수치이다. GDP는 전 세계에서 지출 우선순위를 결정하는 데에 이용되며, 한 국가의 GDP가 예상치 못하게 급락하면, 연구소들이 요동치고 신문은 당황하고 정치인들은 문제를 해결하기 위해서 정책을 남발한다. 이처럼 여러 정치적, 경제적 개입의 중추 역할을 하는 GDP는 매우 견실하지만, 또한 가변적이기도 하다. GDP는 다양한 산출법에 따라 상당히 다양한 값이 될 수 있다. 게다가 매우 특정한 이데올로기를 구현하는 척도이기도 하다. 비판가들의 지적대로 GDP는 어떤 비용을 감수하더라도 성장해야 한다는 사고방식의 산물이다. GDP는 소비가 무한정 늘어나는 세상을 선호하며 환경적, 사회적 비용은 거의 고려하지 않는다.[12] 보비 케네디의 말처럼 "GDP는 한마디로 모든 것을 측정한다. 삶을 가치 있게 만드는 것은 빼고 말이다."[13]

통계가 불완전하다는 말은 상투적이다. 세계를 임의로 구분하고 변화하는 세계의 일부만을 포착하는 범주에 통계는 흔히 의존한다(플라톤이라면 놀라지 않을 것이다). 통계가 객관적인 진실로 취급된다면, 통계가 묘사하는 진실 그 자체는 인정하지 않은 채 종이에 쓰인 숫자들만 손보면 된다는 끔찍한 사고방식이 조장될 수도 있을 것이다. 토지 측량을 적용할 때처럼, 이러한 사고방식은 잔학한 행위로 이어질 수도 있다. 특히 통계는 19세기에 과학적 인종차별의 부상과 우생학 운동을 조장했다. 그러나 통계학자 알랭 데로지에르의 말에 따르면 이러한 실패에도 불구하고 통계는 현실을 강화하는 숫자, 즉 "불변의 데이터"이자, 행동을 취하게 만들며 예측할 수 없는 것을 정복하는 데에 도움이 되는 숫자이다.[14] 오늘날 사회에서 통계 데이터의 중심적인 역할은 코로나 바이러스에 맞선 대응에서 가장 명확하게 드러난다. 운 좋게 감염을 피할 수는 있어도 이 고통은 통계적 징후로 우리 일상에 침투한다. 확진자 수와 사망률이 매일 집계되고 저녁 뉴스에 발표된다. 많은 것이 이 숫자의 지시에 달려 있다. 가게를 열 수 있는지, 아이들이 학교에 갈 수 있는지, 국경을 사이에 둔 가족이 서로 만날 수 있는지, 아니면 몇 년 후에나 볼 수 있는지를 결정하는 것은 이 숫자이다. 런던에서 일어난 전염병의 참상을 사망 통계표로 드러낸 그론트조차도 죽음을 셈할 뿐만 아니라 삶을 지배하는 이 수치의 편재성과 힘에 놀랐을 것이다.

관찰의 조합

통계의 기원은 측정학의 다른 많은 것과 마찬가지로 밤하늘 관측으로 거슬러올라간다. 어두운 밤하늘은 인류에게 측정의 중요성에 대한 첫 번째 교훈을 주었고, 천문학자이자 사제들에게 계절을 예측하는 방법을 알려주며 정량 과학의 기반을 다졌다. 그러므로 정량화의 논리를 인간의 삶에 최초로 적용한 인물이 벨기에의 천문학자 랑베르 아돌프 케틀레였다는 점은 놀랍지 않다. 지금까지 언급된 다른 사상가들과 비교해볼 때 케틀레의 연구는 수학적으로 한계가 있지만, 통계를 보편적으로 적용할 수 있다는 그의 믿음은 놀랍고 대단했다. 이전의 옥스퍼드 계산학파처럼 케틀레는 새로운 분야에 측정을 도입하면 무생물적인 현상의 작동뿐만 아니라 그의 예상대로 사회에 내재된 진실을 드러낼 수 있음을 밝혔다. 오늘날 이러한 숫자들은 별이 우리 조상을 이끈 것처럼 국가의 작동을 설득력 있게 이끈다.

1796년 겐트에서 태어난 케틀레는 여러 사람의 증언에 따르면 다양한 관심사를 지닌 인물이었다. 학문적으로도 능숙하고 예술적인 감성을 지닌 그는 시를 발표하거나 연극을 공연하고 한때는 화가나 조각가가 되기를 꿈꾸기도 했다.[15] 스무 살에는 수학에 소질이 있다는 사실을 발견하고 시립대학이 수여하는 최초의 박사학위를 받았다. 게다가 케틀레의 업적을 매우 중요하게 여긴 당시 네덜란드 정부는 그를 브뤼셀로 불러들여 수학을 가르치게 했을 정도였다. 브뤼셀에서 케틀레는 천문대를 새로 건설하는 작업에 참여했다. 1823년 정부는 케틀레를 당대의 과학 수도인 파리로 파견해 미터법을 구축한 학자들에게 수학하게 했다. 대학자 피에르-시몽 라플라스, 수학자 아드리앵-마리 르장드르 등의 많은 학자들이 이 도시에 거주하며 연구를 이어갔다. 케틀레는 (직접 지도를 받을 필요는 없었지만) 이들로부터 고향의 천문대를 운영할 기술을 습득했고, 무엇보다도 정보를 분류하고 분석하는 방법을 배웠다.

당시 천문학자들은 오차라는 개념을 통해서 측정과의 관계를 다시 살피기 시작했다. 과학적 관찰에서 일어나는 실수는 항상 예견된 일이었지만, 과학자들은 실수를 어떻게 처리해야 할지 항상 알지는 못했다. 예를 들어 밤하늘에서 일어나는 일을 관찰하는 천문학자는 여러 번 판독하면서 그 값들이 달라져도 크게 걱정하지 않았다. 측정값을 통합하려고 했던 사람도 있었지만, 대부분은 그저 자신의 연구를 가장 잘 대변한다고 생각하는 하나의 "황금수"를 선택했다.[16] 이러한 일반적인 태도는 영국-아일랜드 화학자 로버트 보일의 조언에서 나왔다. 그는 1661년에 이렇게 썼다. "실험은 숫자가 아니라 가치로 평가되어야 한다.……군주의 왕관을 장식하기에 합당한 큰 동양 진주 한 알은 금 세공인이나 약제상에게서 온스 단위로 구매할 수 있는 (진짜이기는 하지만) 깨알 같은 진주 수백 알보다 훨씬 더 가치가 있다."[17] 오늘날이라면 불규칙한 값을 통해서 예상하지 못한 것을 발견하거나 실험 방법을 개선할 수 있겠지만, 당시에는 이러한 결과를 그다지 유용하지 않다고 여겼다. 불규칙한 값은 오히려 원치 않고 심지어 수치스러운 결과였고, 초점을 잘못 맞추었거나 기술이 부족하다는 증거였다.

이러한 역학관계는 측정 도구—특히 망원경—가 개선되면서 오차가 늘어난 천문학 분야에서 뼈저리게 느낄 수 있었다. 정확성을 의도하다가 실수가 생긴다는 것이 얼핏 역설적으로 보일 수도 있지만, 이렇게 생각해보자. 어떤 사람의 키를 빠르게 연속적으로 20번 측정하는데, 처음 10번은 피트와 인치로 표시된 줄자로 측정하고, 다음 10번은 밀리미터 단위까지 나타나는 레이저로 측정한다고 가정해보자. 어떤 결과값들의 집합이 더욱 일관적일까? 5피트 10인치라는 값을 10번 연속으로 정확히 맞추기는 쉽지만, 1,778밀리미터를 연속적으로 정확히 측정하기는 훨씬 어렵다. 천문학자들을 괴롭힌 것은 이런 문제였다. 그들의 도구는 분명 더 정밀해졌지만, 정밀도가 높다는 것은 학자들이 도구를 통제하기 어렵거나 이들의 도구가 아예 통제 불가능한 요소에 반응한다는 의미였다. 망원경의 감도는 천체의 위치뿐 아니라 날씨로 인한 왜곡, 렌즈의 모순, 인간의 일상적인 실수까지를 모두 기록했다. 실제로 이는 측정의 기본적인 함정이다. 더 정밀할수록 결과는 보통 더 일관적이지 않아 보인다.

오차가 난무하는 이 무서운 환경에 적응하는 과정은 느리게 진행되었다. 18세기 독일의 천문학자였던 토비아스 마이어는 달의 공전 궤도의 이심률離心率과 기울기 때문에 축을 기준으로 흔들리는 달의 칭동秤動을 측정하는 데에 매달리다가 초기 돌파구를 마련했다. 마이어는 하루 중 정해진 시간에 세 번씩 측정하여 간단한 식으로 이 값들의 평균을 얻었다. 통계 역사가인 스티븐 M. 스티글러는 이것이 너무 간단해서 "20세기 독자라면 이 방법이 그다지 별다르지 않다는 상당히 잘못된 결론에 도달할 수도 있다"고 지적하기도 했다.[18] 그러나 당시에는 이렇게 데이터를 결합하는 방식이 매우 이례적이었다. 마이어와 동시대 사람인 스위스의 유명한 수학자 레온하르트 오일러는 비슷한 문제에 직면하자, 관찰 결과를 결합하면 "오차가 배가된다"라고 결론을 내리기도 했다.[19] 그러나 마이어는 측정 오차가 심해지지 않고 대신 상쇄할 수 있다는 개념적 도약을 이루었다. 그는 이 접근법에 19세기 전반에 걸쳐 통계적 방법을 일반적으로 일컫던 문구인 "관찰의 조합"이라고 이름을 붙였다.[20] 당시 이러한 방법은 오차를 정확성으로 바꾸는 수학적 연금술처럼 보였을 것이다.

또다른 돌파구는 정규분포 또는 종형 곡선으로 알려진 오차 법칙을 발견한 일이었다. 복잡한 과거와 많은 변수들이 점철된 수학의 역사에서 신화적인 차원을 보여준 실체였다. 그러나 정규분포를 가장 간단하게 보면 오차의 규칙이라고 말할 수 있다. 이 개념의 기본 전제는 이제 상식이 되었다. 우리가 무엇인가를 반복적으로 측정할 때 결과는 "진정한" 숫자를 나타내는 단일한 값의 주위로 수렴하는 경향이 있어서, 판독값의 수가 늘수록 중심점 가까이 모이고 판독값의 수가 줄어들수록 멀어진다. 이러한 현상은 갈릴레오도 언급한 바 있듯이 천문학자들에게는 오랫동안 잘 알려져 있었지만 18세기까지 체계적으로 탐구된 적이 없다. 도박에서 확률 문제를 조사하면서 이 문제를 분석한 최초의 인물은 프랑스의 수학자 아브라함 드 무아브르였다. 주사위 한 쌍을 굴려서 나온 두 숫자를 더한 값들 중에서 가장 많이 나오는 값이 무엇일지 알고 싶다고 치자. 일단 결과값으로는 36가지의 조합에 11가지(2부터 12까지)의 경우가 가능하다. 주사위 2개를 이용해서 각 합이 나올 경우의 수를 조합해보면, 6가지 조합으로 그 가능성이 가장 높은 결과—이 경우에는 7이다—를 얻을 수 있다. 그리고 이 값들을 막대그래프로 표시하면 그래프가 익숙한 모양을 형성한다는 사실을 알 수 있다. 가운데가 볼록하고 양쪽으로 가늘어지는 대칭 곡선 말이다. 이것이 정규분포이다.

그러나 이 모양이 놀라운 것은 데이터를 정제하고 오차를 최소화하는 능력이 있기 때문이다. 드 무아브르의 정규분포 처리는 비교적 제한적이었지만(그는 주로 이항분포에 관심을 보였다) 이후의 사상가들은 확률을 설명하는 방법으로서 정규분포라는 개념이 지닌 완벽한 잠재력을 깨달았다. 특히 천문학자 라플라스와 독일의 수학자 카를 프리드리히 가우스는 일반화된 수학적 형태로 정규분포 및 정규분포의 수많은 변형을 만들어서, 그 결과로 얻은 식을 도가니로 삼아 관찰 결과의 오차가 흩뿌려진 어수선한 도표 속의 불순물을 모두 녹여냈다. 그러자 참되고 흠 없어 보이는 결과만 남았다. 과학적 관찰은 정말 확률 게임의 결과와는 완전히 다를까? 두 경우 모두 원하는 결과가 있고 이에 영향을 미치는 변수가 있다. 주사위 놀이에서는 주사위를 굴리는 것이 변수가 된다. 천문학에서는 망원경을 흔드는 바람이 변수이다. 원하는 결과와 가장 비슷하지 않은 것을 정확히 짚어 제거하면 혼란을 합리적으로 설명하는 데에 도움이 될 수 있다. 정규분포 및 이와 연관된 일부 수학적 개념(가장 주목할 만한 것은 최소 제곱법과 중심 극한 정리이다)은 과학자들이 오차를 개념화하는 방법에 혁명을 일으켰을 뿐만 아니라 더 크고 복잡한 데이터를 정리할 수 있도록 하면서 통계학 분야의 수학적 기반을 다졌다.

평균 남성의 탄생

케틀레는 밤하늘의 별 무리를 관찰하러 파리에 갔지만 대신 데이터 무리에 눈을 돌렸다. 1824년 브뤼셀로 돌아온 그는 도시의 천문대를 맡는 한편, 정부의 인구조사를 지원하는 임무도 맡았다. 그는 천체 관측과 매우 비슷한 형식의 행정 기록을 보고 프랑스에서 처음 제안된 아이디어를 확신했다. 천문학자가 우주를 주의 깊게 측정하여 우주에 대한 진리뿐만 아니라 우주의 운동을 지배하는 법칙을 밝힐 수 있다면, 사회에 대해서도 같은 작업을 할 수 있지 않을까? 케틀레는 우주에 대해서 깊이 고민한다면 누구나 "우주를 지배하는 감탄할 만한 조화에 놀랄 것이며, 살아 있는 생명 세계에도 비슷한 법칙이 존재할 리 없다고 확신할 수 없을 것"이라고 믿었다.[21] 이러한 비유는 그가 발견한 새로운 과학의 기초 윤리가 되었다. 바로 그가 사회물리학이라고 이름 붙인 분야이다.

　이후 몇 년 동안 케틀레는 천문학에서 개발된 통계 도구를 정치 산술 데이터에 적용하려고 했다. 당시 국가들은 그 어느 때보다 시민에 대한 정보들을 많이 수집하고 있었기 때문에 이러한 작업을 수행하기에 완벽한 시기였다. 캐나다의 철학자이자 역사가인 이언 해킹의 말을 빌리자면 "대상을 새로 분류하고 집계하고 도표화한 엄청난 양의 숫자 인쇄물들"이 있었다.[22] 이러한 성장은 미국의 인구조사에서도 살펴볼 수 있다. 1790년 미국 최초의 인구조사에서는 다음과 같이 딱 4가지 질문만 던졌다. "가정에 남성, 여성, 다른 자유인, 노예는 몇 명입니까?" 그러나 1880년의 조사에서는 가정뿐만 아니라, 농장, 공장, 병원, 교회, 대학교 등 새로운 인구 자료를 정부에 제공할 수 있는 여러 기관들을 대상으로 1만3,010개의 질문을 던졌다.[23]

1835년 케틀레는 『인간과 인간의 능력 개발에 관한 논의*Sur l'Homme Et le Développement de Ses Facultés*』라는 제목으로 두 권의 책을 출판했고, 이 책은 1842년에 영어로 번역되었다. 이 책에 사용된 일반적인 분석법들 중에서 한 가지 사례를 보자. 그는 정확히 5,738명의 스코틀랜드 군인의 가슴둘레 측정 기록을 분류하고 그 값들로부터 규칙을 찾았다. 케틀레는 이 수치를 막대그래프로 표시하면 드 무아브르가 확률 게임에서 발견한 것과 같은 정규분포, 또는 당시의 표현으로 "오차의 법칙" 같은 규칙이 드러난다는 사실을 밝혔다. 이전의 과학자들처럼 케틀레는 이 곡선의 중간값이 "진정한" 숫자라고 추론하고 자연법칙이 선호하는 결과라고 믿었다. 그는 키, 체중 및 다양한 신체 부위를 측정한 수치들을 모아서 국적별로 분류했다. 체중 대 키의 비율에서 나온 체질량 지수(오랫동안 케틀레 지수라고도 알려졌다) 등 새로운 척도를 고안하기도 했다. 케틀레는 이러한 자료들을 수집하고 하나의 몸에 꿰맞춰서, 전에 본 적 없는 평균 남성을 세계

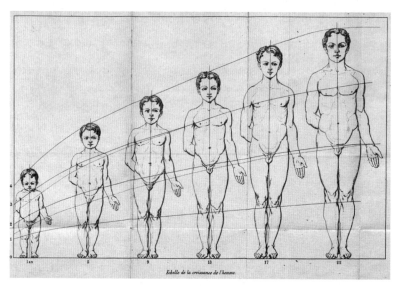

Echelle de la croissance de l'homme.

벨기에의 통계학자 아돌프 케틀레는 천문학자의 계산법을 차용하여, 인체 등 새로운 데이터 지표에 적용했다.

무대에 소개했다. 통계로 만든 프랑켄슈타인과 같은 그 결과는 각 나라의 일반적인 속성을 구현한, 통계적 규칙성의 혼합물이었다.

　오늘날 평균이라는 개념은 대체로 평범함을 지칭하는 모욕처럼 들린다. 그러나 케틀레는 평균을 완벽함으로 보았다. 그는 생체 측정값들에서 나온 평균 통계를 자연법칙의 적절한 산물로 보았다. 즉, 대상이 완벽하게 정상이라는 표시로 본 것이다. 그는 평균 남성이 "완전한 균형을 이룬 상태에서 완벽히 조화를 이루어 어떤 과잉이나 결함도 없는 방식으로 존재한다.……우리는 평균 남성을 완벽한 미와 선을 갖춘 유형으로 보아야 한다"라고 썼다.[24] 해킹이 지적했듯이, 케틀레가 『인간과 인간의 능력 개발에 관한 논의』와 그 후속 연구에서 이룬 성과는 통계적 척도의 의미에 대해서 미묘하지만 중요한 전환을 이루었다.[25] 정규분포를 천문학에 적용할 때의 평균값은 반드시 실제의 값을 의미하지는 않지만, 무작위적인 오차를 설명하는 최선의 근사치이기는 하다. 그러나 케틀레는 이 수학적 요약을 "진정한 특질"로 바꾸었다. 평균값이 그가 연구한 인간 집단의 진실을 말해주는 무엇인가가 된 셈이다. 추상적인 척도를 실체적인 것으로 바꾼 존재론적 재정렬이라고 할 수 있다. 그 결과가 반드시 틀린 것은 아니지만, 조립된 것임은 분명하고 따라서 오류도 있을 수 있다.

케틀레의 연구는 사람들의 매혹과 찬사를 동시에 받았다. 런던의 「아테나이움*The Athenaeum*」에 실린 제3자 검토에서는 다음과 같이 결론을 내렸다. "우리는 이 책의 출현이 문명의 문학사에 한 획을 그었다고 생각한다."[26] 케틀레의 연구는 학문에 전념하는 학회, 학술지, 연구소 등 유럽 전역의 전문가 집단 사이에서 통계적 각축전을 일으켰다. 전문가들이 모으고 발표한 결과값들은 점점 관련성이 불확실해졌다. 한 재치 있는 통계 신봉자는 북적이는 기차역 화장실에서 변기 내용물을 채취해 "유럽 평균인의 소변"을 추론하고자 했다.[27] 케틀레의 작업도 인체의 영역을 넘어 사회적 데이터에서 더욱 광범위한 규칙을 살펴보며 범위를 확장하기 시작했다. 그러면서 그는 수학자가 아니라 연구할 데이터를 찾기 위해서 정부 간행물과 과학 학술지를 뒤지며 수량이라는 광석을 캐는 광부가 되었다. 그는 범죄, 자살률, 결혼, 출생, 질병에 대한 통계를 수집하고, 발견한 사실을 나이, 성별, 직업, 거주지별로 살펴보았다.

자료를 수집할수록, 케틀레는 사회를 움직이는 놀라운 규칙성을 발견했다. 예를 들면 결혼이나 살인 같은 가장 감정적인 활동조차도 여러 나라에서 해마다 별다른 차이가 없었다. 케틀레는 이러한 결과에 불안해하기도 하고 흥분하기도 했다. 그는 파리 경찰의 통계를 분석한 한 연구에서 연간 살인사건의 건수뿐만 아니라 총기나 목 조르기로 살해되는 비율에 이르기까지 "범죄가 재생산되는 끔찍한 정확성"을 목격했다. 그는 다음과 같이 썼다. "우리는 출생과 사망이 얼마나 일어날지를 셈할 수 있는 것과 비슷하게, 얼마나 많은 사람들이 타인의 피를 손에 묻힐지, 얼마나 많은 사람들이 사기꾼이 될지, 얼마나 많은 사람들이 감옥에 갈지도 미리 알 수 있다." 이러한 수치는 "교수대나 갤리 선, 감옥에 들어갈 일종의 예산이 되며, 의심할 여지없이 프랑스는 재정 예산보다 훨씬 규칙적으로 이 예산을 달성하고 있다."[28] 케틀레는 이 일관성을 발견함으로써 개인의 선택이 우리 생각보다 훨씬 덜 중요하다는 사실을 밝혔다. 우리는 사랑해서 결혼한다고 생각하지만, 통계는 우리가 단지 그래프의 선을 따라갈 뿐이라고 말해준다. 케틀레는 친구에게 보낸 편지에서 이렇게 말했다. "범죄를 모의하는 것은 사회일세. 범죄자는 그저 범죄를 집행하는 도구일지도 모른다네."[29]

이전 연구와 달리 새로운 결론은 분노와 불신을 일으켰다. 케틀레의 결론은 자유의지의 본질, 그리고 통계적 규칙성에 맞선 인간의 진보 가능성에 대한 논쟁에 불을 지폈다. 해킹은 이렇게 썼다. "훌륭한 평론과 문학지들에는 숙명론에 대한 논의가 넘쳐났다. 숙명론이 잊히기 전까지 이보다 더 치열하게 논의된 주제는 없었다."[30] 19세기의 저명인사들 가운데 일부는 케틀레와 그의 제자들의 발견으로부터 영향을 받았다. 이러한 인물들로는 신이 사회적 법칙을 부여한다고 믿었던 중요한 통계학자인 플로렌스 나이팅게일에서부터,[31] 이 연구를 이용해 유물론적 변증법을 뒷받침한 카를 마르크스까지 다양했다.[32] 심지어 일반 물리학자들도 케틀레의 사회물리학에서 영감을 얻었다. 제임스 클러크 맥스웰과 루트비히 볼츠만 같은 저명한 과학자들은 사회의 철칙에 대한 논의를 읽고 감탄했으며 통계적 사고 틀을 분자의 운동 모형에 적용하기도 했다. 분자 역시 측정값 모음을 통해서 잘 이해할 수 있는 또다른 군집이었기 때문이다.

케틀레의 제자들 중에서 특히 영향력 있는 제자는 영국의 역사가 헨리 토머스 버클이었다. 그는 사회물리학의 범위를 확장하여 자신이 생각하는 바가 역사 법칙인지를 알아보고자 했다. 버클은 1857년의 저작 『영국문명사*History of Civilization in England*』(여러 권으로 기획된 세계사 책의 서문 격으로 쓰였다)에서 각 국가의 운명은 대체로 기후, 식량, 토양, 그리고 그가 "자연의 일반적인 요인"이라고 부른 것 등의 4가지 기본 요소로 결정된다고 주장했다. 국가의 발전을 돕거나 방해하는 이 요소들 중에서 그가 가장 중요하다고 생각한 것은 마지막 요인이었다. 이 요인은 지형이 척박한 산이나 밀림으로 이루어져 있는지, 아니면 멋진 언덕과 초원으로 이루어져 있는지 등을 나타낸다. 버클은 자연경관의 미학적, 실질적 과제를 자연의 일반적인 요인이라는 범주를 사용하여 의도적으로 모호하게 표현한다. 버클은 자연의 일반적인 요인이 "종교, 예술, 문학 그리고 인간 정신의 모든 주요 표현에 특별한 색채"를 부여한다고 보고는 이러한 민족주의적 계획의 관점에서 유럽의 발전이 우월하다고 손쉽게 설명해버렸다. 버클은 많은 국가에서 "자연의 장엄함과 엄숙함"이 인간성을 압도하여, 상상력을 과도하게 자극하고 미신을 낳으며 이성적 사고를 방해하는 경향이 있다고 썼다. 대영제국처럼 자연이 좀더 소박한 지역에서만 이성이 스스로 드러날 수 있고, 자연을 넘어서려는 자신감 넘치는 인종이 탄생할 수 있다는 것이었다. "자연의 작업이 사소하고 미약한 곳에서 인간은 자신감을 되찾는다. 인간은 자신의 힘에 더욱 의지할 수 있게 된다. 즉, 인간은 어려움을 극복하고 모든 곳에서 권위를 행사할 수 있다."[33] 이 같은 관점에서 본다면, 영국은 영국 자연의 단순함에 대해 신께 감사드려야 할 것이다.

버클의 연구는 영어, 프랑스어, 독일어, 러시아어 등 여러 언어로 번역되어 큰 인기를 구가하면서 통계적 숙명론이 정치적 태도와 어떻게 상호작용할 수 있는지를 보여주었다. 버클의 연구는 19세기 중반에 영국을 지배했던 자유방임적 자유주의 풍토에 의해서 형성되었다. 그는 사회의 규칙성이 정부의 개입을 엄격하게 제한해야 한다는 입장의 근거가 될 수 있다고 주장했다. 이는 주요 정치인들이 반복해온 주장이었다. 버클은 피할 수 없는 자연법칙에 맞서서 변화를 일으킬 수 있다고 믿는 것은 "어리석은 입법자"나 하는 일이라고 썼다. "어떤 나라에서도 입법이나 행정을 막론하고 통치자가 위대한 정치적 개선이나 개혁을 시작한 적이 없다."[34]

정치와 철학, 문학은 통계적 숙명론에 다양한 반론을 제기했다. 반대론자들은 규칙성이 곧 법은 아니라고 주장했다. 매년 자살이나 범죄 건수는 일정하지만 각 사건의 정확한 원인은 알 수 없으므로 미리 결정된 것은 하나도 없다는 주장이었다. 또다른 이들은 물리적 세계는 규칙성으로 설명될 수 있지만, 이성의 세계에는 "모든 종류의 계산에 반하는" 인간의 행동을 반드시 일으키는 데카르트적 분리가 있다고 주장했다.[35] 한 프랑스 비평가는 통계학자들의 표를 생명의 중요한 요소가 결여된 시체, 몸 없는 해골이나 마찬가지라고 비유했다.[36] 집계 데이터가 빠르게 축적되는 의료계에 속한 사람들은 통계가 질병의 경과와 치료에는 통찰을 주지만, 환자는 여전히 개별적으로 다루어야 한다고 주장했다. 한 스페인 의

사는 이렇게 결론을 내렸다. "다수의 법칙은 난치성 환자에 대해서 어떤 결정도 내리지 못한다."[37] 토지 측량을 적용하거나 도량형을 표준화할 때처럼, 통계에도 지도와 영토 사이, 보편적인 것과 특정한 것 사이에 긴장이 존재한다. 세계를 통합적으로 이해하려면 세부를 무시하는 편이 도움이 된다. 그러나 일반적인 규칙은 개인의 고통에 직면하면 설득력이 떨어진다.

이러한 주장은 문화에도 스며들었다. 도스토옙스키의 『지하로부터의 수기Zapisci iz podpolia』(1864)에서는 환멸을 느낀 공무원 화자가 "통계적 숫자와 과학경제 공식으로 인간의 모든 만족도를 평균적으로 추론하려는" 전문가의 시도에 반발하고, 미국의 수필가 랠프 월도 에머슨은 "2만 명 혹은 3만 명 중에서 어떤 사람이 신발을 먹거나 자기 할머니와 결혼한다면, 이는 2만 명 혹은 3만 명마다 1명씩 신발을 먹거나 할머니와 결혼한다는 의미가 되어버린다"라며 "프랑스 통계학자들의 끔찍한 도표"에 대한 농담을 던졌다. 통계적 숙명론에 대한 가장 끈질긴 반박은 찰스 디킨스의 1854년 소설 『어려운 시절Hard Times』에서 볼 수 있다. 이 소설에서 학교 교육감이자 나중에는 의회 의원이 된 주인공 토머스 그래드그라인드는 "인생에는 사실만이 필요하다. 사실 말고 다른 것은 심지 말고 모두 뿌리 뽑아야 한다"고 믿는다. "획일적이고 뻣뻣한 외투, 단단한 다리와 각진 어깨"를 지닌 그래드그라인드는 통계적 규칙성을 지닌 골렘이다. 그는 힘 있고 고집 세며 주변의 다른 이들의 삶에는 눈을 감는다. 그의 아들이 은행을 털다가 잡히자, 아들은 자신에게 더 나은 것을 기대하는 아버지를 비난한다. 아들은 이렇게 불만을 터트린다. "왜 그러시는지 모르겠네요. 신뢰하는 상황에서 일하는 사람은 아주 많아요. 그중에 부정을 저지르는 사람도 아주 많고요. 그게 관례라고 아버지는 수백 번 말씀하지 않으셨나요. 제가 그 관례를 어쩌겠어요? 아버지는 그런 말로 남들을 위로해왔잖아요. 이제 자신이나 위로하세요!"[38]

이러한 비판에도 불구하고 통계 데이터의 발전은 의심할 여지없이 사회 개혁에 박차를 가했다. 특히 공중보건과 보험의 세계에서 질병과 사고를 거시적으로 설명할 수 있게 되면서, 정부와 기업의 개입이 커졌다. 보통 통계가 주는 교훈은 매우 직접적인 효과를 거두었다. 예를 들어 19세기 말 런던의 가난한 사람들을 조사한 영국의 실업가 찰스 부스의 연구를 보자. 그는 각 거리, 건물, 블록을 거주자의 소득별로 분류한 다음, 이 데이터를 지도에 색깔로 표시했다. 부스의 연구에 따르면, 수도 인구의 33퍼센트가 빈곤에 시달리고 있었으며 이스트 엔드에서는 그 비율이 35퍼센트까지 증가했다. 이 결과는 대중의 분노와 논쟁을 촉발했고 결국 주택 개혁 등의 법적 변화로 이어졌다.[39] 여기에서 통계가 제공하는 조감도는 산업혁명 동안 빈곤의 규모를 제대로 파악하는 유일한 방법이 되었고, 개인적인 불행의 이야기에는 꿈쩍도 하지 않던 정치인들을 행동하게 했다. 1889년부터 「맨체스터 가디언*The Manchester Guardian*」에 실린 부스의 연구는 "이스트 런던을 가리던 커튼"을 걷어내고 전국에 "슬픔과 고통, 범죄의 물리적인 도표"를 보여주었다는 점에서 찬사를 받았다.[40] 부스는 자신의 연구를 왕립 통계학회에 제출하며 "현대 산업적 유기체의 진정한 그림"을 그려서 개인이 느끼는 "무력감"을 퇴치하는 것이 목표라고 밝혔다.[41] 그는 한 발 떨어져서 문제를 바라보아야만 조치를 취할 수 있다고 지적했다.

상관관계와 회귀

케틀레의 가장 영향력 있는 후계자인 빅토리아 시대의 통계학자 프랜시스 골턴은 아돌프 케틀레가 평균에서 보았던 의미를 비정상에서 발견했다. 골턴은 정규분포의 중요성을 인식했지만, 정규분포 곡선의 가장자리, 즉 예외적이고 결함 있는 것들에 더 끌렸다. 골턴은 1899년에 이렇게 썼다. "통계학자들이 왜 평균만 조사하고 더 포괄적인 부분에는 골몰하지 않는지 이해할 수 없다. 영국 통계학자들은 밋밋한 영국 땅에서 태어난 사람처럼 다양성의 매력에 둔감한 듯하다. 이 사람들은 스위스를 보고는 산을 호수에 던져넣는다면 두 가지 골칫거리가 상쇄되어 한번에 해결될 텐데 하고 생각할지도 모른다."[42] 1822년 부유한 퀘이커교도 가정에서 태어난 재능 있는 소년이던 골턴은 기상학에서 지리학, 생물학에 이르기까지 다양한 과학 분야를 연구했으며, 법의학에서의 지문 분석부터 개 호루라기까지 다양한 혁신을 이루어냈다. 그러나 그는 오늘날 통계학을 상상할 수 있는 가장 교활한 목적으로 밀어붙인 학문인 우생학의 창시자로 가장 자주 언급된다.

골턴의 연구는 평생 열성적으로 따랐던 개인적인 좌우명, "셈할 수 있다면 셈하라"라는 단일한 동기 아래 이루어졌다.[43] 21세기의 한 평론가는 "어떤 면에서 보면 골턴이 출판한 거의 모든 과학 논문은 계산, 측정과 연관되어 있다"고 지적했다.[44] 1분당 꼼지락거린 횟수에 근거해 회의의 지루한 정도를 측정하거나 차를 우리는 최적의 온도를 측정하고,[45] "거리를 지나가며 매력적이거나, 그저 그렇거나, 혐오스러운 여성을 분류하여" 영국의 "미인 지도"를 작성하는 등[46] 그는 평생 일상적인 것들을 수량화했다(그는 대상화에 익숙했는데, 20대에는 오늘날의 아프리카 남서부를 탐험하면서 멀리서 코시안족 여성의 몸매를 육분의六分儀로 측정하며 시간을 보내기도 했다).[47] 골턴은 심지어 수량화 방법을 신앙의 문제에도 적용함으로써 그 한계를 시험하기도 했다. 1872년 「기도의 효능에 대한 통계적 조사」라는 연구에서 그는 "기도하지 않는 사람보다 기도하는 사람이 더 자주 목표를 이루는지" 알아보고자 했다. 그러나 그는 증거로 볼 때 그렇지 않다는 결론을 내렸다. 그는 가장 결정적인 증거로, 1주일에 교회에서 많은 이들이 영국 군주의 건강을 위해서 기도를 드렸음에도 군주들의 건강은 "문자 그대로 부유함이라는 이점을 지닌 사람들 중에서도 가장 짧았다"는 사실을 제시했다.[48]

그러나 골턴의 배다른 사촌인 찰스 다윈이 1859년에 출간한 『종의 기원On the Origin of Species』은 골턴의 일생일대 작업에 동기를 부여하며 유전 문제에 관심을 불러일으켰다. 동시대 다른 이들과 마찬가지로 골턴은 자연선택으로 진화가 일어난다는 다윈의 결론에 자극을 받았고, 자연선택 이론이 세상의 방향을 전환할 새로운 축을 제시했다고 생각했다. 골턴은 1869년에 사촌에게 다음과 같은 편지를 썼다. "야만에서 개종한 사람들이 미신이라는 버거운 짐으로부터 자신을 해방해준 선생님을 믿듯이, 나는 같은 방식으로 당신을 믿소."[49]

다윈은 저작에서 어떤 특성을 한 세대에서 다음 세대로 전달하는 원리만을 추측했다("유전학"이라는 용어는 그가 세상을 떠나고도 몇 년 후인 1905년까지 만들어지지도 않았다). 그래서 골턴은 더욱 명확한 지식을 얻기 위해서 측정과 통계로 눈을 돌렸다. 이 주제에 대한 첫 번째 실질적인 작업인 1869년의 책 『유전적 천재 : 그 법칙과 결과에 대한 탐구Hereditary

Genius : An Inquiry into Its Laws and Consequences』에서 골턴은 인간의 지적 능력이 유전된다는 사실을 증명하고 만족했다. 그는 "탁월한 사람들"을 다룬 방대한 전기 자료(루틀리지 출판사의 『시대의 사람들*Men of the Time*』)를 바탕으로, "선천적인 재능"이 얼마나 강한지에 따라서 각 개인의 계층을 분류하며 가계도를 그렸다. 그다음으로는 A부터 G에 이르는 계층의 비율이 시간이 지남에 따라서 각 가계에서 어떻게 달라졌는지를 분석하여 "각 세대는 후대의 선천적 재능에 엄청난 영향을 미친다"라는 결론을 내렸다.[50] 골턴은 이러한 생각의 흐름을 따라 "여러 세대에 걸친 신중한 결혼을 통해 고도로 재능 있는 인간 종족을 생산해내는 일이 상당히 가능할 것"이라고 생각했다. 그에게는 그런 일이 마치 "아주 잘 달리는 특정 품종의 개나 말이 영원히 태어나도록" 만드는 것과 마찬가지였다.[51]

이는 골턴의 통계적 관찰이 우생학으로 발전한 결정적인 계기였다. 그는 인류의 미덕을 측정할 수 있을 뿐만 아니라 바꿀 수도 있다고 믿었다. 그는 한 기사에서 자신이 발견한 새로운 과학의 미덕을 설명하며 이렇게 썼다. "우리가 소나 말 품종의 개량에 들이는 비용과 노력의 20분의 1만을 인간 종족 발전의 측정에 들인다면 천재의 은하수를 만들지 못할 이유가 없다! 멍청이들끼리 교배해 바보를 양산할 수 있듯이, 이 세상에 문명의 선지자와 제사장을 만들어낼 수도 있으리라."[52]

『유전적 천재』에 나타난 골턴의 추론이 말도 안 된다는 점은 오늘날에는 분명하다. 그가 내린 결론은 그의 근본적인 편견을 간신히 가리는 어설픈 가정들에 근거한다. 예를 들면 골턴은 왜 평판이 지적 능력을 나타내는 믿을 만한 대체물이라고 생각했을까? 부자와 권력자의 후손은 가난한 자의 자손보다 물질적 이점이 분명히 더 많을까? 어째서 말을 조금 더 빨리 달리도록 번식시킬 수 있는 것처럼 인간의 지능도 똑같이 유전된다고 생각했을까? 이러한 특성은 정말 동등할까? 오늘날 골턴의 주장을 읽어보면, 좀더 엄밀한 과학적 탐구에 필요한 범주화 작업에서 그가 어떻게 오류를 범했는지를 쉽게 알 수 있다. 골턴은 인종 간 지적 차이를 추측할 때 고대 그리스인을 인지 능력 면에서 현대 유럽인보다 몇 등급 높은 "훌륭한 인간 품종"이라고 칭송한다(물론 이처럼 죽은 자를 칭찬하는 것이 안전하다).[53] 그러나 그의 말에 따르면 "흑인"은 백인보다 두 등급 낮다. 그저 골턴이 저명한 흑인을 떠올릴 수 없었기 때문에 내린 결론이다.[54]

이 수비학적인 접근은 골턴이 케틀레와 마찬가지로 정규분포가 자연의 권위를 보여준다고 숭배한 데에서 가장 잘 드러난다. 데이터가 이 분포를 따른다면, 자신이 내린 결론이 "서로 다른 조건"—즉, 환경적 요인—에 따라서 형성된 것이 아니라, 타고난 유전적 특징으로 형성되었다는 "가장 신뢰할 수 있는 판단기준"이라는 것이다.[55] 골턴은 나중에 이 두 가지 영향의 범주를 설명하기 위해서 "본성 대 양육"이라는 문구를 만들었지만, 어느 것이 지배적이라고 생각했는지는 명확하다. 그는 『유전적 천재』에서 이렇게 썼다. "나는 특히 아이들에게 좋은 사람이 되라고 가르치는 이야기에서 자주 드러나고 흔히 적용되는 추측을 참을 수가 없다. 아기들은 다들 비슷하게 태어나고 아이들끼리나 성인들 사이에서 차이를 만드는 유일한 요인은 꾸준한 근면과 도덕적 노력이라는 추측 말이다."[56]

—·———·———·—

정규분포 곡선에 대한 골턴의 숭배는 우생학이 사회의 근본적인 조직 원리로서 주류 종교를 대체한다면, 언젠가 정규분포가 십자가를 대체할지도 모른다고 상상하는 데에까지 나아갔다. 그는 다음과 같이 썼다. "나는 '오차의 법칙'으로 표현되는 우주 질서의 놀라운 형태만큼 상상력을 자극하기 쉬운 것이 없다고 생각한다. 야만인이 정규분포를 이해한다면 신으로 숭배할 것이다. 정규분포는 가장 빗나간 혼돈 속에서도 완벽하게 자신을 드러내지 않으면서 엄격하게 통치한다. 혼돈이 더욱 거대해지고 무정부 상태가 더욱 심화될수록 정규분포의 지배력은 더욱 완전해진다."[57]

그러나 케틀레가 평균을 훌륭한 질적 요소라고 생각한 것과 달리, 골턴은 평균을 위협으로 보았다. 골턴이 보기에 봉긋한 정규분포 곡선의 정점은 세상을 앞으로 나아가게 할 소수의 우월한 남녀를 익사시키며 문명을 무너뜨리겠다고 위협하는 평범성의 어렴풋한 파도였다. 이러한 종말에 대한 두려움이 많은 우생학 지지자들을 움직였다. 또한 골턴의 수학적 호기심 역시 큰 역할을 했다. 세상이 소수의 성공에 달려 있다면 데이터만 가지고 어떻게 밀과 쭉정이를 구분하겠는가? 그리고 유전이 인생의 재능을 분배하는 데에 그토록 중요한 역할을 한다면, 다음 천재가 어디에서 나올지 예측하기는 왜 그토록 어려운가? 골턴은 이러한 질문을 바탕으로 훌륭하고 매우 중요한 통계 도구를 여럿 개발했다. 그의 연구는 대체로 맹목적이었지만, 골턴은 의심할 여지없이 수학 천재였기 때문이다.

골턴은 『유전적 천재』를 출간한 후에 유전의 역할을 밝히려면 더 많은 정보가 필요하다는 사실을 깨달았다. IQ 테스트가 발명되기 전이라서 지능을 평가할 만한 괜찮은 방법이 없었으므로, 골턴은 대신 생체 연구로 전환하여 세대 간 자료를 수집하는 자신만의 방법을 만들었다(그는 "통계학자의 일은 이집트에 사는 야곱의 자손들이 행한 일과 같다. 이들은 벽돌을 만들 뿐만 아니라 벽돌 재료부터 찾아야 했다"라고 불평하기도 했다).[58] 골턴은 타격에 대한 반응시간부터 청력에 이르기까지 피험자의 모든 것을 시험하는 일련의 테스트를 고안했다. 1884년이 되자 골턴은 "인체 연구실"을 설립했다. 건강을 검사한다는 참신함이 대중의 관심을 끌었고, 사람들은 평가 비용을 지불하고 자신의 우월함을 측정한 데이터 사본을 간직했다. 당시 골턴의 연구실은 상당히 유명해서, 자기 머리가 분명 유난히 크다고 믿은 당시 영국 총리 윌리엄 글래드스턴이 연구실을 방문했을 정도였다. 골턴은 나중에 이렇게 언급했다. "글래드스턴 씨는 재미있게도 머리 크기에 대해 고집을 부렸지만, 사실 머리둘레로 보면 그다지 크지 않았다."[59]

수년간 생체 자료를 수집한 골턴의 연구는 1889년 대표작인 『자연의 유산Natural Inheritance』에서 정점에 이르렀다. 이 책은 초기의 통찰에 완전히 새로운 통계적 방법을 결합하여 커다란 영향력을 미쳤다. 골턴은 세대간 키 연구에서 특별히 키가 크거나 작은 남녀가 결혼해도 부모와 비슷하게 키가 유별난 자손이 나오지는 않는다고 언급했다. 이러한 부모가 낳은 아이들의 키는 오히려 평균에 더 가까운 경향이 있었다. 마치 정규분포 곡선의 기울기가 중력에 반해 평균에서 벗어나는 값을 빨아들여서 곡선에 포함해버린 듯했다. 골턴은 이 현상을 "평범성으로의 회귀"라고 불렀다. 오늘날에는 평균으로의 회귀라고 알려져 있다. 그후 골턴은 두 가지의 키 표현형(부모의 키와 자손의 키)을 추적하는 데에 이용한 수학적 도구를 조정하면, 어떤 두 변수 사이의 관계가 지닌 강도를 측정할 수 있으며 이 변수들이 함께 움직이는지도 알 수 있다는 사실을 깨달았다. 이러한 측정은 같은 척도로 이루어질 필요는 없지만, 체온과 자살률 또는 수염의 길이와 낙천성 등 모든 것을 연결하며 어떤 숫자라도 망라할 수 있었다.

골턴은 이 방법에 "상관적 관계co-relation"라는 이름을 붙였고, 이는 나중에 철자가 바뀌어 상관관계correlation라는 더욱 친숙한 이름이 되었다.

스티글러는 회귀와 상관관계를 발견한 일이 "분명 과학 역사상 가장 위대한 개별 사건에 오를 것이다. 윌리엄 하비가 혈액의 순환을 발견하고, 아이작 뉴턴이 빛의 분산을 발견한 것과 같은 수준이다"라고 지적했다.[60] 과학자들은 엄청난 유연성과 힘을 갖춘 이 도구들을 활용해서 종합적인 정보들로부터 다른 방법으로는 결코 찾을 수 없는 결론을 도출할 수 있었다. 이러한 도구들은 비교적 얕은 측정값의 힘을 증폭시켜서 겉보기에는 이질적인 현상들 사이의 관계를 발견하게 해주었다. 예를 들어 오늘날에는 분명한 폐암과 흡연의 관계는 20세기 초에는 잘 알려지지 않았다. 역학자들은 1930년대 인구조사에서 둘의 상관관계를 처음 발견했지만, 담배 연기 속 발암성 화학물질을 기반으로 인과관계를 확립하는 데에는 몇 년이 걸렸다. 인간 생태처럼 엄청난 수의 변이와 상호 연결 체계로 구성된 복잡한 체계에서는 통계가 연구를 이끄는 데에 매우 중요하다. 골턴의 제자이자 전기 작가인 칼 피어슨은 다음과 같이 말했다. "예전의 정량 과학자들은 인과론만을 생각했지만, 오늘날 과학자들은 상관관계도 고려할 수 있다. 이러한 변화는 수량적 방법, 그리고 수학적 방법이 적용될 수 있는 분야를 엄청나게 확장했을 뿐만 아니라 과학철학, 심지어 삶 자체에 대한 철학도 바꾸어놓았다."[61] 그리고 골턴은 이렇게 썼다. "어떤 사람들은 통계학이라는 이름 자체를 혐오한다. 그러나 내가 볼 때 통계학은 아름다움과 흥미로움으로 가득 차 있다. 통계를 짐승 취급하지 않고, 고상한 방법으로 세심하게 다루며 조심스럽게 해석하기만 한다면, 복잡한 현상을 다루는 통계의 힘은 엄청날 것이다."[62]

캐리 벅과 IQ

캐리 벅이 골턴의 이 말을 어떻게 생각했을지 궁금하다. 골턴이 사망하기 5년 전인 1906년에 버지니아 주 샬러츠빌에서 태어난 벅은 분명 위대한 인간의 교리로 "세심하게 다루어지지" 않은 사람이었다. 벅의 인생은 우리가 특정 통계치를 그저 도출된 숫자가 아니라 인간의 타고난 특성을 나타낸다고 생각할 때, 어떤 일이 벌어질 수 있는지를 보여준다.

벅은 열일곱 살에 양부모의 조카에게 강간당했다. 벅은 임신했다는 이유로 주립 정신병원에 갇혔다. 그곳에서 벅과 갓 태어난 딸은 몇 년 전에 벅의 어머니가 그랬듯이, "정신이 나약하다"는 진단을 받았고, 벅은 우생학의 이름으로 불임 수술을 받았다. 나중에 벅을 가르친 교사들은 그녀의 지능이 정상이라고 증언했지만, 병원장은 벅의 사례로 선례를 보이고 싶었다.[63] 벅을 불임 시술하자는 병원장의 주장은 대법원까지 갔고, 법원은 1927년에 8 대 1의 찬성으로 그의 주장을 가결하며 미국에서 우생학적인 목적을 위해서 강제 불임 수술을 합법화하는 판결을 내렸다. 판사 올리버 웬들 홈스 주니어는 법원의 다수결 판결문에서 "타락한 자손들이 범죄를 저지르거나 우둔해서 굶주리기를 기다리는 것보다는, 명백하게 부적합한 자들이 비슷한 인간으로 대를 잇지 못하도록 사회가 막는 것이 온 세상에 더 낫다"라고 썼다. 흔히 미국에서 가장 위대한 법조인으로 추앙받는 홈스는 벅 가족에게 다음과 같이 잔혹한 판결을 내렸다. "바보는 3대면 충분하다."[64]

이 사건이 몹시 충격적인 이유는 이러한 일이 당시에는 전혀 특이한 일이 아니었기 때문이다. 버지니아 주는 유전적 순수성을 추구하는 일에서 예외적으로 앞서나간 것이 아니라 오히려 꾸물거린 편이었다. 벅의 사건은 이미 확립된 관행에 "헌법의 축복"을 부여했을 뿐이었다.[65] 이 문제를 최초로 다룬 주법州法은 이로부터 20년 전에 통과되었고, 1939년까지 32개 주가 이러한 강제 불임 수술을 허용했다.[66] 미국에서 우생학이 이렇게 부상한 데에는 여러 요인들이 작용했다. 미국에서 확립된 인종차별적인 관행, 대규모 도시화나 이민 등의 사회적 변화, 우생학을 과학적으로 건전한 사회 개선의 형태로서 수용한 개혁 운동 등이다. 결과적으로 우생학은 알렉산더 그레이엄 벨이나 시어도어 루스벨트 같은 사람들이 옹호하면서 대중적인 저술에서 찬사를 받았고 풀뿌리 운동을 통해서도 널리 퍼졌다. 예를 들면 미국 우생학 협회는 1920년대 주립 박람회의 정기 행사로 "건강 가족 경연대회"를 열었다. 참가자들은 유전적 장점에 따라서 평가를 받았고 "예, 저는 훌륭한 유산을 물려받았습니다"라는 성서적인 신조가 찍힌 메달을 받았다.[67] 미국의 미래—실은 **모든** 앵글로 색슨 국가의 미래—가 "결함 있고 퇴화한 원형질을 공급하는 샘물을 아예 말려버리는" 법을 도입하는 데에 달려 있다는 것이 명백한 상식이었다.[68]

골턴과 제자들이 만든 통계적 토대가 없었다면, 우생학 운동은 존재하지 않았을 것이다. 그러나 이 신조를 정당화하는 데에는 다른 측정 형식도 중요했다. 바로 IQ 테스트이다. 버지니아 주가 캐리 벅을 "정신이 나약한 사람"으로 판단했을 때, 모든 현대의 지능 검사의 전신인 비네-시몽 시험법이 이에 대한 증거가 되었다. 1905년 프랑스의 심리학자 알프레드 비네가 이 테스트를 고안했고, 이후에 그의 동료인 테오도르 시몽이 프랑스 정부의 의뢰를 받아 학습에서 특별히 도움이 필요한 어린이를 파악할 수단으로서 만든 것이다. 비네는 이 목적을 위해서 어린이의 "정신 연령"

을 식별하는 데에 도움이 될 일련의 테스트를 고안했다. 예를 들면 4세 아동은 두 개의 줄 중에서 어느 것이 더 긴지 말할 수 있어야 하고 가정용품의 이름을 말할 수 있어야 한다. 7세 아동은 간단한 도형을 따라 그리고 그림을 설명할 수 있어야 한다. 10세 아동은 서로 다른 동전을 구분하고 무작위 단어(예를 들면 "파리", "돈", "강")로 문장을 만들 수 있어야 한다. 몇 년이 지나자 중요한 요소가 추가되었다. 응답을 쉽게 맞춰보고 비교할 수 있도록 테스트 결과를 단일 숫자로 표시한 것이다. 이 숫자는 피험자의 지능 지수, 즉 IQ로 알려졌다.[69]

이후로 IQ 테스트는 아마도 역사상 가장 영향력 있고 가장 잘못 사용된 사회적 통계가 되었다. 안타깝게도 비네 자신은 그 테스트가 지능의 결정적인 척도라고 생각하지 않았고, 인지 능력의 순위를 매기는 데에 사용되어야 한다고도 결코 생각하지 않았다. 비네는 자신이 고안한 테스트를 단순히 교실에서 도움이 필요한 아이를 알아내는 도구로 여겼다. 지능 지수를 케틀레와 그의 평균처럼 개인이 지닌 "진정한" 특질로 바꿔버린 것은 이후의 의사들이었다. 비네는 인간의 인지 능력이 너무 복잡해서 하나의 단위로 측정할 수 없다고 단호하게 주장하며 자신의 작업이 어떻게 오용될 수 있을지를 예측하기도 했다. 그는 1911년에 이렇게 썼다. "우리는 이 사실을 반드시 지적해야 한다. 나중에 그저 단순하게 말하기 위해서 어떤 8세 아동이 7세나 9세 아동의 지능을 지녔다고 이야기할 수도 있기 때문이다. 이러한 표현을 자의적으로 받아들이면, 착각이 끼어들 여지가 생긴다."[70] 실제로 비네는 IQ 테스트와 관련된 여러 문제들을 예측했다. 가르치기 어려운 아이들을 무시하기 위한 변명으로 사용되거나, 테스트 결과가 아동의 특정 시기를 사진 찍듯 찍어낸 단편적인 것이 아니라 영구적인 것으로 간주될 수도 있다는 문제였다. 비네는 자신의 테스트가 타고나거나 고정된 특성이 아니라 "학습 및 지시에 따르는 능력"만을 평가한다고 거듭 강조했다.[71]

그러나 IQ 테스트가 미국에 도착하자마자 이러한 경고는 곧 잊혔다. 미국의 심리학자이자 우생학자인 헨리 고더드는 1908년에 IQ 테스트를 영어로 번역하여 연구에 최초로 적용했다. 고더드는 이 테스트를 개인의 지능을 파악하는 결정적 척도로 소개하며 다음과 같이 썼다. "모든 사람은 일정한 양의 정해진 지능에 따라 잠재력을 지닌다.……이를 초과하는 모든 교육적인 노력은 아무런 소용이 없다."[72] 1910년 고더드는 IQ가 낮은 사람을 분류할 3단계 체계를 고안했다. "바보"는 정신 연령이 3세 미만인 자들, "천치"는 정신 연령이 3세에서 7세인 자들, "멍청이"(고더드가 최초로 고안한 명칭)는 정신 연령이 8세에서 12세인 자들을 의미했다. 결정적으로 그는 이러한 범주가 불변한다고 강조했다. 비네는 테스트를 치르는 능력이 교육에 대한 접근성이나 권위에 대한 신뢰 등 수많은 요인들에 따라 달라진다고 생각했지만, 고더드는 그렇게 생각하지 않고 단순히 지능이 원래 그러하다고 선언했다. 그는 이렇게 말했다. "아무리 교육을 많이 받고 환경이 좋아도 정신이 나약한 사람을 정상인으로 바꿀 수는 없다. 빨간 털 동물을 까만 털 동물로 바꿀 수 없는 것과 마찬가지이다."[73]

이러한 생각은 미국에 큰 영향력을 미쳤고 고더드의 연구는 외국인 혐오 및 인종차별을 정당화하는 데에 이용되었다. 1913년 고더드는 엘리스섬에 도착하는 이민자들을 대상으로 IQ 테스트를 했고, 특히 가장 저렴한 3등칸에 타고서 들어오는 사람들을 중점적으로 연구했다. 그는 이탈리아인의 79퍼센트, 헝가리인의 80퍼센트, 유대인의 83퍼센트, 러시아인의 87퍼센트가 "정신이 나약하다"는 사실을 발견했는데, 이 결과가 너무 충격적이어서 테스트의 매개변수를 좀더 관대하게 조정해야 했을 정도였다. 그러나 그는 이민자의 40-50퍼센트가 12세 미만의 정신 연령을 지니고 있다고 결론을 내렸다. 고더드는 다음과 같이 말했다. "우리는 이 이민자들이 놀라울 정도로 지능이 낮다는 일반적인 결론을 피할 수 없다."[74] 사실 고더드와 조수들이 면담한 이민자들은 소처럼 빽빽하게 들어찬 배를 타고 몇 주일 동안 이동한 끝에 힘겹게 이 나라에 도착한 사람들이었고 아마 영어를 완벽하게 이해하지도 못했을 테지만, 연구자들은 이 사실을 고려하지 않았다.[75]

그러나 암울한 결과가 이례적이지는 않았다. 1917년 비네의 IQ 테스트는 미국의 육군 신병 약 175만 명에게도 실시되었다. 백인 신병의 평균 정신 연령은 13세였다. 러시아인 신병은 11.34세, 이탈리아인 신병은 11.01세, 그리고 "흑인" 신병은 10.41세였다(테스트 진행자들은 이들을 피부색 밝기로 더 세분화하여 피부가 밝은 흑인이 더 지능이 높다고 주장했다). 다시 말하지만 많은 신병들의 열악한 교육 환경이나 문화적으로 치우친 테스트 항목 등의 요인은 고려되지 않았다. 백인 신병의 평균 지능이 명백하게 낮은 것으로 나타나자, "가난하고 정신이 나약한 자들의 무제한적인 번식으로 인한……파멸을 예견하던" 우생학자들의 영향력은 또다시 강해졌다.[76] 이러한 결과가 누적되자 나중에는 고더드조차 충격을 받았고, 그는 자신의 방법에 의문을 품고 초기 연구 대부분을 철회하기도 했다. "우리는 진퇴양난에 빠져 있는 듯하다. 인구의 절반이 정신이 나약하거나, 아니면 정신 연령이 12세라는 결과가 나약한 정신이라는 범위에 속하지 않거나, 둘 중 하나로 보아야 한다."[77]

이것이 캐리 벅에게 내려진 판결이 놓인 배경이었다. 당시에는 인구 전체의 인지 능력을 전면적으로 판단하는 데에 사이비 과학적인 테스트를 사용하고 있었다. 이러한 작업의 밑바탕에는 통계적 분석이 있었지만, 무엇보다도 사회를 추상적인 측정을 통해서 분명히 조정하고 통제할 수 있다는 믿음이 있었다는 점이 중요하다. 통계 역사가들은 오늘날 우리가 알고 있는 학문 분야에 두 가지의 기원이 있다고 지적한다.[78] 하나는 그론트와 페티로부터 시작된 국가적 지식의 수량화이다. 즉, 사실을 "기억하기 쉽고, 가르치기 쉽고, 정부 관리들이 사용하기도 쉽게" 만드는 일이다.[79] 다른 하나는 드 무아브르와 라플라스로부터 시작된 수학이다. 다시 말해서, 과학자들이 오차와 확률을 숫자로 취급하는 방법을 발견한 일이다. 이 두 과정은 평균 측정값을 실제 속성으로 취급하는 케틀레에 이르자 얽히기 시작했고, 지능을 물신화하여 오랜 편견과 인종주의를 정당화하는 데에 이용한 골턴과 우생학에 와서 폭발했다. 우생학은 무엇보다도 정치적인 과제였지만 과학적 토대, 즉 숫자를 "객관적인" 증거로 여기는 토대 위에 세워졌다.

오늘날 통계라는 수학적 원리는 대부분 이 역사적 난제로부터 벗어났고, 이제는 직접 조사하거나 조사를 도우며 수많은 분야의 보조물이 되었다. 그러나 우리는 여전히 통계가 그리는 그림의 이중성과 씨름한다. 일부는 발명되고 일부는 발견된 통계의 특성이다. 교육, 수입, IQ에 대한 통계는 국가 전체와 인종에 대한 전반적인 판단을 내리는 데에 이용되지만, 여전히 많은 이들은 정규분포 곡선이 사회적 운명의 결정권자라고 생각한다. 골턴은 무지한 "야만인"이 언젠가는 이 정규분포 곡선을 칭송하리라고 예측했다. 실제로 이른바 인종적 사실주의자, 또는 정규분포 곡선의 규칙성이 인간의 가치에 대해 바뀌지 않는 판단을 나타낸다는 오인에 사로잡힌 지식인들은 정규분포 곡선을 숭배한다. 비네는 100년도 전에 이러한 사실을 잘 포착했다. "몇몇 현대 철학자들은……개인의 지능이 고정되어 있고 발전할 수 없다고 주장한다. 우리는 이 잔인한 비관주의에 항의하고 대응해야 한다."[80]

　우생학이라는 교리는 제2차 세계대전 이후 나치의 야만적인 불임 계획의 진면목이 밝혀지면서 지지를 잃었다. 미국에서는 6만 명 이상의 사람들이 강제 불임 수술을 받았고, 독일에서는 37만5,000여 명의 사람들이 수술을 받았다. "살 가치가 없는 삶Lebensunwertes Leben"이라는 공식적인 집단에 속한다고 간주된 사람들이 유럽 "청소"라는 명목하에 살해되었다. 이는 과거의 문제만은 아니다. 2020년 보고서에 따르면 캘리포니아 교도소에서는 2014년까지도 수백 명의 여성들이 강제로 불임 수술을 받았다.[81] 중국에서 억압받는 소수 민족 위구르족은 비슷하게 비자발적 불임 수술, 산아 제한, 낙태 수술을 당했다.[82] 연합군이 나치 당원들을 전범으로 기소한 뉘른베르크 재판에서 SS 인종 개척 본부의 책임자였던 오토 호프만은 우생학이 독일의 창조물이 아니라고 지적하면서 자신의 행동을 변호했다.[83] 사실 이 문제에서 나치가 영감을 받은 국가는 미국이었다. 검사에게 변론하던 호프만은 캐리 벅 사건에서 웰더 홈스 주니어 판사가 한 말을 인용했다. "바보는 3대면 충분하다." 호프만은 나치가 그저 논리적인 목적에 따라 이러한 가르침을 따랐을 뿐이라고 주장했다.

제8장

표준 전쟁

미터법 대 제국 도량형,
그리고 측정학의 문화 전쟁

이제 모든 "미터법" 음모를 타도하자,
외국 학파가 가르친 미터법을.
우리는 언제나 주님을 경배하고
주님의 "규칙"을 따르네!
완벽한 인치, 완벽한 파인트
영국의 정직한 파운드.
이 땅에서 지키리라,
시간의 마지막 나팔이 울릴 때까지!
—도량형 보존 및 완성을 위한 국제 연구소의 찬가[1]

미터법 저항단

범죄 영화에서는 주변을 미리 살펴두는 장면이 필수적이다. 적절한 옷으로 위장한 주인공은 현장에 도착해 눈에 띄지 않으려고 애쓰며 목표물을 예의 주시한다. 목표물은 대개 영웅을 감동적으로 표현한 역사적인 그림이거나 비할 데 없이 깨끗하게 반짝이며 훔치라고 유혹하는 보석이다. 10월의 따분한 어느 오후, 술집에 앉아 있을 때 머릿속에 떠오른 보물은 이러한 것이었지만, 내가 실제로 정찰하고 있던 목표물은 훨씬 평범했다. 바로 철제 표지판이었다.

내가 길 건너편에서 주의 깊게 감시하던 그 표지판에 역사적 중요성이나 금전적 가치 따위가 있을 리 없다. 영국 남동부의 텍스테드 마을을 지나다가 유서 깊은 풍차까지 얼마나 남았는지 알고 싶은 사람이 아니라면, 그다지 관심을 두지 않을 표지판이다. 그러나 이 표지판에 주목할 만한 이유가 있다. 그것이 "미터법 저항단"이라고 알려진 도량형 자경단의 주의를 끌었기 때문이다. 그들이 맹세한 목표는 무엇일까? 영국의 "강제적인 미터법 시행에 반대하고" 전통적인 제국 도량형을 보존하는 것이다. 그들의 전략은 무엇일까? 미터법으로 표시된 도로 표지판이나 팻말을 게릴라식으로 덮쳐서 한밤중에 철거하거나 울타리 너머로 던져버리거나 페인트와 스티커로 수정하는 것이다. 미터법 흉물은 사라지고, 그 자리에는 훌륭하고 실용적인 **영국식** 마일, 야드, 피트 단위가 놓였다.

2001년에 미터법 저항단이 결성된 이후, 단원들은 시골 마을, 해변 마을, 심지어 수도까지 공격하며 전국에서 3,000개가 넘는 표지판을 뽑아버리거나 바꾸었다. 그들은 교통부의 교통 표지판 규정에 따르면 이런 행위가 전적으로 합법이라고 말하면서도 이 작업을 비밀스럽게 수행한다. 단원들은 로드 퍼치, 폴리 펙처럼 옛 단위에서 따온 가명을 사용하고, 표지판 변경을 신중하게 완수하기 위해서 특수 제작한 장치를 사용한다(가장 선호하는 도구는 접어서 서류 가방에 넣을 수 있는 사다리인 "헨리 하이트 인핸서"이다). 이런 모습은 웃겨 보이지만 그들의 목표에 그다지 재미있는 구석이라고는 없다. 미터법 저항단원들은 이러한 행동 때문에 체포되어 기소되거나 심지어 감방에서 며칠을 보내야 하기도 한다.

나는 이 전설의 저항단 이야기를 온라인에서 읽었다. 그러나 10월의 어느 날 오후, 술집에 앉아 미터법 저항단원인 한 남자의 어깨 너머로 앞서 언급한 표지판을 바라보며 이야기를 나눠보니, 미터법 저항단의 활동 전체가 의심스러워지기 시작했다. 토니 베넷(가명 : 헌드레드웨이트)이라는 이 남자는 사과술 한 파인트를 홀짝이며, 복음주의 기독교 및 유럽 연합 회의론과 미터법 척도에 반대하는 이 괴상한 운동 사이의 연관성을 설명했다.

런던에서 출발한 기차에서 내렸을 때 처음 만난 토니는 낮은 담에 걸터 앉아 색이 바랜 플라스틱 아이스크림 통에 담긴 이른 점심을 먹고 있었다. 유행이 지난 안경을 쓰고 브이넥 점퍼를 입은 그가 우리 할아버지처럼 뻣뻣한 걸음걸이로 다가오는 다정한 모습이 나를 사로잡았다. 그러나 그와 함께 자갈이 깔린 목가적인 텍스테드 골목길을 거닐고 술집을 이리 저리 옮기며 맥주잔을 기울이고 이야기를 나눌수록 그의 진짜 성격이 드러나며 첫인상을 밀어냈다. 나는 클립보드와 수첩을 들고 다니는 그가 조용하고 책을 좋아하는 사람이지만, 실은 광신도라는 사실을 알아차렸다.

토니는 나에게 모든 것이 니므롯으로 거슬러올라간다고 말했다. 노아의 증손자인 니므롯은 "야훼께서도 알아주시는 힘센 사냥꾼"으로, 인류가 스스로 천국에 오를 수 있도록 바벨탑을 쌓고 전 세계 사람들을 하나로 단결시키려고 했다. 토니는 이렇게 말했다. "그러자 하느님이 개입해 니므롯이 탑을 쌓지 못하게 하셨지요. 그리고 사람들이 전 세계에 퍼져나가 다양한 땅에서 이익을 거둘 수 있도록 제각각의 언어를 주셨습니다. 순식간에, 아주 불가사의할 정도로요." 토니는 이렇게 신의 계획대로 세계가 여러 나라로 나뉘었다고 설명했다. "대체로 우리 기독교인은 민족국가가 영원히 안정적인 힘이라고 굳게 믿습니다. 사람들은 자고로 삶에 단결된 힘을 주는 자신의 국가에서 살아야 하지요. 국가는 사람들에게 목적의식을 줍니다."

토니는 이러한 목적으로 1997년에 영국 독립당에 가입했다. 전통 도량형에 관심을 두게 된 첫걸음이었다. "그들이 할로에서 유세 활동을 하는 모습을 보고 속으로 이상하다고 생각했지만 어쨌든 전단지를 받았지요." 나중에 그는 당의 법무관이 되었고, 2000년부터 2002년까지 독립당 당수이자 유럽 의회 최초의 영국 독립당 의원이었던 제프리 티트퍼드의 서기를 맡았다. 그가 영국 독립당에서 받은 문서와 그 지적 기반에는 이 『성서』 구절에 부합하는 계시, 즉 "실제로 유럽 연합은 결코 무역 연합이 아니며, 민족국가의 힘을 말살하기 위해서 1940년대로 돌아가려고 하는 잘짜인 계획이다"라는 내용이 담겨 있었다.

토니는 나중에 이렇게 말했다. "그 문서를 자세히 살펴보니 유럽 연합 계획은 바벨탑으로 의도적으로 되돌아가려는 시도라는 사실이 점점 더 드러났죠. 국민국가라는 개념은 불필요하며 우리가 건설해야 할 것은 강력한 국제 조직, 심지어 단일 세계정부라고 말하는 셈이었어요." 그는 이러한 흐름과의 싸움이란 유럽 연합에서 탈퇴하는 것뿐만 아니라, 유로라는 단일 통화부터 대륙 전체의 미터법 도량형 사용까지에 이르는 여러 범유럽 통합 요소에 맞서는 것을 의미한다고 말했다. 토니와 동료들이 보기에 프랑스 혁명가들이 『진정서』에서 한목소리로 외쳤던 "하나의 왕, 하나의 법, 하나의 무게, 하나의 척도"는 위협으로 돌아왔다.

—.——.——.—

미터법 저항단, 그리고 이와 비슷하지만 좀더 합법적인 단체인 영국 도량형 협회가 영국 내의 미터법에 맞서서 실시한 투쟁은 1965년부터 시작되었다. 정부의 무역 위원회가 미터법 사용을 위한 10년 계획을 발표한 해였다. 이 10년 계획은 영국이 제국 단위에 집착하느라 국제 시장에서 발목을 잡힌다고 느낀 산업 단체의 요청에 따라 만들어졌다. 영국이 유럽 연합의 핵심적인 국가 집단에 합류하기 몇 년 전에 미터법 전환 결정이 이루어졌다는 점이 중요하다. 이는 영국의 미터법 전환이 애초에 외부가 아니라 내부에서 일어난 결정이었음을 보여준다. 그후 몇 년간 일상의 다양한 측면이 미터법으로 바뀌었다. 1967년에는 종이 크기가, 이어 1969년에는 약국 처방전과 고등교육 시험이 미터법으로 바뀌었다. 1971년에 영국은 (8세기의 도량형 개혁가 카롤루스 마그누스의 작업에서부터 이어져온) 기존의 파운드, 실링, 펜스 체계를 내려놓으며 10진법 통화를 도입하는 중요한 미터법 전환 단계를 밟았다. 파운드와 온스가 사라진 것처럼 문화적으로 중요한 이 전환은 큰 문제 없이 이루어졌으며, 그후 수십 년에 걸쳐 자동차에서부터 의약품 제조에 이르기까지 영국의 모든 주요 산업이 미터법으로 전환되었다. 1990년대에 이르자 도로 표지판이나 식료품 무게처럼 주요 공공 척도의 일부에만 제국 단위가 남아 있거나 두 단위가 함께 쓰였다.

　미터법을 향한 느린 행진은 바나나 한 송이가 아니었다면 늦춰지지 않고 계속되었을 것이다. 2000년, 선덜랜드 시장에서 스티븐 토번이라는 노점 주인이 포장되지 않은 모든 상품은 미터법 단위로 측정해서 판매해야 한다는 유럽 연합의 지침을 위반하고, 문제의 과일을 파운드와 온스로 달아 가격을 책정하여(파운드당 25펜스) 손님으로 위장한 무역표준 담당자에게 팔았다. 담당자들은 토번의 저울을 압수했고, 유사한 범죄로 기소된 또다른 네 사람과 함께 2001년 그에게 위법 행위로 유죄 판결을 내렸다.[2] 이 사건으로 도량형 문제가 국가적 문제로 떠올랐다. 언론은 그들을 "미터법 순교자"라고 표현했다. "시장 상인들, 정의의 저울에 맞서다"라는 매력적인 헤드라인도 등장했다.[3] 원한다면 스스로 순교자가 된다고 해도 할 수 없지만, 법이 바뀌지는 않을 것이라는 영국 무역표준 협회 대변인의 말에서 따온 것이었다. 상인들은 영국 고등법원이 내린 유죄 판결에 항소했고, 기회를 엿보던 영국 독립당은 토번의 항소 비용을 후원하고 지지자들을 동원하여 청문회 밖에서 시위를 벌였다. 그들은 "우리 무게 척도가 한 수 위"라거나 "영국 규칙은 미터가 아니라 인치"와 같은 구호가 적힌 깃발을 흔들었다. 법원 밖에서 열린 시위에서 즉석 과일 채소 가판대를 세우기도 했다.[4] 시위대는 바나나 몇 송이를 동료 시위대에 팔았다. 올바른 옛 제국 단위로 달아서 팔았음은 물론이다.

토니의 설명대로 이 사건은 유권자들에게 완전히 쐐기를 박을 최적의 사건이었다. 독립당은 이 사건으로 대중을 자신들의 대의에 끌어들일 수 있으리라는 사실을 알았다. 단순하고, 연관 짓기 쉽고, 유럽 연합의 과도한 간섭에 대한 두려움을 간결하게 포착한 사건이었다. 토니는 이렇게 말했다. "이 사건은 누구나 아는 이야기가 되었지요. 이러한 우익 논평도 있었고요. '스티브 토번이 바나나를 파운드로 못 팔게 하다니 말이 되는가?' 사람들은 이 논평을 읽고 당에 전화를 걸어 가입하며 이렇게 말했지요. '결국 누군가는 유럽 연합 녀석들에게 맞서야 하지 않겠소'"(물론 그렇다고 해도 토번을 기소한 것은 유럽 연합이 아니라, 유럽 연합법을 시행하는 영국 정부였다). 시시해 보이지만 이 사건은 특정 영역에서 영국의 법률보다 유럽 연합의 법률이 우위에 있다는 사실을 확립하는 법적 선례를 만드는 데에 도움이 되었다. 항소를 살펴본 판사는 심지어 이 논란의 과일을 "영국 법률 역사상 가장 유명한 바나나"라고 묘사하기도 했다.[5]

미디어 논란에 합류한 사람들 중에는 나중에 독립당 지도자이자 유럽 연합 탈퇴(브렉시트) 옹호자가 되는 나이절 패라지가 있었다. 그는 1999년 유럽 의회 최초의 영국 독립당 의원 세 명 중 한 명으로 선출된 인물이다. 2002년 항소에서 상인들이 패하자, 패라지는 이 판결이 영국의 정치적 자치가 몰락하고 있다는 뜻이라며 라디오와 신문을 통해 맹렬히 비난했다. 그는 이렇게 물었다. "영국이 이제 유럽 연합에 의해서 통치되고 의회가 쓸모없게 되었다는 데에 이보다 무슨 증거가 더 필요합니까?"[6]

몇 년 동안 이러한 불만은 비교적 비주류였지만, 이들이 포착한 불만은 생각보다 널리 퍼져 있었다. 2016년에 영국이 투표로 브렉시트를 결정했을 때, BBC의 한 정치부 기자는 도량형 논쟁이 브렉시트 계획의 분수령이 되었다고 지적했다. 도량형 논쟁은 "일반 사람들의 일상에 영향을 미치면서 브뤼셀(유럽 연합의 본부가 있는 곳)이 책임질 부분을 비평가들이 분명히 짚을 수 있도록 구실을 주며 유럽 연합 가입에 반대하는 쪽으로 여론을 돌리는 데에 도움이 된" 사건이었다.[7] 이탈리아 도시 시장에 새겨진 피에트레 디 파라고네나 중세 유럽에서 곡물을 측정하던 꼼꼼한 규칙처럼, 바나나 가격 논쟁은 추상적이지도 학문적이지도 않았다. 그 중요성이 눈앞에서 저울로 측정되었다. 게다가 유럽 연합이 이 문제에서 한 발 물러섰음에도 불만은 그대로 남아 있었다. 실제로 2007년 유럽 연합은 영국에 원한다면 제국 단위를 계속 사용할 수 있다고 했다. 유럽 연합의 산업위원회 의원이던 귄터 페어호이겐은 당시에 이렇게 말했다. "수십 년간 지속된 이 쓰디쓴 싸움을 끝내고 싶다. 내가 보기에 이 싸움은 완전히 무의미하다."[8] 오늘날 영국은 거의 미터법으로 전환했지만 식품 포장 같은 부분에서는 이중 단위를 사용하고, 바꾸기에는 문화적으로 너무 깊이 내재된 일부 일상 영역에서는 여전히 제국 단위를 사용한다. 도로 표지판에는 여전히 마일, 야드, 피트 표시가 있다. 대부분의 사람들이 피트와 인치로 키를 측정하고 스톤과 파운드, 온스로 체중을 잰다. 그리고 아무도 술집에서 파인트를 완전히 없애자고 주장하지 않는다. 몸과 마음에 밀접한 이러한 척도에는 제국 단위가 단단히 박혀 있다.

텍스테드에서 토니가 파인트 잔을 기울이며 이 모든 것을 설명해주는 동안 나는 우리가 "수정할" 표지판에 눈을 고정하고 있었다. 표지판에 쓰인 단위를 바꾸는 일은 분명 어리석은 일이라는 생각이 들었다. 그것을 다시 고쳐놓아야 하는 공무원을 짜증 나게 만드는 무의미한 기물 파손 행위일 뿐이었다. 그렇다면 토니는 왜 그렇게까지 신경을 쓸까? 그는 왜 그렇게 오랫동안 그 일을 해왔을까? 단지 관심을 끌려는 것만은 아니었다(물론 그런 이유도 있었겠지만).

마을 주민들이 들어와 최근의 코로나 바이러스 감염증의 제한 권고에 따라서 서로 거리를 두며 한 테이블당 한 명씩 멀리 떨어져 일렬로 앉기 시작했고, 우리는 좀더 이야기를 나누었다. 사람들이 술집을 가로지르면서 기분 좋게 서로를 부르며 술을 가져오라고 직원을 불러대는 탓에 토니와 나 사이의 친밀한 분위기가 깨지고 말았다. 사람들이 자리에서 일어나 방향을 틀어 다른 테이블로 갈 때마다 다른 사람들이 짓궂게 소리쳤다. "2미터 떨어져, 스티브. 2미터. 더 이상 가까이 오지 말라고!" 이것은 정부의 공식 지침이었다. 피트가 아니라 미터 단위였다. 토니가 이것을 알아챘거나 신경 쓰는지 궁금해서 이 사실을 지적하자, 그는 맥주가 남은 자신의 파인트 잔 너머로 얼굴을 찡그렸다. "마저 마십시다. 완전히 어두워지기 전에 일을 끝내야지요.

균일하고 안정적이며 쓸모없는

미터법에 대한 반감의 역사는 미터법 체계 자체만큼이나 오래되었다. 프랑스 지식인들이 새로운 미터법 단위를 위해서 제안한 이름들―밀리미터나 데시카딜 등―이 이를 받아들일 대중에게 걸림돌이 되지 않을까 하며 논쟁을 벌였다는 점을 보면, 사실 이러한 반감은 미터법 도량형이 확정되기도 전에 시작되었다고 할 수 있다. 그런데 영국과 미국은 미터법 전환에 특히 심한 의심과 두려움에 시달렸다. 부분적으로는 일반적인 실행 문제 때문이기도 했지만, 이들 국가가 영국 제국 도량형이나 미국식 도량형 제도처럼 미터법에 분명히 도전이 되는 유일한 측정 체계를 만들어 이어왔기 때문이기도 하다(이들의 체계는 특히 용량 측정에서 약간 차이가 있기는 하지만, 역사적으로나 사용 측면에서는 거의 비슷하다. 문제를 단순하게 살펴보기 위해서 여기에서는 제국 도량형을 주로 언급하겠다).

미국에서는 건국 시기부터 미터법의 서곡이 울렸다. 과학적 사고를 지닌 토머스 제퍼슨은 오랫동안 도량형 개혁을 주장하면서 프랑스 학자들의 연구를 면밀하게 추적했다. 조지 워싱턴은 1789년 의회 취임 연설에서 "미국 통화 및 도량형의 일관성은 매우 중요하며, 본인은 이를 적절히 주시할 것"이라고 언급했다.[9] 도량형 개혁을 매우 중요시하는 이러한 접근법―몹시 중요하다고 강조하지만, 발언자 자신이 아닌 누군가 다른 사람이 실제로 이 문제를 풀어야 한다는 식이었다―은 대서양 양쪽에서 친숙한 주제가 되었다. 두 나라는 미터법 전환의 필요성과 불가피성을 거듭 인식했지만(오늘날까지도 그렇다) 장기적 보상을 위해서 단기적 고통을 기꺼이 감수하려는 사람은 그다지 많지 않은 듯했다. 조지 워싱턴의 연설로부터 3년이 지나자, 미국의 화폐는 1792년의 주화법으로 "일관성"을 달성했다. 이 법안은 은화와 10진법 체계를 설정했다. 그러나 도량형 문제를 해결하는 데에는 훨씬 오랜 시간이 걸렸다.

미국 도량형을 어떻게 개혁할지 조사하는 임무를 처음 맡은 인물은 미국으로 돌아와 1789년에 워싱턴의 국무장관으로 취임한 제퍼슨이었다. 그는 격자 측량을 구현했던 것과 마찬가지로 일관된 측정 체계가 더욱 일관된 국가를 만들 수 있다고 확신했다. 아메리카 대륙에서의 교역 대부분은 영국에서 이어받은 단위들로 이루어졌지만, 다른 나라에서 온 식민지 개척자들은 자체 척도를 미국에 들여왔고 아일랜드, 스코틀랜드, 네덜란드 등의 지역에서 온 변종들로 뒤섞인 체계가 만들어졌다.[10] 이러한 척도들은 프랑스의 앙시앵 레짐 때처럼 교역과 상업을 방해했다.

제퍼슨은 정치를 넘어 도량형 자체에 관심이 있었다. 일상을 정량화하는 것에 대한 개인적인 관심도 지대했다. 제퍼슨의 꿈은 정부 일을 하며 전국을 횡단할 때 마차가 이동한 거리를 측정하는 맞춤형 주행 거리계를 손에 넣는 것이었다. 마차의 바큇살에 주행 거리계를 장착해서 바퀴의 회전을 계산하면, 그 측정값으로 이동 거리를 계산할 수 있었다. 제퍼슨은 이 거리를 강박적으로 측정해 "몬티셀로에서 시작하여" 수십 곳의 정거장을 지나 "대통령 관저까지" 도착하는 거리를 집계해 표로 기록했다.[11] 과학에 능했던 그는 자신의 계산이 10진법을 따른다는 사실을 자랑스럽게 여기며 자서전 초안에 이렇게 썼다. "이동할 때 마일을 센트(100분의 1)로 나누는 클라크의 발명품인 주행 거리계를 사용하면서, 나는 모든 사람이 마일과 센트 단위로 말하면 거리를 쉽게 이해할 수 있다는 사실을 깨달았다. 피트를 센트로, 파운드도 센트로, 즉 모두 센트로 말하면 된다."[12] 말

년에 제퍼슨은 1마일을 지날 때마다 자동으로 종이 울리도록 주행 거리 계로 계량시키면서, 이 장비를 고안한 발명가에게 편지를 보내 "유럽이나 미국에는 이에 비견할 만한 어떤 주행 측정기도 없으며" 이러한 고유한 특징에 "매우 만족했다"라고 칭찬했다.[13]

그러나 미터법에 대한 제퍼슨의 조사는 순조롭지 않았다. 가장 예상하지 못한 첫 번째 문제는 영국의 해적, 즉 외국 해역을 습격하여 얻은 이익의 일부를 왕실에 넘겨주는 대가로 국가가 허가한 개인 선박인 19세기의 사략선私掠船이었다. 제퍼슨이 1793년에 미터 원기와 킬로그램 원기 사본을 프랑스에 요청했을 때(당시 킬로그램은 그라베라고 불렸다), 이 표준을 실은 배가 대서양을 가로지르다가 항로를 이탈했고 카리브 해를 표류하다가 해적에 나포된 것이다. 해적들은 표준의 중요성을 몰랐고, 선박에 실린 다른 물건들과 함께 이 원기 사본을 경매에 넘겨버렸다.[14]

미터법 전환의 사례를 만드는 데에 도움이 되었을 이 표준은 제퍼슨에게 결코 도달하지 못했지만, 사본을 잃어버린 것이 결정적인 요인은 아니었다. 사실 제퍼슨은 미터법의 과학적 근거를 조사하면서 이 체계가 설득력이 없다는 사실을 발견했다. 그는 파리 자오선을 사용하여 길이의 단위를 정의한다는 것이 신경 쓰였다. 최근 실험에서 지구는 완전한 구가 아니라 귤처럼 위아래가 눌려 있다는 사실이 밝혀졌기 때문이다. 자오선의 모든 부분이 같은 곡선을 따르지 않으므로 파리 자오선을, 아니 오직 파리 자오선만을 사용해야 미터값을 담고 재현할 수 있다는 의미였다. 제퍼슨은 이 국지성을 "사실상 지구상의 모든 국가를 [프랑스와의] 측정 연합에서 배제하는 셈"이라고 썼다.[15] 이에 따라서 제퍼슨은 미터법이 "쓸모없다"고 선언했다. 제퍼슨은 이 분석을 바탕으로 1790년 의회에 두 가지 제안을 내놓았다. 제퍼슨이 고안한 체계(길이 표준을 만드는 데에 진자의 진동을 이용한 것으로, 이미 확립된 과학을 바탕으로 하기는 했다)를 사용하여 영국 단위를 재정의하거나, 각 주에 새로운 표준을 배포하여 국가의 "균일하고 안정적인 도량형을 정의하고 제시하는" 것이었다.[16]

끝내 정부는 아무것도 하지 않기로 했다. 제퍼슨의 제안은 수년 동안 상원과 의회에서 논의되었고 좋은 의도를 지닌 의원회가 꾸려지며 통과되기도 했지만, 어떤 정치인도 기꺼이 뛰어들어서 행동을 결심할 것 같지는 않았다. 1817년에 국무장관이 되어 책상 위에 이 문제를 올려놓은 존 퀸시 애덤스는 더는 이를 두고 볼 수 없다는 사실을 깨달았다. 그는 도량형 개혁이 법 제정의 어려움 때문이 아니라 "집행의 어려움" 때문에 "가장 힘든 입법권 행사"라고 결론을 내렸다. 한 나라의 모든 단위를 단번에 바꾸는 일은 "공동체 남녀노소 모두의 안녕에 영향을 미칠 것이다. 모든 가정에 침투해 모두의 손에 심각한 문제를 일으킬 것이다."[17]

— · —— · —— · —

이처럼 모든 곳에 영향을 주며 퍼져 있다는 측정의 특성은 정복이나 혁명 같은 사회적 격변의 시기에 단위가 자주 변경되는 이유를 설명해준다. 측정처럼 기본적인 것을 재정리하는 일은 오래된 확실성이 주사위처럼 공중에 던져져서 어떻게 될지 알 수가 없는 시기에만 일어날 수 있다. 예를 들면 프랑스에서는 1812년에 나폴레옹이 미터법을 버리고 그가 고안한 혼합 척도를 받아들였지만, 1830년 7월 혁명으로 킬로그램과 미터가 돌아왔다. 7월 혁명으로 보수적인 국왕 샤를 10세는 좀더 진보적인 친척 루이 필리프 1세로 교체되었는데, 루이 필리프 1세는 유혈 사태 없이 혁명을 낳은 진보적 감수성을 회복하겠다고 약속하면서 자신의 통치를 정당화했다. 그리고 미터법 복원은 이러한 구원, 즉 급진주의의 잔해와 유혈로부터 위대한 지적 업적을 구출했음을 상징했다. 루이 필리프 1세의 왕실이 은행가, 지주, 기업가로 가득해도 이러한 작업에는 문제가 없었다. 이들은 모두 미터법이라는 조화로운 척도로 이득을 볼 사람들이었다.

유럽 다른 곳에서는 나폴레옹 정복의 결과로 미터와 킬로그램이 뿌리를 내렸다. 비톨드 쿨라의 말처럼 미터법 척도는 "프랑스 총검의 뒤를 이어 행진했으며" 나폴레옹 법전이 이룬 다양한 법적, 상업적 개혁과 함께 여러 나라에 도입되었다.[18] 일부 국가는 새로운 조치에 반대했지만, 또다른 국가들은 환영했다. 네덜란드, 벨기에, 룩셈부르크는 미터법 전환을 얽히고설킨 옛 단위를 대체할 유용한 기회로 여긴 반면, 도시가 상업적으로 독립되어 오랫동안 지역별 척도를 이용해온 이탈리아 반도는 훨씬 거세게 저항했다.[19]

두 가지 강력한 정치적 개념, 즉 민족주의와 국제주의라는 한 쌍의 신조가 19세기에 미터법 전환을 더 널리 정착시키는 데에 도움을 주었다. 일부 민족주의자들에게 미터법 전환은 계몽주의적 사고의 탁월한 파생물로서 호소력을 지녔다. 미터법은 새로운 정치 구조가 소중히 여기는 인간의 보편적 권리와 함께하는 보편적 측정 체계였다. 좀더 실용적인 사람들에게 미터법 도량형은 지역 격차를 지우고 서로 다른 경제와 산업을 하나의 국가 계획으로 묶는 수단을 제공했다. 이러한 이유로 어찌 보면 민족주의자들의 사상과 배치되는 미터법 전환이 오히려 민족주의자들에게 선호되었고, 1861년에 자유주의적인 이탈리아 통합 운동인 리소르지멘토Risorgimento로 이탈리아 왕국이 세워지면서 미터법 체계가 도입되고 받캄필리아 마리티마 코무네가 이탈리아 왕국에 합병되기 전에 세운 미터법 변환 명판.

아들여졌다.[20] 독일에서는 좀더 권위적인 과정으로 통일이 이루어졌는데, 프로이센이나 바이에른 같은 주에서는 1871년 독일 제국이 건설되기 전 공통의 교역 언어를 만들기 위해서 미터법 기반의 단위를 사용하기 시작했다.[21] 남아메리카에서도 미터법 전환은 국가 건설 계획의 일부였고, 탈식민지 이후인 1860년대와 1870년대에 칠레, 멕시코, 브라질, 페루, 콜롬비아, 우루과이, 아르헨티나 등 여러 국가에서는 미터법을 중립적이고 합리적인 체계로 받아들였다. 이탈리아의 정치가 마시모 다첼리오는 1860년 이탈리아가 통일되기 전에 다음과 같이 말했다. "우리는 이탈리아를 만들었다. 이제 이탈리아인을 만들어야 한다."[22] 미터법 전환은 이러한 목표를 달성하리라고 기대되는 많은 도구들 중의 하나였다.

민족주의자들이 미터법 단위를 사랑할 이유를 찾는 동안, 국제주의 사상가들 역시 이 체계를 전도했다. 국제주의는 민족주의에서 싹텄고, 다양한 지식인과 정치인들을 단결시켰다. 사회주의자, 자유주의자, 제국주의자 모두 노동자를 결속하고, 무역 장벽을 낮추고, 새로운 영토를 정복하면서 세계를 더 가깝게 연결하고자 열망했다. 그리고 모두가 이 목표를 달성할 새로운 발명품들─증기선, 철도, 전기 및 전신 등─의 잠재력을 보았다. 당시의 활기 넘치는 정신은 프랑스, 독일, 미국, 영국의 활동가들이 조직하여 미래의 국제적 평화 노력을 위한 기틀을 마련한 일련의 회의인 세계평화회의에 잘 나타나 있다.[23] 1849년 파리에서 열린 세계평화회의에서 프랑스의 소설가이자 시인인 빅토르 위고는 군중을 열광의 도가니로 몰아넣었다. 위고의 한 전기 작가는 그의 연설을 기술 발전과 인류의 영광스러운 가능성에 대한 광적인 찬사라고 묘사했다. "인간의 천재성에서 매일 어떤 발견이 나오는지 보십시오. 평화─모두가 같은 목표로 지향하는 발견─바로 평화입니다!" 위고는 이렇게 부르짖었다. "얼마나 훌륭한 발전입니까! 얼마나 단순합니까! 자연은 이토록 인간에게 점점 더 종속됩니다!"[24]

이러한 믿음은 같은 시기에 여러 집단이 미터법을 지지하면서 국제 도량형 체계의 근거를 만드는 데에 도움을 주었다. 지지자들은 보통 전문가 조직이거나 통계학자나 지리학자의 연합, 또는 미터법 전환의 단순성으로 연구에서 이득을 보는 사람들이었다. 예를 들면 1863년 파리 우편 회의에서 전 세계 서신의 95퍼센트를 송수신하는 15개국은 우편 중량 등급에 미터법 척도를 사용하기로 합의했다. 이 회의에서 한 대표는 동료들에게 이렇게 말했다. "우리가 다루는 우편물은 인쇄된 문명과 진보와 지성을 전 세계에 퍼트릴 것입니다. 이러한 방법으로 나라들 사이를 가로막던 무지와 단절의 쓸모없는 장벽이 무너질 것입니다."[25] 킬로그램으로 무게를 재는 일은 이러한 선한 일에 도움만 될 것이었다.

미터법 열풍이 너무 거세지자 이 시기 영국과 미국에서도 전환이 임박했다. 영국에서는 미터법 채택 법안이 하원에서 110 대 75로 통과했지만 시간 제약으로 상원에 올라가지 못했고, 1871년 제2차 투표에서 5표 차이로 부결되었다.[26] 미터법에 대한 정치인들의 열광은 많은 이들을 놀라게 했고, 「타임스The Times」는 1863년 7월 9일의 사설에서 이 계획에 대한 분노와 불신을 표하며, 미터법 전환이 나라의 모든 가정에 "당황, 혼란, 수치"를 가져올 것이라고 주장했다.

미국에서는 1866년에 미터법이 통과되면서 산업계에서의 미터법 도량형 사용이 법적으로 보호되었고, 지역 단위에 대한 공식 변환표가 마련되었다(1864년 영국에서도 비슷한 법률이 통과되었다). 이 법안의 후원자이자 공화당의 노예 폐지론자인 찰스 섬너는 국제주의 원칙에 따라 이 법안을 옹호하며 상원 연설에서 다음과 같이 선언했다. "모든 문명 세계에 공통적으로 적용되어 적어도 바벨의 혼란을 극복할 수 있는 하나의 도량형 체계라는 이상은 매혹적입니다. 하나의 화폐 체계에 관한 생각도 이와 비슷합니다. 그리고 이 두 가지 생각은 아마도 모든 문명 세계에서 통용될 하나의 언어라는 더욱 큰 개념을 이끄는 선구자가 될 것입니다."[27]

그다음으로는 미터법이 세계적 우위를 점할 가장 중요한 단계가 찾아왔다. 바로 1875년의 미터 조약이다. 이 조약으로 미터법 척도를 정의하고 개발하고 보급하는 여러 조직들이 생겼다. 그중에는 여러 국가의 도량형 연구를 통합하는 국제 도량형국이 있다. 국제 도량형국은 초대 17개 서명국에 각각 새로 만든 킬로그램 및 미터 표준을 배포하며 미터법 표준을 만들고 배포하는 일을 중앙 집중화했다. 미국은 이 17개 서명국 중의 하나였지만 영국은 아니었다. 한 역사가가 말했듯이, 이 시기의 지식인들은 미터법이라는 대의가 "나무랄 데 없고 비판할 수 없을 만큼 가치 있는 개선"이라고 여겼다.[28]

피라미드 인치와 "사막의 유산"

전 세계의 지식인들이 하나의 대의를 위해서 뭉치는 것처럼 보인다면 의심을 살 수밖에 없다. 19세기 후반 측정학 개혁의 열망이 미국 해안으로 돌아오면서 반미터법 감정이 고조되었다. 과학사가 사이먼 섀퍼가 지적했듯이 이 시기의 측정학은 특히 측정이 "경건한 도덕성, 자본주의 경제, 과학의 책무에 대한 논쟁적인 요구를 동시에 해결할 것"이라는 기대 아래 무거운 짐을 지고 있었다.[29] 그 결과 측정 표준의 기준과 유지에 대한 논쟁이 뜨거워졌고, 다양한 단체들이 이러한 단위에 대해서 요구와 우려를 내비쳤다.

미국에서는 1879년에 최초의 공식적인 반미터법 소조직인 도량형 보존 및 완성을 위한 국제협회가 창설되며 반미터법 정서가 출구를 찾았다.[30] 이 단체는 외국인에 대한 불신, 계급적 불안, 사이비 과학에 대한 열망 등 다양한 특성과 믿음을 포괄하고 있었지만, 전통적인 척도를 방어하고 보존한다는 단 하나의 대의를 중심으로 수백 명의 회원이 모였다. 회원들은 짧지만 집약적인 9년의 활동 기간 동안 시를 짓고 전단지를 만들고 연설하고 정치인들에게 로비했다. 심지어 맹목적인 애국주의와 신앙을 결합하여 "모든 '미터법' 체계를 끝장내고 영국의 위대한 파운드의 승리"를 요구하는, "세상 어디에나 파인트는 파운드"라는 강렬한 엇박 리듬의 열광적인 찬가도 만들었다.

이 노래는 역사상 가장 널리 알려진 측정학 신화 역시 언급한다. 인치, 파인트, 파운드가 신이 부여한 신성한 측정 단위라는 신화이다. 오늘날에도 주변부에서 여전히 인기를 얻고 있는 이러한 믿음은 19세기에 엄청나게 유행한 사이비 과학, 피라미드학으로 거슬러올라간다. 피라미드학이라는 말이 오늘날에는 외계인 건축가가 피라미드를 지었다는 설부터 신비한 피라미드의 힘까지 모든 것을 아우르는, 이집트 피라미드 중심의 수많은 음모론을 가리키지만, 초기의 피라미드학은 분명 측정학과 관련이 있었다. 피라미드학은 기자의 대★피라미드가 신의 설계에 따라 축조되었으며, 그 규모를 제대로 측정하면 돌이 전하는 "침묵의 유언"이 세계의 역사뿐만 아니라 미래까지 밝혀주리라는 믿음에 관한 것이었다.

피라미드학의 아버지는 평생 독신으로 살며 존 키츠를 비롯하여 위대한 몇몇 시인들을 도왔던 런던의 출판업자 존 테일러였다. 테일러는 피라미드의 설계가 신의 지시로부터 나온 산물이라고 장황하게 주장하는 『대피라미드 : 왜 지어졌나, 그리고 누가 지었나?*The Great Pyramid : Why Was It Built, and Who Built It?*』라는 첫 책을 1859년에 출판했다. 테일러는 피라미드 구조물의 밑변 길이에 2를 곱한 다음 높이로 나누면, 정확히 파이$^\pi$가 된다는 사실을 발견했다. 파이는 피라미드 건설 이후 수 세기가 넘도록 공식적으로 발견되지 않았던 무리수이자 수학 상수이다. 테일러는 피라미드가 "신성한 큐빗"을 기본 척도로 건축되었으며, 이 이론은 노아의 방주나 솔로몬의 성전, 그리고 언약궤가 보관된 지성소가 같은 큐빗 단위로 건축되었다고 주장한 아이작 뉴턴으로까지 거슬러올라간다고 보았다.[31] 테일러는 "신성한 큐빗"을 25로 나누면 영국 인치(다소 차이는 있다)를 얻게 된다면서, 신이 택한 민족(영국인)이 사용하도록 이 신성한 척도를 돌에 보존하라는 "위대한 설계자"의 가르침을 받아 고대 야곱의 자손들이 피라미드를 건설했다고 주장했다.

테일러의 이론은 생생하고 독창적이었다. 그러나 겨우 스물여섯의 나이에 스코틀랜드의 왕실 천문관으로 임명된, 존경받고 뛰어난 과학자 찰스 피아치 스미스가 없었다면 그 이름은 거의 알려지지 못했을 것이다. 스미스는 1864년에 저술하기 시작하여 664쪽에 달한 방대한 저서 『대피라미드의 유산*Our Inheritance in the Great Pyramid*』 등의 저서들에서 테일러의 이론을 설명하며 테일러의 시각을 알리는 가장 훌륭한 전도사가 되었다. 스미스는 테일러와는 달리 대피라미드를 직접 조사하고 측정하기 위해서 이집트로 떠났다. 그는 아내와 함께 여행하면서 기자 평원의 버려진 무덤에서 지내며 이 과정에서 발견한 것들을 총 3권의 『대피라미드에서의 삶과 일*Life and Work at the Great Pyramid*』이라는 책으로 펴냈다. 이 책에서 스미스는 신이 아담에게 언어라는 재능을 부여한 것처럼 대피라미드 역시 "모든 국가의 측정학을 위해서 고안되었고, 모든 나라는 무의식적으로 이 측정을 그처럼 널리 받아들였다"고 결론을 내렸다.[32]

전체적으로 이 책들은 큰 돌풍을 일으켰다. 여러 언어로 번역되어 수백

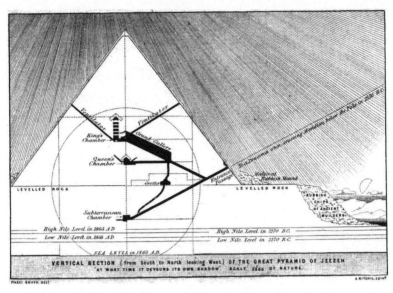

피라미드를 낱낱이 해부하여 기하학적인 지식을 얻으려고 했던 스미스의 1864년 저서 『대피라미드의 유산』에 실린 삽화.

만 명에게 읽힌 이 책은 피라미드를 중심으로 한 모든 이론에 도약의 기회를 주었다. 스미스는 테일러의 신성한 큐빗을 손에 들고 거대한 무덤을 낱낱이 조사해 과학적, 역사적 사실과 일치한다고 생각되는 다양한 측정값을 발견했다. 지구의 평균 밀도부터 극축極軸의 길이, 태양에서 지구까지의 거리 등 모든 것이 피라미드 돌에 기록되어 있었다. 스미스는 왕의 방에 있는 빈 화강암 석관이 용량 척도라고 선언했으며, 피라미드 내부의 주요 통로인 대회랑大回廊이 숨겨진 세계 역사를 구성하고 있다는 이론을 발전시켰다. 1인치를 1년으로 보고 통로를 신성한 인치로 측정하면, 통로는 창조의 달력이 되며 특정 표지—경사의 변화나 벽의 상처 등—는 대홍수나 그리스도의 탄생 같은 역사적 사건을 나타낸다는 것이었다. 스미스는 대회랑이 그다지 길지 않다는 점을 다소 걱정했다. 이곳이 실제로 세계의 역사를 구성한다면, 종말이 언제 일어날지도 보여주지 않겠는가? 스미스는 이렇게 썼다. "이 질문에 대한 답은 피라미드 인치로 계산한 대회랑의 길이에만 의존해야 한다." 애초에 그의 계산에 따르면 1881년이 세상의 끝이었다. 그러나 이 값은 마음 편하게 받아들이기에는 너무 가까웠으므로, 그는 개정판에서는 대회랑의 끝에 있는 통로와 방도 신성한 달력의 일부로 보아야 한다고 주장했다. 스미스는 대회랑과 이어지지만 몸을 굽혀 통과해야 하는 매우 좁은 통로를 『성서』에도 나타난, 그리스도의 재림을 앞둔 고난의 기간으로 해석했다. 그는 독자를 안심시키기 위해 다음과 같이 썼다. "하지만 이 고통스러운 부분은 매우 짧다." 그는 53년의 고난 끝에 인류가 "고요하고 평화로우며 지금도 **화강암으로** 단단히 보호받는 전실前室의 자유"로 들어가게 된다고 주장했다.[33]

이러한 계산을 통해서 스미스는 대피라미드가 "인간의 지능을 훨씬 넘어서거나 오히려 완전히 다른 것"의 산물임을 입증했다.[34] 그러나 그는 제국 단위에 대한 자신의 충성이 종교적인 신념이나 외국인에 대한 의심 등 다른 신념에 기초하고 있다는 사실도 명확히 보았다. 그는 이렇게 썼다. "파리에서 미터법 체계의 인기가 올라가자 프랑스는 (그곳에서 드러났듯이) 기독교를 공식적으로 폐지하고, 『성서』를 불태우고, 신이란 없으며 그저 사제들이 만든 창조물이라고 선언하면서 인류, 혹은 그들 자신을 숭배하기 시작했다."[35] 그는 유럽의 문화와 과학의 우월성과 더불어서 이집트인은 몰랐던 숨은 진리를 밝힌 유럽인의 능력을 반복해서 강조했다. 스미스는 원주민들이 그의 경사계와 경위계를 "유럽인이란 뭔가를 **들여다** **보는** 기이하고 성가신 장치 없이는 어떤 작업도 시작하지 못한다는 증거"

로 본다면서 불평했다.[36] 원주민들이 아주 틀린 것은 아니었다.

—·———·———·—

고대의 지혜와 신성한 목적에 대한 이러한 이야기는 신앙심 깊고 자기 과시적인 미국 국제협회 도량형학자들의 마음을 크게 사로잡았다. 이 단체의 가장 독실한 회원은 파인트와 구원이라는 조직의 찬가를 작곡하며 스미스의 수사학을 한층 더 밀고 나간 군사 전술 교수 찰스 A. L. 토튼이었다. 그는 1884년의 저서 『최근 및 고대의 발견을 바탕으로 측정학에 던지는 중요한 의문An Important Question in Metrology, Based upon Recent and Original Discoveries』에서 대피라미드를 "대홍수에서 살아남은 지구의 신비로운 상징"이라고 선언하며, "측정학적 비례를 갖춘 피라미드의 벽돌이 우주적 척도로서 그들이 사는 지구의 거대한 규모에 화답하는 웅장한 진리"를 들으라고 촉구했다.[37] 그는 스미스의 주장에 담긴 외국인 혐오를 증폭시켜서 미국을 "신의 섭리가 특별히 드러나는" 국가로 찬양하고, "사막의 유산"을 물려받을 특별한 자격이 있다고 주장했다.[38] 토튼은 미국식 척도가 그저 미국 남녀라면 응당 받을 자격이 있는 것이라고 자랑스럽게 알렸다. "우리 아이들이 외국어로 빵을 달라고 보채게 만들 수 없듯이, 우리 대표들은 우리에게 미터법을 강요할 권리가 없다."[39]

측정 단위가 어떻게 이러한 열광적인 반응을 얻게 되었는지는 상상하기 어렵지만, 토튼의 책은 이러한 관점에서 계시적이었다. 책 대부분은 고대의 도량형이 서로 또는 현대 도량형과 어떤 관련이 있는지를 보여주는 빽빽한 단위 표로 채워져 있다. 수비학의 신비주의와 음모론의 폭로가 뒤섞여 있어 마치 종교적 성가나 명상 주문 같다. 그는 일련의 액체 측정값을 계산하는데, 가장 작은 단위인 한 방울부터 시작하여 이들을 곱해나가면서 점점 더 크고 특이한 단위—로그, 욕조, 대야 등—를 거치고는 최종 측정값인 "1바다"에 도달한다.[40] 이는 세상의 가장 먼 곳까지 단순한 순서로 배열하는 『아메노페의 용어집』과 비슷한 접근법으로, 측정의 매혹적인 잠재력을 보여준다. 혼돈을 일관되게 정리하고 세상의 광대한 영역을 아우르는 능력 말이다.

과학과 신비주의의 이러한 조합은 매혹적이지만, 미터법과 제국 도량형의 경쟁으로 촉발된 19세기 표준 전쟁에서 승리를 거두지는 못했다. 스미스와 미국 국제협회는 사이비 과학을 사랑했지만, 미국에 왜 미터법이 필요하지 않은지 더욱 논리적인 이유를 들어 설명하기도 했다. 그들의 논리는 대중 논쟁과 정치 토론에도 등장했고 오늘날의 논쟁에도 여전히 나타난다.

이러한 논쟁 중에서 가장 일반적인 것은 제국 단위의 타당성에 대한 인식이다. 제국 단위는 시간이 지남에 따라서 천천히 발전하며 익숙한 도구처럼 사용자의 손에 꼭 맞는 형태를 지닌 척도가 되었다. 사실 가장 큰 차이점은 10진법이 아니라는 점이다. 10진법은 10의 배수에 의존하므로 단위를 쉽게 변환하고 큰 수를 계산하는 데에 편리하다. 그러나 미국식 도량형과 영국 제국법은 3이나 4로 쉽게 나눌 수 있는 12나 16을 기준으로 한다(예를 들면 1피트는 12인치, 1파운드는 16온스이다). 이들 체계가 시장의 거래나 빠른 계산에 더 적합한 것은 이러한 특성 때문이다. 피자 나누기를 생각해보면 된다. 4등분이나 8등분은 금방 할 수 있지만 10등분은 어떻게 해야 할까?

반미터법 운동가들은 10진법이 충분하지 않을 뿐만 아니라 제국 도량형이 인체와 맞기 때문에 우월하다고 주장했다. 우리 몸이 측정 단위의 첫 번째 기본 틀이므로—접근성이 높고 적합하며 일관된다—19세기 미국과 영국에서는 인치, 피트, 스팬이 얼마만큼의 길이인지 알고 싶다면 누구나 엄지손가락 너비나 발 길이, 팔을 벌린 너비로 추정할 수 있었다. 이러한 측정법은 정확하지는 않지만 항상 가까이에 있었다. 이러한 단위가 한 세기 넘게 제공한 유용성을 완전히 상상하기는 어렵지만, 이러한 단위를 포기하는 일은 벨트에 매달아두던 유용한 도구를 벗어던지는 것처럼 느껴졌을 것이다.

미국 국제협회가 보기에 이러한 특징은 자신들의 주장에 담긴 계급적 요소에도 부합했다. 그들은 서민을 대표한다고 주장했던 반면, 미터법을 밀어붙이는 이들은 얼굴 없는 관료나 탐욕스러운 사업가로 보였다. 당시 미국에 유포된 주목할 만한 보고서는 미국 기계공학회 회장을 역임한 영향력 있는 공학자 콜먼 셀러스 2세가 쓴 것이었다. 셀러스는 미터법 전환에 반대하는 여러 주장을 펼쳤는데, 여기에는 미터법 이전의 프랑스에서는 미국보다 더 많은 개혁이 필요했고, 미국 도구 공장을 개조하려면 엄청난 비용이 들 것이라는 계산도 포함되어 있었다. 그러나 그가 언급한 가장 중요한 점은 미국의 척도가 단순히 부를 계산하는 사람들이 아니라 국가의 부를 창출하는 사람들에게도 영향을 미친다는 사실이었다. "교사나 책상물림 학자, 전문직 종사자, 규칙이나 척도를 다루지 않고 도량형을 그저 계산에만 이용하는 사람들에게는 미터법이 그저 법으로 제정하면 끝나는 문제로 보일 수 있다. 그러나 노동자나 시장의 상인, 이 땅의 부와 번영을 생산하는 사람들에게는 매우 심각한 문제이다."[41]

스미스는 설교자처럼 이 주제를 최면적으로 반복하며 분노를 표했다.

스미스는 미터법 전환을 추진하는 이들이 "부자가 되기 위해서, 더 큰 부자가 되기 위해서 서두르고 있다. 이미 부자인 자들이 더 큰 부를 손에 넣기 위해 발 빠르게 움직인다"라고 말하기도 했다.[42] 그는 게으른 상인들의 부를 이러한 변화에 가장 큰 영향을 받을 노동자의 생명과 비교하기도 했다. "실제의 도량형은 주로 노동자 계급의 문제이다. 가난한 이들, 자기 손으로 세상의 일상적인 노동을 하는 이들의 일이다. 자기 수고는 들이지 않고 그저 그 열매와 정수를 게으르게 취하는 부자들의 일이 아니다." 우리는 19세기의 표준 전쟁이 "진정한" 노동자 계급이 현실을 모르는 기득권층에 맞서는 오늘날의 문화 전쟁과 어떻게 닮았는지를 알 수 있다. 미터법의 기원이 프랑스 학자들의 생각에서 나왔다는 점을 고려하면, 아주 불공평한 비교는 아니다.

그러나 신앙이나 전통에 관한 논쟁보다 더 냉혹한 것이 실제로 19세기에 제국 도량형을 구원했다. 바로 영국과 미국이 바뀔 **필요**가 없다는 단순한 사실이었다. 아직 미국에 추월당하지 않았던 영국은 19세기의 대부분 동안에 세계 최고의 산업 국가였으며, 막대한 양의 무역 및 산업 자본이 기존의 측정 체계에 묶여 있었다. 많은 정치인들이 보기에 경주 도중 말을 바꾸는 것은 최선의 방책이 아니었다. 1877년 미국 하원에서는 모든 정부 거래에 미터법을 의무화하는 데에 "반대가 있다면 어떤 반대가 있는지"를 확인하도록 행정부에 요청하는 결의안을 도입했다. 미국식 척도의 익숙함과 미터법으로 전환하는 데에 드는 비용과 노력을 언급한 대답을 포함하여, 한 건을 제외한 모든 답변이 부정적이었다.[43] 한편 영국에서는 1896년 미터법이 제국 측정법과 동등한 법적 지위를 얻었고, 두 차례의 세계대전과 이에 따른 경제 파괴가 없었다면 미터법이 결국 완전히 채택될 수도 있었을 것이다. 이러한 일은 피아치 스미스의 피라미드 인치도 예측하지 못한 사건이었다.

표지판 공격

조지 오웰의 소설 『1984』 3분의 1쯤에 주인공 윈스턴 스미스는 이 소설의 배경인 에어스트립 원에서 당이 집권하기 전의 삶의 증거를 찾기 위해서 술집을 헤맨다. 그는 이 역사에 대해서 캐물으며 한 노인을 궁지에 몰아넣지만, 프롤레타리아의 기억은 "잡다한 정보가 모인 쓰레기 더미"에 불과하다는 사실을 알게 된다. 실망스럽게도, 과거와 연결되어 있는 살아 있는 연결점인 이 노인은 전체주의 국가가 득세하는 것보다는 익숙한 안락함이 사라지는 것을 더욱 걱정했다. 그에게 특히 중요한 것은 바텐더에게 맥주 한 파인트 잔을 더 달라고 할 수 없다는 사실이었다.

> "내 정중하게 물어봤잖소?" 노인은 싸우자는 듯이 어깨를 쭉 펴고 말했다. "이 거지 같은 술집에는 파인트 잔이 없단 말이오?"
>
> "대체 그 파인트가 뭐요?" 바텐더가 손으로 계산대를 짚고 몸을 앞으로 숙이며 물었다.
>
> "이런 답답한 놈을 보았나! 아니, 술을 팔면서 파인트가 뭔지도 모른다니! 1파인트는 1쿼트의 반이고, 4쿼트면 1갤런이잖나. 다음번에는 ABC를 가르쳐야겠구먼."[44]

사라진 파인트는 영국 전통문화의 파괴와 일상생활에 대한 당의 전면적인 통제를 의미한다. 전복적인 사고를 불가능하게 만들기 위해서 설계된 단순한 언어 뉴스피크Newspeak(『1984』의 전체주의 국가가 사람들의 자유로운 생각을 억제하고자 만든 언어/역주)처럼, 미터법 척도는 과거와의 단절, 즉 "자연스러운" 옛 질서를 파괴하여 효율적인 관료주의적 생각에 들어맞도록 하기 위해서 강제된다. 실제로 미터법에 맞춰 채워진 맥주잔을 받은 노인은 사람에게 적당한 크기가 아니라고 불평한다. "반 리터는 부족해. 양에 차지 않는다고. 1리터는 너무 많고. 오줌이 마렵기 시작한다니까. 술값은 둘째치고 말이야."

텍스테드의 술집에서 토니와 내가 마지막 잔을 비우고 주차해둔 그의 차 쪽으로 향할 때 나의 머릿속에 떠오른 것은 오웰의 소설의 이 구절이었다. 토니의 임무는 분명 막을 수 없을 듯한 근대성의 힘에 맞선 최후의 저항이 될 운명이다. 그러나 그의 행동은 전통, 공동체, 장소에 대한 사랑에 뿌리내린 많은 이들의 공감을 불러일으킨다. 패니 트롤럽이 지난 세기 미국 주민들에 대해 한탄한 것처럼 말이다. "마을의 종이 울려도 사람들을 기도하도록 불러들이지 못한다.……사람들이 죽어도 이들의 뼈를 모실, 고대처럼 공경받는 신성한 곳이 없다." 토니가 보기에는 제국 단위가 사라지면서 이 나라에도 비슷한 상실이 일어나고 있다.

우리는 오전 내내 바꿔야 하는 표지판을 확인하고 급습을 준비했다. 마을 주변 이곳저곳을 걸으며 제국 단위로 거리를 확인했고(1페이스는 1야드라고 토니가 상기시켜주었다) 미터법 단위로 표시된 표지판을 덮을 스티커를 정리했다. 이제 측정 전쟁터에 가능한 한 가장 가까운 곳으로 나설 준비가 되었다. 토니는 차 트렁크에서 공무를 수행할 갑옷을 나에게 건네주었다. 클립보드와 바인더, 그리고 야광 안전복 조끼였다. 이상하게도 숨이 가빠왔다. 그저 표지판에 스티커를 붙이는 일인데도 불법 행위처럼 —실제로도 불법 행위이다— 느껴졌다. 누가 우리를 제지하면 어쩐다? 경찰이 오면 어쩌지? 토니는 이 일 때문에 실제로 경찰에 붙잡히기도 했고, 심지어 2001년에는 수십 개의 도로 표지판을 쓸어낸 일로 켄트 경찰에 붙잡혀 감방에서 하룻밤을 보낸 적도 있다고 했다. 절도 및 손괴 혐의로 유죄를 받고 각 범죄에 대해 50시간의 사회봉사를 선고받았단다. 나중에 판사들은 도난 혐의에 대해서는 판결을 뒤집었고(형사상 손해에 대한 혐의는 유지했다) 토니가 표지판을 실제로 파괴할 계획이었다는 증거는 없다고 판결했다.[45]

토니는 어깨에 사다리를 메고 공업용 접착제 튜브를 움켜쥔 다음 총구를 검사하는 군인처럼 입구를 후후 불어 주둥이가 깨끗한지 확인했다. 나는 그에게 이렇게 물었다. "이런 일을 할 때 긴장한 적이 있나요?" 그는 대답했다. "그럼요, 항상 긴장되죠. 하지만 이 일의 일부니까요."

미터법 저항단의 단원들은 작업할 때 대부분 눈도 꿈쩍하지 않는단다. 야광 조끼가 그것을 말해준다. 아까 다른 술집에서 그는 자신의 요점을 설명하는 영상을 보여주었다. "유니폼에 대한 복종"이라는 제목의 이 영상에서는 정체불명이지만 공무 수행 중인 듯한 복장을 한 연기자가 도심 한가운데에 서서 사람들에게 점점 더 기괴한 작업을 해달라고 요청한다. "선생님, 저 사과 왼쪽으로 돌아가주시겠습니까?" 배우는 인도 한가운데를 가리키며 행인에게 요청한다. "네, 맞아요. 왼쪽으로요. 이제 그 포석을 밟아주시겠어요? 감사합니다. 무게를 재는 중이어서요." 영상 속의 모든 사람은 남자가 시키는 대로 한다(적어도 이 영상의 감독이 보여주는 사람들은 그렇다). 그리고 토니는 이 영상이 인간 본성에 대한 근본적인 것,

즉 제멋대로인 규칙을 따르는 생각 없는 복종을 보여준다고 주장한다. 나는 토니에게 본인은 예외라고 생각하는지 묻지는 않았지만 그는 아마 그렇게 생각할 것이다. 대신 나는 예술가 뱅크시도 도시 공공기물에 낙서를 하러 다닐 때 잡히지 않으려고 공무원처럼 꾸미고 다닌다고 말해주었다. 그러자 토니는 그렇게 비교하니 부끄럽다고 말했다. 토니는 "그 사람 정말 그래요? 멋지네요, 진짜 멋져요"라며 웃었다.

사람들은 표지판이 바뀌는 것을 보고 기쁠 때, 혹은 시에서 하는 쓸데없는 일이라고 무시할 때에나 미터법 저항단의 작업에 관심을 준다고 토니는 말했다. "한번은 일리에서 우리 단원들이 표지판을 바꾸고 있는데, 한 부부가 멈춰 서서 지켜보았던 기억이 납니다." 미터법 저항단원들은 큰일 났다고 생각했지만, 잠시 지켜보던 부부는 그대로 지나갔다고 한다. "부부가 지나가며 이렇게 말합디다. '시에서 하는 일이 다 그렇지. 저 표지판 하나 바꾸는 데에 네 명이나 들러붙다니!'"

—·——·——·—

오늘날 미터법에 저항하는 이들은 거의 없다. 있다고 해도 대부분은 미국, 라이베리아, 미얀마 등 "공식적으로" 미터법을 적용하지 않는 국가에나 있다. 그러나 이러한 구분에는 약간의 오류가 있다. 미터법 전환은 하나의 사건이 아니라 과정이므로, 어떤 나라라도 미터법 단위는 보통 여러 부문에 조금씩 적용되어 있다. 산업화를 이룬 많은 국가들에도 어떤 형태로든 오래된 단위명이나 값을 유지하며 전통에 양보하는 부문이 있다. 예를 들면 유럽의 여러 국가들에서 무게 500그램은 비공식적으로 옛 용어인 "파운드"로 불린다. 프랑스에서는 리브르livre, 독일에서는 펀트Pfund, 이탈리아에서는 리브라libbra 등이다.

영국과 미국, 두 국가 모두 타협에서 진퇴양난에 빠진 듯하다(두 나라는 피라미드 학자 토튼이 지적했듯이, 결국 "지구상에서 '동포'라고 불리는 유일한 나라들"이지 않은가).⁴⁶ 영국은 적어도 특정 삶의 영역에서는 제국 단위의 유지를 광범위하게 지지한다. 여론조사에 따르면 술집에서 파인트를 버리거나 도로 표지판에서 마일을 포기하고 싶어하는 사람은 아무도 없는 것 같다. 그러나 예상대로 그 지지는 줄어들고 있다. 젊은 세대는 미터법에 더욱 익숙하고 미터법을 채택하는 데에 더 개방적이다. 일부 사람들은 브렉시트로 제국 단위가 복귀할 수 있겠다는 희망을 품었다. 브렉시트 찬성 유권자를 대상으로 한 설문조사에서 이들 중 절반은 가게에서 파운드와 온스를 다시 만나고 싶어하는 것으로 나타났다(사형제 부활에 찬성한 비율도 동일했다).⁴⁷ 그러나 이것은 끔찍하게 비실용적이며, 과도한 목소리를 내는 대중을 달래려고 수십 년간 이루어진 신중한 작업을 뒤집는 일이다. 브렉시트 같은 운동은 주권 회복을 위해서 경제적 자해도 기꺼이 감당하겠지만, 제국 단위로의 복귀는 너무 골치 아픈 일이다.

미국에서 미터법 전환을 마지막으로 진지하게 추진한 시기는 1970년대였다. 그러나 반대론자들이 외국의 사상은 위협이 되고 일반 노동자에게 피해를 주며 미국의 "자연스러운" 단위가 우월하다고 강조하면서, 미터법 전환은 19세기 당시와 비슷한 저항에 부딪혔다. 미터법 전환 작업은 1975년에 미국의 대통령 제럴드 포드가 미터법 전환법에 서명하고 "미터법 사용 증가를 위한 국가적 조정 및 계획 정책"을 수립하며 시작되었다.⁴⁸ 대규모 선전 캠페인이 이어졌다. 주말 아침의 텔레비전 만화, 공익광고, 포스터들이 미터법이 실제로 사용되고 있음을 알렸다. 자동차 제조업 같은 일부 산업은 체계 전환을 단행했지만, 강제성이 없었던 탓에 캠페인은 흐지부지되었다.

　문화 전사들이 유입된 것이 이 시기였다. 오클라호마 국립 카우보이 명예의 전당의 소장인 딘 크라클은 "미터법은 분명 공산주의이다"라고 말했다. "하나의 화폐 체계, 하나의 언어, 하나의 도량형, 하나의 세계—모두 공산주의의 주장이다." 「시카고 트리뷴*Chicago Tribune*」 외부 칼럼니스트 밥 그린은 여러 지면을 할애하여 미국에 미터법을 부과한 법안이 정부의 예산 낭비이자 아랍인들의 잘못이며 "일부 프랑스 놈들과 영국 놈들이 합작했다"고 비난하면서 미터법에 대한 불만을 드러냈다.[49] 애플의 창립자 스티브 잡스 같은 이들에게 영향을 미친 대안문화 잡지 「홀 어스 카탈로그*Whole Earth Catalog*」의 편집자인 스튜어트 브랜드는 「뉴 사이언티스트*New Scientist*」에 기고해 인체에 기반한 척도의 장점을 언급했다. 브랜드는 "미국식 도량형의 천재성은 손과 눈을 이용한다는 측면에서 고도로 진화한 정교함을 드러낸다. 미터법은 종이 위에서(그리고 학교에서) 하는 기본적인 계산에는 괜찮을지 모르지만 요리, 목수일, 장보기에서는 손에 잘 맞지 않는다"라고 주장했다. 그는 미터법에 대해서 격렬한 반발이 더 이상 일어나지 않는 딱 한 가지 이유로, "전체적인 구상을 진지하게 따져본 적이 없기 때문"이라고 설명했다.[50]

　미국 반미터법 캠페인은 1981년에 뉴욕 지식인들이 개최한 측정학 행사인 "피트 축제(풋 볼Foot Ball)"에서 정점에 이르렀다. 「뉴욕 타임스*The New York Times*」의 보도에 따르면 800여 명이 참석한 이 행사에서 사람들은 "1인치도 양보할 수 없다"라고 쓴 배지를 달았고 무대에는 "이스트 사이드 패션과 그리니치 빌리지 펑크"가 뒤섞였다. 저녁에는 "멋진 발(피트) 경연대회”도 있었다. 작가이자 극단적인 미터법 반대론자인 톰 울프는 그의 트레이드마크인 흰색 정장을 입고 참석해 지적 열광과 함께 신문에 필요한 기삿거리를 제공했다. 울프는 「타임스」에 “미터법이 파리 외곽 어디쯤에 있는 막대기에서 왔다고 하던데요”라고 말했다. “막대기 따위를 측정의 기초로 사용하다니 어찌나 제멋대로에 어찌나 지적인지요. 저는 프랑스인을 굉장히 존경하지만 이렇게 중요한 일을 그들에게 맡겨서는 안 된다고 생각합니다.”[51] 이듬해 여론조사에서는 대다수의 미국인이 미터법 단위 채택에 반대하는 것으로 나타났다. 이 계획을 행정부의 예산 삭감 계획을 가로막는 또 하나의 골칫거리로 보았던 로널드 레이건 대통령은 미터법 전환을 기꺼이 폐기했다.

이처럼 미터법이 공식적으로 거부되었음에도 미국은 미터법을 처음보다 훨씬 더 받아들였다. 어쨌든 연방정부는 미터법 표준이 의심할 여지없이 엄격한 과학적 과정의 산물이라고 판단하여, 1893년부터 피트, 파운드, 온스를 미터법 단위로 정의했다.[52] 미국의 많은 상용 제품은 미터법 단위와 미국식 도량형 단위 둘 다로 표현되어 전 세계의 시장에 더욱 적합해졌다. 자동차나 의약품 생산업 같은 수많은 산업은 미터법을 적용하며, 미군은 국제 연합군과 더욱 협력하기 위해서 대부분 미터법을 사용한다. 그러나 1970년대 이래로 미터법 전환을 입법화하려는 시도는 결국 실패했고, 문화적 반대도 분명 그 어느 때보다 강력하다. 2019년 폭스 뉴스의 한 꼭지에서 외국인 혐오로 악명 높은 우익 진행자 터커 칼슨과 초대 손님이었던 「뉴 크라이테리온The New Criterion」의 편집자 제임스 파네로는 반미터법 사단의 가장 위대한 역작을 손쉽게 이루어냈다. 칼슨은 미터법을 “우리만이 홀로 저항해온, 이상하고 비현실적이며 꼴사납고 소름 끼치는 체계"라고 조롱했고, 파네로는 미국식 도량형이 "고대의 지식과 고대의 지혜"에서 왔다며 칭송했다. 영상 하단의 자막에는 오늘날 정치적 낚시질의 전형처럼 다분히 의도적인 생각 없는 질문들이 마구 올라왔다. "미터법은 완전히 조작된 건가요?"[53] '뭐, 그렇죠'가 할 수 있는 유일한 대답이다. 그러나 그렇지 않은 것은 또 무엇인가?

—·——·——·—

텍스테드로 돌아가보면 이러한 논쟁은 하찮아 보인다. 중요한 것은 토니가 녹색과 금색으로 된 표지판 앞에 비딱하게 내려놓은, 페인트가 벗겨진 사다리이다. 사다리가 포석 위에서 위태롭게 흔들리지만 토니는 자신감이 넘친다. 그는 금세 새로운 제국 단위 표지를 늘어놓고 뒷면에 접착제를 뿌린 다음, 사다리에 올라가 표지판에 단단하게 붙인다. 나는 사진 몇 장을 찍은 다음 클립보드의 가짜 서류를 확인하는 척한다. 어깨 너머로 초조하게 주변을 훑어보니 술집 창문으로 아까 그 주민들 몇몇이 우리를 쳐다보고 있다. 야광 조끼는 괜찮은 위장이지만 눈에 띄지 않게 해주지는 않는다. 저 사람들은 우리가 무엇을 하고 있다고 생각할까?

　내가 걱정하는 동안 토니는 더 많은 표지판을 신속하게 제국 단위로 갈아치웠다. 순식간에 하나, 둘, 여덟, 벌써 열 개나 했다. 연습한 보람이 있다. 마지막 표지를 붙인 다음 그는 빠르게 사다리를 툭 차서 접은 뒤 가방을 움켜쥔다. "자, 또다른 길로 가봐야죠." 그가 걸어가는 동안 나는 그의 작품을 뒤돌아본다. "풍차까지 240야드", "구호소까지 540야드"라고 적혀 있다. 무단 수정된 거리 표지판치고는 깔끔하지만 스티커를 붙여놓은 띠가 역력하다. 그는 다음 표지판들도 비슷한 속도로 처리하고, 나는 걱정하는 사람이라는 쓸모없는 새로운 역할을 계속한다. 5분 뒤 습격이 끝난다. 우리는 다시 차로 돌아가 장비를 트렁크에 쑤셔넣고 은행 강도가 마스크를 벗듯이 야광 조끼를 휙 벗는다. 토니는 자랑스럽고 의기양양하다. 나도 모르게 나 역시 들뜬다. 미터법 저항단은 역습을 시작했다.

우리는 주차장을 빠져나온다. 토니가 하는 반미터법 운동의 의문을 풀려면 마지막 퍼즐 한 조각이 남았다. 토니는 정말 왜 이런 일을 벌이는 것일까? 영국과 전통에 대한 사랑 때문일까? 그는 종교적인 영감을 받은 십자군일까? 그냥 지루해서일까? 그는 이 질문에 직접적인 대답을 피했지만, 한적한 시골 마을에서 표지판을 바꾸는 일이 더 이상 인생의 우선순위는 아님을 인정했다. "기독교 신앙이 자라면서 나는 신앙 안에서 살아가는 것에 더욱 관심을 두게 되었습니다. 그러니 이것이 내게 남겨진 활동인 셈이지요. 이런 일을 스스로 해낼 만큼 대담한 사람도 몇 명 있기는 하지만 많지는 않습니다." 적어도 토니와 미터법 저항단이 보기에 전통 도량형에 대한 싸움은 실제로 끝난 것 같다. 나는 이러한 전통주의자들의 주장에 이끌렸다. 옛 척도가 지닌 만족스러운 역사적, 문화적 밀도, 그리고 점점 추상화되는 세계에서 그들의 유산을 유지하려는 훌륭한 열망은 탄복할 만했다. 그러나 옛 단위가 한때 일상의 중요한 현실을 구현했더라도, 옛 단위를 사용할 때 이러한 특성은 점점 무의미해진다. 제국 단위의 12진법이나 16진법이 상품을 2등분, 3등분, 4등분하기에 쉽다는 것은 사실이지만, 이미 포장된 제품을 파는 식료품점에서는 이것이 다 무슨 소용일까? 게다가 옛 단위가 좀더 "인간에 가까운" 척도로 설정되었다고 칭송하지만, 우리가 이해할 수 없는 것에 다가가는 것보다 더 인간적인 일이 또 있을까? 이처럼 개인의 이해를 넘어 영역을 확장하는 것은 현대 세계를 정의하는 특성이기도 하다. 반미터법주의자들이 즐겨 지적하듯이, 궁극적으로 "올바른" 측정법을 결정하는 것은 익숙함과 전통이다. 그러나 전통은 변화에 영향을 받으며, 제국 단위가 더는 유용하지 않아서 폐기된다면 그것도 자연스러운 일이다.

시골길을 지나 가장 가까운 역으로 돌아가는 동안 우리는 친숙한 주제가 된 것들—과거 미터법 저항단의 공격, 저항의 필요성, 영국 문화의 뿌리—에 대해서 이야기를 나누었다. 토니는 텍스테드가 영국의 작곡가 구스타브 홀스트의 고향이며 여기에서 그가 유명한 「행성」 모음곡을 작곡했다고 말했다. 홀스트는 나중에 이 모음곡 중에 "목성" 악장의 주요 선율인 성가풍 소절 "텍스테드"를 따서, 민족시 「나의 조국이여, 그대에게 맹세하노라」에 곡을 붙였다. 이 곡은 총리의 장례식, 영국 성공회 예배, BBC 프롬스Proms(BBC가 주최하는 영국의 대표적인 클래식 음악 축제) 같은 영국의 주요 민족주의 행사에 고정적으로 사용되어왔다. 토니는 이렇게 말했다. "이상적으로는 배경음악으로 이 노래를 틀고 표지판을 바꾸면 딱 좋았을 텐데요." 우리가 언덕을 넘어가는 동안 산울타리 뒤에서 석양이 지고 있었다. 토니는 혼자 조용히 노래를 흥얼거리기 시작했다.

조국이여, 나 그대에게 맹세하노라. 이 세상 모든 것 가운데
가장 완전하고 모자람이 없으며 완벽한 조국이여, 내 사랑의 헌신을.

제9장

모든 시대, 모든 사람을 위하여

미터법 단위는 어떻게
물리적 현실을 초월하고 세계를 정복했을까

자연 법칙은 스스로를 보호할 것입니다. 그러나 오류도
있지요(그는 우리 어머니를 진지하게 바라보며 덧붙였
다). 선생님, 인간의 본성에는 미세한 구멍과 작은 틈 사이
로 오류가 스며듭니다.

　　　　　　　　—로런스 스턴, 『신사 트리스트럼 섄디의 인생과
생각 이야기』*The Life and Opinions of Tristram Shandy, Gentleman*』[1]

하늘을 향한 행진

2018년 11월 습하지만 활기찬 금요일, 나는 왕위 타도를 직접 보기 위해
서 파리 외곽으로 갔다. 기자로 행사에 참석한 나는 오전 내내 수십 개국
에서 온 과학자와 외교관들이 커피를 홀짝이며 "프랑스 혁명 이후 가장
거대한 측정법 혁명"에 대해서 이야기를 나누는 것을 엿들었다. 회의는
베르사유 궁전에서 멀지 않은 극장에서 진행되었다. 혁명을 이끈 시민 집
단인 상-퀼로트sans-culottes가 몰려오기 전까지 루이 16세가 국가의 화신으
로 군림하던 곳이다. 그러나 그날의 문제는 투표로 결정될 예정이었다.

　참석자들의 목표는 마지막 남은 미터법의 물리적 표준인 킬로그램 원
기를 폐위시키는 것이었다. 1799년부터 킬로그램이라는 무게 단위는 파
리에 보관된 금속 덩어리로 정의되었고, 지금의 공식 표준인 국제 킬로그

램 원기는 1889년에 제정되었다. 르 그랑 K라고도 알려진 킬로그램 원기는 우리가 돌아다니는 로비에서 불과 몇 킬로미터 떨어진 지하 금고에 종 모양의 용기에 담겨 삼중으로 봉인된 채 보관되어 있다. 이것이 바로 킬로그램 원기이다. 전 세계에서 측정하는 킬로그램이 바로 이 사물의 무게이다. 옆면이 조금 떨어져 나가기라도 하면 전 세계의 모든 저울을 다시 교정해야 한다. 킬로그램 원기가 사라져야 하는 이유이다.

킬로그램 원기가 있는 금고를 열면, 종 모양의 용기 아래에 거울처럼 광택이 있고 겉면에 아무런 표시가 없으며 한쪽 끝이 비스듬히 잘린 작은 원통이 나온다. 킬로그램 원기는 미터 원기가 지닌 자코뱅파 방식의 단순함을 닮았고, 야금학적 안정성을 유지하기 위해서 특별히 선택된, 당시 가장 내구성 있는 소재였던 백금-이리듐 합금으로 만들어졌다. 매우 높은 밀도로 제작된 탓에 너무 작다는 점이 흠이다. 이것을 집어들면—물론 금지되어 있다—달걀 정도 크기밖에 되지 않아 손안에 쏙 들어가는데 작은 크기에 걸맞지 않은 중력을 아래로 가한다. 우리 대부분은 이 정도 밀도를 지닌 물체를 다루는 데에 익숙하지 않아서, 결과적으로는 킬로그램 원기가 손을 지구 쪽으로 잡아당기는 것처럼 느껴진다. 마치 아리스토텔레스가 영혼을 닮은 물질의 목적성에 대해서 말한 것이 항상 옳다는 듯이 말이다. 킬로그램 원기를 보관하던 전임자가 나에게 말해주었듯이, 이러한 무게는 우리를 갑자기 당황하게 만든다. 그는 "처음 이 추를 집어들었을 때 떨어뜨릴 뻔했다니까요"라며 고충을 털어놓았다.

파리의 지하 금고에 보관된 킬로그램 원기로부터 전 세계의 측정 질서가 시작된다. 킬로그램 사본은 국제 도량형국에서 만든다. 이 기관은 공식적으로 국제 단위International System of Units라고 알려진 미터법 체계를 감독하고, 전 세계의 연구실에 킬로그램 사본을 보내서 고객의 상업용 추를 검증하고 저울을 교정하는 데에 이용하게 한다. 이 추 또는 저울은 철광석에서 살구까지 모든 것의 무게를 재는 데에 사용된다. 각 측정의 유효성은 상업과 산업의 미로를 거쳐 킬로그램 원기가 보관된 금고까지 거슬러 올라갈 수 있다. 킬로그램 원기는 마치 성령처럼 단일하지만 다중적으로 존재하며, 빵을 만들 밀가루를 재거나 체육관 역기를 들어올리거나 톤 단위로 목재를 구매할 때에도 이 르 그랑 K가 보이지는 않지만 저울의 반대편에 놓여 있다. 미국처럼 명목상 미터법을 사용하지 않는 국가에서도 미터법 표준을 이용하여 단위를 정의하고, 실험실과 공장의 중심에서도 모든 것을 정복하는 미터법 체계에 굴복한다. 필시 루이 16세도 당황할 만한 절대 권력이다.

—·——·——·—

그러나 이 습한 금요일 파리에서 킬로그램 원기는 더 이상 이 세상의 것이 아니게 되었다. 측정학 인공물과 미터법을 주제로 만든 케이크가 놓인 로비에 손님과 언론인들이 모여 있었고, 그들 사이에서 나는 친숙하고 반가운 광경을 목격했다. 측정법의 국가적 산실인 미국 국립 표준 및 기술 연구소의 물리학자 슈테판 슐라밍거가 환한 미소를 띠고 둥근 뿔테 안경을 쓴 채 서 있었다.

슐라밍거는 측정학의 수호신 같은 존재이다. 그는 쾌활함과 지식이 넘쳐나는 활기찬 성격으로, 도량형 학계를 난롯가 불을 쬐듯이 편안하게 느낀다. 그는 새로운 킬로그램의 정의를 만드는 데에 협력한 미국 연구진의 핵심 인물이기도 하다. 나는 전에도 그와 대화를 나눈 적이 있었고, 그의 열정과 관대함이 좋았다. 슐라밍거는 나에게 오라고 손짓하며 빠른 독일어 억양으로 나를 불렀다. "제임스, 제임스, 제임스, 이리 좀 와봐요."

슐라밍거가 말했듯이 킬로그램 재정의는 프랑스 혁명과 함께 시작된 역사적인 궤적을 완성하는 일이다. 그는 현대 측정학의 목표가 18세기 프랑스 학자들의 목표와 같다고 말했다. 바로 모든 시대를 위한, 모든 사람을 위한 측정법을 만드는 것이다. 그는 이 점을 강조하기 위해서 팔을 걷어붙이고 문신으로 새겨진 문구 "모든 시대, 모든 사람을 위하여À tous les temps, à tous les peuples"를 보여주었다. 연구진들과 공유한 헌사이다. 그는 나에게 이렇게 말했다. "우리가 이 일을 해내면 다 함께 문신을 새기기로 했죠. 2주일 전에 결국 해냈어요." 이 문구는 측정학의 열망—내구성, 정밀성, 복제 가능성에 대한 열망—을 반영하지만, 과학은 결코 그대로 멈추지 않는다는 근본적인 과제도 암시한다. 오류는 소수점 아래에서 일어나며, 수 세기에 걸쳐 과학적 도구가 점점 정밀해지면서 표준에 대한 요구도 따라서 증가했다. 개선된 망원경 때문에 더 많은 오차를 발견하게 된 18세기 천문학자들의 문제는 오늘날에도 결코 사라지지 않았다.

첫 번째 미터법 단위는 미터를 지구 자오선의 일부로, 그리고 킬로그램을 물 1제곱데시미터의 무게로 정의하여 "자연으로부터" 값을 도출했다.[2] 그러나 값이 일단 설정되어도 단위 자체에 접근할 수 있어야 하고, 그러기 위해서는 어쨌든 결함이 있더라도 물리적 표준이 필요하다. 100년도 넘은 현재의 국제 킬로그램 원기는 잘 보존되어 있었지만 문제는 여전했다. 가장 중요한 문제는 이 원기의 무게가 줄어든다는 점이다. 이 불일치는 약 40년마다 반쯤은 정기적으로 수행되는 계량 행사—전 세계의 국가 표준이 파리에 모여서 르 그랑 K, 그리고 원기의 명예로운 수호자로서 킬로그램 원기와 동시에 주조되어 금고에 함께 보관되고 있는 6개의 복사본 "증인" 세트와 비교하는 작업—도중에 발견되었다.

이 무게 측정은 중세 유럽에서 모든 움직임을 세심하게 살피고 모든 변수를 제어했던 곡물 측정 방법과 비슷하다. 그리고 궁극적으로 방법 자체를 성스러운 의식처럼 만드는 효과가 있다. 성물은 바로 표준이다. 무게를 측정하기 전에는 먼저 꼼꼼히 닦아야 한다. 에테르와 에탄올 혼합액에 적신 사모아 가죽으로 표준을 하나하나 손으로 문지르고 2회 증류한 물의 증기로 세척한다. 국제 도량형국은 어떤 여지도 남기지 말아야 한다는 측정법의 커다란 부담을 감안하여, 공식적인 세척 지침서에 사모아 가죽으로 닦을 때 가할 압력(약 10킬로파스칼)부터 킬로그램 표준과 스팀 청소기 사이의 간격(5밀리미터)까지 모든 단계를 꼼꼼하고 상세하게 설명해두었다. 여과지를 사용해서 남은 물기를 제거하는 방법도 자세히 적혀 있다. "이 작업을 하려면 각 물방울에 종이 가장자리를 대어 물이 모세관 작용으로 종이에 흡수되도록 한다."[3] 측정학 신의 요구를 받들고 근대의 수많은 것을 지탱하는 국제 측정법의 명성을 유지하기 위해서 고안된 세속의식이라 할 만하다.

이 성스러운 임무에도 불구하고—또는 그러한 임무 때문에—킬로그램 원기의 질량이 증인 세트나 여러 국가 표준들의 질량과도 다르다는 사실이 1988년에 발견되었다. 표준들은 더 무거워졌고 킬로그램 원기는 가벼워졌다. 사실 큰 차이는 아니었다. 분명 킬로그램 표준들과의 차이는 평균 50마이크로그램, 지문의 질량 정도에 불과했다.[4] 다른 상황에서라면 눈에 띄지 않을 차이였지만, 이것은 심각한 우려를 일으켰다. 무게가 다르다면 올바른 값은 무엇일까? 질량을 정의하는 물체 자체의 질량을 어떻게 검증할 수 있을까? 전 세계가 합의한 바에 따르면 어쨌든 킬로그램 원기의 무게가 킬로그램이다. 무게가 줄어서는 안 된다는 의미이다. 킬로그램 원기의 무게가 가벼워지면 전 세계의 모든 것이 조금이라도 무거워진다.

다행히 해결책이 있었다. 정밀 조사에 따르면 이러한 변화가 일어난 것이 킬로그램만은 아니었다. 국제 도량형국은 지난 세기 동안, 미터법을 지탱해온 다른 물리적 인공물들을 모두 없앴다. 측정 인공물들은 물질계에 전혀 의존하지 않는 정의로 하나씩 대체되었다. 이제 단위는 물리적 표준에 한정되지 않고, 미터법은 우리가 현실에 내재되어 있다고 믿는 속성인 기본적인 자연상수로 정의된다. 예를 들면 미터는 더 이상 특정한 금속 막대의 길이가 아니라, 빛이 2억9,979만2,458분의 1초 동안 이동한 거리이다. 초는 태양일의 8만6,400분의 1이 아니라, 세슘-133 원자가 91억9,263만1,770번 진동하는 데에 걸리는 시간이다.[5] 물리적 표준은 이러한 척도를 전 세계에 공유하는 데에 여전히 이용되지만, 이론적으로는 전 세계 실험실에서 미터법 단위를 처음부터 정의할 수 있다.

베르사유에서 슐라밍거는 세계의 마지막 물리적 표준을 제거할 수 있다는 생각에 흥분으로 눈을 반짝였다. 그는 이렇게 말했다. "킬로그램을 인공물로 정의하는 한 우리는 이것이 모든 시대를 위한, 모든 사람을 위한 것이라고 말할 수 없게 됩니다. 사람들이 이 킬로그램 원기를 다시 만들 수 없으므로 '모든 사람을 위한' 것이 아니며, 킬로그램이 하나의 사물이고 모든 사물은 달라진다는 점에서 '모든 시대를 위한' 것도 아닙니다. 어느 것도 불변하지 않지요." 이것이 바로 많은 사람이 더 근본적이고 영구적인 무엇인가에 측정학의 뿌리를 내리기 위해서 파리에 모인 이유였다. 슐라밍거는 다가오는 변화를 떠올리며 거의 노래하듯 말했다. "오늘이 바로 그날이라니 믿을 수 없네요. 정말 믿기지 않아요! 우리는 이 어수선함을 초월할 겁니다. 우리는 우주의 구조에 근거해 단위를 만들 겁니다. 말하자면 하늘이지요!"[6]

찰스 샌더스 퍼스 : "조증 허언증"과 "견디기 힘든 허무감"

그러나 하늘을 향한 행진은 역사가 길다. 자연상수를 이용하여 측정 단위를 정의하려는 탐구는 150년도 더 전에 찰스 샌더스 퍼스라는 인물과 함께 시작되었다. 1839년 매사추세츠 주 케임브리지에서 태어난 퍼스는 지식의 역사에 잘 알려진 인물은 아니지만, 그의 연구를 잘 아는 사람들은 그를 칭찬해 마지않는다. 추종자들에게 그는 "미국의 아리스토텔레스", 대륙에서 "가장 독창적이고 가장 다재다능한 지성", 그리고 "지구 역사상 전례 없는" 연구를 창안한 인물이다.[7] 퍼스는 철학자이자 논리학자로 더욱 잘 알려져 있지만 화학자, 공학자, 심리학자, 천문학자, 수학자, 측정학자이기도 했다. 그의 지적 영역은 개인적인 변덕에 따라서 오락가락했는데, 이 변덕이 그의 직업적 야망을 방해하기도 했다. 그는 "조증 허언증에 헛것을 보는 과대망상"으로 불면증에 시달렸고, "견디기 힘든 허무감" 때문에 주기적으로 우울증에 빠졌으며, 사랑하는 이를 멀어지게 하고 적을 날뛰게 하는 거친 성격의 바람둥이였다.[8] 다시 말해서 절제의 힘에는 거의 기댈 수 없는 복잡한 인물이었다.

　개인적인 혼돈과 달리 퍼스에게 동기를 부여한 질문은 매우 단순했다. "우리는 무엇을 알고 있으며, 우리가 그것을 알고 있다는 사실을 어떻게 아는가?"라는 질문이 그의 주요 관심사였다. 그는 미국 최초의 진정한 고유 철학적 전통이라고 할 수 있는 실용주의를 고안하여 부분적으로 이 질문에 답했다. 다른 철학 학파와 마찬가지로 실용주의에도 나름의 그늘과 미묘함이 있지만, 실용주의는 사물이 세상에 미치는 영향으로부터 그 사물의 의미를 발견할 수 있다는 생각으로 가장 잘 요약된다. 퍼스의 친구이자 동료 실용주의자인 심리학자 윌리엄 제임스는 다음과 같이 말했다. "진리가 무슨 의미인지 묻는 궁극의 질문이야말로 실로 진리로부터 영향을 받거나 영감을 얻는 행위이다."[9]

이러한 논지를 퍼스 자신의 삶에 적용하자 엇갈린 결과가 나왔다. 그의 생각은 사회에 큰 영향을 주었지만, 주로 다른 이들의 연구로 조정될 때에만 그랬다. 퍼스는 학문적으로 찬사받지 못했고 외롭게 무일푼으로 세상을 떠났다. 그러나 그는 자신이 세상을 뒤흔들 역작을 남기리라고 확신했다. 나이가 들어 삶을 뒤돌아보던 퍼스는 자신의 치명적인 결점이 자제력 부족이라는 결론을 내렸다. "스스로에 대한 주권을 어떻게 얻어야 할지 몰랐던 나는 몹시 감정적인 사람이 되어 오랫동안 말할 수 없을 만큼 고통을 겪어왔다."[10]

절제의 힘은 링컨 대통령 아래에서 국립과학원 설립을 도우며 전설적인 인물이 된 아버지 벤저민 퍼스까지 거슬러올라간다. 벤저민 퍼스는 아들의 잠재력을 알아차리고 청소년기가 되기 전부터 아들에게 "천재"라는 꼬리표를 붙였다. 그는 아들에게 수학, 논리학, 철학을 가르쳤지만, 무엇보다도 가르치고자 했던 것은 집중력의 힘이었다. 아버지는 저녁부터 새벽까지 카드 문제를 내며 쉬지 않고 아들을 훈련했고, 아들이 실수라도 저지르면 날카롭게 비판했다.[11] 퍼스는 자신의 아버지를 우상화하고 이러

수학자이자 철학자, 도량형학자인 찰스
샌더스 퍼스는 길이의 단위를 자연상수
와 실험적으로 연결한 최초의 인물이다.

한 교훈을 내면화하면서, 자신이 아들을 낳는다면(낳지 않았다) "사람을
동물보다 고결하게 키울 유일한 방법인 자제력"을 가르칠 것이라고 쓰기
도 했다.[12]

　그러나 퍼스는 청년 시절 발병한 신경병증으로 평생 고통을 겪었기 때
문에 자제력을 얻기가 특히 어려웠다. 그는 얼굴과 턱에 무작위로 극심
한 고통을 퍼붓는 3차 신경통을 겪었다. 퍼스는 당시 모두 합법적으로 처
방되던 아편, 모르핀, 에테르, 코카인 혼합물로 이 증상에 대처했다. 너무
많이 사용하기는 했지만 말이다.

　예측이 불가능한 그의 증상은 이해력 없는 동물에게 가한 전기 충격과
도 같았다. 퍼스의 전기 작가들은 이러한 고통이 그의 성격을 오락가락
하게 바꿔 그를 좋아할 만한 사람들을 멀어지게 하고 쉼 없이 연구해야
한다는 연구 윤리를 심어주었다고 추측했다. 고통이 없는 순간에는 모
두 글을 쓰고 생각하는 데에 쏟아야 하는 선물이었다. 그 결과 퍼스는 10

만 쪽이 넘는 원고를 남겼지만, 평생 (별에서 오는 빛을 측정하는 것에 관한) 책 한 권만을 출간했을 뿐이다. 그러나 그는 자신이 만든 철학 체계가 "매우 포괄적이어서 앞으로 오랫동안 인간 이성에 관한 모든 연구는……이 작업의 세부를 채우는 일이 될 것"이라고 확신했다.[13]

소수점 다음의 이야기

퍼스는 첫 직장인 미국 연안조사국에서 측정학에 입문했다. 연안조사국은 토머스 제퍼슨이 1807년에 미국의 물리적 경계를 정의하기 위해서 설립한 과학기관으로, 결과적으로 측정이라는 세계에 얽매여 있었다. 퍼스는 이곳에서 30년 넘게 근무했으며, 도량형국 책임자를 포함하여 다양한 임무를 수행했다. 그는 이 직업이 논리학과 기호학 연구를 방해한다고 생각했지만, 사실 이 일은 그의 과학철학을 발전시키는 데에 결정적인 역할을 했다.

　과학과 산업 모두에서 정밀성이 대명사가 되었던 당시는 측정학 분야를 연구하기에 좋은 시기였다. "측정학"이라는 용어는 1816년에 영어에 처음 등장했고, 철도나 전신 같은 실용적인 발명은 물론이고 열역학이나 전자기학 같은 이론적 발전을 뒷받침하는 분야가 되었다.[14] 물리학자 플로이드 K. 리흐트마이어는 1931년에 지난 세기를 돌아보며, 19세기에 측정이 과학에 미친 영향이 인쇄기가 중세의 정신에 미친 영향과 비슷하다는 점에 주목했다. "19세기 물리학의 놀라운 특징은……단지 더욱 정확성이 높은 데이터를 확실히 얻기 위해서 고안된 정밀한 측정법이 연구의 일부로서 물리학 연구실에 널리 받아들여졌다는 점이다." 그는 「사이언스

Science」에 "소수점 다음의 이야기"라는 글을 실어 이렇게 언급했다. "측정의 정밀성이 확장될 때마다 그 결과로 이론이 크게 수정되거나 새로운 발견이 드물지 않게 등장했다.······이러한 일은 매우 자주 일어나므로······나는 유명한 격언을 인용하여 다음과 같이 결론을 내리겠다. '소수점 다음을 살펴보면 물리학 이론은 저절로 생겨날 것이다.'"[15]

전기의 측정은 이에 관한 분명한 사례이다. 이 연구는 이론적 돌파구를 마련했고 당대 가장 위대한 사람들(제임스 클러크 맥스웰, 마이클 패러데이, 켈빈 경 등)을 매료시켰다. 그뿐만 아니라 상업적, 정치적 요구와도 얽혀 있었다. 전기를 사고팔기 위해서는 전기를 정확하게 측정해야 했고, 전기 저항 단위를 표준화하는 일은 전신선을 만드는 데에 결정적인 역할을 했다. 이러한 측정은 전기의 유지, 관리에 특히 필요했다. 기술자가 주어진 케이블의 길이를 알고 전기 저항을 정확하게 측정할 수 있다면, 약간의 기본 수학을 적용하여 결함이 일어난 위치를 신속하게 찾을 수 있기 때문이다. 반대로 이러한 계산을 할 수 없다면 기술자들은 수백 미터 길이의 케이블을 파거나 철거해야 했다. 전신선에 신호가 끊임없이 흐르게 만드는 일은 기업뿐만 아니라 정치적 통제에도 필수적이었다. 예를 들면 영국령 인도 제국에서는 전신의 힘으로 비교적 적은 수의 군대(약 6만 6,000명의 영국 군인과 13만 명의 인도인)가 2억5,000만 명 이상의 사람들을 통제할 수 있었다.[16] 1857년에 인도 반란이 실패하자, 영국 신문은 영국 기술의 승리를 인정했다. 「타임스」의 한 기자는 이렇게 쓰기도 했다. "전신이 발명된 이후로 오늘날 인도에서처럼 이렇게 중요하고 대담한 역할을 한 적이 없다. 전신이 없다면 총사령관은 병력 절반을 잃은 것이나 마찬가지일 것이다." 나중에 한 영국 관리는 이렇게 선언했다. "영국 전신

회사가 인도를 구했다."[17]

전 세계에서 경쟁하던 두 가지 측정 체계가 19세기 전반에 통합된 것은 우연이 아니다. 미터법은 초기에 프랑스에서 실패했지만, 미터법의 창안 원칙—과학적 중립성과 평등성—은 미터법이 유럽 전역에 퍼지는 데에 도움이 되었다. 부분적으로 미터법의 등장 덕분에 영국은 로마와 앵글로 색슨 시기까지 거슬러올라가는 자체 측정 체계를 정비할 수 있었다. 1824년 영국이 창안한 제국 도량형의 권위는 자연에서 나왔다는 사실이 아니라, 역사상 가장 거대한 제국의 군사력과 경제력으로 보장되었다. 물론 프랑스의 사례에서 교훈을 얻은 영국 정부는 전 세계가 공유할 정확한 물리적인 표준을 만들기 위해서 큰 노력을 기울였다. 야드, 피트, 인치의 값이 과학이 아니라 역사에 기원을 두고 있다고 해서, 이들이 일관성이 없다는 의미는 아니었다.

이러한 관심과 동력으로 "신뢰성, 정확성, 정밀성, 내구성"을 가지는 새로운 표준에 이르며 19세기 측정학은 "전례 없는 안정기"에 도달했다.[18] 그런데 이 체계가 교역과 산업에는 분명히 적합했지만 실험실에서는 결점이 더욱 눈에 띄게 드러났다. 측정 체계의 중요한 측면 한 가지가 여전히 구식으로 남아 있었기 때문이다. 바로, 이집트의 파라오와 메소포타미아 왕처럼 19세기 화학자, 공학자, 지도 제작자도 세계를 측정할 때 물리적 표준에 의존했다는 점이다. 미터나 야드를 만들며 수많은 지성이 투입되어도, 단위의 값은 금속 덩어리로 정의되었고 이 표준은 지구상의 다른 물질처럼 손상되기 쉬웠다.

이러한 상황의 위험성은 1834년에 영국 국회의사당인 웨스트민스터의 옛 궁전이 전소되어 영국의 표준 야드와 파운드가 사라진 사건으로 극적

1834년 영국 국회의사당이 전소되면서 표준 야드와 파운드가 사라졌다. 물리적 표준의 덧없음이 생생하게 드러난 사건이다.

으로 강조되며 입증되었다. 아이러니하게도 이 화재는 고대의 또다른 계산 도구인 탤리 스틱을 폐기하다가 일어난 사고였다. 탤리 스틱은 짧은 나뭇조각에 빗금을 그어 빚진 돈을 표시하는 도구였다. 빗금을 그은 다음 이 나뭇조각을 세로로 갈라 각각 포일foil과 스톡stock이라고 하고 채무자와 채권자가 나눠 보관했다. 나뭇조각을 가르며 생긴 독특한 생김새 때문에 이 기록은 위조 불가능성을 보장할 수 있다(여기에서 "스톡홀더 stockholder[주주]"라는 용어가 나왔다). 영국 정부는 중세부터 회계에 이것을 사용해왔지만 마침내 이 오래된 기록을 없애기로 했다. 수레 두 대에 실린 탤리 스틱을 궁전 지하실에 있는 용광로에서 태웠는데, 불이 번지면서 궁전을 집어삼켰을 뿐만 아니라 나라의 측정 표준도 앗아가버렸다.[19]

1870년 제임스 클러크 맥스웰은 이 문제를 명확하게 설명했다. 한 세기 전의 미터법 창시자들은 그들이 아는 가장 안정적인 토대인 발아래 지구를 기반으로 단위를 설정했다. 그러나 맥스웰은 이러한 방법이 근시안적이라고 말했다. 지구는 "냉각되며 수축하거나, 지구 위에 떨어지는 운석이 켜켜이 쌓이며 커질 수도 있고, 자전 속도가 느려질 수도 있다." 대신 맥스웰은 과학자들이 이번 세기에 새로 발견한 영역을 눈여겨보아야 한다고 주장했다. "완벽하게 영구적인 길이, 시간, 질량 표준을 얻고자 한다면 지구의 크기, 움직임, 질량이 아니라 불멸하고 불변하며 완벽하게 똑같은 분자의 파장과 진동 주기, 절대 질량을 살펴보아야 한다."[20]

맥스웰의 주장은 타당했지만 그는 미터를 정의하는 실제적인 방법은 제시하지 않았다. 사실 당시 많은 과학자들이 이 같은 측정 기반에 회의적이었다. "측정학"이라는 용어를 고안한 수학자 패트릭 켈리는 "자연은 불변의 표준을 거부하는 것 같다. 그래서 과학이 발전해도 어려움이 늘어나거나 훨씬 눈에 띄어 대처할 수 없어 보인다"라고 우려했다.[21] 게다가 영국이 1834년에 측정 표준을 교체했을 때, 표준을 만드는 일을 맡은 천문학자 존 허셜은 표준의 자의적인 성격과 그 고된 작업을 강조했다. "우리의 야드는 순전히 단일한 물질적 사물이며, 여럿으로 세심하게 복제되고 영원히 이어진다. 그리고 이러한 점에서 야드가 마치 그저 하늘에서 떨어졌다는 듯이, 자연에서 온 기원에 대한 모든 언급은 애써 배제된다."[22] 영국인들은 권위를 위해서 과학적 추상화에 기대는 대신 "법칙과 노동"에 의존하는 편을 택했다.[23]

그러나 퍼스는 자연상수를 사용해서 측정 단위를 정의한다는 도전에 활기를 얻었다. 그는 연안조사국에서 진자 실험부를 맡은 이후로 물리적 표준에 오류가 있을 수 있음을 이미 알고 있었고, 이로 인해서 미국 정부가 정한 물리적 표준이 걱정스럽게도 서로 그리고 유럽의 표준과도 다를 수 있다는 사실을 발견했다.[24] 나중에 그는 이렇게 썼다. "과학 쪽에 있지 않은 사람들은 실험실 연구의 정밀성을 매우 잘못 생각하고 있다. 그들은 전기 측정을 제외하면 실험실 측정의 대부분이 커튼을 만들려고 창문 크기를 재러 오는 사람의 정밀도 수준을 넘지 않는다는 사실에 깜짝 놀랄 것이다."[25]

퍼스는 미국 측정학의 전반적인 발전을 도모하기 위해서 프랑스, 독일, 영국으로 떠나 전문가들로부터 배움을 얻었다. 그는 1870년부터 1883년 사이에 표준을 가지고 총 다섯 번이나 대륙을 오가며 맥스웰을 비롯한 당대 최고의 과학자들을 만났다. 작가 헨리 제임스는 파리에서 퍼스와 저녁 식사를 했던 일을 회상하며 형 윌리엄에게 쓴 편지에 퍼스에 대해서 다소 전형적으로 묘사했다. "퍼스는 견딜 수 없이 외로운 독신의 삶을 살았지만 물질적으로는 사치스러웠어. 그는 말 그대로 나와 자기 비서 말고는 안중에도 없더군. 언짢을 때만 아니라면 좋은 친구야. 다른 때는 견딜 수 없는 사람이고."[26]

새로운 기반을 찾아서

그렇다면 퍼스가 대서양 횡단 여객선의 라운지에 앉아 있다고 상상해보자. 그의 앞에는 측지학의 최신 발전을 다룬 한 묶음의 서류가 있고, 옆에 놓인 가죽 가방에는 금속 길이 표준이 들어 있다. 세상을 측정하는 데에 필요한 모든 도구이다. 심지어 그가 타고 있는 여객선도 삶의 불규칙성을 매끈하게 다듬는 측정 능력의 증거이다. 이전 세기에는 미국에서 유럽으로 가는 데에 몇 달이 걸렸다. 범선은 해류와 바람에 밀려 항로를 이탈하고는 했다. 그러나 19세기의 철갑 원양 정기선은 일류 숙박 시설과 고급 음식뿐 아니라 최고의 편의를 제공했다. 바로 신뢰할 만한 출발과 도착 시간표였다. 사람들은 사전에 표를 예약하고 도착 시간을 확인할 수 있었다. 정밀하게 설계된 선박의 증기기관 덕택이었다.

맥스웰이 제안한 빛의 진동수라는 보편적인 상수에 근거해 미터의 길이를 유도한다는 아이디어를 퍼스가 공식화한 것은 이 10여 년의 여행 동안이었다. 퍼스는 회절격자回折格子라는 도구를 사용했다. 회절격자는 수천 개의 선이 조밀하게 새겨진 작은 유리 또는 금속 조각으로, 빛을 구성 파장으로 산란시킨다. CD나 DVD의 뒷면에 비치는 무지갯빛을 본 적이 있다면, 이러한 회절격자의 작동을 본 것이다. CD 뒷면에 데이터를 암호화한, 레이저로 각인된 좁은 이랑과 골짜기는 과학자의 도구에 사용되는 구멍이나 홈과 기능적으로 동일하다. 과학자의 도구에 파인 홈이 더 정밀하게 배열되어 있다는 차이만 있을 뿐이다. 퍼스가 사용한 격자는 최첨단 기술이었다. 이 홈은 정교한 톱니바퀴가 달린 수력 장치로 구동되는 다이아몬드 펜으로 그려졌다. 수작업으로 만들어졌지만 기계 같은 규칙성으로 1센티미터에 6,808개의 평행선을 균일한 간격으로 그을 수 있었다.[27]

전등 아래에 CD를 비추듯이 격자에 일반 빛을 비추면, 빛이 전자기 스펙트럼의 특정 파장에 해당하는 각각의 색상으로 분할되는 것을 볼 수 있다. 그러나 단일한 순수 광원을 비추면 그 파장에 해당하는 점 패턴만 보인다. 광원이 같다면 이 패턴은 일정할 것이다. 퍼스가 자신의 길이 표준을 설정하는 데에 이용하고 싶었던 것이 바로 이 점이었다. 퍼스는 회절격자를 통해서 분할된 빛의 각도를 기록하여 파장을 측정하고, 이를 곱해 미터를 재현했다.

너무나 간단한 방법이었으므로 퍼스는 광원의 불순물과 회절격자의 불일치를 줄이는 정확도 작업만 하면 된다고 생각했다. 퍼스는 1881년 미연안조사국에 제출한 보고서에서 "지금까지 우리의 궁극적인 길이 표준이었던 금속 막대는 아마도 몇 년이 지나면 길이가 변할 것이다. 길이 표준의 계속되는 변화가 야기할 혼선은 이와 연관된 모든 정밀한 측정에 영향을 미칠 것이고, 이러한 혼선이 일어나리라는 점은 너무 명백하여 거부할 수 없다"라고 썼다. 그러나 새로운 정의를 사용하면 미터는 빛 자체로 정의되고, "빛은 자연에서 가장 변하지 않는 것으로 믿을 만한 근거가 있다"라고 그는 주장했다.[28]

———·———·———·———

퍼스의 작업은 그의 실질적인 노력 때문만이 아니라 그가 발전시킨 사실과 과학에 대한 철학 때문에도 흥미롭다. 어느 헌신적인 측량학자도 퍼스만큼 철학에 이토록 영향을 미치지는 못했으며, 그의 생각은 현장의 동기와 요구를 완벽하게 조망했다고 해야 마땅하다. 퍼스는 대서양을 건너는 동안 애초에 프랑스어로 쓴 산문 "신념의 확정"을 영어로 번역하고, 이의 후속작인 "명확하게 생각하는 법"을 쓰며 실용주의 철학의 초석을 놓았다. 나중에 4편의 산문을 덧붙여 "과학 논리에 대한 설명"이라는 제목을 붙이고 「파퓰러 사이언스 먼슬리*Popular Science Monthly*」에 발표했다.

퍼스는 이 글에서 세상의 지식에 도달하는 유일하고 안전한 길은 "과학의 방법"이라고 주장한다. 오만처럼 보일 수 있지만, 그는 여러 면에서 이렇게 말할 자격이 있다. 첫째, 퍼스는 과학의 방법이 과학자만의 영역이 아니라고 말한다. 과학의 방법은 작업장, 범죄 현장, 고고학 발굴 현장 등에서 사실의 수수께끼를 파헤치는 모든 탐구자들이 실행하는 방법이다. 둘째, 퍼스는 과학의 방법이 과학자를 오류에서 벗어나게 해주지는 않는다고 말한다. 그는 과학자도 다른 사람들처럼 오류의 희생양이 될 수 있다고 주장하며, 어떤 이론에 맞지 않는 증거를 무시하거나 중요한 권위자가 이야기했다는 이유로, 들은 것을 그대로 믿는 등 여러 가지 오류의 사례들을 나열한다. 무엇보다도 퍼스는 우리가 세상에서 배울 수 있는 것에 의존하기보다는 거짓 논리와 추론으로 자신을 속이는 경우가 많다고 지적한다. 태양 중심설부터 칼로릭 이론에 이르는 과거의 모든 과학적 "지식"을 살펴보면, 이성적으로 보였지만 훗날 사실과 수치로 반증되었다는 말이다. 퍼스는 이러한 사고가 탐구를 "취향 개발 같은 것"으로 만들어버린다고 비판하며 모든 취향은 한때 유행했다가 지나간다고 말한다.[29]

퍼스는 신뢰할 수 있는 정보를 생성하는 유일한 방법은 실험과 관찰뿐이라고 생각했다. 그는 논리와 수학의 추상화에 정통했지만, 진리는 손과 눈으로 만드는 것이라고 단호하게 주장했다. 그는 세심한 측정을 통해서 플로지스톤의 존재를 반증하고 저울과 증류기를 "사고의 도구"로 만든 라부아지에 같은 과학자들을 칭송했다. 퍼스는 라부아지에가 이 방법으로 "말과 상상 대신에 실제 사물을 다루면서 추론이라는 개념을 잘 살피며 수행해야 하는 것으로 새롭게 창안했다"라고 말했다.[30] 특히 퍼스는 이러한 작업이 다른 사람의 검증을 받아야만 성공할 수 있었다는 점을 강조했다. "혼자만의 경험이라면 한 사람의 경험은 아무것도 아니다. 다른 사람이 볼 수 없는 것을 본다면 우리는 그것을 환각이라고 부른다." 퍼스는 연구진의 일원으로 작업하여 결과를 모으고 비교해야만 "사고의

임의적이고 개인적인 특성을 분쇄할" 수 있다고 썼다.[31]

퍼스는 1903년에 일련의 강의에서 서술과 정확성에 대한 열망을 놀라운 솜씨로 보여주었다.

> 화학 교과서에서 리튬의 정의를 찾아보면, 원자량이 7에 아주 가까운 원소라고 적힌 것을 볼 수 있을 것입니다. 그러나 저자가 좀더 논리적이라면 다음과 같이 말할 것입니다. "유리질에 반투명하며 회색 또는 흰색을 띠고, 매우 단단하고 부서지기 쉽고 불용성인 광물 중에서 무광 불꽃에 그슬리면 진홍빛 색조를 띠는 광물을 찾아보면, 이 광물은 석회나 탄산바륨 삼산화비소로 분해되고 융합되며 염산으로 일부 용해될 수 있다. 그리고 이 용해된 액체를 증발시키고 잔류물을 황산으로 추출해 적절히 정제한 후에 일반적인 방법으로 염화물로 변환하면 고체 상태의 융합물을 얻을 수 있고, 이를 6개의 강력 전지로 전기 분해하면 석유에 뜨는 분홍빛 도는 은빛 금속의 구체를 생성한다. 이 물질이 리튬 시료이다."[32]

그러나 인간의 사고와 특성에 대한 퍼스의 철학을 이야기하려면 마지막 한 줄이 더 필요하다. 그리고 이것이 아마도 무엇보다 그의 가장 중요한 믿음일 것이다. 즉, 지식은 궁극적으로 불확실하다는 점이다. 바로 그가 "오류 가능주의fallibilism"라고 이름 붙인 신념이다.

퍼스의 오류 가능주의란 인생에 의심의 여지가 없는 사실은 없다는 믿음을 의미한다. 우리의 감각이라는 기본적인 증거부터 가장 정교하고 엄격하게 검증되고 명백하게 흠잡을 데 없는 과학적 이론에 이르기까지, 우리가 믿는 모든 것은 틀렸다고 입증될 가능성이 있다. 오류 가능주의라는 신념은 우리가 확실하게 알 수 있는 것은 아무것도 없다고 주장하는 회의론자의 접근방식과는 다르다. 우리가 사물을 안다고 믿는 것은 전적으로 괜찮지만(사실 이러한 태도는 삶에 필수적이다) 동시에 완전히 틀릴 수도 있다는 가능성을 열어두어야 한다는 주장이다.

퍼스는 이 오류 가능주의라는 신념이 받아들이기 어렵거나 그 자체에도 논쟁의 여지가 있어야 한다고 생각하지 않았다. 그는 "우리가 과학에서 아무것도 확신할 수 없다는 사실은 고대의 진리이다"라고 지적했다. 그러나 그의 믿음과 성격에 오류 가능주의가 중심을 차지했다는 점은 여전히 놀랍다. 불교 신자가 세속의 덧없음을 받아들이는 것처럼, 퍼스는 오류 가능주의를 받아들였다. 오류 가능주의는 세상의 진리를 배우기 위한 전제조건이자 그의 영혼을 자극하는 열정이었다. 그는 이렇게 썼다. "사실 잘못을 돌아보는 오류 가능주의를 벗어나서, 지식의 실제성에 대한 큰 믿음과 무엇인가를 찾아내고자 하는 강렬한 열망을 결합해보면, 나의 모든 철학은 언제나 성장하는 듯이 보인다."[33] 어린 시절 아버지로부터 변함없고 확고한 집중력의 이점을 배운 이에게 계속 경계심을 유지하게 했던 것은 끊임없는 오류의 위협이었으리라.

퍼스는 측정이 정밀하지 않다는 점을 경험하면서 세상은 부정확함으로 가득 차 있으며 진리에 대한 견고한 기초를 세우려는 최선의 시도조차 깨지기 쉽고 실패하기 쉽다는 견해를 확고히 했다. 그는 미출간된 한 원고에서 "우리는 어떤 것도 절대적으로 확신할 수 없으며 측정에서 정확한 값을 알아낼 수 있다는 어떤 가능성도 확신할 수 없다"라고 한탄했다.[34] 사실에 대한 깊은 열망과 오류 가능성의 용인이 결합된 이러한 태도 덕분에 퍼스는 측정학의 수호성인에 한층 더 가까워졌다. 자신의 성격과 연구를 통해서 대상의 핵심으로부터 심오한 대립을 포착하는 인물이 된 것이다. 사실 우리는 더 많이 측정할수록 더 많은 실수를 발견한다. 진실에 의존하려고 할수록 우리가 설정한 가정의 부적절함이 더 많이 드러난다. 우리가 가진 지식과 장비를 계속 밀어붙이다가는 마침내—뚝!—연필이 부러지고, 유리가 깨지고, 선이 끊어진다. 그러면 우리는 손과 눈으로 우리의 지식을 처음부터 다시 만들기를 바라며 다시 허공을 맴돌게 된다.

마이컬슨과 몰리의 미터

빛을 이용하여 미터를 정의하려는 퍼스의 노력에서 분명한 진실은 그가 실패했다는 사실이다. 그의 예상대로 오류 가능성이 있었다. 그는 자신의 작업에 대한 메모와 요약된 원고를 내놓았지만 스스로 흡족하거나 발표할 만한 엄격한 정의를 내놓지는 않았다. 그러나 그 덕분에 또다른 이들은 자신의 과학철학에 충실한 퍼스의 방법을 채택하고 개선하여 미터법을 재정의했을 뿐만 아니라 물리학에 혁명을 일으켰다.

19세기 말까지 많은 과학자들은 물리적 세계의 기본 작동방식을 어느 정도 결정했다고 보고 만족스러워했다.[35] 맥스웰의 전자기학은 전기, 자기, 빛을 하나의 일관된 체계로 통합했다. 그러나 뉴턴의 역학이 여전히 운동, 관성, 운동량의 세계를 지배하고 있었다. 물론 둘을 느슨하게 엮을 수는 있었지만 몹시 힘든 일이었다. 미국의 물리학자 앨버트 A. 마이컬슨은 1894년에 다음과 같이 지적했다. "대부분의 기본 원리는 굳게 확립된 것 같다.……물리학의 진리는 소수점 여섯째 자리에서 찾아야 한다."[36]

마이컬슨은 자기 스스로의 조언에 따라서 당시 일반적으로 받아들여진 진리였던, 마치 파도가 바다를 지나가는 것처럼 빛이 통과한다고 본 이론적인 매질 "발광 에테르luminiferous ether"의 존재를 증명하기 시작했다("발광"은 "빛을 지니다"라는 의미이고, 고대 그리스로 거슬러올라가는 "에테르"는 하늘을 구성하는 액체도 공기도 아닌 희박한 매질을 말한다). 당시 물리학자들은 빛이 입자가 아니라 파동이라고 상당히 확신했으므로, 공기를 통해서 소리가 이동하듯이 빛이 확산되려면 매질—에테르—이 필요하다고 추론했다. 퍼스가 그토록 경계했던 바로 그 "상식적인" 추론이었다.

마이컬슨과 그의 동료 에드워드 몰리는 에테르의 존재를 감지하기 위해서 매질이 빛의 속도에 미치는 영향을 측정하기 시작했다. 1887년 두 사람은 마이컬슨이 발명한 간섭계라는 장치를 이용하여, 광선을 분할하고 서로 직각으로 세워진 한 쌍의 거울에 반사시켜서 분할된 그 빛을 단일 광선으로 재결합했다. 두 광선이 분할되면서 같은 속도로 이동한다면, 파장이 서로 완벽하게 정렬되어 일련의 동심원 같은 밝고 어두운 "간섭 무늬"를 만들 것이다. 그러나 에테르가 존재한다면, 지구가 태양을 공전하면서 이른바 에테르 바람이라는 평행 방향의 항력抗力을 생성할 것이므로, 이 바람이 두 광선 중 하나의 속도를 늦춰 무늬에 변화를 일으킬 것이다. 마이컬슨은 훗날 딸에게, 경주하는 두 명의 수영 선수로 광선을 비유하며 실험을 설명했다. "한 사람은 물살을 거슬러갔다가 돌아오고, 다른 사람은 같은 거리를 그냥 건너갔다가 돌아온다고 생각해보자. 강에 조류가 있다면 두 번째 사람이 항상 이기겠지."[37]

그러나 실험에서는 아무것도 발견되지 않았다. 조류도, 지연도, 결과적으로는 에테르도 없는 것으로 나타나자 마이컬슨과 몰리는 몹시 당황했다. 그러나 에테르라는 존재의 반증은 그 자체가 매우 중요한 발견이었고 훨씬 더 중요한 돌파구로 이어졌다. 결과적으로 두 사람의 연구는 종종 "역사상 가장 유명한 실패한 실험"으로 언급된다.

그런데 에테르가 없다는 중요한 결론을 내리기 전에, 마이컬슨과 몰리는 아마도 실패에 대한 위안으로 삼고자 간섭계를 이용해 미터 자체를 측정하는 것으로 실험 목표를 수정했고, 간섭계로 생성된 빛의 "간섭 무늬"를 셈하여 미터의 길이를 정의했다. 실험을 한 같은 해에 두 사람은 「나트륨광의 파장을 실제적이고 실용적인 길이 표준으로 삼는 방법에 대하여」라는 논문을 발표했다. 이 논문에서 두 사람은 퍼스가 빛을 이용해 미터를 정의하려는 "실제적인 최초의 시도"를 했음을 인정하면서도, 이어 "퍼스가 달성한 정확도 수준은 5만 분의 1 또는 10만 분의 1보다 더 크지는 않았다"라고 언급했다.[38] 이후 수십 년 동안 또다른 과학자들이 광선으로 훨씬 더 규칙적인 간섭 무늬를 만드는 새로운 방법을 발견하면서 이들의 방법은 더욱 정교해졌다. 이 방법은 전 세계의 길이 측정에 대한 사실상의 표준이 되어 모든 고정밀 작업에 적용되었다. 그리고 마침내 1960년 국제 도량형국은 "자연스럽고 파괴할 수 없는" 표준에 기반한 최초의 단위를 채택하고, 크립톤 램프에서 방출된 빛이 "진공에서 이동하는 파장의 165만763.73배에 해당하는 길이"로 미터를 공식적으로 정의했다.[39]

미터 이야기는 여기에서 끝나지 않는다. 마이컬슨과 몰리의 실험은 에테르의 존재를 반증하면서 물리학의 기초에 균열을 일으켰다. 이 문제가 해결된 것은 무엇보다도 1905년 알베르트 아인슈타인의 특수 상대성 이론과 그의 유명한 공식 $E = mc^2$이 포함된 4편의 논문이 발표된 후였다. 아인슈타인의 특수 상대성 이론에는 두 가지의 주요 가정이 있다. 첫째, 관찰자가 일정한 속도로 움직이는 한 물리 법칙은 변하지 않는다는 점이다. 둘째, 빛의 속도는 관찰자가 얼마나 느리게 혹은 빠르게 움직이든 일정하다는 점이다. 아인슈타인의 이론은 매우 대담하고 매혹적인 방식으로 공간과 시간을 엮으며 19세기에 확실해 보였던 것들을 처음부터 다시 생각하도록 만들었다. 또한 마이컬슨과 몰리의 실험에서 발견된 문제도 해결했다. 아인슈타인은 나중에 상대성 혁명의 토대를 마련한 것은 두 사람의 실험 결과와 후속 분석이었다고 언급했다. "마이컬슨-몰리 실험이 우리를 몹시 당황하게 만들지 않았다면, 아무도 상대성 이론을 (꽤 괜찮은) 구원으로 여기지 않았을 것이다."[40]

20세기 과학 이야기를 보면, 물리학의 미래가 소수점 여섯째 자리를 확인하는 데에 있다는 마이컬슨의 논평은 종종 오만하다고 여겨졌고 때로는 선견지명이 부족하다고 조롱당하기까지 했다. 그러나 그가 완전히 틀리지는 않았다. 물리학의 미래는 **분명** 소수점 아래에서 발견되었다. 다만, 갈릴레오 이후로 우주에 대해서 가장 거대한 과학적 재평가의 기반을 마련한, 빛의 속도 측정과 관련된 이 실험으로 드러난 물리학의 미래가 그저 모두가 예상한 대로는 아니었던 것뿐이다.

이러한 행운은 궁극적으로 측정학에도 도움이 되었다. 아인슈타인에 의해서 빛의 속도가 우주 전반에 걸쳐 일정하다고 설정되면서, 1983년에는 미터를 다시 한번 정의할 수 있었다. 미터는 "빛이 진공 상태에서 2억 9,979만2,458분의 1초 동안 이동한 거리"로 고정되었다.[41] 그리고 빛의 속도 자체는 길이 단위를 참조해서만 측정할 수 있으므로, 이 정의는 미터의 길이뿐만 아니라 **빛의 속도**도 고정한다는 의미가 된다. 이러한 말은 미터로 정의되는 빛의 속도 자체를 이용해서 다시 미터를 정의한다는 순환론처럼 보인다. 그러나 이러한 시각은 단위에 대한 인식론적 기초를 금고에 보관된 금속 막대에서 우주 전체에 걸쳐 일정한 무형의 값으로 옮긴다. 미터법 이야기를 맺는 상당히 놀라운 결말이다. 200년도 더 전에 전쟁과 혁명의 한가운데서 교회 첨탑과 언덕 꼭대기에 올라 선을 그은 두 명의 과학자가 처음 측정해서 만든 단위가 미터이며, 미터는 정치적 평등의 새로운 이상을 상징하고 뒷받침한다고 생각되었다. 이제 미터는 불변하고 절대적인 빛 자체를 이용하여 다시 만들어졌다.

킬로그램이 죽었다, 킬로그램이여 영원하기를

베르사유의 화려한 극장 무대에서 과학자 윌리엄 필립스가 측정학에 대한 찬사를 노래하고 있었다. 그는 이렇게 말했다. "미터의 정의는 훌륭하고 아름답습니다." 그리고 오늘날 과학자들은 "킬로그램에도 이러한 아름다움"을 가져오고 있다.

필립스는 노벨 물리학상 수상자이자 NIST의 측정학자이다. 키가 크고 쾌활하며 단정한 흰 수염과 푸근한 체구를 가진 덕에 마치 크리스마스가 아닌데 변장하고 등장한 산타클로스 같다. 그는 무대에서 관객들에게 킬로그램이 오늘날에 처한 완전히 말도 안 되는 상황을 설명하며 즐거움과 열정에 넘쳐 펄쩍펄쩍 뛰었다. "한번 생각해보세요. 지금 21세기의 질량 단위가 18세기에 만든 사물을 바탕으로 19세기에 만든 금속 조각이라니요." 그는 짐짓 두려운 척하며 이렇게 선언했다. "이 수치스러운 상황을 반드시 바로잡아야 합니다!"

그러나 어떻게 고칠까? 미터의 길이는 빛의 속도와 연관되며 물질 세계에서 사라졌다. 따라서 필립스는 킬로그램 자체에도 상수가 필요하다고 주장했다. 측정학자와 물리학자들은 수십 년에 걸친 고된 연구 끝에 한 가지를 발견했다. 빛의 속도인 c를 보완하는 역할을 하는 상수이다. 슐라밍거의 말대로라면 "빛의 속도가 '양'이라면 이 상수는 '음'이다." 바로 플랑크 상수 h이다.

이렇게 생각해보자. 빛의 속도는 가장 넓은 범위에서 우주를 정의한다. 빛의 속도는 실제 속력의 한계이다. 우리는 빛의 속도보다 더 빨리 움직일 수 없으며, 따라서 빛의 속도 이상으로 정보를 전송할 수 없다. 즉, 빛의 속도를 초과할 수 없다는 의미이다. 반면, 플랑크 상수는 소립자에서 가능한 한 가장 작은 운동을 설명하면서 실제의 하한선을 정의한다. 이보다 더 아래로 내려갈 수 없다는 의미이다. 빛의 속도가 은하, 블랙홀, 별들 사이의 공간 사이에 상한선을 설정한다면, 플랑크 상수가 포함하는 영역은 원자, 전자, 그리고 아원자 세계를 위한 깊은 심연이다.

플랑크 상수의 발견은 양자역학을 이해하는 기초로, 마이컬슨과 몰리의 유명한 실패에 뒤이은 혁명이었다. 여기에서 "양자quantum"는 우리가 알고 있는 실제가 양자화되거나 부분으로 나뉜 것처럼 보인다는 사실을 뜻한다. 단순한 사실이지만 이것이 모든 양자 이론의 기초이다. 우주의 가장 작은 현상—광자의 움직임, 질량이 0인 빛의 입자 등—을 최대한 확대해서 살펴보면, 독립된 단위로 관찰된다는 의미이다. 즉, 광자의 에너지를 측정하면, 그 결과가 연속체로 존재하는 것처럼 무한히 가변적이지 않고, 사다리의 가로대로 나뉜 것처럼 독립된 범주로 분류된다. 플랑크 상수는 이 가로대 사이의 거리를 정의한다.

더 실용적인 의미에서 본다면 플랑크 상수도 놀라울 정도로 작다. 플랑크 상수는 이론적으로 가장 작은 길이, 질량, 온도를 정의하는 데에 사용할 수 있다. 이 값으로 보면 우리가 아는 이런 것들의 특성은 사라지고 더이상 현실적인 설명으로는 이해할 수 없게 된다. 예를 들면 가장 짧은 길이는 플랑크 길이로, 수치적으로는 1.6×10^{-35}미터로 표시할 수 있다. 즉, 플랑크 길이는 너무 짧아서 원자를 지구의 크기로 확대해도 1플랑크 길이는 지금의 원자보다도 작다.[42] 우리가 아는 한 플랑크 길이는 세상에서 가장 작다. 이것이 우리가 양자 우주에 관해서 이야기하는 이유이다. 현실에는 분명히 더는 나눌 수 없는 바닥이 있다. 이러한 현상을 생각하는 일은 너무 어렵고 거시적 세계에서 배운 모든 직관에 반하지만, 사실 양자역학과 그 의미를 이해하는 일은 불교의 선문답을 곱씹는 것과 비슷하다. 여기에 필요한 것은 지능 자체가 아니라 수용이다.

상당히 불안하기는 하지만 플랑크 상수 역시 측정할 수는 있다. 실제로 플랑크 상수는 여러 방법들로 측정될 수 있는데, 이는 아무리 그럴 법하지 않더라도 우리가 플랑크 상수에 부여하는 값이 올바르다는 사실을 시사한다. 킬로그램의 재정의에도 이러한 방법 중 하나인, 키블 저울Kibble balance이라고 알려진 도구의 도움을 받았다.

키블 저울은 공상과학 B급 영화 세트장에서 가져온 소품처럼 보인다. 빅토리아 시대 고아들의 손으로 돌렸던 초기 증기기관을 가져와 강철과 크롬으로 재건한 것 같다. 거대한 중앙 바퀴와 두 개의 접시저울이 있고, 지지대, 와이어, 밸브, 파이프로 구성된 지지틀로 둘러싸인 이 장치는 사실 아주 정교하고 인상적이다. 그러나 일반적인 저울이 단순히 두 물체에 가해지는 중력의 균형을 맞추어 한 물체에 대한 다른 물체의 무게를 측정하는 반면, 키블 저울은 물체의 무게를 전자기력으로 측정하므로 측정된 값의 규모가 매우 정밀하다. 실제로 키블 저울은 진공 상태에서 작동할 정도로 정밀해서, 저울을 작동하는 기술자가 지구를 공전하는 달의 위치 변화 때문에 발생하는 중력 변화까지 고려해야 할 정도이다.

키블 저울이 플랑크 상수를 이용하여 킬로그램을 정확하게 측정하는 방법을 설명하기는 까다롭지만 두 가지 간단한 식으로 설명할 수 있다. 첫 번째는 이 장에서 이미 살펴본 $E = mc^2$이다. 여기에서 E는 에너지, m은 질량, c는 빛의 속도이다. 두 번째는 덜 알려졌지만 앞선 공식과 마찬가지로 물리학에는 기본적인 공식이다. 이 공식은 양자 세계를 설명하는 데에 사용된 최초의 적합한 공식이기도 한 $E = hv$이다. 여기에서 E는 에너지이며 v는 진동수("브이[v]"가 아니라 그리스 소문자 뉴[nu]이며, f로도 표시한다)이고, h는 우리의 오랜 친구 플랑크 상수이다.

여기에서 두 식이 어떻게 겹치는지 알 수 있다. $E = mc^2$은 빛의 속도만 알면 질량을 에너지로 측정할 수 있음을 나타내고, $E = hv$는 플랑크 상수 h만 알면 모든 전자기파의 특징인 진동수로 에너지를 측정할 수 있음을 나타낸다. 두 식의 양변을 조금 조작하면 새로운 공식 $m = hf / c^2$가 나오고, 이 식을 통해서 질량(m)을 정의할 수 있다. 이 새로운 공식에 따라서, 키블 저울이 전기력으로 무게를 정밀하게 측정하여 계산하는 것이다. 최종 결과는 미터를 빛의 속도로 고정한 것과 비슷하다. 두 경우 모두 상수가 존재하지만, 이를 측정하는 데에는 어느 정도 불확실성이 있다. 그러나 킬로그램이든 미터든 단위를 측정하면 이후 계산할 상수도 고정할 수 있다. h와 c라는 음양의 본질에 대해서도 마찬가지이다. 빛의 속도인 299,792,458m/s라는 거대한 숫자 대신에, 플랑크 상수는 이에 준하는 작은 값인 $6.62607015 \times 10^{-34}$J-s, 즉 0.6줄-초joule-second의 1조 분의 1조 분의 10억 분의 1이라는 값을 가진다.[43] 이해를 돕기 위해서 1줄-초를 대략 사과 하나를 1미터 높이로 들어올리는 데에 필요한 에너지의 양이라고 보자. 그 값의 0.6줄-초의 1조 분의 1조 분의 10억 분의 1이라는 값을 상상해보자. 우주는 말 그대로 이보다 작을 수는 없다.

—·——·——·—

필립스는 킬로그램의 재정의에 대한 설명을 마치며 작업에 참여하는 과학자들을 일으켜세워 인사하도록 한다. 그는 동료들을 호명하며 관객들에게 박수를 보내달라고 한다. "키블 저울을 연구하고 계신 분들, 일어나주세요! 전기 표준을 연구하고 계신 분들, 일어나주세요!" 필립스가 호명하면 세계 곳곳의 연구실에서 온 사람들이 조심스럽게 일어난다. "양자 표준을 연구하는 클라우스, 일어나주세요! 울리히, 일어나주세요! 모두 모두, 일어나주세요!" 필립스가 외친다. 더 많은 측정학자를 지목하고 곳곳에서 수십 명의 남녀가 일어난다. 관객들의 거센 박수가 점점 더 힘을 모아 극장 안을 폭풍처럼 휘젓는다.

나 같은 외부인이 보기에는 우리가 정확히 무엇에 박수를 보내는지 명확하지 않다. 현대 측정학의 어려움에는 다양한 분야의 명백히 불가사의한 최신 연구가 연관되어 있다. 그리고 많은 사람들이 베르사유에서 나에게 말했듯이, 킬로그램의 재정의가 계획대로 진행되어도 아무도 그런 일이 일어났는지조차 알지 못할 것이다. 그런데도 베르사유의 압도적인 자부심은 억누를 수 없이 무지의 모든 장벽을 허물고 있다. 퍼스가 자신의 철학에서 분명히 밝혔듯이 세상은 오류와 부정확함으로 가득 차 있지만, 우리는 공동의 노력과 끈질긴 의사소통으로 타고난 이 오류 가능성을 극복할 수 있다. 오늘날 어떤 통화나 언어보다도 전 세계 국가에서 공용어로 널리 받아들여지는 미터법은 이러한 작업의 기초이다. 무대에서 필립스는 측정학의 창립 목표를 상기시킨다. "그래서 오늘날 우리는 그 혁명적인 꿈, '모든 시대, 모든 사람을 위하여'라는 꿈을 실현하는 데에 더욱 가까워졌습니다."

박수가 끝나고 킬로그램의 새로운 정의를 인증하기 위한 투표가 진행되면서 나는 이 신조가 과연 얼마나 현실적인지 궁금해졌다. 키블 저울은 어쨌든 엄청나게 비싸고 기술적으로 작동하기 어렵다. 이론적으로는 언제 어디에서나 킬로그램을 처음부터 다시 만드는 데에 이 새로운 방법을 이용할 수 있지만, 실제로 그렇게 할 수 있는 자원과 전문가를 갖춘 국가는 소수에 불과하다. 이것이 정말로 모든 사람을 위한 정의일까? 분명 혁명가들이 의미하는 방식은 아닐 것이다. 물론 당시에도 전제에 오류가 있기는 했다. 지구의 자오선을 측정하기 위해서 7년 동안 프랑스를 횡단한 여행은 반복되기 어렵다는 점에서 부분적으로는 유용했다. 그런 측정은 다른 이들이 도전할 수 없는 단 한 번뿐인 결과를 낳았고, 결과적으로 그렇게 생긴 미터의 권위는 어느 정도 그것을 만드는 데에 소요된 시간과 노동에 달려 있었다.

현대 철학자 브뤼노 라투르는 이 과정을 "블랙박싱blackboxing"이라고 부른다. "과학적, 기술적 작업이 그 자체의 성공으로 인해서 보이지 않게" 되는 방식을 의미한다. 과학적 지식이 블랙박스가 된다는 것은 우리가 그것을 만든 맥락을 버린다는 의미이다. 우리는 실험에서 핵심적인 부분인 인간의 오류, 대안 이론, 보이지 않는 실수를 무시하고, 불확실성을 모두 제거해 작업에 투입된 것과 그 결과만을 남긴다.[44] 나머지는 모두 블랙박스에 숨겨져 있다. 이 과정은 연구의 혼란과 우연성을 제거해 결과가 단일하고 객관적으로 보이도록 만들며 과학의 권위를 강화한다. 또한 논쟁의 여지가 있거나 자의적인 결정을 숨기며 과학적 과정에 대한 비판을 모호하게 만든다. 기후 변화를 논하는 토론에서 관계자들이 지구의 온도 상승을 섭씨 2도 미만으로 제한해야 할 필요성을 어떻게 강조했는지 생각해보자. 이 온도는 분명 다소 자의적인 수치이며 이와 관련하여 예상되는 결과도 분명하지 않다. 상황이 조금 나아질 수도 있고 훨씬 더 나빠질 수도 있다. 이 과정을 블랙박스화하면 정책 입안자에게나 공개 토론에는 명확한 목표가 생기지만, 동시에 지구의 미래에 놀라운 진리가 숨겨져 있다고 믿는 음모론자나 "회의론자"에게도 구실이 될 탄약을 주게 된다.

측정의 세계에서 킬로그램의 정의를 블랙박스화하는 일은 사람들의 삶에 영향을 미치는 영역으로부터 일반 사람들을 차단하는 퇴보로 보일 수 있다. 이러한 일은 반미터법 운동가들에게 동기를 부여했던 일종의 소외이며, 누구든 자기 손과 눈으로 측정 단위를 확인할 수 있게 한 중세의 피에트레 디 파라고네와도 정반대이다. 그러나 측정의 정밀성이 증가하고 그에 따라 모호함 역시 늘어나는 것은 과학과 산업이 융합하면서 생긴 직접적인 결과로, 오늘날 세계가 주는 이점의 전조이자 산물이다. 그리고 지금의 안락함을 위해서 우리가 맺은 협상이기도 하다. 혜택이 유지된다면 측정 단위가 어떻게 정의되든 누가 신경이나 쓰겠는가? 이러한 상황을 판단하는 한 가지 공정한 방법은 퍼스의 실용주의 철학을 이용하는 것이다. 퍼스는 "너희는 그 열매를 보아 그들이 어떤 사람인지 알게 된다"는 예수의 가르침을 인용하여 주장한 바 있다.[45] 여기에서 현대 측정의 열매는 좋든 나쁘든 현대 세계의 열매이다.

베르사유에서는 모두의 예상대로 청중 투표가 승인되었고, 이듬해 킬로그램의 공식 정의가 변경되었다. 측정학자들의 희망대로 뉴스를 놓친 사람은 아무도 이 변경을 눈치채지 못했다. 그들의 연구는 보이지 않는 학문이며, 일반인이 보기에는 소수점 끝자리에 숨겨져 있다. 그러나 현대 측정의 세계와 이를 통한 인간 이해의 최전선은 바로 이 불확실한 숫자에 달려 있다.

제10장

관리되는 삶

현대 사회에서의 측정의 위치,
그리고 우리 자신의 이해와 측정

세상을 통제할 수 있다는 생각과 희망, 욕구는 "근대"라는 생활 양식을 이끄는 문화적 힘이다. 그러나 우리는 통제할 수 없는 것을 마주하는 순간에야 비로소 세상을 경험한다.

　　—하르트무트 로자, 『통제불능 세계*Unverfügbarkeit*』[1]

표준 땅콩버터와 염소 처리된 닭고기

현대 생활에서 측정의 중요성을 보여주는 사례가 있다면, 단연 표준 땅콩버터일 것이다. 표준 땅콩버터는 미국 국립 표준 및 기술 연구소NIST의 작품으로, 170그램짜리 병 3개의 가격이 무려 927달러이다. 이처럼 터무니없는 가격이 매겨진 이유는 희귀한 성분이 들어가거나 제조 공정이 복잡해서가 아니라, 각 병에 든 내용물을 엄격하게 분석했기 때문이다. 표준 땅콩버터는 냉동, 가열, 증발, 감화鹼化 과정을 거치면서 다각도로 측정된다. 그 결과 표준 땅콩버터를 구매한 사람은 한 숟가락에 담긴 탄수화물, 단백질, 당, 섬유질의 비율뿐만 아니라 수십 가지 유기 분자와 미량 원소의 함유량을 밀리그램 단위까지 정확하게 알 수 있다. 여기에는 구리, 철, 마그네슘 같은 익숙한 원소는 물론이고, 도코사노산, 에이코사노산, 테트라데카노산 같은 낯선 분자도 들어 있다. 어떤 원소도 정밀 조사를 피할 수 없으므로 이 표준 땅콩버터는 세상에서 가장 완벽하게 성분이 파악된 땅콩버터라고 할 수 있다. 게다가 설컹거리지 않고 부드럽다.

표준 땅콩버터는 NIST가 업계와 정부의 요구에 부응해 개발한 1,200종이 넘는 표준 참고물질 중의 하나이다. 현대 계량학의 경전이라고 할 수 있는 이 표준 참고물질 목록은 우리 삶에서 드러나지 않는 측정의 중요성을 증언한다. 새로운 디젤 엔진의 배출량이나 고출력 레이저용 유리의 광학적 성능 등 무엇인가를 검정하고 인증하고 교정해야 한다면, 표준 참고물질 목록에서 비교 분석할 표준품을 얻을 수 있다. 표준 참고물질 대부분은 건설업에 사용되는 콘크리트나 철 시료, 혹은 식품업자가 사용하는 데쳐 으깬 시금치나 코코아 분말처럼 평범하다. 그러나 어디에서 왔는지 알 수 없는 수상한 물질도 있다. 예컨대 정제 원소 주괴나 가압 기체 따위도 촘촘하게 등급별로 구분된 혼합물이나 화합물 상태로 얻을 수 있다. 너무 열성적인 담당자가 세상에서 가장 특이한 물질까지 표준화하려는 일념으로 창조한 듯한 물질도 있다. 생활 폐기물(2781번), 고래 지방(1945번), 방사성 인간 폐 분말(4351번)은 어떤가.

그러나 이러한 물질들에도 나름의 목적이 있다. 환경기관은 공장에서 나오는 오염물 수준을 점검할 때 표준 생활 폐기물을 참고물질로 이용한다. 표준 고래 지방은 과학자들이 축적된 해양 화학물질을 추적할 때에 도움이 된다(고래는 해양 먹이사슬의 정점에 있으므로, 고래 지방은 이러한 측면에서 특히 유용하다). 한편 표준 방사성 인간 폐 분말은 사람의 방사성 물질 피폭량을 계산할 때에 기준이 된다. 이 물질은 냉전 시대의 핵전쟁 공포로부터 나온 부산물이자 이에 대한 대응인 한편, NIST가 얼마나 독창적으로 측정학적 기준을 탐구하는지를 보여주는 사례이기도 하

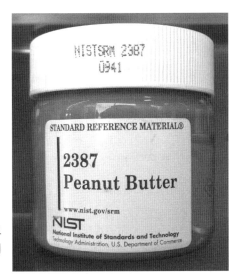

NIST의 표준 참고물질 목록에는 고래 지방, 방사성 인간 폐 분말, 그리고 땅콩버터도 있다.

다. 이 시료는 원자폭탄이 탄생한 로스앨러모스 국립연구소의 직원들이 기증한 인간 폐 70킬로그램으로 만들었다. 평생 방사선에 노출된 연구자들은 과학 연구를 위해서 사후에 시신을 기증했다. 다른 표준 참고물질과 마찬가지로, 각 시료의 균일성을 확보하기 위해서 기증자의 폐는 동결 건조되고 곱게 분쇄되었다. 실험 노트에는 흥미롭게도 이 모든 과정이 매우 덤덤하게 기록되어 있다. 분쇄 작업을 담당했던 한 NIST 연구원은 노트에 이렇게 적었다. "시료는 멸균 과정을 거쳐 취급 안전성이 보장되기는 했지만, 분쇄 단계에서 조직 조각이 실험실 벽이나 우리 쪽으로 튀기도 해서 몹시 불안했고 넥타이와 실험 가운을 여러 번 갈아입어야 했다. 한번은 조직 조각이 둥둥 뜬 시뻘건 체액이 연구실로 줄줄 흘러나오기도 했다."[2] 제대로 된 측정 기준을 만드는 일이란, 드러나지는 않지만 그야말로 골치 아픈 작업이다.

NIST의 표준품국 국장인 스티브 쇼켓은 "모든 표준 참고물질의 목적은 고객에게 '병에 담긴 진실'을 제공하는 것"이라고 말했다. 코로나 바이러스 대유행으로 NIST 본부가 격리되면서 화상 전화로 대화할 수밖에 없었지만, 모니터를 통해서도 스티브의 열정과 다정함이 고스란히 전해졌다. 스티브는 표준품국으로 옮기기 전에는 NIST에서 광학 표준품 개발을 담당했기 때문에 이 일의 목적을 자세히 알았고, 측정에 대해서도 열성적으로 상세히 설명해주었다. 그는 정부기관에서 제공하는 측정법을 고객이 전적으로 신뢰할 수 있도록 믿음을 주는 일이 그들의 임무라고 말했다. 스티브는 각 물질에 할당된 양을 미터법 단위로 역추적할 수 있고 NIST 역시 이 정의에 도움을 준다며, 표준품에 대해서라면 "지구 끝까지라도 파고듭니다"라고 말했다. 측정법에서 구체적으로 궁금한 부분이 있다면 "그냥 복도를 걸어가서 세계 최고 전문가에게 물어보면 됩니다"라고도 덧붙였다.

표준 참고물질은 여러 등급의 냉동고를 갖춘 약 2,300제곱미터의 창고와 방사성 및 위험물 보관소에 저장된다. 스티브의 설명에 따르면, 다양한 표준 참고물질의 범주는 용도에 따라서 크게 검증용과 교정용으로 구분된다. 검증용은 표준 참고물질을 이용해 산업계에서 실시하는 시험의 일관성을 확보하는 데에 쓰인다. 표준 참고물질 1196번인 표준 담배를 보자. 100개비 한 갑에 218달러나 하는 이 담배는 담배 품질을 비교하려는 담배 회사가 아니라 천이나 소파 덮개 등의 가연성을 시험하려는 연구실에서 쓰인다. 스티브의 말에 따르면 담뱃불이 옮겨붙어 시작된 화재는 미국 가정에서 일어나는 화재의 주요 원인으로, 매년 이러한 화재로 수백 명이 사망한다. 화재의 절반은 거실에서, 3분의 1은 침실에서 시작한다.[3]

화재의 위험을 줄이기 위해서 방염 매트리스, 방염 소파, 방염 시트를 규제하는 다양한 지침과 산업 표준이 설정되어 있다. 그러나 제조사마다 시험의 일관성을 확보하려면, 제품에 불을 붙일 표준 담배가 필요하다. 바로 표준 참고물질 1196번이다. 표준 담배 자체는 일반 제조사가 만들었고 내용물도 일반 담배와 크게 다르지 않다. 그러나 이 표준 담배는 NIST에서 시험하고 검정해서 균질성과 성분의 예측 가능성을 확보했다는 점에서 특별하다. 기관이 제공하는 것은 바로 이 동일성이다. 그리고 그 결과는 매우 유익하다. "이 표준품을 사용하도록 법으로 강제하고 나서 많은 생명을 구했죠." 스티브는 표준 담배를 몹시 자랑스러워했다.

표준 참고물질의 또다른 주요 용도는 교정이다. 다른 시험을 검정할 기준을 제공하는 것이다. 식품 제조업자가 제품의 영양가를 확인하고 싶어 한다고 치자. 특정 분자나 화합물의 유무를 시험하려고 장비를 들여도, 과연 이러한 시험이 정확한지 어떻게 알 수 있을까? 더 많은 비용을 들여 철저한 방법으로 정밀하게 정량한 NIST 표준 참고물질을 구매하여 자신들의 장비로 분석해보면 된다. 시험 결과가 NIST의 측정값과 같다면 장비를 신뢰할 수 있다. 표준 땅콩버터도 이러한 목적으로 이용된다. 표준 땅콩버터는 다른 땅콩버터를 분석할 때에도 필요하지만(이 목적으로도 쓰인다), 지방과 당이 일정 비율로 혼합되어 일반적인 그 식품의 수준을 대표할 수 있으므로 비슷한 식품의 분석법을 교정하는 데에도 이용된다. 그래서 표준 참고물질 목록에는 여러 식품들 중에서도 굴 조직(1566번), 소간(1577번), 제빵용 초콜릿(2384번) 등 진기한 식품이 많다. 독특한 특성 조합을 대표하도록 선택된 물질이다.

시료 자체는 물론 먹을 수 있지만 슬쩍 한 입 맛보았다가는 스티브에게

혼날지도 모른다. 2003년에 음식 평론가 윌리엄 그라임스는 NIST의 표준 땅콩버터를 먹어보고는, 소비자가 구매하는 일반 땅콩버터 같은 풍부한 풍미가 없어서 식품이라기보다는 산업용 페이스트 같지만 모든 면에서 완벽하게 평균적이라고 언급했다.[4] NIST가 이 평가를 들었다면 틀림없이 기뻐했을 것이다.

—·———·———·—

이러한 표준 참고물질의 기이함은 마치 현대 측정법의 추상화에 대한 응답, 미터법 체계의 멀고 불가해한 정의에 대한 응답처럼 보인다. 보이지 않는 자연상수로 값이 고정된 임의의 도량형 단위와 달리, 표준 참고물질은 목적과 정의 모두가 구체적인 물리적 재료에 기반을 둔다. 각각은 특정 요구를 충족하도록 만들어지며, 고유하고 정밀한 값이 있어서 유용하다. 다소 기이하기는 하지만 표준 참고물질은 고대 이집트의 큐빗 자 혹은 바빌로니아 상인의 청동 추와 기본적으로 같은 목적을 수행한다. 이들은 모두 시간, 공간, 문화 전반에 걸쳐 균일하도록 설계되었다. 먼 거리에서도 통제할 수 있고 낯선 사람들 사이에서도 신뢰를 보장한다. 피라미드 시대 이후로 각 척도의 정밀성만 달라진 것이 아니다. 오늘날의 표준이 보통 전 세계를 포괄한다는 점에서 측정이 관할하는 영역 역시 달라졌고 볼 수 있다.

20세기 이후로 측정 활동은 셀 수 없을 만큼 크게 늘었다. NIST는 측정을 담당하는 많은 기관들 중 하나일 뿐이며, 약 140개 국가에는 각각의 국가 표준기관이 있고, 같은 업무를 하는 국제기관도 수없이 많다.[5] 예를 들어 국제표준화기구ISO는 제네바 본부에서 2만2,000여 개의 표준을 규제하며, 정밀 제조소 및 실험실에 설치되는 클린룸(공기 1제곱미터에 포함된 입자 수를 기준으로, 1등급에서 9등급까지의 등급이 매겨진다)부터 사진 필름의 감도(ISO가 설정한 카메라를 기준으로 한다)까지 모든 것에 대한 지침을 낸다. 심지어 차를 끓이는 표준 방법을 설명하는 ISO 3103도 발행했다. 6쪽 분량의 설명서에는 사용할 주전자의 종류(백자 또는 유약을 바른 도기), 말린 찻잎의 양(끓는 물 100밀리리터당 2그램), 차를 우리는 총 시간(6분)에 대한 규정이 담겨 있다. 이 지침의 목표는 완벽한 차 한 잔을 끓이는 것이 아니다. NIST의 생활 폐기물이나 방사성 인간 폐 분말처럼, 다른 시험을 위한 반복 가능한 기준선을 설정하는 것이다. 이 경우 ISO 3103은 "우려낸 잎의 감각 수용성 특성을 조사하려는" 식품 제조업체가 이용한다.

그런데 애초에 측정이 이처럼 널리 퍼진 이유는 무엇일까? 측정학을 매우 광범위하게 연구하는 일부 학자들은 관련된 몇몇 이유를 설명한다. 그 중 하나는 선택의 폭이 넓은 시장에서 믿을 만한 표준을 요구하는 소비자 문화가 부상했기 때문이다. 슈퍼마켓에 놓인 식품이 어디에서 왔는지 쉽게 추적할 수 없거나, 수십 대의 텔레비전 중에서 무엇을 선택해야 할지 알 수 없을 때는 안전과 품질에 대한 감독이 필요하다. 또다른 이유는 더 높은 정밀도를 제공하는 동시에 필요로 하는 기술이 발전했기 때문이다. 그러나 무엇보다도 중요한 이유는 국제 교역이 증가하며 기업이 복잡성과 비용을 줄이기 위한 방법을 찾으면서 표준이 널리 보급되었기 때문일 것이다.

이에 대한 가장 좋은 사례는 표준화된 선적 컨테이너를 개발한 일이다. 일반적으로 가로 2.44미터, 세로 6.10미터(또는 12.19미터), 높이 2.59

미터인 튼튼한 강철 상자 말이다. 이 컨테이너는 20세기 초반에 시범적으로 사용되다가 1950년대부터 서서히 표준화되었다(현재는 ISO에서 사양을 관리한다). 선적 컨테이너가 도입되기 전에는 상품을 일일이 손으로 배에 실어야 했다. 부두의 선원들이 며칠씩 힘들게 일해야 했고, 이에 따라서 비용도 늘고 화물 이동도 느려졌다. 그러나 단 몇 분 만에 화물을 배나 트럭에 실을 수 있는 단일 크기의 만능 상자에 모든 상품을 실을 수 있게 되자, 전 세계 수송 비용이 크게 낮아져 운송량이 폭발적으로 늘었다. 오늘날 선적 컨테이너는 첫 번째 국가에서 상품을 제조하고 두 번째 국가에서 포장하고 세 번째 국가에서 판매하는 일을 경제적으로 실현할 수 있게 만든 표준이자 세계 경제의 기본 요소가 되었다. 좋든 나쁘든 패스트패션과 아이폰을 가능하게 한 것은 선적 컨테이너이다. 컨테이너가 글로벌 공룡기업이 등장할 수 있는 조건을 만들었기 때문이다. 선적 컨테이너는 우리가 지금 사는 평평한 세계를 만드는 데에 도움을 주었다. 나폴레옹 정복의 여파로 뱅자맹 콩스탕이 구상한 그 세계만이 아니라 토머스 프리드먼이 2005년 『세계는 평평하다*The World Is Flat*』에서 언급하여 유명해진, 바로 그 신자유주의 경제 질서의 세계 말이다. 프리드먼과 그 지지자들에 따르면 평평한 세계란 기술과 기업 덕택에 거리, 언어, 국적이라는 장벽이 제거된 세계이다. 평평한 세계의 눈은 어떤 장애물이라도 개탄하는, 새롭고 오만한 권력의 눈이다.

NIST는 우선 산업계의 요구에 따라서 이 표준 게임에 뛰어들었다. 특히 19세기 말 미국에서는 철도 산업이 급속하게 발달하면서 사고, 부상, 사망이 크게 늘었다. 탈선 사고로 수십 명이 사망하는 일이 일상이었고, 1896년에는 10억 여객마일당 24명의 사망률을 기록했다[6](오늘날 미국 주요 철로의 10억 여객마일당 사망률은 0.43명이다[7]). 그저 통신 규약, 장비, 재료가 표준화되지 않은 탓이었다. NIST는 1901년의 이 상황을 해결할 임무를 맡아 철도 공학자와 협력하여 최초의 표준 참고물질을 만들었다. 바로 객차의 주철 바퀴에 대한 표준품으로 사용되는 표준 금속 합금이다. 미국 정부가 다른 규제에도 노력을 더하여 철도 사망률은 빠르게 감소했다. 스티브는 이러한 기원 이야기가 오늘날 대중과 업계의 요구 사이에서 균형을 유지하면서 새로운 표준을 만들고자 하는 NIST의 노력을 그대로 반영한다고 말했다. NIST는 규제기관은 아니므로 새로운 표준이 언제 필요한지를 결정하지는 않지만, 독립적이라는 이러한 위치(성격)는 관련자 모두에게 적절하며 NIST의 활동이 정치 영역에서 벗어나 있도록 해준다. 스티브는 다음과 같이 말했다. "우리는 전혀 사심이 없습니다. 그저 의사 결정자가 결정을 내릴 능력을 제공할 뿐이지요."

중립성에 대한 이러한 주장은 물론 약간 가감해서 들어야 한다. 어떤 과학적 연구에도 결코 편견이 없을 수는 없으며, 단 하나의 표준품에서 정확한 변수를 결정하는 일도 중대한 파장을 일으킬 수 있다. 예를 들면 NIST는 현재 미국 연방정부가 대마와 마리화나를 구별하는 데에 사용할 표준품을 개발하고 있는데, 이 과정은 여러 산업에 상당한 영향을 미칠 것이다. 대마와 마리화나는 둘 다 대마초라는 같은 식물에서 추출하지만, 둘을 구별하는 것은 사람에게 흥분을 유발하는 물질인 테트라하이드로칸나비놀THC의 함유량 정도뿐이다. 2018년 법안에 따르면 둘을 구분하는 정확한 경계선은 총 중량당 THC 함유량 0.3퍼센트였다. 그러나 스티브가 설명했듯이 이 값은 아직 의문의 여지가 있고, 이제 NIST는 이 질문을 해결하는 데에 도움을 주어야 한다. "건조 중량으로 실험해야 할까,

함습 중량으로 실험해야 할까? 꽃의 어떤 부분을 사용해야 할까? THC 는 실험 중에 산화될 수 있는데, THC를 재야 할까? 아니면 전체 칸나비 노이드를 측정해야 할까?" 이러한 질문에 대한 답은 문화, 경제, 정치에 의존할 수밖에 없다. 게다가 이 답은 실패한 "마약과의 전쟁"을 바라보는 미국의 태도 변화와도 연관된다. 마리화나를 기호품으로서 합법화하자 는 주州 차원의 요구도 있고, 새로운 작물로 돈을 벌고자 하는 농부들의 꾸준한 관심도 있다. 스티브는 이렇게 덧붙였다. "이것은 큰 사업이죠. 농 부들은 마약 규제기관 DEA가 밭에 쳐들어와서 대마초를 뽑아버릴 걱정 없이 대마를 재배할 수 있을지 알고 싶어합니다. 한도를 넘으면 그들은 그렇게 할 테니까요."

표준품의 세계를 좀더 들여다보면 표준품이 우리 삶 전반에 드러나지 않는 영향을 얼마나 크게 미치는지 잘 알 수 있다. 어떤 날짜든 뉴스만 훑 어보면 창고의 작업 조건, 신약 승인, 무역 협상 뒤에 숨은 측정 이야기를 발견할 수 있다. 내가 살면서 표준의 중요성을 가장 잘 느낀 최근 사건은 영국의 유럽 연합 탈퇴 결정이었다. 브렉시트 찬성 운동가들은 유럽 연합 을 탈퇴하면 브뤼셀의 관료 체제의 과도한 규제로부터 영국이 자유로워 질 것이라고 주장했고, 반대 운동가들은 영국이 느슨한 규칙 제정자들의 손에 넘어가게 될 것이라고 응수했다. 표준은 사람들이 서로 싸우거나 한 데 뭉치는 전쟁의 기준이 되었다. 염소 처리한 닭고기의 위험성처럼, 미국 에서는 허용되지만 유럽 연합에서는 허용되지 않는 특정 농업 조건 아래 에서 생산된 제품에 대한 논쟁이 몇 달이나 이어졌다. 브렉시트 이후 이 식품을 영국에서도 정상으로 받아들일지 여부가 신문의 헤드라인을 장 식하고 토크쇼 농담이 되었으며 의회에서도 논쟁거리가 되었다. 몇 년 전에 제국 도량형을 잃었던 것처럼, 염소 처리한 닭고기는 또다른 문화적 손실과 윤리적 퇴행으로 규정되면서 브렉시트에 대한 포괄적인 두려움을 나타내는 대리물이 되었다. 명백하게 드러났든 드러나지 않았든 간에 이 특이한 표준―닭고기를 항균 세척한 후 판매해야 하는가?―이 경제적, 정치적 스위치를 엉성하게 엮어서 일만 더 복잡하게 만드는, 쓸모없는 거대 기계 같다는 사실을 모두가 알게 되었다. 이러한 교묘한 책략의 결과로 결국 염소 처리한 닭고기가 영국의 식탁에 오르게 되었다.

현대 생활의 성과 지표

NIST와 ISO에서 요구하는 것과 같은 국제표준은 매우 많지만, 대부분은 우리 삶에서 그 존재가 눈에 띄지 않는다. 측정이 실제로 침투하는 곳은 다양한 관료제의 장, 특히 교육과 노동의 장소이다. 우리가 수량화의 가혹한 교훈을 처음 만나는 곳은 학교이다. 여기에서 우리는 먼저 등수와 점수로 줄 세워지고, 이것이 미래의 성공을 측정하는 척도라고 배운다. 알프레드 비네의 IQ 테스트처럼 이러한 도구를 사용하는 데에는 보통 유리한 점이 있지만, 그 단순성과 이용 가능성 때문에 이들 도구를 적용할 때 생각과 배려가 사라지는 경우가 많다. 학교를 졸업하고 직장에 들어가도 비슷한 테스트가 관리 감독이라는 형태로 다시 등장한다. 새롭고 불길한 약어인 KPI(핵심성과 지표)와 OKR(목표 및 핵심 결과 지표)로 압축된 평가말이다. 저널리스트로 막 발을 내디뎠을 때 나의 업무의 가치는 주로 하루에 쓴 기사 건수와 이 기사들의 조회 수라는 두 가지 주요 통계로 판단되었다. 나와 동료들―대부분 대학을 졸업한 지 얼마 되지 않았고 과도

한 노동에 비해 급여는 턱없이 적었다―은 질보다 양을 중시하라고 배웠고, 온라인 저널리즘이라는 기계는 사람들이 클릭할 만한 헤드라인을 끊임없이 쏟아내기를 요구한다는 말을 들었다. 산업계 전반은 여전히 이러한 압력에 적응하려고 애쓰고 있었으며, 개인적으로 나는 이 지표가 가르친 여러 교훈들로부터 벗어나려고 애써야 했다.

이러한 생각에 깔린 기본 원칙―인간의 노력은 통계의 집합으로 편리하게 정리될 수 있다―은 21세기의 패러다임이 되었다. 자본주의 역사가인 제리 Z. 멀러는 이것을 "성과 지표 집착"이라고 불렀다. 민간 부문뿐만 아니라 의료나 치안처럼 수량화하기 힘든 공공활동에도 널리 퍼져 있는 개념이다.[8] "우리는 책임을 측정하고, 측정된 성과를 보상하고, 이러한 성과 지표를 '투명하게' 공개하는 것이 미덕이라고 믿는 사회에 살고 있다." 그리고 그가 강조하듯이 측정 자체가 나쁜 것은 아니지만, 다른 무엇보다도 측정에 집착한다면 우리가 가치 있다고 여기는 것들은 왜곡되고 어지러워지며 파괴될 것이다. 멀러는 "문제는 측정이 아니라 과도한 측정과 부적절한 측정이다. 즉, 성과 지표 그 자체가 아니라 성과 지표 집착이 문제이다"라고 썼다.[9]

이 이데올로기의 뿌리는 자본주의가 변하기 시작한 19세기로 거슬러올라갈 수 있다. 이 시기에 미국에서는 특히 업계에서 오랫동안 일하면서 터득한 숙련도가 아니라 경영 자체가 고유성을 지닌 하나의 전문 영역으로 부상했다. 1870년과 1990년 사이에 미국에서 급여를 받는 경영자의 수는 1만2,501명에서 6만7,706명으로 500퍼센트 늘며 완전히 새로운 유형의 사업 구조를 형성했다. 역사가 앨프리드 챈들러는 이를 "경영자 자본주의"라고 정의했다. 운영에 직접적인 이해관계가 있는 사람들끼리 사업과 관련된 결정을 내리는 "개인 자본주의"와 달리, 경영자 자본주의에서는 이러한 책임이 "자신이 운영하는 기업에 지분 소유가 거의 없는, 급여를 받는 관리자로 구성된 팀 또는 계급"에 위탁된다.[10]

관리자의 업무를 합리화하려는 구동력은 산업 생산 자체의 변화와 맞물려 있었다. 19세기 전반에 걸쳐 미국은 표준화, 정확성, 효율성이라는 미덕에 중점을 둔 접근법인 "미국식 제조 체계"를 개척했다. 이 체계의 핵심은 공장에서 교체할 수 있는 부품을 사용하는 것이었다. 그전까지의 소비재 생산은 처음부터 끝까지 수작업 순서에 따라 장인의 손에서 이루어졌다. 그러나 제품의 구성 요소들을 고도의 정밀도로 찍어내고, 절단하고, 성형할 수 있는 기계가 등장하자, 제조는 저숙련 작업자가 제품을 하나씩 조립하는 일련의 기계적인 작업으로 변모했다. 1850년대 미국 공장을 견학한 한 영국 엔지니어가 언급했듯이, "기계의 도움은 육체노동의 대안으로 도입될 수 있는 곳이라면 어디에서든 보편적으로 기꺼이 받아들여질 수 있었다."[11]

20세기로 접어들자 미국식 제조 체계는 과학적 관리와 대량 생산이라는 두 가지 개념으로 보완되며 더욱 강화되었다. 그중에 대량 생산은 자동차 제조업자인 헨리 포드의 작업으로 요약된다. 포드의 저가 자동차인 모델 T는 산업 관행뿐만 아니라 문화를 재편하여, 대량 소비로 정의되는 부유한 중산층을 양산했다(이러한 현상으로 결국 표준에 대한 소비자의 요구가 증가했다). 포드는 시카고 도축장을 돌아보는 측근에게서 영감을 얻어, 작업자가 서 있는 동안 자재가 컨베이어 벨트를 통해 작업대를 통과하는 조립 공정을 개발했다고 밝혔다. 도축장에서 측근이 발견한 것은 사실 그 반대로, 한 줄로 늘어선 도살업자들이 돼지 사체를 관절별로 분해하면서 각자 한 가지 반복적인 작업에만 집중하는 "분해 라인"이었다.

이러한 노동의 구획화는 효율성에 집착하던 엔지니어 프레더릭 윈즐로 테일러가 개척한 과학적 관리 운동으로 이어졌다. 테일러는 오늘날 테일러주의로 알려진 작업 관행을 옹호했다. 테일러와 추종자들은 "시간과 움직임 연구"를 통해서 작업 관행을 분석했다. 그들은 이 연구에서 노동자를 관찰하고 작업 흐름을 분해해서 표준화할 수 있는 구성 요소로 나누었다. 포드의 측근이 영감을 얻은 도살업자들의 행렬과 동일한 또다른 분해 행위였다. 테일러는 자신의 목표가 "노동자들의 경험에 입각한 옛 지식을 대체할 과학을 개발하는 것"이라고 말했다.[12] 이러한 목표를 이루려면, 지식과 권력이 실제로 노동하는 노동자에게서 노동을 감독하는 관리자에게로 이행하는 과정이 필요했다는 점이 중요하다.

테일러의 가장 성공적인 제자인 프랭크 길브레스와 릴리언 길브레스 부부는 새로운 측정 단위를 고안하여 연구를 이어나갔다. 이들은 자신들의 성인 길브레스Gilbreth의 철자 순서를 뒤집어서, 모든 신체 활동을 정의한다고 가정하는 18개의 기본 동작 요소인 서블리그therblig를 고안했다. 자전적 소설 『세상에서 가장 큰 사랑Cheaper by the Dozen』에서 효율성 중독자인 전문가 집안에서 자란 것으로 묘사되는 길브레스의 아이는 이렇게 설명했다. "한 남자가 면도하러 화장실에 갔다고 가정해보자. 남자의 얼굴에 온통 거품이 묻어 있고 면도기를 들 준비가 되어 있다. 그는 면도기가 어디 있는지 알지만 눈을 돌려 찾아야 한다. 그것이 첫 번째 서블리그인 '찾기'이다. 시선이 한 물체에 닿고 고정된다. 두 번째 서블리그인 '발견하기'이다. 세 번째 서블리그는 면도기를 앞으로 끌어오는 '선택하기'이고 네 번째는 '잡기', 다섯 번째는 면도기를 얼굴 쪽으로 '들어올리기'이다. 여섯 번째 서블리그는 면도기를 얼굴에 놓는 '위치하기'이다. 11개의 서블리그를 더 거치면 마지막 서블리그인 '생각하기'에 이른다!"13

시간의 10진법화처럼 터무니없고 과도한 측정에 대한 열광처럼 보이지만, 이러한 방법은 직장뿐만 아니라 감옥, 군대, 학교 같은 곳에서 통제를 행사하는 도구로 사회 곳곳에 널리 퍼져 있다. 프랑스의 철학자 미셸 푸코가 엄격하게 정의된 규범으로 활동을 규제하여 규범 준수를 강제하는 "규율 사회"를 설명하기 위해서 근거로 든 척도가 바로 이것이다. 1975년 푸코는 『감시와 처벌Surveiller et Punir』에서 이러한 현상을 보여주는 하나의 사례로 처벌방식의 변화를 들며, 18세기 이전에는 주로 공개 처형이나 고문 같은 끔찍한 광경을 통해서 복종을 강요했다고 언급했다. 이후 이러한 관행은 개인의 정체성과 행동을 통제해 "유순한 신체"를 만드는 체벌 구조로 대체되었다. 수감자들은 죄수복을 입고 번호를 부여받고, 언제 어디에서 먹고 자야 하는지 강제되며, 보이지 않는 교도관에게 감시당하고 있다는 의심을 하면서 지낸다. 푸코는 결국 죄수들이 삶에 대한 이러한 권위를 내면화하고 자기 행동을 스스로 통제하게 된다고 말한다. 순응은 명백한 잔인성 없이 이루어지지만, 그 목표는 "덜 처벌하는 것이 아니라 잘 처벌하는 것"이다.

이렇게 요약된 역사는 다소 추상적으로 보일 수 있다. 그러나 측정에 대한 집착이 어떤 대상에 영향을 미칠 때의 효과는 기억해야 한다. 가장 섬뜩한 사례는 아마도 베트남 전쟁 시기의 "시체 수 세기"일 것이다. 국방부 장관 로버트 맥너마라의 지시로 미군이 도입한 이 전략은 전투의 성공을 사살한 적의 수라는 한 가지 성과 지표로 측정하는 것이다.

시체 수 세기를 성과 지표 측정법으로 받아들이기로 한 결정은 전쟁이라는 특수한 상황, 그리고 맥너마라의 이념적 성향으로부터 나온 산물이었다. 미국은 베트콩의 게릴라 전술에 대응할 수 없었기 때문에 소모전을 추진하기로 했다. 적군 공산당에 엄청난 사상자를 내면서 북쪽으로 몰고나가는 방법이었다. 맥너마라는 이러한 목표로 나아가는 과정을 시체 수로 가장 잘 측정할 수 있다고 믿었다. 그는 하버드 대학교 경영 대학원에서 교육받은 후에 제2차 세계대전 당시 미국 폭격 작전의 "효율성"을 향상하는 일을 하는 등 군사와 관리 효율이라는 양쪽 세계에 발을 담그고있었다. 그가 한 작업에는 도쿄 폭격 중에서도 악명 높은 예배당 작전이있었다. 이 작전에서 하룻밤에 10만 명 가까운 민간인이 "그을리고 익고타죽었다"고 추정된다(맥너마라는 나중에 이 일이 전쟁 범죄자들의 소행임을 그다지 뉘우치는 기색 없이 인정했다[14]). 맥너마라는 제2차 세계대전 후에 산업계로 이동해 포드에서 15년 동안 비용을 절감시키며 자동차 제조업체를 침체의 늪에서 구했다. 그후 1961년에는 국방부 장관에 발탁되어산업계 경험에서만 터득할 수 있는 금융 지식을 바탕으로 미군을 개편했다. 역사가 에드워드 루트워크에 따르면 맥너마라는 지도력을 바탕으로"군사 전문 지식을 민간의 수학적 분석으로 전면적으로 대체하여 지적 훈련의 새로운 표준과 더불어 크게 개선된 부기 방법을 도입했을 뿐만 아니라, 달리 측정할 수 없던 군사력의 가장 중요한 측면을 이해하기 위한 개념인 훈련된 무능을 소개했다."[15] 그는 지출된 자금, 축적된 화력, 사살된적처럼 계산할 수 있는 것에 초점을 맞추었다.

베트남에서 시체 수 세기라는 기치 아래 행진한 미국 장교들은 베트남거주민을 잔혹하게 다루는 전쟁 기법을 고안했고, 병사들은 매우 다른방식으로 이 방법을 실행에 옮겼다. 부대마다 누가 가장 많은 적을 사살

했는지를 겨루었다. "살상 수 게시판"이 식당에 내걸렸고, 기록된 점수는 군대 신문에 실렸다. 장교들은 저마다 부대에 "살상 할당량"을 설정하면서 병사들에게 승진, 맥주, 해변 여행 등을 보상으로 내걸었다. "자유 사격 구역"—달리 증명되지 않는 한 신원 미상의 개인을 적으로 간주하는 지역—같은 새로 고안된 전술도 잔혹함을 전술로 홍보했다.

결과는 참혹했다. 상관이 설정한 할당량을 맞추기 위해서, 병사들이 십자포화로 죽인 농부들에게 AK-47 소총을 던지고는 그 사체를 사살한 베트콩으로 표시하여 조작했다는 것이 베트남인 시체 수 세기에 대한 가장 온건한 사실이다. 전쟁 범죄를 조장했다는 말이 더욱 정확할 것이다. 미군은 처벌받을 가능성이 거의 없다는 사실을 알고 민간인, 어린이, 유아를 가차 없이 학살했다. 이것이 전쟁의 본질이라고 생각한 미군은 상상할 수 없는 인간의 고통을 그저 통계로 바꾸어버렸다. 한 내부 군사 보고서에 따르면 "무차별적으로 살해하라거나, 최소한 모든 베트남 사상자를 적군 사상자로 보고하라는 압력에 실제로 저항할 수 없었다."[16] 그 결과 퍼진 죽음의 분위기는 제1기병사단 병사들이 만든 노래에서 잘 드러난다. "우리는 병자, 젊은이, 절름발이를 쏘네 / 이들을 죽이고 불구로 만들려 최선을 다하지 / 사살 수는 어찌되었든 마찬가지니까 / 네이팜은 아이들에게 쏟아지네."[17]

식민지 확장의 폭력성이나 우생학 운동의 잔혹성처럼, 이러한 행동을 오직 인류의 "성과 지표 집착" 탓으로 돌리는 것은 비겁할 뿐이다. 이 사건에서 숫자에 대한 무분별한 믿음이 일정한 역할을 했음을 무시할 수는 없지만, 설명의 범위를 좁혀 한 가지 원인에만 책임을 돌려서도 안 된다. 이러한 야만성은 훨씬 뿌리가 깊다. 인종차별주의와 문화적 예외주의, 수 세기에 걸친 식민 통치와 외국인 타자의 비인간화가 바로 그 뿌리이다. 이 요소들을 무시하고 이야기를 축약해버리면 숫자에만 집착하는 사람들을 기다리는 바로 그 함정에 빠지게 되며, 결국 그런 야만성에 이바지하게 된다. 세상을 지나치게 단순화하게 되는 함정 말이다.

숫자로 표현된 나 : 가장 개인적인 척도

2010년 「뉴욕 타임스」에 기고한 기술 저널리스트 게리 울프는 오늘날의 수량화 시대를 예고했다. 그는 데이터를 이용해 의사를 결정하는 일이 이제 거의 모든 삶의 영역에서 표준이 되었다고 썼다. "숫자에 대한 집착은 오늘날의 관리자를 정의하는 특징이다. 적대적인 주주에 맞서는 기업 경영진의 주머니에는 숫자가 가득하다. 선거 운동을 하는 정치인, 환자를 진료하는 의사, 라디오 토크쇼에서 지역 스포츠팀에 욕을 퍼붓는 팬들도 마찬가지이다." 울프는 사업, 정치, 과학 모두 측정할 수 있는 것에서 얻는 지혜로 움직이며, 그 이유가 명확하다고 지적했다. 숫자는 결과를 주고, 문제를 "감정에 덜 흔들리게 만들면서도 지적으로 더욱 다루기 쉽게 해주기 때문이다." 수량화의 유혹에 저항해온 유일한 영역이자 스프레드시트가 주는 지혜로부터 이점만 취할 수 있는 사회적 측면은 바로 "사생활이라는 아늑한 감옥"뿐이다. 울프는 이것도 곧 바뀌리라고 언급했다.[18]

신기술—정보를 디지털화하는 능력, 널리 퍼진 스마트폰, 값싼 센서의 확산 등—덕분에 인간은 이제 역사적으로 전례 없는 자기 측정 능력을 갖추게 되었다. 거대한 측정 저울에 앉아 지냈던 17세기 초의 산토리오 산토리오도 자신에 대한 데이터를 아주 조금 얻을 수 있었을 뿐이다. 하지만 오늘날 우리는 아주 적은 노력으로도 엄청난 보상을 받는다. 몇 가지 어플리케이션이나 장비만 있으면 수면, 운동, 식단, 생산성을 추적할 수 있다. 그저 현대 생활의 네트워크에 참여하기만 해도—스마트폰을 소유하고 인터넷에 접근하면—우리는 우라늄이 방사선을 방출하듯이 숫자로 된 각종 정보들을 부주의하게 흘려보내며 스스로 보이지 않는 측정값의 송신소가 된다.

울프가 보기에 이 정보들이 지닌 잠재력은 엄청나다. "우리는 자동차를 튜닝하고, 화학 반응을 분석하고, 선거 결과를 예측할 때 숫자를 사용한다. 우리 자신에 숫자를 적용하지 않을 이유가 있겠는가?" 그의 기사는 수량화된 자아 운동의 선언문에 가깝다. "숫자를 통해서 자기 자신 알기"를 추구하는 개인들의 느슨한 소속감은 우리가 측정이라는 논리를 얼마나 내면화했는지를 보여준다. 이 운동의 기원은 1970년대로 거슬러올라간다. 당시 이 운동에 열광적이었던 이들은 오늘날 웨어러블 기술의 투박한 조상 격이 되는 것들을 한데 모았다. 그러나 이 아이디어는 울프와 잡지 「와이어드*Wired*」의 창간인인 케빈 켈리가 2007년에 "수량화된 자아"라는 용어를 만들고 비영리 단체를 설립하여 이 아이디어를 전파하면서 더욱 대중의 관심을 끌었다.

수량화된 자아에 대한 설명은 영혼이 시들어갈 정도로 최적화된 삶을 강박적으로 추구하는 냉정한 디지털 인간의 이미지로 희화화된다. 하지만 수량화된 자아를 지지하는 많은 이들이 이 이미지를 없애려고 노력하지 않는 것도 사실이다. 이들은 철저한 자기 감시를 통해서 하루에 몇 분을 절약하고, 정교한 분석으로—놀랍게도!—질 좋은 수면과 규칙적인 운동이 기분을 좋게 만든다는 사실을 발견했다고 자랑한다. 명백한 사실을 의도적으로 혼란스럽게 만드는 일은 항상 자기계발서와 자기계발 맹신주의자들에게 이득이 된다. 수량화된 자아 운동은 때로 이러한 영역에 겹쳐 있는 듯이 보인다. 대표적으로 「파이낸셜 타임스*The Financial Times*」의 2011년 기사에서는 "셀프 트래커self tracker(자기 자신에 관한 숫자들을 꾸준히 기록하는 사람)이자 바이오 엔지니어"인 조 베츠-라크루아가 자신의 아내 및 두 자녀와 함께 3년 동안 매일 체중을 쟀다고 전했다. 이 기사에 따르면 아내 리사 베츠-라크루아가 출산할 때도 "남편은 손을 잡고 도와주거나 안아주는 대신, 구석에 앉아 자궁 수축 시간 간격을 스프레드시트에 입력하고 있었다"고 한다.[19] 기술 비평가 예브게니 모로조프는 이러한 일화를 증거로 삼아, 데이터를 축적하고 분석하면 모든 오류와 비효율을 극복할 수 있다는 실리콘밸리 "해결주의"의 확장판인 이 운동을 매도했다. 모로조프는 수량화된 자아란 그저 "내면화된 테일러주의"일 뿐이며, "독특함과 예외성에 대한 현대 나르시시즘적 추구"를 보여주는 또다른 사례라고 지적한다.[20]

수량화된 자아 운동의 지지자들은 이 운동이 지닌 자기 성찰적 측면을 부정하지 않고, "공식화된 지식을 몰개성적으로 부과하는 것"에 대한 대응이라며 오히려 이러한 측면을 옹호한다.[21] 수량화로 인해서 세상이 개인에게는 들어맞지 않는 일반 규칙으로 바뀌었다면, 진실을 더욱 잘 포착하는 자신만의 숫자 모음을 만들지 않을 이유가 있겠는가? 이들은 주류 의학 치료법으로는 해결하지 못한 만성 질환—수면 무호흡증, 알레르기, 편두통—을 겪던 셀프 트래커가 습관 찾기를 통해서 이를 정복한 일화들을 인용한다. 몇 달이나 몇 년에 걸쳐 부지런히 자신을 기록해온 사람들은 삶에서 이전에는 보이지 않던 메커니즘, 즉 고통을 유발하는 음식이나 습관을 발견하고 이전보다 더욱 행복하게 살기 위한 변화를 시도한다. 이러한 점에서 수량화된 자아는 측정의 면모를 되찾으려는 시도처럼 보인다. 통계의 추상성에 저항하고 우리 삶의 윤곽에 더욱 잘 맞도록 계산을 조정하는 행동 말이다. 신체 치수를 계속 측정함으로써 고통을 치료한 중세 학자들처럼, 수량화된 자아 운동의 신봉자들은 자신에 대한 부지런한 관심이 구원을 가져다주기를 희망한다.

그러나 항상 주의를 집중할 수 있지는 않으며, 지지자들조차 그저 반사적으로 측정하는 것처럼 보일 때도 있다. 수량화된 자아 온라인 포럼에 들어가보면, 정말 사소한 일까지 기록하는 사람들을 만날 수 있다. 3년간 몇 초마다 기록한 방위, 불안과 트림 빈도 사이의 상관관계, 어떤 친구나 지인이 뜻밖에 마음에 떠오르는 빈도 같은 것도 있다(마지막 요소를 기록해온 사람은 이러한 순간을 원 그래프로 변환하여, 예상치 못하게 가장 자주 떠오르는 사람이 부모라는 사실을 발견했다). 이러한 행동이 완전히 새로운 것은 아니지만—1분당 꼼지락거린 횟수를 세거나 영국 "미인 지도"를 만든 프랜시스 골턴의 수량화 습관을 떠올려보자—기술 덕분에 접근성이 더욱 커졌다. 다른 맥락에서 보면 어떤 활동은 측정이라는 교리에 대응하고 비판하는 행위 예술처럼 보이기도 한다. 그러나 울프는 2010년 기사에서 셀프 트래커가 단순히 시대에 만연한 이데올로기를 답습할 뿐이라고 주장한다. 우리가 숫자의 세계에 사는데, 어떻게 다른 식으로 자신을 이해하겠는가? 한 세기 전에 사람들은 자아의 신비를 풀기 위해서 "장황하고 문학적인 휴머니즘"의 언어와 문화에 의존하며 정신분석학에 의지했다고 울프는 말한다. 그는 이렇게 넌지시 묻는 셈이다. 세상이 바뀌었는데, 우리가 왜 이러한 구식 방법론에 의존하겠는가?

울프는 숫자의 정확성이 자기 탐색 도구로서 언어의 복잡성에 어떻게 대응하게 되었는지에 대해서는 결코 대답하지 않는다. 하지만 누군가는 이것이 한때의 유행이 아니라 특성이라고 생각할 수도 있다. 성찰하려는 사람은 자기 성찰의 범위를 측정할 수 있는 범위로 제한하면 답을 찾을 수 있다고 확신한다. 반면에 치료사의 소파에 누운 사람은 매주 그 소파로 돌아와 비효율적인 언어의 복잡성과 씨름해야 한다.

—·——·——·—

그러나 셀프 트래커가 주류 문화에서 반응을 얻고 있는 것은 사실이다. 그들이 추적하는 습관—또는 덜 명시적이지만 많은 이들이 자신을 측정한다는 점에서 우리의 습관이기도 하다—은 그저 21세기 삶의 흥미로운 토템 신앙이 아니다. 중세의 곡물 측정이나 식민지 지배자의 토지 측량처럼, 이때의 측정은 사회의 상부구조를 드러내는 관행이다. 셀프 트래킹은 현대 생활의 디지털 통제 체계와 얽혀 있다. 이 작업은 국가 정보기관이 운영하는 방대한 감시 장비, 그리고 구글이나 메타(페이스북, 인스타그램 등의 서비스 사업을 운영하는 IT 기업/역주) 같은 기술 공룡기업의 작업으로 이루어진다. 울프와 켈리는 이러한 기업들의 산실인 실리콘밸리의 문화를 깊숙이 파고들어 이 기업들의 목표와 방법이 명백하게 겹친다는 사실을 밝혔다. "전 세계의 정보를 조직화해 보편적으로 접근하고 이용할 수 있도록 만든다"는 목표를 가진 회사인 구글의 전 회장 에릭 슈미트는 기술의 의미가 "더 이상 하드웨어나 소프트웨어에 국한되지 않으며, 세상을 더 나은 곳으로 만들기 위해서 방대한 데이터를 채굴하고 사용하는 것"이 되었다고 말했다.[22] 이러한 진술과 수량화된 자아 운동 사이의 유일한 차이점은 그들이 지닌 야망의 규모뿐이다.

구글과 메타의 주주들의 입장에서 보면, 세상을 더 나은 곳으로 만든다는 말은 주로 광고를 판다는 의미이다. 가상 현실 헤드셋에서부터 자율주행 자동차까지 두 기업은 거칠고 야심찬 부수적인 프로젝트를 진행하기도 하지만, 이들 회사의 자산은 훨씬 덜 유토피아적이고 화려하지 않은 것에 기반을 둔다. 바로 타깃 광고이다. 타깃 광고는 두 기업의 연간 매출의 80-90퍼센트를 차지한다. 이 매출의 비밀 수익원은 개인 정보이다. 이들은 쇼핑 습관, 취미, 건강 문제, 수입, 사귀는 친구, 좋아하는 영화, 학위 취득 여부 등 수많은 사소한 것들을 기록하고, 이 모든 정보를 눈앞에 펼쳐지는 광고를 게재하는 데에 사용한다. 학자 쇼샤나 주보프는 이러한 비즈니스 모형을 "감시 자본주의"라고 설명한다. 여기에서 기업은 무료 서비스 또는 유용한 서비스를 제공하는 대가로 개인 정보를 넘겨받아 사용자의 행동을 예측(가장 중요한 예측은 광고를 클릭할지 아닐지이다)하고 수익을 창출하는 데에 이용한다. 구글에서 어떤 제품을 검색하면, 구글은 이 데이터를 이용해서 사용자를 파악한 후에 그 사용자의 화면에 접근할 권한을 다른 회사에 팔아넘긴다.

이러한 게임을 시작한 것은 구글과 메타이지만 이외에도 수많은 기업들이 이 일을 하고 있고, 이들의 일은 사용자가 어떤 광고를 좋아할지 예측하는 것으로 끝나지 않는다. 주보프는 이들이 "보험, 소매업, 금융 등 점점 더 다양해지는 상품 및 서비스 회사"와 연관된 분야에서 사용자 행동의 모든 측면을 알아내고 예측하고 싶어한다고 주장한다.[23] 추적 및 예측의 한층 이색적인 사례도 있다. 한 베이비 시터 회사는 지원자의 소셜 미디어를 뒤지고 사용하는 말투를 평가해 신뢰성을 파악한다고 홍보한다.[24] 어떤 건강보험사는 건강 추적 기기를 착용하고 매주 일정한 걸음 수를 달성하면 보험료를 낮춰준다고 광고한다.[25] 안면 인식 알고리즘을 사용해 지원자의 직무 "열정"을 측정한다는 채용 담당 회사도 있다.[26] 현대 생활에서 가장 중요한 의사 결정을 해야 하는 국가도 범죄나 의료 성과, 심지어 시험 결과를 예측할 때에도 이 같은 알고리즘 기반 의사 결정 방식을 채택한다.

그중 몇몇 사례들은 무해하거나 적어도 어느 정도는 이미 익숙한 해악을 줄 수도 있다. 어쨌든 일자리를 얻기 위해서 억지 미소를 짓는 것이 새로운 일은 아니고, 실수를 저지르는 인간보다는 차라리 "객관적인" 알고리즘의 선택에 맡기는 편이 낫지 않을까? 그러나 이러한 시각은 시스템이 내리는 수많은 판단이 좋게 보아도 이해될 수 없으며 보통은 명백히 잘못된 판단이라는 사실을 간과한다. 기계 학습 알고리즘은 실제 데이터로 훈련되므로 사회적 편견을 반영하는 경향이 있다. 안면 인식 시스템은 보통 백인이 아닌 사람의 얼굴에 대해서는 정확도가 떨어지고, 텍스트 이해 프로그램은 성차별적 언어를 암호화한다. 아마존의 악명 높은 사례를 보자. 아마존은 구직자의 이력서를 검토하도록 인공지능 프로그램을 설계했는데, 엔지니어들은 남성이 훨씬 많은 현 아마존 직원 명단을 바탕으로 후보자를 선택하도록 프로그램을 훈련했다. 그 결과 프로그램은 여성이 명백히 열등하다고 보고 여대 출신이거나 이력서에 "여성"이라는 단어가 들어 있는 지원자의 점수를 깎기로 결정했다.[27] 이 프로그램은 채택되기도 전에 퇴출당했지만, 이 이야기는 오류 가능성을 보여준다.

주보프는 이러한 시스템이 우리의 행동을 형성하는 되먹임 고리feedback loop를 만든다는 점이 특히 위험하다고 주장했다. 보험사에서 우리 건강을 감시하는 장치를 배포하는 것이 옳은 일일까? 인간보다는 고용 알고리즘에 더욱 매력적으로 보이도록 구직자를 훈련하는 회사는 어떨까? 영향을 미치는 더 미묘한 다른 방법도 있다. 2014년 페이스북에서 발표된 한 악명 높은 연구에서는 회사가 어떻게 사용자 70만 명의 뉴스피드를 조작했는지 볼 수 있다. 페이스북은 "긍정적인 감정 콘텐츠"가 포함된 게시물을 본 사람들이 긍정적인 내용을 공유한다는 사실을 발견했다. 사용자들에게 "부정적인 감정 콘텐츠"가 담긴 게시물을 보여주자 이들은 비슷하게 부정적인 게시물을 올렸다. 페이스북은 처음에는 자신들의 연구가 "소셜 네트워크를 통한 대규모 정서적 전염이 가능하다는 최초의 실험적 증거"라고 말하며 쾌재를 불렀지만, 수백만 명의 삶에 잠재적인 영향을 미칠 수 있다는 대중의 우려에 직면하자 슬그머니 꼬리를 감추었다.[28]

주보프는 이러한 되먹임 고리가 단순한 불편을 넘어 자유의지에 대한 위협이 된다고 주장한다. 그는 자유의지에 대한 위협이 "현재와 미래 사이의 간극", 즉 우리가 어떻게 행동할지 결정하는 시점에 놓여 있다고 규정한다. '예, 우리는 오늘 일어나서 체육관에 갈 것입니다. 아니요, 우리는 담배 한 갑을 더 사지 않을 것입니다.' 보이지 않는 알고리즘 지배자가 이 간극을 장악하고 있다면, 우리의 자유가 훼손되지 않겠는가? 주보프는 이렇게 말한다. "나는 고유한 인간이다. 내 안에는 없앨 수 없는 힘의 원천이 있다. 내 얼굴, 내 집, 내 자동차, 내 목소리가 데이터가 될지는 내가 결정해야 한다. 나의 선택이 되어야 한다."[29] 디지털 기업의 규모와 영향력은 이러한 경고에 힘을 싣는 듯하지만, 이를 19세기에 등장한 통계적 운명론에 대한 두려움과 비교하지 않을 수 없다. 케틀레의 평균 남성이 출현하며 일어난 두려움이다. 지금은 우리에게 악몽을 일으키지는 않지만 말이다. 알고리즘 통제의 진실도 때가 되면 그렇게 될까? 그리고 그렇게 된다면 위험이 과장되었기 때문일까, 아니면 알고리즘이 부과하는 제약을 우리가 그저 수용했기 때문일까? 적어도 이것들이 새로 등장한 걱정거리가 아님은 분명하다. 표도르 도스토옙스키가 1864년 『지하로부터의 수기』에서 걱정한 것처럼, 곧 "모든 사람의 행동은 대수표처럼 수학적으로 이 법칙들에 따라서 계산될 것이다."[30]

이 역학관계를 보여주는 가장 극단적인 사례는 디지털 감시를 통해서 개인의 행동을 조작하려고 했던 중국의 "사회 신용" 제도에서 볼 수 있다. 이 제도는 2009년부터 일련의 지역 재판을 통해서 지속된 실체 없는 계획이지만, 집권 공산당은 궁극적으로 이러한 활동을 통합하려는 목표를 가지고 있다. 사회 신용 제도는 사람들의 다양한 행동을 기록하고 좋은 행동이나 나쁜 행동으로 분류하여 그에 따라 개인에게 보상이나 처벌을 내린다. 추적되는 행동은 다양한데, 주로 사회적 책무에 초점을 맞춘다. 비디오 게임 사용자가 부정행위를 하거나 청구서를 제때 지불하지 않거나 개가 실례한 자리를 치우지 않으면 징계를 받고, 자선단체에 기부하거나 헌혈을 하거나 자원봉사를 하면 보상을 받는다. 일부 프로그램은 이 데이터를 개인의 사회 신용 점수라는 단일 숫자로 압축해서 특정 권한을 부여하거나 제한한다. 점수가 높은 사람은 자전거나 자동차 공유 프로그램을 더 저렴하게 이용할 수 있고 건강 검진을 무료로 받거나 데이트 어플리케이션에서 상위에 노출될 수 있지만, 점수가 낮은 사람은 공개적으로 모욕을 당하거나 자녀가 대학 입시에 불합격할 수도 있고 여행이 제한될 수도 있다. 2019년 중국 국가발전개혁위원회는 사회 신용 제도에서 "신뢰할 수 없는" 사람으로 분류된 사람들의 항공 여행 1,750만 건과 철도 여행 550만 건을 승인하지 않았다고 보고했다.[31] 프로그램이 공언한 목표가 말 그대로 현실이 되었다. "믿을 수 있는 사람은 천하를 두루 다니되, 믿을 수 없는 사람은 한 발짝도 움직이지 못한다."[32]

서구는 중국의 사회 신용 제도에 대해서 명백하게 만연한 정부 감시와 자의적인 판단의 속성 같은 디스토피아적 요소를 부각시켰다. 그러나 사실은 좀더 복잡하다. 어떤 이들은 이 제도가 중국에서 특히 고령자, 부유층, 교육 수준이 높은 이들에게 높은 지지를 얻는다는 점을 지적한다.[33] 그리고 이들은 공산주의 혁명에 이어 최근 좀더 자본주의적인 사회로 급격하게 이행한 결과, 전통이 파괴되고 흔들린 국가에서 이러한 제도가 어떻게 신뢰감을 제공해왔는지에 주목한다. 역사가 시어도어 포터가 지적했듯이, 수량화와 측정은 의사소통에 필요한 공적 공간을 만들고 개인의 요구를 이행하기 위한 상호 연결의 필요성을 최소화하면서, 불신을 극복할 도구로 오랫동안 이용되었다.[34] 사회 신용 제도의 장점, 특히 정부의 판단에 따라서 신용을 점수화한다는 점은 이 틀에 꼭 들어맞는다. 그러나 더 중요한 점은 비슷한 서구의 체계인 슈퍼마켓 포인트 제도나 금융 신용도, 또는 주보프가 확인한 감시 자본주의 등이 중국의 사회 신용 점수와 명백한 유사점이 있다는 사실이다. 우리의 행동에 따라 특권이나 벌칙을 부여한다는 점 말이다. 그리고 이는 점점 피할 수 없을 듯하다. 큰 차이점이라면 서구의 체계는 정부가 아니라 민간이 주도하며, 공동체보다는 시장에서 일어나는 행위에 더 집중한다는 점이다. 그러나 우리가 중국의 사회 신용 제도를 그토록 우려하는 이유는 그것이 너무 디스토피아적이거나 이질적이어서가 아니라, 이 제도가 우리 사회에서 이미 작동하는 메커니즘을 처음으로 명확하게 보여주었기 때문일 것이다.

1만 보 걷기 프로그램

오늘날 사회에서 측정이 무엇을 의미하는지, 어떻게 측정이 사용되거나 오용되는지, 그리고 우리가 그 논리를 어떻게 내면화하는지 생각할 때 내가 가장 자주 떠올리는 것은 1만 보라는 단어이다. 이미 널리 알려진 1만 보라는 지표는 이상적인 1일 활동 목표로 자주 인용되며, 수많은 추적 어플리케이션이나 장비, 건강 프로그램에 내장되어 있다. 하루에 1만 보를 걸으면 건강과 행복이 보장된다고 한다. 1만이라는 숫자는 막대한 권위를 지닌 채 어디에나 퍼져 있으므로, 이 숫자가 과학적 연구의 결과이자 수많은 실험과 임상시험을 거친 지혜의 정수라고 생각하는 것도 무리는 아니다. 그러나 사실은 그렇지 않다. 1만 보라는 숫자는 원래 일본의 야마사 시계라는 회사에서 마케팅 홍보 수단으로 만든 것이다. 야마사 회사는 1965년에 새로 개발된 디지털 보행 측정기를 홍보할 참신한 이름을 고심했다. 이들은 건강 증진을 위해서 보행 숫자라는 지표를 사용한 첫 번째 사례인 이 장비의 이름을 "만보계"로 정했다. 그런데 왜 1만 보일까? 일본 한자 "만万"—이 장치의 이름인 "만보계万步計"의 첫 글자—의 모습이 자신 있게 걸어가는 사람의 모습과 닮았기 때문이다.[35] 1만 보를 정당화할 과학적 증거는 없었다. 그저 시각적 유희에 불과했다.

그러나 1만 보에 대한 오해가 있기는 하지만 여기에는 유용성도 있다. 하루에 몇 걸음을 걸어야 하는지를 연구하면, 더 세분화된 목표가 도출된다. 연구에 따르면, 1만 보가 아이들에게는 너무 적지만 노인에게는 너무 벅차서 아예 운동을 미루게 된다고 한다.[36] 여성 노인은 하루 4,400보만 걸어도 사망률이 크게 낮아지지만 7,500보 넘게 걸어도 더 좋은 점은 없다.[37] 그렇지만 활동을 늘리면 어쨌든 건강에 좋고, 하루 1만 보 걷기를 목표로 하면 실제 이 목표를 달성하든 달성하지 못하든 우울증, 스트레스, 불안 등 여러 증상이 줄어드는 것은 분명하다.[38] 이러한 관점에서 보면 수량화된 자아 지지자들의 생각에는 일리가 있다. 사람들에게 다가가고 싶다면 그들이 이해할 수 있는 언어로 말해야 한다는 것이다. 그래서 때로 단순하다는 매력과 사람들이 잘 믿는다는 점 때문에 어떤 숫자는 부적절한 명성을 얻기도 한다. 그 덕분에 1만 보라는 개념은 훨씬 멀리 나아갔다. 아마도 좋은 방향이지만 말이다.

그러나 이것이 전부는 아니다. 이러한 개별 사례에서 한 발 물러서서 수량화 및 측정의 체계를 전반적으로 살펴보면 문제가 드러난다. 정확히 왜 우리는 셀프 트래킹이라는 계율을 따라야 할까? 왜 숫자가 더 행복한 삶으로 안내해준다고 믿을까? 셀프 트래킹은 주의를 흐트러뜨리기도 한다. 만성 질환을 겪지 않는 사람이 수량화된 자아 운동으로 얻을 수 있는 교훈은 지극히 상식적인 것뿐이다. 「와이어드」의 전 편집장이자 셀프 트래킹 운동을 지지했던 크리스 앤더슨은 SNS 게시글에서 다음과 같이 밝혔다. "몇 년간 모든 것(운동, 일, 수면 등)을 셀프 트래킹한 결과, 나는 이것들이 모두 무의미하다는 결론을 내렸다. 교훈이나 보상은 너무 뻔했다."[39] 누가 이 일에 빠져드는가 하는 질문도 그다지 희망적이지 않다. 인구 통계학적 데이터에 한계가 있기는 하지만, 수량화된 자아 컨퍼런스에서 발표한 보고서에 따르면 참가자는 대부분 백인 중상류층이었다.[40] 수량화된 자아가 자유를 제공한다면 그것은 제한된 사람들에게만이다. 반대로 지구에서 가장 많이 추적당하는 개인은 엄청난 고통을 겪는다. 아마존 창고에서 일하는 노동자와 배송 기사들의 업무 시간은 매초 추적되고 이러한 정보는 이들의 건강과 웰빙을 희생시키며 더 많은 노동력을 쥐어짜는 데에 이용된다. 재미 삼아 우주 여행을 계획하는 제프 베조스는 아마존 직원과 고객에게 감사를 표하며 "다 여러분이 낸 돈이죠"라고 말하지만,[41] 그의 아마존 창고에서 일하는 임산부 노동자는 할당량을 채우라는 지시에 항의하다가 쫓겨난 다음 유산했다.[42]

독일의 사회학자 하르트무트 로자는 세상을 통제하려는 우리의 욕망이 21세기 삶의 경험을 점점 더 크게 형성하고 있다고 주장한다. 실증적인 관찰을 통해서 세상을 구조화하여, 극복해야 할 과제들이 이어진 곳으로 만들려는 욕망이다. "우리에게 주어지는 모든 것은 알려지고 숙달되고 정복되고 유용해져야 한다." 로자는 이러한 현상이 자기 신체를 끊임없이 추적할 때 가장 분명하게 나타나지만, 우리가 세상과 만나는 방법을 점점 더 구조화하는 것 역시 같은 틀이라고 말한다. "산은 높이를 재어보아야 하고, 시험은 통과해야 하고, 경력 사다리는 올라야 하고, 연인은 정복해야 하고, 장소는 방문하고 사진 찍어야 한다('그거 꼭 봐야 해!'). 책은 읽어야 하고, 영화는 감상해야 한다. 목록은 끝없이 이어진다. '선진국' 서구 사회에 사는 근대 후기의 평균 인간의 모든 일상은 점점 더 그저 끝없이 늘어나는 할 일 목록을 중심으로 굴러가며, 결국 이 목록을 처리하는 것에 불과해진다."[43]

로자는 이 같은 사고방식이 3세기에 걸친 문화적, 경제적, 과학적 발전의 결과이지만, 이러한 경향은 디지털화와 무차별적인 자본주의 경쟁의 가혹함 때문에 최근 몇 년간 "더욱 급진화되었다"고 주장한다.[44] 측정의 역사는 이러한 발전의 많은 부분을 따라간다. 측정은 현실을 더 잘 이해하고 통제하기 위한 도구일 뿐만 아니라 오늘날 세상 속 경험의 대부분,

결과적으로는 우리 자신의 경험을 매개하는 도구이기 때문이다. 점점 더 많이 측정할수록 우리는 이 관행의 한계에 부딪히고, 측정이 우리의 삶에 미치는 불온한 영향과 씨름하게 될 것이다. 로자가 지적한 것처럼 여러 세기의 많은 사상가들이 다양한 형태로 이 문제를 논했다. 카를 마르크스는 이 문제가 노동의 산물로부터 우리를 떼어놓으며 노동하는 삶에서 인간을 소외시키는 형태로 나타난다고 말했다. 막스 베버는 이 문제를 세계의 탈주술화로 설명하며, 자연을 이성으로 이해하려는 일이 자연의 마술적인 측면과 그 의미를 일소한다고 생각했다. 한나 아렌트는 과학과 기술이 만든 거리로 이 문제를 설명하며 인간의 상호 주관성의 친밀함, 즉 과거에 사람들이 공동으로 경험하던 세계의 친밀함이 과학과 기술에 의해서 만들어진 거리로 대체되었다고 주장했다. 로자는 이 같은 불안을 "공격 지점"이라고 설명한다. "사물과 사건을 예측하고 관리하고 제어할 수 있게 바꾸려는 우리의 노력과 욕망이 그저 '삶'이 일어나도록 내버려두려는 직관이나 열망에 의해서 좌절되는" 순간이다.[45] 학습된 측정 관행이 우리 내면 더 깊숙한 곳의 수량화할 수 없는 무엇인가와 충돌하는 순간이다.

이 책의 서두에서 나는 측정이라는 주제에 관한 나의 관심이 특정 측정 단위의 기원에 대한 단순한 호기심에서 비롯되었다고 말했다. 킬로그램은 왜 킬로그램이고, 인치는 왜 인치일까? 나는 이제 이 질문들을 더 잘 이해할 수 있다. 측정이 우리가 세상과 상호작용하는 방식이라면, 이러한 측정 체계가 어디에서 왔고 어떤 논리를 따르는지에 대한 대답은 합리적이어야 할 것이다. 그러나 내가 발견한 대답은 실제로는 전혀 그렇지 않다는 사실이었다. 측정에 논리가 있기는 하다. 그러나 만보계에서 볼 수 있듯이 측정은 신중한 숙고라기보다는 뜻밖의 일이나 우연의 산물에 가깝다. 미터가 미터인 이유는 수백 년 전 프랑스 혁명 기간에 살았던 일부 지식인들이 우리가 사는 행성을 측정해서 길이 단위를 정의하는 것이 가장 합리적인 과정이라고 생각했기 때문이다. 그리고 미터가 미터인 이유는 동시에 그 탐험 과정에서 일어난 실수가 그 이후로도 계속 우리의 측정 체계에 내재되어 있기 때문이기도 하다. 즉, 우리가 계속 그렇게 불러왔기 때문에 그렇게 된 셈이다.

나는 이것이 다행스러운 일이고, 또 위안이 될 수도 있다고 생각한다. 전통과 권위에 깊이 뿌리내려 침범할 수 없을 듯한 세상의 질서 체계도 삶의 모든 것과 마찬가지로 변화할 수 있음을 상기시켜주기 때문이다. 인류가 통제하고 조직하기를 꿈꾸는 모든 웅대한 계획이나 방법처럼, 우리는 세상의 체계에도 의문을 제기하고 이들을 바꿀 수 있다. 세상의 체계는 세상의 복잡성과 인간 삶의 예측 불가능성에 따라서 형성되었으므로 우리 자신과 마찬가지로 오류가 있을 수 있다. 이 체계가 제대로 작동하지 않는다면—완벽히 측정되지 않는다면—우리는 이 세상의 체계를 다시 만들 수 있다.

나가며

머릿속의 척도

측정에 관한 책을 썼다는 사실에서도 짐작할 수 있듯이, 나는 측정을 좋아한다. 그런 사람들을 대표할 만한 인물은 아니지만 말이다. 나는 걸음 수나 칼로리를 꼼꼼하게 계산하지도 않고, 외모에 까다롭게 신경 쓰지도 않는다. 물론 어릴 때 장난감을 크기 순서대로 늘어놓는 데에 집착했다는 이야기를 들었고 커서도 그런 습관이 남아 있기는 하다. 내가 분명한 방식으로 측정을 한다고 생각하지는 않지만, 측정은 분명 나의 삶의 중심이며 많은 사람들처럼 나 역시 측정을 세상을 이해하는 데에 사용한다.

나의 일상은 업무, 운동, 생산성의 일반적인 척도들을 중심으로 돌아간다. 나는 목록을 작성하고 메모하며, 수많은 어플리케이션과 노트에 하고 싶은 일과 할 일 목록을 흩뿌려놓는다. 확인할 것들을 매일 목록으로 작성하고, 내가 들이려는 습관에 열의가 식으면 몇 달에 한 번씩 다시 목록을 작성한다. 나는 숫자로 운동한다. 체육관에서 운동을 반복한 횟수와 들어올린 중량물의 무게를 셈하고, 달리기 시간과 거리를 측정한다. (항상 그렇지는 않지만) 확실히 피상적이지는 않은 성취감이 있다. 내가 작성한 목록의 행과 열은 길 잃은 양을 울타리로 몰듯이 방황하는 시간을 이끌어가도록 도와주고, 체육관에서 하는 계산은 측정할 수 있는 진전을 이루고 있다는 안도감을 준다. 이러한 습관은 방향을 잃었을 때 조직적으로 생각할 수 있게 해주고 정체되었을 때 목표를 준다. 이럴 때 삶을 통계로 전환하면 안심이 된다. 내가 이룬 성취를 종이에 적어 명확하게 바라보거나, 지방과 근육을 땀 흘려 노력하면 바뀔 수 있는 숫자로 표현하면 된다. 요즘은 이런 전략이 일반적이다. 하르트무트 로자가 오늘날 우리의 상태에 대해서 내린 진단은 옳았다. 지금 이 세계에서 우리는 반사적으로, 그리고 내면적으로 측정한다. 파리 국가기록원의 큐레이터가 말해준, 아이들이 물리적인 미터법 표준이 왜 있어야 하는지 의아해했다는 이야기와 마찬가지이다. "아이들은 미터가 이미 우리 머릿속에 있는데 왜 이런 물건이 있어야 하는지 이해하지 못하죠."

그러나 무엇을 측정해야 하는지에 관한 질문은 대답하기 훨씬 더 어렵다. 자책의 도구이지만 사회적으로 용인되는 생산성 측정 도구들 외에도 나는 조금 덜 구조화된 개인적이고 사소한 척도를 하나 가지고 있었다. 어릴 때 내가 개발한 자기 훈련 테스트로, 성인이 될 때까지도 간직하고 있었다. 예를 들어 모르는 단어가 나왔는데 뜻을 찾지 못한다면, 내가 세상에 관심이 없다는 의미이다. 사과를 먹는데 속까지 다 먹지 않는다면 결단력이 없다는 뜻이다. 나는 이러한 테스트가 지극히 정상이며 모든 사람이 자기 행동을 반영하는 내적 척도—일부는 숨겨져 있고 일부는 드러나 있다—를 개발한다고 생각했다. 이 같은 도구는 우리의 자아라는 엔진이 합리적인 범위 안에서 계속 요동치게 하는 영혼의 회전 조절기이다. 문제는 이 도구가 그 자체로 강박이 될 때이다.

나의 내적 테스트들 중에서 가장 어리석은 것은 가장 사치스럽기도 했는데, 베토벤 교향곡 제9번 「합창」을 중심으로 한 작은 의식이었다. 열다섯 살 때 처음 이 곡을 들은 나는 즉시 반해버렸다. 특히 제4악장 "환희의 송가"는 견딜 수 없을 만큼 강력했다. 트라이앵글이 챙챙거리고 바순이 서커스 행진처럼 울리면 나는 완전히 얼어붙었다. 황홀했고 음 하나하나가 조율 죔쇠를 타고 몸 신경 곳곳으로 뻗어나가는 듯했다. 나는 이 감정을 어떻게든 붙잡고 증폭하기 위해서 인생에서 긍정적인 일이 일어나거나 주목할 만한 일을 성취해 최고로 행복할 때에만 "환희의 송가"를 듣겠다고 결심했다. 인생의 최고점을 기억하는 동시에 그 음악을 좋은 감정과만 연결하여 기쁨을 증폭시키는 테스트이자 보상인 셈이었다. 나중에 한 친구는 이것이 앤서니 버지스의 소설 『시계태엽 오렌지 A Clockwork Orange』에서 주인공에게 사용한 혐오 요법인 루도비코 기법을 역전한 것 아니냐고 지적했다. 이 소설에서도 교훈을 부각하기 위해서 "환희의 송가"를 활용하기 때문이다. 내가 버지스를 따라 했는지는 기억나지 않지만, 앞에서 말했듯이 당시 나는 겨우 열다섯 살이었다. 10대의 생각이란 자청해서 그런 감상적인 드라마를 만들지 않는가.

처음에는 나의 실험 결과가 긍정적이었다. 나는 확실한 이정표를 달성했을 때에만—시험을 잘 보았거나 대학에 합격하는 등—푹 빠져서 "환희의 송가"를 들었다. 그러나 나이가 들고 학교와 대학이라는 조직적인 세계를 벗어나자 이러한 이정표를 달성하는 일이 점점 드물어졌다. 행복해지리라는 기대는 점점 희미해졌고, 결국 멀어졌다. 20대 초반 나는 오랫동안 우울증에 빠졌다. 10대 시절에 그저 재미 삼아 했던 일이 이제는 영원히 나를 구속한다고 느껴졌다. 인생에서 축하할 만한 일은 아무것도 없었고, 훌륭하거나 행복을 느낄 만한 일도 전혀 없는 것 같았다. 그래서 나는 5년 동안 "환희의 송가"를 듣지 않았다.

나는 이 테스트에 절대적으로 헌신했다. 가슴 두근거리도록 오르내리는 자신감 넘치는 익숙한 도입부가 어디에선가 들리면 나는 즉시 자리를 떠났다. 영상을 음소거하고, 텔레비전 채널을 돌리고, 영화를 보다가도 극장에서 나왔다. 한번은 조깅을 하다가 이 곡을 연주하는 밴드를 마주치는 바람에 멀리 돌아가야 했다. "환희의 송가"를 듣는 일은 부정행위 같다고 생각했다. 받을 자격이 없는 행복에 무임승차하는 것 같았다. 그 음악은 너무 훌륭했고 나는 너무 형편없었다. 마치 도입부의 독창 같았다. "오, 벗들이여, 이 소리가 아니오!"

시간이 지나며 우울증이 나아졌다. 사소한 테스트 대부분을 잊었고 형식과 빈도 측면에서 더 관대한 다른 습관을 개발했다. 어느 날 아주 좋은 소식이 들려왔다. 10대 때부터 자주 생각해왔지만 신기하고 예상치 못하게 달성한 일이었다. 나는 혼자 이 순간을 소소하게 기념해야겠다고 생각했다. 점심시간에 산책도 할 겸 가까운 공원에 나가서 햇살이 비치는 벤치에 앉아 헤드폰을 끼고 몇 년 만에 처음으로 "환희의 송가"를 틀었다. 합창이 익숙한 선율을 노래하기 시작했다. "환희여, 아름다운 신의 광채여, 낙원의 딸들이여!" 그런데……아무것도 느껴지지 않았다. 전기가 번쩍이지도, 감각이 초신성처럼 휘몰아치지도 않았다. 햇살 속에 뒹구는 다람쥐를 멍하니 바라보는 나의 머릿속은 텅 비어 있었다. 테스트에 관한 어떤 것이 음악을 즐기는 능력을 망가뜨린 것 같았다. 음악에 너무 많은 의미를 부여하고 각 음표에 너무 무게를 실은 탓에 체계 전체가 무너져내렸고 나의 즐거움도 무너졌다. 나는 헤드폰을 벗고 자리에서 일어났다.

나는 많은 이들이 측정, 특히 자기 측정에서 이러한 관계를 형성하고 있다고 생각한다. 우리는 의무이자 열망 때문에 할 일 목록과 마감일로 이루어진 가설물을 세우고, 이 틀 안에서 되고자 하는 사람을 만든다. 우리는 끊임없이 그렇게 하도록 권장받는다. 생산성을 높이고 더 많이 성취하며 이러한 문화에 스며드는 방법과 지침이 넘쳐난다. 잡지와 소셜 미디어를 가득 채우는 조언은 이런저런 새로운 방법이 생산성과 개인적 성취를 높이는 열쇠가 된다고 약속한다. 결코 새로운 현상은 아니지만, 요즘 같은 맹공격은 흉포할 정도이다. 생산적인 시간 관리 능력은 점차 장점이 아니라 도덕적 가치를 판단하는 덕목으로 여겨진다. 영혼의 가치를 측정할 수 있다고 처음으로 주장한 사람들은 고대 이집트인이었을지 모르지만, 수천 년이 지난 지금도 도처에 그러한 계산이 남아 있다.

역사를 보면 측정 영역의 경계는 고정되어 있지 않다. 측정 영역은 과학자들이 관찰의 보상을 터득하면서 점차 확장되었고, 민속과 신비주의를 수용하며 조정되었다. 중세의 멘수라 크리스티와 성인들의 이야기처럼, 측정 덕분에 기적이 일어난다고 생각하는 일이 더는 일반적이지 않지만, 오늘날 우리가 측정을 다루는 방식에는 여전히 이와 비슷한 마술적 사고가 남아 있다. 우리는 측정이 객관적이라고 믿기 때문에 숫자를 숭배하고, 삶의 모든 문제를 통계로 해결할 수 있다고 믿고는 한다. 그러나 때로 세상 속 어떤 것의 위치를 측정하면, 그 표시 자체가 더욱 힘을 얻고 측정 대상은 오히려 배경으로 물러나기도 한다. 계획이 목표를 삼켜버리고 애초에 원한 것은 보이지 않게 된다. 측정 위에 세워진 사회, 측정이 만연한 사회에서 우리는 측정이 어떤 목표에 기여하는지, 궁극적으로 누구에게 도움이 되어야 하는지를 기억해야 한다.

개인적인 이야기를 덧붙이자면, 이 책의 이 마지막 부분을 쓰면서 나는 다시 "환희의 송가"를 듣고 있다. 기쁨에 마음이 불타오른다.

감사의 글

많은 책들이 홀로 노력한 작품이지만—험준한 산을 오르는 외로운 등반처럼—나는 감사의 글을 쓰면서 이 책을 마무리하는 데에 얼마나 많은 사람들의 도움에 빚지고 있는지를 떠올렸다. 이 책의 처음부터 끝까지 분명 많은 이들의 도움이 함께했다. 나의 학문적 노력으로만 다루기에는 이 책의 주제가 너무 방대하고 어려워서, 여러 사람들의 연구와 통찰을 모아놓는 것 외에 달리 할 수 있는 일이 없었다. 그러나 이 책은 나와 함께 일한 사람들과 내가 사랑하는 사람들의 인내, 지혜, 친절의 종합적인 산물이다. 모든 분에게 감사드린다.

먼저 나의 훌륭한 에이전트 소피 스카드와 캐트 에이킨에게 감사드린다. 특히 소피는 꼭 필요하고 현명한 조언을 주어 초기 단계에서 제안서를 다듬는 데에 도움을 주었다. 우리가 이 일을 시작해서 기쁘다. 파버 출판사의 편집자 로라 해선과 에미 프랜시스에게도 감사드린다. 글 뼈대를 철거 수준으로 완전히 들어내는 것부터 문장 수준에서 다시 쓰는 것까지 여러 구조화 작업을 모두 이분들에게 빚졌다. 이처럼 세심하고 예리하고 관대한 독자들과 함께 일하는 과정은 정말 놀라웠다. 이분들은 거의 위엄 있는 자비라고밖에 설명할 수 없는 인내심으로 나의 끊임없는 초조함과 중얼거림을 견뎌주었다. 교열 편집자 제니 데이비스, 조판사이자 교정 편집자 이언 바흐라미에게도 진심으로 감사드린다. 그들은 적절한 때 필요한 개입을 해주고 대처하기 힘든 당혹스러운 상황에서 나를 구해주었다. 허가를 받기 위해 지칠 줄 모르고 일해주었던 베스 더포어와 멋진 표지를 디자인해준 조니 펠럼에게도 감사드린다(표지에 당신 이름이 아니라 나의 이름이 올라오다니 공평하지 않네요). 교정, 인쇄, 홍보를 통해 이 책을 미지의 세계로 이끈 파버 출판사의 멋진 팀원들인 조애나 하우드, 해나 터너, 존 그라인드로드, 모 하피즈, 조시 스미스에게도 감사드린다.

「버지The Verge」의 동료들에게도 마찬가지로 감사를 표한다. 그들은 내가 조사하고 글을 쓰도록 시간을 허락해주고, 킬로그램 재정의를 다룰 첫 취재 여행을 보내주고, 이 일에서 여러 가지를 배울 수 있게 가장 먼저 도와주는 등 직간접적으로 나를 지지해주었다. 훌륭한 팀을 모아준 닐라이 파텔과 디터 본에게 감사드린다. 토머스 리커는 오랫동안 응원과 지도를 보태주었고 T. C. 소테크는 사적, 공적으로 많은 친절을 베풀어주었으며, 리즈 로파토는 저널리스트가 되는 법을 잘 가르쳐주었다(다 익히지 못해서 죄송합니다).

이 책은 여러 출처에 기반한다. 취재하고 글을 쓰고 편집하면서 이야기를 나눈 전문가와 학자들에게, 특히 초안을 살펴보고 의견과 수정 사항을 알려준 분들에게 정말 감사드린다. 이 책에 담긴 통찰은 모두 이분들 덕택이며, 실수는 오직 나의 탓이다. 다음 분들에게 감사드린다(책에 언급된 주제 순서대로 나열했다). 살리마 이크람은 카이로와 멋진 나일로미터를 소개해주었고, 데니스 슈만트-베세라트는 점토 주화의 기원을 명쾌하게 설명해주었다. 니컬라 이아롱고는 청동기 시대 저울의 기이한 조율에 관한 생각을 나누어주었고, 엘리노어 자네가는 중세의 모든 것에 대한 지혜와 "암흑시대"라는 잘못된 명칭에 반발하는, 지칠 줄 모르는 열정을 보여주었다. 마크 태커는 어느 습한 오후 대영박물관 바깥에서 옥스퍼드 계산학파에 대한 열정과 학식을 보여주었다. 이디스 실라는 이 옥스퍼드 계산학파의 약삭빠름에 대해서 논의해주었다. 톰 에인즈워스는 소크라테스 같은 지혜로 고대 그리스인에 대한 나의 잘못된 지식을 바로잡아주었다(해리엇 에인즈워스가 나를 톰에게 소개해주었다). 에마누엘레 룰리는 피에트레 디 파라고네에 대한 멋진 연구와 이 발명품의 요점을 개념적으로 멋지게 설명해주었다. 안나-자라 린드봄은 구스타비아눔에서 시간을 내어 스웨덴에서의 측정학 열광에 대한 지식을 나눠주었다. 엘리자베스 네스왈드는 열역학의 역사에 대한 세심한 이해와 동시대의 문화적 반응에 대한 통찰을 전해주었고, 장하석은 온도계의 발명에 관한 연구를 통해서, 그리고 이 책을 위한 첫 번째 인터뷰 대상자로서 나를 측정학의 세계로 친절하게 안내해주었다. 마이클 트롯은 미터법을 다룬 흥미롭고 정보 가득한 연구를 통해 미터법 혁명에 대한 논의를 나눠주었고, 파리 국가기록원의 사빈 묄로와 스테파니 마르크-마유는 자물쇠를 풀고 기록원의 킬로그램과 미터를 보여주었다. 줄리아 레반도스키는 아메리카 대륙의 식민지화를 내가 깊이 이해하는 데에 결정적으로 도움을 주었다(50년이 되지 않은 자료 역시 철 지난 자료라는 사실을 알려주기도 했다). 닐 로런스가 설명해준 통계 문제를 부디 내가 정확하게 압축하여 잘 전달했기를 바란다. 미터법 저항단의 작업방식을 직접 보여주고 맥주 파인트 잔을 기울이며 솔직하고 호감 있게 함께해준 토니 베넷에게도 감사를 표한다. 마틴 밀턴과 리처드 데이비스는 파리에 있는 국제 도량형국 본부의 유물과 기록 보관소를 기꺼이 보여주었다. 슈테판 슐라밍거는 현대 측정학에 관해서 설명해주고 플랑크 길이에 이르는 나의 작업을 면밀히 조사해주었고, NIST의 스티브 쇼켓은 기괴하고도 멋진 표준 참고물질 목록을 안내해주었다. 직접 방문해 표준 땅콩버터를 맛보지 못해서 아쉽다.

이 주제에 대해 짧은 참고 문헌을 덧붙이겠다. 내가 읽은 책의 저자들에게 감사를 표하는 일이 어리석다는 사실을 알지만, 그럼에도 불구하고 마음에서 우러나서 그렇게 하고 싶다. 좀더 구체적으로 측정학 분야에서 이 주제의 가능성을 보여준 저작의 저자들을 언급하고 싶다. 첫째, 로버트 P. 크리스의 『측정의 역사World in the Balance』는 측정학의 경이로움을 소개해주었다. 둘째, 켄 올더의 『만물의 척도Measure of All Things』는 학문적인 엄격함과 서술 솜씨로 미터법의 발명을 세계사적으로 중요한 의미를 지녔지만 간과된 사건으로서 소개했다. 셋째, 사이먼 섀퍼는 역사, 문화, 과학, 철학을 조합한 다양한 저술(그중 다수는 측정학과 관련된다)로 나의 지적 호기심이 흐려졌을 때 영감의 빛을 비춰주었다. 경험상 한 권의 책을 쓸 때는 모든 쪽마다 성장에 필요한 물질을 공급해줄 수십 권의 책을 읽어야 한다. 그저 이 책의 퇴비들을 여기에 덧붙이고 싶었다. 그러한 의미에서 코로나 바이러스 대유행 동안 도서관 건물이 안전한 피난처가 되도록 지켜주고 마이크로필름과 낡은 학술지들을 뒤지며 도움을 준 대영도서관 직원들에게 감사드린다.

마지막으로, 무엇과도 바꿀 수 없는 격려와 지원을 아끼지 않은 최초의 독자들과 친구, 가족들에게 진심으로 감사드린다. 지적 영감도 좋지만, 자신이 쓴 글이 노력을 들일 만한 가치가 있다는 말을 듣는 일도 꼭 필요하다. 그러므로 이 책의 첫 몇 장章을 읽고 꼭 필요할 때 관대한 조언과 격려를 해준 로버트 맥팔레인에게 감사드린다. 두루뭉술한 장들에 뼈대를 세우도록 도와주고 항상 애정 어린 파인트 한 잔과 담배를 준비해준 개빈 잭슨에게도 마찬가지이다. 이 책의 나가는 글의 초안을 읽는 일은 괴롭고 특이한 벌로 생각될 정도였을 텐데, 그럼에도 언어적, 정서적으로 분별 있는 조언을 해준 레이철 돕스, 그리고 모든 단어를 하나하나 읽어준 어머니 브리짓에게도 감사드린다. 지혜롭고 세심하게 언어를 빚는 어머니의 능력은 내가 작문 숙제로 씨름하던 10대 이후로도 여전히 줄지 않았다. 추상화 대 특수성 논쟁을 장황하게 늘어놓거나 글쓰기에 대해 불평하는 나의 이야기를 참고 들어주며 기대어 울 어깨를 (문자 그대로 또는 은유적으로) 내어준 모든 친구에게도 감사한다. 정말 많은 의미가 있는 친구들이다. 나의 인생의 모든 장에서 변함없는 친구인 톰 크룩은 꼭 언급해야겠다. 앨리 대니얼, 올리버 일롯, 존 레저의 도움과 친절에 특히 감사한다. 요크의 아이들, 매슈 스머스웨이트, 프랜 로이드-존스, 그리고 어느 특별한 저녁 식사 참석자분들(글을 쓰면서 자주 떠올렸다)에게도 감사한다. 루시 엘븐에게는 많은 빚을 지고 있지만, 루시의 사랑과 격려가 없었다면 이 책은 존재하지 못했을 것이라고만 말해두겠다. 진심으로 감사를 표한다. 마지막으로 오랫동안 사랑과 도움, 그리고 측정할 수 없는 모든 것을 주신 나의 멋진 가족 윌, 베스, 앨프, 로즈, 클로디아, 조지, 그리고 훌륭한 우리 부모님 브리짓과 존에게도 진심으로 감사드린다.

주

서론

1   A. S. Brooks and C. C. Smith, 'Ishango Revisited : New Age Determinations and Cultural Interpretations', *The African Archaeological Review,* 5(1), 1987, pp. 65–78. Caleb Everett, *Numbers and the Making of Us : Counting and the Course of Human Cultures* (Cambridge, MA, and London : Harvard University Press, 2017), p. 36, 김수진(역), 『숫자는 어떻게 인류를 변화시켰을까?』(동아엠앤비, 2021).

2   Prentice Starkey and Robert G. Cooper Jr., 'The Development of Subitizing in Young Children', *British Journal of Developmental Psychology,* 13(4), November 1995, pp. 399–420.

3   K. Cooperrider and D. Genter, 'The Career of Measurement', *Cognition,* 191, 2019.

4   Jean Piaget, Bärbel Inhelder, and Alina Szeminska, *The Child's Conception of Geometry* (London : Routledge, 1960, digital edn, 2013), pp. 88–215.

5   Sana Inoue and Tetsuro Matsuzawa, 'Working Memory of Numerals in Chimpanzees', *Current Biology,* 17(23), 2007, pp. R1004–5.

6   D. Biro and T. Matsuzawa, 'Chimpanzee Numerical Competence : Cardinal and Ordinal Skills', in *Primate Origins of Human Cognition and Behavior* (Japan : Springer, 2001, 2008), pp. 199–225.

7   Sir William Thomson, *Popular Lectures and Addresses,* vol. 1 (New York : Macmillan & Co., 1889) ; 'Electrical Units of Measurement', a lecture delivered at the Institution of Civil Engineers, 3 May 1883 (London and Bungay : Richard Clay & Sons Limited), p. 73.

8   Francesca Rochberg, *The Heavenly Writing : Divination, Horoscopy, and Astronomy in Mesopotamian Culture* (Cambridge : University of Cambridge Press, 2004), p. 260.

9   David C. Lindberg, *The Beginnings of Western Science,* second edn (Chicago :
    University of Chicago Press, 2008), pp. 12–20.

10 Victor E. Thoren, *The Lord of Uraniborg : A Biography of Tycho Brahe* (Cam-
    bridge : Cambridge University Press, 1990), p. 23 (결투), p. 39 (재산), p. 345 (엘크).

11 John E. Clark, 'Aztec Dimensions of Holiness', in Iain Morley and Colin
    Renfrew (eds), *The Archaeology of Measurement* (Cambridge : Cambridge
    University Press, 2010), pp. 150–69.

12 Cooperrider and Genter, p. 3.

13 Jan Gyllenbok, *Encyclopaedia of Historical Metrology, Weights, and Measures,*
    vol. 2 (Basel : Birkhäuser, 2018), p. 1,076. 페닌쿨마는 오늘날 "밀", 즉 10킬로
    미터를 의미하지만 거리 단위로는 대략 5킬로미터를 뜻한다. 철자는 penin-
    kuorma, peninkuulema, peninkuuluma 등 다양하다.

14 Eric Cross, *The Tailor and Ansty* (Cork : Mercier Press, 1942 [1999]), p. 115.

15 역사학자이자 과학저술가인 로버트 P. 크리스가 계산한 예시를 참고했다.
    Robert P. Crease, *World in the Balance : The Historic Quest for an Absolute
    System of Measurement* (New York and London : W. W. Norton & Company,
    2011), p. 24, 노승영(역), 『측정의 역사 : 절대 측정을 향한 인류의 꿈과 여정』(에
    이도스, 2012).

16 Cross, p. 115.

17 Eric Hobsbawm, *The Age of Extremes : 1914–1991* (London : Michael Joseph,
    1994 [Abacus, 1995]), p. 57, 이용우(역), 『극단의 시대 : 20세기 역사』(상-하, 까
    치글방, 1997).

18 John Thomas Smith, 'Biographical Sketch of Blake', in *Arthur Symons, William
    Blake* (New York : E. P. Dutton and Company, 1907), p. 379.

19 Anthony Blunt, 'Blake's "Ancient of Days" : The Symbolism of the Compasses',
    Journal of the Warburg Institute, 2(1), July 1938, p. 57.

20 Max Horkheimer and Theodor W. Adorno, *Dialectic of Enlightenment* (Stanford :
    Stanford University Press, 2002), p. 182, 김유동(역), 『계몽의 변증법 : 철학적 단
    상』(문학과지성사, 2001).

21 Horkheimer and Adorno, pp. 4–5.

22 Jonathan Swift, 'Cadenus and Vanessa' (1726), in *Miscellanies,* vol. 4 (London :
    printed for Benjamin Motte and Charles Bathurst, 1736), p. 121.

제1장

1   "I have not diminished the palm measure. I have not falsified the cubit of land.
    I have not added to the weights of the balance. I have not nullified the plummet
    of the scales." Charles Dudley Warner et al. (comp.), 'Book of the Dead', spell

125 ('The Negative Confession'), *The Library of the World's Best Literature, An Anthology in Thirty Volumes,* Francis Llewellyn Griffith (trans.) (New York : Warner Library, 1917), p. 5,320. https://www.bartleby.com/library.

이에 대한 또다른 번역은 다음과 같다. "Homage to thee, O Great God, Lord of Maati, I have come to thee, O my Lord, that I may behold thy beneficence······ I have come to thee, and I have brought [truth] to thee······I have not diminished from the bushel. I did not take from or add to the acre measure. I did not encroach on the fields [of others]. I have not added to the weights of the scales. I have not misread the pointer of the scales." E. A. Wallis Budge and A. M. Epiphanius Wilson, *The Ancient Egyptian Book of the Dead* (New York : Wellfleet Press, 2016), pp. 21–6.

혹은 다음과 같다. "I swear unto the Soul of Isis, that I have not altered the Sacred Cubit of my fathers." Found in Charles A. L. Totten, *An Important Question in Metrology Based upon Recent and Original Discoveries : A Challenge to 'The Metric System,' and an Earnest Word with the English-Speaking Peoples on their Ancient Weights and Measures* (London : John Wiley & Sons, 1884).

혹은 다음과 같다. "I have not shortened the cubit." Charles Piazzi Smyth, *Life and Work at the Great Pyramid During the Months of January, February, March, and April, A.D. 1865,* vol. III (Edinburgh : Edmonston & Douglas, 1867), p. 430.

혹은 다음과 같다. "I have not reduced the measuring vessel, I have not reduced the measuring cord / I have not encroached on the fields ; I have not added to the pan of the scales." *Book of the Dead,* chapter 125A. https://www.ucl.ac.uk/museums-static/digitalegypt/literature/religious/bd125a.html.

2   Manfred Lurker, *An Illustrated Dictionary of the Gods and Symbols of Ancient Egypt* (London : Thames & Hudson, 1974), p. 57.

3   Rosa Lyster, 'Along the Water', *London Review of Books,* 43(9), 6 May 2021.

4   출처는 다음과 같다. Helaine Selin (ed.), *Encyclopaedia of the History of Science, Technology, and Medicine in Non-Western Cultures,* second edn (Berlin, New York : Springer, 2008), pp. 1,751–60 ; Horst Jaritz, 'The Nilometers of Ancient Egypt : Two Different Types of Nile Gauges', *16th International Congress on Irrigation and Drainage, Cairo, Egypt, 1996,* pp. 1–20 ; William Popper, *The Cairo Nilometer, Studies in Ibn Taghrî Birdî's Chronicles of Egypt : 1* (Berkeley and Los Angeles : University of California Press, 1951).

5   Zaraza Friedman, 'Nilometer', in Helaine Selin (ed.), *Encyclopaedia of the History of Science, Technology, and Medicine in Non-Western Cultures,* third edn (Dordrecht : Springer Science + Business Media, 2014), p. 4.

6   John Bostock and H. T. Riley, *The Natural History of Pliny* (London : Taylor and Francis, 1855), Chapter 10 : The River Nile.

7   Friedman, 'Nilometer', p. 5.

8   Denise Schmandt Besserat, 'The Earliest Precursor of Writing', in William S. Y. Wang (ed.), *The Emergence of Language : Development and Evolution* (New York : W. H. Freeman and Company, 1991), pp. 31–45.

9   Denise Schmandt Besserat, 'The Token System of the Ancient Near East : Its Role in Counting, Writing, the Economy and Cognition', in *Morley and Renfrew, The Archaeology of Measurement,* p. 29.

10 저자와의 면담, 2019년 8월 27일.

11 Denise Schmandt-Besserat, *How Writing Came About* (Austin, TX : University of Texas Press, 1996).

12 Samuel Noah Kramer, *From the Tablets of Sumer : Twenty-Five Firsts in Man's Recorded History* (Indian Hills, CO : Falcon's Wing Press, 1956), p. xix.

13 Christopher J. Lucas, 'The Scribal Tablet House in Ancient Mesopotamia', *History of Education Quarterly,* 19(3), Autumn 1979, p. 305.

14 Jack Goody, *The Domestication of the Savage Mind* (Cambridge : Cambridge University Press, 1977), p. 81.

15 Goody, p. 94.

16 Alan H. Gardiner, *Ancient Egyptian Onomastica,* vol. 1 (Oxford : Oxford University Press, 1947).

17 Gardiner, pp. 24–5.

18 Goody, p. 102.

19 Jorge Luis Borges, 'John Wilkins' Analytical Language', in Eliot Weinberger (ed.), *Selected Non-Fictions,* Esther Allen, Suzanne Jill Levine, and Eliot Weinberger (trans.) (New York : Penguin, Viking, 1999), pp. 229–32, 정경원, 김수진(역), "존 윌킨스의 분석적 언어", 『또 다른 심문들』(보르헤스 논픽션 전집 4, 민음사, 2019). 이 산문은 다음의 제목으로 처음 소개되었다. 'El idioma analítico de John Wilkins', *La Nación, Argentina,* 8 February 1942. 그리고 *Otras inquisiciones*라는 제목의 책으로 다시 발행되었다.

20 Michel Foucault, *The Order of Things* (London and New York : Routledge, 2005 [1966]), p. xxi, 이규현(역), 『말과 사물』(민음사, 2012).

21 그러나 일주기 리듬이 어디에나 있는 것은 아니다. 다음을 참고, Guy Bloch, Brian M. Barnes, Menno P. Gerkema, and Barbara Helm, 'Animal Activity Around the Clock with No Overt Circadian Rhythms : Patterns, Mechanisms and Adaptive Value', *Proceedings of the Royal Society,* 280(1765), 22 August 2013.

22 참고로 국제 우주정거장은 휴스턴과 모스크바에 있는 주요 관제센터 사이의

편리한 중간 지점인 협정 세계시(Coordinated Universal Time, UTC)를 따른다. Ally, '20 Questions for 20 Years : Happy Birthday International Space Station', European Space Agency, 21 November 2018. https://blogs.esa.int/alexander gerst/2018/11/21/spacestationfaqs.

23 Iain Morley, 'Conceptualising Quantification Before Settlement : Activities and Issues Underlying the Conception and Use of Measurement', *The Archaeology of Measurement*, p. 17.

24 Munya Andrews, *The Seven Sisters of the Pleiades : Stories from Around the World* (Australia : Spinifex, 2004). Clare Oxby, 'A Review of African Ethno Astronomy : With Particular Reference to Saharan Livestock Keepers', *La Ricerca Folklorica*, 40, October 1999, pp. 55–64. doi : 10.2307/1479763.

25 Hesiod, *Theogony ; Works and Days ; Shield*, Apostolos N. Athanassakis (trans.) (Baltimore and London : Johns Hopkins University Press, 1983 [2004]). *Works and Days*, 615, p. 80, 천병희(역), 『신들의 계보』(숲, 2009).

26 Mark Edward Lewis, 'Evolution of the Calendar in Shang China', in Morley and Renfrew, *The Archaeology of Measurement*, pp. 195–202.

27 E. C. Krupp, *Echoes of the Ancient Skies : The Astronomy of Lost Civilizations* (New York : Dover Publications, 2003 [1983]), p. 205, 정채현(역), 『고대 하늘의 메아리 : 사라진 문명들의 천문학』(이지북, 2011).

28 'What Did Mayans Think Would Happen in 2012?' 마크 반 스톤 박사와의 인터뷰, KPBS, 2010년 9월 6일. https://www.kpbs.org/news/2010/sep/06/what-did-mayans-think-would-happen-2012.

29 이 달력에는 윤년이 없어서 태양력과 서서히 맞지 않게 되므로 떠도는 해(annus vagus)라는 별명이 붙었다.

30 Alan B. Lloyd, *Ancient Egypt : State and Society* (Oxford : Oxford University Press, 2014), p. 322.

31 Heidi Jauhiainen, 'Do Not Celebrate Your Feast Without Your Neighbors : A Study of References to Feasts and Festivals in Non Literary Documents from Ramesside Period Deir el Medina' (PDF), *Publications of the Institute for Asian and African Studies*, No. 10 (Helsinki : University of Helsinki, 2009) ; 부직에 관해서는 198쪽 참고.

32 Lynn V. Foster, *Handbook to Life in the Ancient Maya World* (New York : Facts on File, 2002), p. 253.

33 이런 방식으로 설명하지는 않지만, 이 특수한 사례와 관련해서는 다음을 참조. David Brown, 'The Measurement of Time and Distance in the Heavens Above Mesopotamia, with Brief Reference Made to Other Ancient Astral Sciences', in Morley and Renfrew, *The Archaeology of Measurement*.

34 *The Epic of Gilgamesh,* an English version, with an introduction by N. K. Sandars (Harmondsworth and New York : Penguin, 1977), pp. 209–10.

35 Crease, pp. 18–25.

36 William Rossi, *Professional Shoe Fitting.* 일부 전해져 오는 이야기와 달리 에드워드 2세는 이 표준화를 도입하지 않았으며, 윌리엄 로시가 발견한 3분의 1인치의 길이 차이에 대한 최초의 기록은 1856년에 작성된 것이다.

37 근원은 같지만 금의 순도를 재는 다른 척도인 캐럿(미국에서는 karat, 영국에서는 carat으로 쓴다)과 혼동하지 말아야 한다.

38 Diamond Jenness, *The Ojibwa Indians of Parry Island, Their Social and Religious Life* (Ottowa : National Museum of Canada, 1935 ; Bulletin no. 78, Anthropological Series, no. 17), pp. 11–12.

39 Theodore M. Porter, *Trust in Numbers : The Pursuit of Objectivity in Science and Public Life* (Princeton, NJ : Princeton University Press, 1995), p. ix, 이기홍(역), 『숫자를 믿는다 : 과학과 공공적 삶에서 객관성의 추구』(한울, 2021).

40 David N. Keightley, 'A Measure of Man in Early China : In Search of the Neolithic Inch', *Chinese Science,* 12 (1995), pp. 18–40. 특히, 26쪽에 남녀를 구분한 단위가 언급되어 있다. 예를 들면, "남자의 손으로 10푼만큼 뒤로", "보통 여자의 손 길이는 8촌이며, 이를 척이라고 하기도 한다." 크리스가 같은 내용을 37쪽에서 다룬다.

41 R. Pankhurst, 'A Preliminary History of Ethiopian Measures, Weights, and Values', *Journal of Ethiopian Studies,* 7(1), January 1969, p. 36. 많은 일화가 인용되어 있다. 예를 들어 다음과 같다. "페트로스 원타모는 캄바타 미스기다 지역에 '모든 마을에는 마을 사람들이 옷감을 살 때 데려가는 사람이 있다.……이런 사람은 실로 측정 표준이라 할 수 있다. 도움을 주지만 감사의 말을 빼고는 어떤 대가도 받지 않는다'라고 전했다."

42 Herbert Arthur Klein, *The Science of Measurement : A Historical Survey* (New York : Dover Publications, 1974), p. 44. 실제 길이는 "손가락 뿌리에서부터 잰" 길이로, 엄지손가락을 살짝 눌러 납작하게 만든 후에 측정했을 것이다.

43 Mark Lehner, 'Labor and the Pyramids : The Heit el Ghurab "Workers Town" at Giza', in Piotr Steinkeller and Michael Hudson (eds), *Labor in the Ancient World,* vol. V (ISLET Verlag, 2015), pp. 397–522.

44 Lewis Mumford, *The Myth of the Machine : Technics and Human Development* (New York : Harcourt Brace Jovanovich Inc., 1967), p. 11, 유명기(역), 『기계의 신화 1 : 기술과 인류의 발달』(아카넷, 2013).

45 Mumford, p. 12.

46 Mumford, p. 168.

47 Raffaella Bianucci et al., 'Shedding New Light on the 18th Dynasty Mummies of the Royal Architect Kha and His Spouse Merit', *PLoS One,* 10 (7), 2015.

48   Naoko Nishimoto, 'The Folding Cubit Rod of Kha in Museo Egizio di Torino, S.8391', in Gloria Rosati and Maria Cristina Guidotti (eds), *Proceedings of the Eleventh International Congress of Egyptologists, Florence, Italy, 23–30 August 2015* (Oxford : Archaeopress Publishing Ltd, 2017), pp. 450–6.

제2장

1   For more detail, see Guitty Azarpay, 'A Photogrammetric Study of Three Gudea Statues', *Journal of the American Oriental Society,* 110(4), October–December 1990, pp. 660–5.

2   Arvid S. Kapelrud, 'Temple Building, a Task for Gods and Kings', *Orientalia,* Nova Series, 32(1), 1963, pp. 56–62.

3   John M. Lundquist, 'The Legitimizing Role of the Temple in the Origin of the State', Society of Biblical Literature Seminar Papers 21, 1982, pp. 271–97.

4   Nicola Ialongo, Raphael Hermann, and Lorenz Rahmstorf, 'Bronze Age Weight Systems as a Measure of Market Integration in Western Eurasia', *PNAS,* 6 July 2021.

5   Emanuele Lugli, *The Making of Measure and the Promise of Sameness* (Chicago : University of Chicago Press, 2019), p. 91.

6   L. W. King (trans.), Yale Law School, *The Avalon Project, Documents in Law, History and Diplomacy : The Code of Hammurabi.* Laws 108 and 155.

7   Lugli, p. 142.

8   'Magna Carta 1215', 6.13, *Medieval Worlds : A Sourcebook,* Roberta Anderson and Dominic Aidan Bellenger (eds) (London : Routledge, 2003), 35, p. 156.

9   Mishneh Torah, Laws of Theft 7 : 12. Maimonides.

10   Howard L. Goodman, *Xun Xu and the Politics of Precision in Third-Century AD China* (Leiden, Netherlands : Brill, 2010), p. 197.

11   Goodman, p. 209. "중국의 절대 음조는 중국 역사 초기, 그리고 심지어는 제국 시대 전체에 걸쳐 우주적 의미를 담았다. 수정된 율려의 기본 음조와⋯⋯궁중에서 연주되는 음조는 제례의 일부였다."

12   Goodman, p. 159.

13   다음에서 인용, Goodman, p. 205.

14   Witold Kula, *Measures and Men,* R. Szreter (trans.) (Princeton, NJ : Princeton University Press, 1986), p. 127.

15   Kula, p. 33.

16   Kula, p. 30.

17   M. Luzzati, 'Note di metrologia Pisana', in *Bollettino Storico Pisano,* XXXI–

XXXII, 1962–3, pp. 191–220 : pp. 208–9, 219–20.

18 Kula, pp. 43–70.

19 Kula, p. 12.

20 「루가의 복음서」 6장 38절.

21 Kula, p. 49.

22 James C. Scott, *The Moral Economy of the Peasant : Rebellion and Subsistence in Southeast Asia* (New Haven and London : Yale University Press, 1977), p. 71.

23 Kula, p. 189.

24 Gilbert Shapiro and John Markoff, *Revolutionary Demands : A Content Analysis of the Cahiers de Doléances of 1789* (Stanford, CA : Stanford University Press, 1998), p. 381.

25 Gerhard Dohrn–van Rossum, *History of the Hour : Clocks and Modern Temporal Order,* Thomas Dunlap (trans.) (Chicago and London : University of Chicago Press, 1996), p. 19.

26 밤에는 총 18개의 십분각이 나타나지만 완전히 어두울 때 40분 간격으로 나타나는 12개만 셈한다. Sebastian Porceddu et al., 'Algol as Horus in the Cairo Calendar : The Possible Means and the Motives of the Observations', *Open Astronomy,* 27, 2018, pp. 232–64.

27 Edoardo Detoma, 'On Two Star Tables on the Lids of Two Coffins in the Egyptian Museum of Turin', *Archeologia, Epigrafia e Numismatica,* 2014, pp. 117–69.

28 Jean Gimpel, *The Medieval Machine : The Industrial Revolution of the Middle Ages* (Harmondsworth : Penguin Books, 1976 [1983]), p. 168.

29 Quoted in Alfred W. Crosby, *The Measure of Reality : Quantification and Western Society,* 1250–1600 (Cambridge : Cambridge University Press, 1997 [1998]), p. 32, 김병화(역), 『수량화 혁명 : 유럽의 패권을 가져온 세계관의 탄생』 (심산, 2005).

30 '당신의 옳은 판결, 찬송하오니 하루에도 일곱 번씩 찬양합니다.' 「시편」 119편 164절.

31 David S. Landes, *Revolution in Time : Clocks and the Making of the Modern World* (Cambridge, MA, and London : Belknap Press of Harvard University Press, 1983), pp. 404–5.

32 Crosby, p. 33.

33 Kelly Wetherille, 'Japanese Watchmaker Adapts Traditional Timepiece', *The New York Times,* 12 November 2015. https://www.nytimes.com/2015/11/12/fashion/japanese-watchmaker-adapts-traditional-timepiece.html.

34 'The World of Japanese Traditional Clock', Japan Clock & Watch Association.

https://www.jcwa.or.jp/en/etc/wadokei.html.

35 Llewellyn Howes, '"Who Will Put My Soul on the Scale?" Psychostasia in Second Temple Judaism', *Old Testament Essays,* 27(1), 2014, pp. 100–22. Retrieved 14 August 2020 from http://www.scielo.org.za/scielo.php?script=sci_arttext&pid=S1010-99192014000100007&lng=en&tlng=en.

36 Samuel G. F. Brandon, 'The Weighing of the Soul', in Joseph M. Kitagawa and Charles H. Long (eds), *Myths and Symbols : Studies in Honor of Mircea Eliade* (Chicago : Chicago University Press, 1969), pp. 98–9.

37 B. C. Dietrich, 'The Judgement of Zeus', *Rheinisches Museum für Philologie, Neue Folge,* 107. Bd., 2. H. (1964), pp. 97–125.

38 이 사실을 알려준 에마누엘레 룰리에게 감사한다(Lugli, p. 111). 그는 알랭 게 로의 논문 "성서에 나타난 성체 측정"에서 이것을 발견했다. 내가 직접 세어본 결과, 『킹 제임스 성서』에는 "자비"라는 명사가 28번 등장하며 그때마다 이 측 정을 독자에게 권한다는 사실을 발견했다.

39 다음에서 인용, Lugli, p. 155.

40 다음에서 인용, Lugli, p. 147.

41 Wayland D. Hand, 'Measuring and Plugging : The Magical Containment and Transfer of Disease', *Bulletin of the History of Medicine,* 48(2), Summer 1974, pp. 221–33. Harry Gray, W. I. Feagans, and Ernest W. Baughman, 'Measuring for Short Growth', *Hoosier Folklore,* 7(1), March 1948, pp. 15–19. Ellen Powell Thompson, 'Folk-Lore from Ireland', *The Journal of American Folklore,* 7(26), July–September 1894, pp. 224–7. Tom Peete Cross, 'Witchcraft in North Carolina', *Studies in Philology,* 16 (3), July 1919, pp. 217–87.

42 Lugli, p. 146.

43 Harry A. Miskimin, 'Two Reforms of Charlemagne? Weights and Measures in the Middle Ages', *The Economic History Review,* New Series, 20(1), April 1967, pp. 35–52.

44 Alexis Jean Pierre Paucton, *Métrologie ou Traité des Mesures, Poids et Monnoies des anciens Peuples & des Modernes* (La Veuve Desaint, 1780) ; 다음에서 참조, Kula, p. 163.

45 Lugli, pp. 88–90.

46 Patrick Boucheron, '"Turn Your Eyes to Behold Her, You Who Are Governing, Who Is Portrayed Here", Ambrogio Lorenzetti's Fresco of Good Government', *Annales. Histoire, Sciences Sociales,* 60(6), 2005, pp. 1,137–99.

47 Lugli, p. 196.

48 Lugli, p. 203.

49 Diana Wood, *Medieval Economic Thought* (Cambridge : Cambridge University

Press, 2002), p. 91.

50   Brian A. Sparkes, 'Measures, Weights, and Money', in Edward Bispham, Thomas Harrison, and Brian A. Sparkes (eds), *The Edinburgh Companion to Ancient Greece and Rome,* pp. 471–6.

51   Alison E. Cooley, *Pompeii : A Sourcebook* (Abingdon : Routledge, 2004), p. 179.

52   Mabel Lang and Margaret Crosby, 'Weights, Measures and Tokens', *The Athenian Agora,* 10, 1964 (The American School of Classical Studies at Athens), pp. 1–146.

53   Dennis Romano, *Markets and Marketplaces in Medieval Italy, c.1100 to c.1400* (New Haven, CT : Yale University Press, 2015), pp. 217–19. 다음에서 참고, Lugli, p. 67.

54   Lugli, p. 67.

55   Lugli, p. 70.

56   Edward Nicholson, *Men and Measures : A History of Weights and Measures, Ancient and Modern* (London : Smith, Elder & Co., 1912), p. 60.

57   Lugli, p. 95.

58   윌리엄 블랙스톤의 "영국 법률에 관한 논평"을 다음에서 인용, Charles Gross, 'The Court of Piepowder', *The Quarterly Journal of Economics,* 20(2), February 1906, pp. 231–49.

59   Herbert Arthur Klein, *The Science of Measurement : A Historical Survey* (New York : Dover Publications, 1974), pp. 65–7.

제3장

1   James Spedding, Robert Leslie Ellis, and Douglas Denon Heath (eds), *The Works of Francis Bacon,* vol. 4, book I, aphorism 6 (Boston : Houghton, Mifflin & Co., 1858), 진석용(역), 『신기관』(한길사, 2016).

2   Edward Mendelson (ed.), *The English Auden : Poems, Essays and Dramatic Writings, 1927–1939* (London : Faber & Faber, 1986), p. 292. 다음에서 인용, Crosby, p. 12.

3   Alexandre Koyré, *From the Closed World to the Infinite Universe* (Baltimore : Johns Hopkins Press, 1957), p. 1.

4   John Donne, 'An Anatomy of the World' (1611), in Roy Booth (ed.), *The Collected Poems of John Donne* (Wordsworth Poetry Library, 1994), p. 177.

5   Aristotle, *Physics,* Book II.3, 194 b 16 – 194 b 23 ; Jonathan Barnes (ed.), *The Complete Works of Aristotle : The Revised Oxford Translation* (Princeton : Princeton University Press, 1984 [1991]), 허지현(역), 『자연학』(허지현연구소, 2022).

6   Saint Augustine, *Confessions,* XIII.9, F. J. Sheed (trans.) (1942–3), introduction

by Peter Brown (Indianapolis : Hackett Publishing, 2006), p. 294, 박문재(역), 『고백록』(CH북스, 2016).

7   Nicholas of Cusa, *De docta ignorantia* II.13, Jasper Hopkins (trans.) (Minneapolis : Arthur J. Banning Press, 1985 [1990]), copyright 1981, p. 99, 조규홍(역), 『박학한 무지』(지만지, 2013).

8   From *Idiota de sapientia,* as quoted and translated in Charles Trinkaus, *The Scope of Renaissance Humanism* (Michigan : University of Michigan Press, 1983) ; from the essay 'Humanism and Greek Sophism : Protagoras in the Renaissance', p. 176.

9   Trinkaus, p. 176.

10   Crosby, p. 12.

11   Anne Carson, *Autobiography of Red* (London : Jonathan Cape, 1999 [2010]), p. 4, 민승남(역), 『빨강의 자서전 : 시로 쓴 소설』(한겨레출판, 2016).

12   R. C. Cross and A. D. Woozley, *Republic,* vii.522C ; from *Plato's Republic : A Philosophical Commentary* (New York : Macmillan, 1964), p. 155.

13   Gregory Vlastos, *Plato's Universe* (Oxford : Clarendon Press, 1975), p. 97.

14   Plato, *Plato's Examination of Pleasure : A Translation of the Philebus,* introduction and commentary by R. Hackforth (Cambridge : Cambridge University Press, 1945), 56B, p. 117, 천병희(역), 『플라톤 전집 5 : 테아이테토스 / 필레보스 / 티마이오스 / 크리티아스 / 파르메니데스』(숲, 2016).

15   *De libero arbitrio,* book 2, chapter 8, section 21 ; quoted in A. C. Crombie, *The History of Science from Augustine to Galileo* (New York : Dover Publications, 1995) (unabridged, revised, enlarged edn of the work first published in 1952), p. 33.

16   Carl B. Boyer, *A History of Mathematics* (Princeton : Princeton University Press, 1985), p. 96. 플라톤은 『국가』에서 훌륭한 왕은 폭군보다 729(즉, 9의 3제곱)배 더 행복하게 살 것이라고도 주장했다. 옥스퍼드 트리니티 칼리지의 레이디 마거릿 홀에서 철학을 강의하는 토머스 아인스워스는 나에게 "제 생각에는 흔치 않은 플라톤식 농담이라고 생각해요."라고 말했다.

17   A. C. Crombie, *Styles of Scientific Thinking in the European Tradition,* vol. 1 (London : Gerald Duckworth & Co. Ltd, 1994), p. 99. 크롬비는 숫자에 더 높은 상징적 중요성을 부여하며 "따라서 수학은 계산의 도구인 동시에 사물의 본질을 탐색하는 과학 연구의 도구가 되었다"라고 말했다.

18   Faith Wallis, '"Number Mystique" in Early Medieval Computus Texts', in T. Koetsier and L. Bergmans (eds), *Mathematics and the Divine : A Historical Study* (Amsterdam : Elsevier B.V., 2005), p. 182.

19   Vincent Foster Hopper, *Medieval Number Symbolism : Its Sources, Meaning, and Influence on Thought and Expression* (New York : Columbia University Press,

1938), pp. 94–5.

20 「열왕기상」 20장 30절.

21 Crosby, p. 27.

22 Edward Gibbons, *The History of the Decline and Fall of the Roman Empire* (New York : Harper & Brothers Publishers, 1879. Originally published 1776), p. 418, 황건(역), 『로마제국 쇠망사』(까치글방, 2010).

23 Stephen A. Barney, W. J. Lewis, J. A. Beach, Oliver Berghof, with the collaboration of Muriel Hall, *The Etymologies of Isidore of Seville* (Cambridge : Cambridge University Press, 2006), XII.iii.10–iv.11, p. 255.

24 Barney et al., II.iv.1–v.8, p. 90.

25 인용한 문구는 모두 다음 출처에서 왔다. Edward Grant, *The Foundations of Modern Science in the Middle Ages* (Cambridge : Cambridge University Press, 1996 [1998]), pp. 68–9.

26 Aristotle, *Posterior Analytics,* I.2, 71b9–11 ; II.11, 94a20, in Jonathan Barnes (ed.), *Complete Works of Aristotle, Volume 1 : The Revised Oxford Translation* (Princeton : Princeton University Press, 1984), book I, chapter 18, p. 132,

27 Steven Shapin, *The Scientific Revolution* (Chicago and London : University of Chicago Press, 1996 [1998]), p. 29, 한영덕(역), 『과학혁명』(영림카디널, 2002).

28 Edith Dudley Sylla, 'The Oxford Calculators', in Norman Kretzmann, Anthony Kenny, and Jan Pinborg (eds), *The Cambridge History of Later Medieval Philosophy* (Cambridge : Cambridge University Press, 1982), pp. 540–63. 특히 다음 저작들을 포함한다. Thomas Bradwardine's *De proportionibus velocitatum in motibus* (1328) ; William Heytesbury's *Regulae solvendi sophismata* (1335) ; and Richard Swineshead's *Liber calculationum* (c.1350).

29 Thomas Bradwardine, *Tractatus de continuo,* quoted by J. A. Weisheipl, 'Ockham and the Mertonians', in T. H. Aston (ed.), *The History of the University of Oxford* (Oxford : Clarendon Press, 1984), pp. 607–58, p. 627.

30 Mark Thakkar, 'The Oxford Calculators', in *Oxford Today : The University Magazine,* Trinity Issue 2007, pp. 24–6.

31 Weisheipl, pp. 607–58.

32 Edgar Zilsel, *The Social Origins of Modern Science,* Diederick Raven, Wolfgang Krohn, and Robert S. Cohen (eds), *Boston Studies in the Philosophy and History of Science,* vol. 200 (Dordrecht, Boston and London : Kluwer Academic Publishers, 2000), p. 4.

33 보나벤투라 베를링히에리가 13세기 아시시의 성 프란치스코의 생애를 묘사한 제단화처럼, 교회 안과 밖에서 일어나는 행동을 동시에 여러 면에서 보여주는 사례도 있다.

34 다음에서 인용, Frank Prager and Gustina Scaglia, *Mariano Taccola and His Book 'De Ingeneis'* (Cambridge, MA, and London : MIT Press, 1972), p. 11.

35 알베르티는 토스카나 방언(이탈리아어로 『델라 피투라[*Della Pittura*]』) 및 라틴어(『데 픽투라[*De pictura*]』) 등 여러 언어로 된 판본을 썼고, 이후 30년에 걸쳐 여러 권으로 된 이 문헌을 수정하고 다시 편집했다. 방언 버전을 먼저 쓴 것으로 보이지만, 가장 널리 퍼진 것은 라틴어 버전이다.

36 Leon Battista Alberti, *On Painting and On Sculpture : The Latin Texts of 'De Pittura' and 'De Statua'*, Cecil Grayson (trans.) (London : Phaidon, 1972) 55, pp. 67–9, 김보경(역), 『회화론』(기파랑, 2011) ; 서정일(역), 『레온 바티스타 알베르티의 건축론 (1, 2, 3권)』(서울대학교출판문화원, 2018).

37 A. Mark Smith, 'The Alhacenian Account of Spatial Perception and Its Epistemological Implications', *Arabic Sciences and Philosophy*, 15(2)(Cambridge : Cambridge University Press, 2005), p. 223.

38 다음에서 인용, Samuel Y. Edgerton, *The Mirror, the Window, and the Telescope* (New York : Cornell University Press, 2009), p. 89.

39 *The Etymologies*, III.xiv.4–xvii.3 p. 95.

40 Hugo Riemann, *History of Music Theory : Books I and II, Polyphonic Theory to the Sixteenth Century* (Lincoln, NE : University of Nebraska Press, 1962), pp. 131–57 ('Mensural Theory to the Beginning of the 14th Century').

41 다음을 참고, Max Weber, in Don Martindale, Johannes Riedel, and Gertrude Neuwirth (eds), *The Rational and Social Foundations of Music* (Carbondale : Southern Illinois University Press, 1958), pp. 82–8.

42 Strunk's *Source Readings in Music History*, 1 (New York : Norton, 1989), pp. 184–5, 189, 190 ; Craig Wright, *Music and Ceremony at Notre Dame of Paris, 500–1550* (Cambridge : Cambridge University Press, 1989), p. 345. 다음에서 인용, Crosby, p. 158.

43 다음에서 인용, Henry Raynor, *A Social History of Music from the Middle Ages to Beethoven* (London : Barrie & Jenkins, 1972), pp. 36–7.

44 Landes, pp. 6–11.

45 예를 들어 로저 스토크가 노리치 대성당을 위해서 제작한 천문 시계반(1321–1325)이나, 윌링퍼드의 리처드가 30년간의 작업 끝에 1364년에 완성하여 세인트 올번스에 설치한 천문 장치를 들 수 있다. 1380년경에 완성된 조반니 데 돈디의 천문시계는 당시 세속적인 경이를 불러일으켰다.

46 이 이론의 지지자들에 대해서는 베네딕토회 수도사들이 "사람의 일에 기계의 규칙적이고 집단적 박자와 리듬을 부여한" 현대 자본주의의 창시자라고 말한 루이스 멈퍼드, 그리고 "시계의 정신"이 "전적으로 베네딕토 수도회적"이라고 언급한 H. E. 할람을 참조하라. 그리고 이 해석에 대한 비판은 게르하르트 도

른-판 로숨의 『시간의 역사(*History of the Hour*)』를 참조하라.

47 다음에서 인용, Landes, p. 65.

48 Gerhard Dohrn-van Rossum, p. 38. 참고: 로숨은 아르노 보르스트의 주장을 의역하고 있다.

49 Lynn White, *Medieval Technology and Social Change* (Oxford: Clarendon Press, 1962), p. 124, 강일휴(역), 『중세의 기술과 사회변화: 등자와 쟁기가 바꾼 유럽 역사』(지식의풍경, 2005).

50 다음에서 인용, Carlo M. Cipolla, *Clocks and Culture 1300–1700* (London: Collins, 1967), p. 42.

51 Landes, p. 81.

52 Lewis Mumford, *Technics and Civilization* (London: Routledge, 1923 [1955]), pp. 13–14, 문종만(역), 『기술과 문명』(책세상, 2013).

53 다음에서 인용, Shapin, p. 32.

54 다음을 참고, Galileo's *Sidereus Nuncius,* 장헌영(역), 『갈릴레오가 들려주는 별 이야기: 시데레우스 눈치우스』(승산, 2009); 다음에서 인용, Koyré, p. 89.

55 다음에서 인용, Shapin, p. 18.

56 다음에서 인용, Shapin, p. 33.

57 Shapin, p. 62.

58 Max Weber, *The Vocation Lectures,* David Owen and Tracy B. Strong (eds), Rodney Livingstone (trans.) (Indianapolis and Cambridge: Hackett Publishing Company, 2004).

59 다음에서 인용, Shapin, p. 63.

60 John Maynard Keynes, *Essays in Biography, Vol. 10 : The Collected Writings of John Maynard Keynes* (Palgrave Macmillan/Royal Economic Society, 1972), p. 363.

제4장

1 Robert Frost, '"Fire and Ice", A Group of Poems by Robert Frost', *Harper's Magazine,* vol. 142, December 1920, p. 67, 신재실(편역), "불과 얼음", 『뉴햄프셔』(한국문화사, 2022).

2 Tore Frängsmyr, J. L. Heilbron, and Robin E. Rider (eds), *The Quantifying Spirit in the 18th Century* (Berkeley: University of California Press, 1990).

3 Francis Bacon, *New Atlantis* (1627), from Susan Ratcliffe (ed.), *Oxford Essential Quotations* (Oxford: Oxford University Press, 2016 [online version], fourth edn), 김종갑(역), 『새로운 아틀란티스』(에코리브르, 2002).

4 Robert I. Frost, *The Northern Wars : War, State and Society in Northeastern Europe 1558–1721* (London: Longman, 2000), pp. 133–4.

5   Robert I. Frost, *After the Deluge : Poland–Lithuania and the Second Northern War, 1655–1660* (Cambridge : Cambridge University Press, 1993).

6   Martin Ekman, *The Man Behind 'Degrees Celsius' : A Pioneer in Investigating the Earth and Its Changes* (Summer Institute for Historical Geophysics, Åland Islands, 2016).

7   다음을 참고, Hasok Chang, *Inventing Temperature : Measurement and Scientific Progress* (Oxford : Oxford University Press, 2004), 오철우(역), 『온도계의 철학 : 측정 그리고 과학의 진보』(동아시아, 2013). 또한 저자와의 면담을 진행했다.

8   다음에서 인용, Constantine J. Vamvacas, *The Founders of Western Thought : The Presocratics,* Robert Crist (trans.), *Boston Studies in the Philosophy and History of Science,* vol. 257 (Dordrecht : Springer, 2009), p. 119.

9   Richard J. Durling, 'The Innate Heat in Galen', *Medizinhistorisches Journal,* bd. 23, h. 3/4, 1988, pp. 210–12.

10 W. E. Knowles Middleton, *A History of the Thermometer and Its Use in Meteorology* (Baltimore : Johns Hopkins University Press, 1966), pp. 3–5.

11 다음에서 인용, W. E. Knowles Middleton, *Catalog of Meteorological Instruments in the Museum of History and Technology* (Washington, DC : Smithsonian Institution Press, 1969), p. 37.

12 Fabrizio Bigotti and David Taylor, 'The Pulsilogium of Santorio : New Light on Technology and Measurement in Early Modern Medicine', *Soc. Politica,* 11(2), 2017, pp. 53–113.

13 다음에서 인용, Teresa Hollerbach, 'The Weighing Chair of Sanctorius Sanctorius : A Replica', *NTM,* 26(2) 2018, pp. 121–49.

14 다음에서 인용, Middleton, 1966, p. 7.

15 Martin K. Barnett, 'The Development of Thermometry and the Temperature Concept', *Osiris,* 12, 1956, p. 277.

16 Francis Bacon, *Advancement of Learning and Novum Organum* (London and New York : Colonial Press, 1900), p. 387, 이종흡(역), 『학문의 진보』(아카넷, 2002) ; 진석용(역), 『신기관』(한길사, 2016).

17 Middleton, 1966, p. 20.

18 From Jean Leurechon's *Récréations mathématiques* (1624), quoted in Henry Carrington Bolton, *Evolution of the Thermometer 1592–1743* (Easton, PA : The Chemical Publishing Co., 1900), pp. 11–12.

19 원문은 다음과 같다. Cornelis van der Woude and Pieter Jansz Schaghen, *Kronyck van Alckmaar* (Amsterdam : Steven van Esveldt, 1742), p. 102. 번역문은 다음과 같다. Hubert van Onna, Drebbologist and Chairman of the Second

Drebbel Foundation, 'Cornelis Jacobszoon Drebbel, "a Bold mind, a show-off to the World"'. www.drebbel.net.

20 Gerrit Tierie, *Cornelis Drebbel* (1572–1633) (Amsterdam : H. J Paris, 1932). http://www.drebbel.net/Tierie.pdf.

21 Dr James Bradburne, 'Afbeeldingen van Cornelis Drebbel's Perpetuum Mobile', January 2015. http://www.drebbel.net/Drebbels%20Perpetuum%20Mobile.pdf.

22 Michael John Gorman, *Mysterious Masterpiece : The World of the Linder Gallery* (Firenze, Italy : Mandragora Srl/Alias, 2009).

23 Edmond Halley, 'An Account of Several Experiments Made to Examine the Nature of the Expansion and Contraction of Fluids by Heat and Cold, in Order to Ascertain the Divisions of the Thermometer, and to Make That Instrument, in All Places, Without Adjusting by a Standard', *Philosophical Transactions, 17*(197), 1693 (The Royal Society), p. 655.

24 1600년대 중반에 아카데미아 델 치멘토(Accademia del Cimento), 그리고 1688년에 조아킴 달렝세가 각각 제안했다. 다음을 참고, Chang, p. 10.

25 I. Bernard Cohen (ed.), *Isaac Newton's Papers and Letters on Natural Philosophy* (Cambridge, MA : Harvard University Press, 1958), pp. 265–8.

26 Pieter van der Star (ed.), *Daniel Gabriel Fahrenheit's Letters to Leibniz and Boerhaave* (Museum Boerhaave, 1983), p. 3.

27 헤르만 부르하버가 1732년에 처음으로 발행한 화학 교과서 『화학의 기초 (*Elementa Chemiae*)』에 언급되어 있다. 다음에서 인용, Chang, p. 58.

28 Chang, p. 12.

29 Chang, p. 11.

30 Chang, p. 45.

31 William Thomson, 'On an Absolute Thermometric Scale', *Philosophical Magazine,* 1848, from Sir William Thomson, *Mathematical and Physical Papers,* vol. 1 (Cambridge : Cambridge University Press, 1882) ; 다음에서 인용, Chang, p. 159.

32 다음에서 인용, Gaston Bachelard, *The Psychoanalysis of Fire* (London : Routledge & Kegan Paul, 1964), p. 60, 김병욱(역), 『불의 정신분석』(이학사, 2022).

33 Antoine Laurent Lavoisier, *Elements of Chemistry,* Robert Kerr (trans.) (New York : Dover Publications, 1965. Original : Edinburgh : William Creech, 1790), pp. 3–7.

34 William Thomson, 'An Account of Carnot's Theory of the Motive Power of Heat ; With Numerical Results Deduced from Regnault's Experiments on Steam', in *Mathematical and Physical Papers,* Cambridge Library Collection : Physical

Sciences (Cambridge : Cambridge University Press, 2011), pp. 100–6.

35 David Lindley, *Degrees Kelvin : A Tale of Genius, Invention, and Tragedy* (Washington, DC : Joseph Henry Press, 2004), p. 69.

36 P. W. Atkins, *The Second Law* (New York : Scientific American Books, 1984), p. 1.

37 Lindley, p. 75.

38 다음에서 인용, Lindley, p. 75.

39 다음에서 인용, Wayne M. Saslow, 'A History of Thermodynamics : The Missing Manual', *Entropy*, 22(1), 77, 2020, p. 21.

40 Rudolf Clausius, *The Mechanical Theory of Heat, with Its Applications to the Steam-Engine and to the Physical Properties of Bodies,* Thomas Archer Hirst (ed.), John Tyndall (trans.) (London : John van Voorst, 1867), p. 386.

41 Porter, *Trust in Numbers,* p. 18.

42 다음에서 인용, Frängsmyr et al., 1990, p. 1.

43 John Smith, 'The Best Rules for the Ordering and Use Both of the Quick-Silver and Spirit Weather-Glasses', fl. 1673–80. https://quod.lib.umich.edu/e/eebo/A60473.0001.001.

44 'The Female Thermometer', in Terry Castle, *The Female Thermometer : Eighteenth-Century Culture and the Invention of the Uncanny* (Oxford : Oxford University Press, 1995), p. 27.

45 Clausius, p. 357.

46 William Thomson, 'On the Age of the Sun's Heat', *Macmillan's Magazine,* vol. 5 (5 March 1862), pp. 388–93.

47 다음을 참고, Crosbie Smith, 'Natural Philosophy and Thermodynamics : William Thomson and "The Dynamical Theory of Heat"', *The British Journal for the History of Science,* 9(3), 1976, pp. 293–319.

48 Crosbie Smith and M. Norton Wise, *Energy and Empire : A Biographical Study of Lord Kelvin* (New York : Cambridge University Press, 1989), pp. 331, 535.

49 Barri J. Gold, 'The Consolation of Physics : Tennyson's Thermodynamic Solution', *PLMA,* 117(3), May 2002, pp. 449–64 (p. 452).

50 브록 대학교의 엘리자베스 네스왈드 박사와 나눈 유익한 토론에 빚을 졌다.

51 Tamara Ketabgian, 'The Energy of Belief : The Unseen Universe and the Spirit of Thermodynamics', in *Strange Science : Investigating the Limits of Knowledge in the Victorian Age* (Ann Arbor, MI : University of Michigan Press, 2017), p. 255.

52 Algernon Charles Swinburne, 'The Garden of Proserpine', in *Poems and Ballads* (London : James Camden Hotten, 1886), pp. 196–9.

53 다음에서 인용, Suzy Anger, 'Evolution and Entropy : Scientific Contexts in the Nineteenth Century', in Robert DeMaria Jr., Heesok Chang, and Samantha

Zacher (eds), *A Companion to British Literature : Part IV : Victorian and Twentieth-Century Literature 1837–2000* (Hoboken, NJ : John Wiley & Sons, 2014), p. 62.

54 H. G. Wells, *The Time Machine* (1895), 김석희(역), 『타임머신』(열린책들, 2011).

제5장

1 콩도르세 후작의 유작 『인간 정신의 진보에 관한 역사적 개요(*Esquisse d'un Tableau Historique des Progrès de l'Esprit Humain*)』. Translated from the French (Philadelphia : M. Carey, 1796), p. 259.

2 Michael Trott (trans.), "오늘부로 물리학의 기본 상수(c, h, e, k, N_A)가 마침내……불변이 되었다!" Wolfram blog : https://blog.wolfram.com/2018/11/16/as-of-today-the-fundamental-constants-of-physics-c-he-k-na-are-finally-constant. Original from Laplace's speech to the Council of Five Hundred, sourced in Jean-Baptiste Delambre and Pierre Méchain, 'Base du système métrique décimal, ou Mesure de l'arc du méridien compris entre les parallèles de Dunkerque et Barcelone', 1806–10, Bibliothèque nationale de France, département Réserve des livres rares, V−7586. https://gallica.bnf.fr/ark:/12148/bpt6k1106055.

3 다음에서 인용, Lugli, p. 37.

4 K. M. Delambre, *Base du système du métrique décimal,* 1 : title page (Paris : Baudouin, 1806, 1807, 1810). 다음에서 인용, Ken Alder, *The Measure of All Things : The Seven-Year Odyssey and Hidden Error That Transformed the World* (New York : Free Press, 2002 [2003]), p. 3, 임재서(역), 『만물의 척도 : 프랑스 혁명보다 위대한 미터법 혁명』(사이언스북스, 2008).

5 Alder, p. 7.

6 Arthur Young, *Travels During the Years 1787, 1788, and 1789 : Undertaken More Particularly with a View of Ascertaining the Cultivation, Wealth, Resources, and National Prosperity of the Kingdom of France,* vol. 1 (London : printed by J. Rackham for W. Richardson, 1792), p. 302.

7 J. L. Heilbron, 'The Measure of Enlightenment', in Frängsmyr et al., p. 207.

8 Roland Edward Zupko, *Revolution in Measurement : Western European Weights and Measures Since the Age of Science* (Memoirs of the American Philosophical Society), vol. 186 (American Philosophical Society, 1990), p. 113.

9 John Markoff, 'Peasants Protest : The Claims of Lord, Church, and State in the Cahiers de Doléances of 1789', *Comparative Studies in Society and History,* 32(3), July 1990, pp. 413–54.

10 Kula, p. 192.

11 Kula, pp. 203–5. 예컨대, 다음과 같은 파-드-칼레의 요청을 보라. "이제 우리는

국왕에게 정의의 실현을 요청하며, 오직 하나의 왕, 하나의 법, 하나의 무게, 하나의 척도만을 바라는 가장 진실한 소망을 표현한다."

12 다음을 참조, Sir John Riggs Miller, 'A Proposition Offered to the National Assembly on Weights and Measures by the Bishop of Autun', *Speeches in the House of commons upon the equalization of the weights and measures of Great Britain ; with notes, &c. Together with two letters from the bishop of Autun* (London : J. Debrett, 1790), p. 77.

13 Talleyrand, *Archives parlementaires de 1787 à 1860 ; recueil complet des débats législatifs et politiques des chambres françaises* (Paris : Dupont, 9 March 1790), p. 106. 다음에서 인용, Alder, p. 85. 올더는 "콩도르세 후작의 제안에서도 같은 표현을 발견할 수 있다"고 지적한다.

14 John Riggs Miller, 'Speeches in the House of Commons upon the equalization of the weights and measures of Great Britain······Together with two letters from the Bishop of Autun to the author upon the uniformity of weights and measures ; that prelate's proposition respecting the same to the National Assembly ; and the decree of that body······With English translations', London, 1790 ; General Reference Collection of the British Library E.2159.(3).

15 Louis Jourdan, *La Grande Métrication* (Nice : France Europe Éditions, 2002). 원문은 다음과 같다. "Parfois en trahissant les rois ou les empereurs, mais jamais la France."

16 David Lawday, *Napoleon's Master : A Life of Prince Talleyrand* (London : Jonathan Cape, 2006), p. 2.

17 Auguste-Savinien Leblond, *Sur la fixation d'une mesure et d'un poid : lu à l'Académie des Sciences le 12 mai 1790* (Paris : Demonville, 1791), 10 ; 다음에서 인용, Alder, p. 87.

18 Mohammed Abattouy, 'The Mathematics of Isochronism in Galileo : From His Manuscript Notes on Motion to the Discorsi', *Societate si Politica*, 11(2), January 2017, pp. 23–54.

19 J. Donald Fernie, 'Marginalia : The Shape of the Earth', *American Scientist*, 79(2), March–April 1991, pp. 108–10. 린에 대해서는 다음을 참고, John Henry Poynting and Joseph John Thompson, *A Textbook of Physics : Properties of Matter*, fourth edn (London : Charles Griffin & Co., 1907), p. 20.

20 John L. Greenberg, 'Isaac Newton and the Problem of the Earth's Shape', *Archive for History of Exact Sciences*, 49(4), 1996, pp. 371–91.

21 Alder, p. 3.

22 Alder, p. 31.

23 Alder, p. 34.

24 Alder, p. 251.

25 메셍이 롤랑에게 보낸 편지, 22 floréal VII (11 May 1799), in Dougados, 'Lettres de l'astronome Méchain à M. Rolland', *Mémoires de la Société des arts et des sciences de Carcassonne* 2 (1856), 101, 다음에서 인용, Alder, p. 250.

26 Alder, p. 252.

27 Alder, p. 303.

28 Ken Alder, 'A Revolution to Measure : The Political Economy of the Metric System in France', in M. Norton Wise (ed.), *The Values of Precision* (Princeton : Princeton University Press, 1995), pp. 39–71, p. 52.

29 다음에서 인용, Alder, p. 90.

30 Alexander Pope, 'Epitaph : Intended for Sir Isaac Newton' (1730), from Ratcliffe *Oxford Essential Quotations.*

31 다음에서 인용, Alexandre Koyré, 'Condorcet', *Journal of the History of Ideas* 9(2), April 1948, p. 135 ; 특히, "무한한 완전성"(『인간 정신의 진보에 관한 역사적 개요』)에 대해서는 p. 139. 쿠아레의 산문은 콩도르세의 사상과 그 역사적 맥락에 대한 훌륭한 개요를 제공한다.

32 다음에서 인용, Steven Lukes and Nadia Urbinati (eds), *Condorcet : Political Writings* (Cambridge : Cambridge University Press, 2012), p. xviii.

33 Condorcet, 'Sketch for a Historical Picture of the Progress of the Human Mind : Tenth Epoch', Keith Michael Baker (trans.), *Dædalus,* 133(3), Summer 2004, p. 69.

34 Condorcet, 'Sketch', p. 78.

35 Condorcet, 'Sketch', p. 72.

36 다음에서 인용, Keith Michael Baker, *Condorcet : From Natural Philosophy to Social Mathematics* (Chicago and London : University of Chicago Press, 1975), p. 367. 베이커는 제10기에서 이와 관련된 언급이 나온다고 지적한다(p. 366).

37 이러한 분류는 순전히 내가 고안한 린네식 분류이다. 고상한 콩도르세는 "진정한 인간의 자연사"를 산출할 수 있는 인구통계학적 표를 예시로 들었다(역시 다음에서 인용, Baker, 1975, p. 123).

38 "게다가 그는 이것을 자신의 방법론적 계획의 완성으로 나아가는 단계로 분명히 간주했다. 도덕과학과 정치과학에 물리학이 누리는 만큼 정밀하고 분석적인 논리를 제공하는 보편적인 과학 언어를 고안한다는 계획이었다." Baker, p. 277.

39 Condorcet, *Note 1ᵉʳ Epoque X. Exemple des méthodes techniques,* 다음에서 인용 (및 번역), Baker, 1975, p. 123.

40 Antoine Laurent Lavoisier, *Elements of Chemistry in a New Systematic Order* (Edinburgh : William Creech, 1790), pp. 295–6. 다음에서 인용, Frängsmyr et al.,

p. 212.

41 올더의 인용, 'A Revolution to Measure', in *The Values of Precision*, p. 41.

42 Karl Marx, *Capital,* vol. 1 (1867), Ben Fowkes (trans.) (London : Penguin, 1976 [1982]), p. 644, 김수행(역), 『자본론 1』(비봉출판사, 2015).

43 Maurice Crosland, '"Nature" and Measurement in Eighteenth-Century France', in *Studies on Voltaire and the Eighteenth Century, LXXXVII* (Geneva : The Voltaire Foundation, 1972), p. 285.

44 Alder, 2002, p. 135.

45 *Cahiers de doléances du bailliage d'Orléans pour les États généraux de 1789,* 2 vols, vol. 1, *Collection de documents inédits sur l'histoire économique de la Révolution française* (Orléans, 1906), p. 615, "[그들은] 국가의 피를 빠는 자들이며 황금 잔에 담긴 불행한 이들의 눈물을 마신다(sont les sangsues de la Nation et boivent dans des coupes d'or les pleurs des malheureux)."

46 다음에서 인용, William F. McComas (ed.), *Nature of Science in Science Instruction : Rationales and Strategies* (Cham : Springer Nature, 2020), p. 567.

47 Alder, 2002, p. 137.

48 탈레랑과 미터법 계획에 대해 의견을 나누고 영국의 참여를 독려할 선전을 벌였으나 실패한 영국의 하원의원 존 리그스 밀러의 글. 샐리 리오단이 철학박사 학위요건을 일부 충족하기 위해 2012년 5월 스탠퍼드 대학교 철학과 및 대학원 연구위원회에 제출한 논문 「르 그라브 : 최초의 킬로그램 결정, 1789-1799(Le Grave : The First Determination of the Kilogram, 1789-1799)」을 저자에게 보내준 내용(129-130쪽)에서 인용.

49 Maximilien Robespierre, in Lewis Copeland, Lawrence W. Lamm, and Stephen J. McKenna (eds), *The World's Great Speeches,* fourth edn (New York : Dover Publications, 1999), p. 84.

50 Jonathan Smyth, *Robespierre and the Festival of the Supreme Being* (Manchester : Manchester University Press, 2016), p. 58.

51 인용문은 다음과 같다. "태양이 하늘에 떠 있고 행성들이 그 주위를 돈 이래로 우리는 인간이 머리로 걷는 모습, 즉 세상을 머리에 이고 자신의 이념에 따라서 세상을 재창조한 모습을 본 적이 없다(Ever since the sun has stood in the heavens, and the planets revolved around it, never have we known man to walk on his head, that is, to base himself on the Idea and to build the world in accordance with it)."

52 David Andress, *The Terror : Civil War in the French Revolution* (London : Abacus, New Edition, 2005 [2006]), p. 291.

53 Matthew Shaw, *Time and the French Revolution : The Republican Calendar, 1789-Year XIV* (Rochester, NY : Boydell Press/The Royal Historical Society,

2011), p. 61.

54 P. F. Fabre d'Églantine, *Rapport fait à la Convention nationale au nom de la Commission chargée de la confection du Calendrier* (Paris, Imprimerie nationale, 1793). 다음에서 인용, Brendan Dooley, 'The Experience of Time', in Alessandro Arcangeli, Jörg Rogge, and Hannu Salmi (eds), *The Routledge Companion to Cultural History in the Western World* (London and New York : Routledge, 2020).

55 John Brady, *Clavis Calendaria : Or, A Compendious Analysis of the Calendar ; Illustrated with Ecclesiastical, Historical, and Classical Anecdotes,* vol. 1 (London : Rogerson and Tuxford, 1812), p. 39.

56 Shaw, pp. 17–28.

57 Mona Ozouf, *Festivals and the French Revolution,* Alan Sheridan (trans.) (Cambridge, MA : Harvard University Press, 1988), p. 2.

58 Ozouf, p. 13.

59 Shaw, p. 83.

60 Shaw, p. 145. 또한 다음을 참조, Sanja Perovic, *The Calendar in Revolutionary France : Perceptions of Time in Literature, Culture, and Politics* (Cambridge : Cambridge University Press, 2012).

61 Shaw, p. 52.

62 Alder, p. 260.

63 Alder, p. 257.

64 다음에서 인용, Heilbron, 'The Measure of Enlightenment', p. 238.

65 Napoleon, *Mémoires,* 4 : 211–15. 다음에서 인용, Alder, p. 318.

제6장

1 Edward W. Said, *Culture and Imperialism* (New York : Vintage Books, 1993 [1994]), p. 78, 정정호, 김성곤(역), 『문화와 제국주의』(창, 2011).

2 James C. Scott, *Seeing Like a State : How Certain Schemes to Improve the Human Condition Have Failed* (New Haven and London : Yale University Press, 1999), p. 3, 전상인(역), 『국가처럼 보기 : 왜 국가는 계획에 실패하는가』(에코리브르, 2010).

3 Scott, pp. 64–76.

4 William Camden, *Remains Concerning Britain,* R. D. Dunn (ed.) (1605 ; Toronto : University of Toronto Press, 1984, p. 122) ; 다음에서 인용, Scott, p. 372.

5 다음에서 인용, Guy H. Dodge, *Benjamin Constant's Philosophy of Liberalism : A Study in Politics and Religion,* via Google Books (올더의 번역과는 다르다).

6 다음에서 인용, Alder, p. 317.

7 「킹 제임스 성서」 판.

8   Ovid, *Metamorphoses,* Loeb Classical Library, pp. 11–12.

9   Andrew McRae, 'To Know One's Own : Estate Surveying and the Representation of the Land in Early Modern England', *The Huntington Library Quarterly,* 56(4), Autumn 1993, pp. 333–57.

10 E. G. R. Taylor, 'The Surveyor', *The Economic History Review,* 17(2), 1947, pp. 121–33.

11 다음에서 인용, Henry S. Turner, 'Plotting Early Modernity', in Henry Turner (ed.), *The Culture of Capital : Property, Cities, and Knowledge in Early Modern England* (London : Routledge, 2002), pp. 101–2. 참고 : *The Surveior's Dialogue* 의 세 가지 판본이 1607, 1608, 1618년에 발행되었다.

12 다음에서 인용, Michael Houseman, 'Painful Places : Ritual Encounters with One's Homelands', *The Journal of the Royal Anthropological Institute,* 4(3) (September 1998), p. 450. 원 출처는 다음과 같다. J. S. Udal, *Dorsetshire Folklore* (St Peter Port, Guernsey, 1922 ; Toucan Press, 1970).

13 출처는 다음과 같다. https://www.parliament.uk/about/living-heritage/evolutionofparliament/originsofparliament/birthofparliament/overview/magnacarta/magnacartaclauses.

14 Sir Thomas Smith, *De Republica Anglorum* (written 1565, pub. 1583) ; 다음에서 인용, Robert Bucholz and Newton Key, *Early Modern England 1485–1714 : A Narrative History* (New Jersey : Wiley–Blackwell, 2003), p. 7.

15 Jeffrey Ostler, *Surviving Genocide : Native Nations and the United States from the American Revolution to Bleeding Kansas* (New Haven and London : Yale University Press, 2019), p. 85.

16 Thomas Jefferson, *Notes on the State of Virginia 1743–1826* (Philadelphia : Prichard and Hall, 1788), p. 175.

17 Jefferson, p. 175.

18 'From George Washington to Lafayette, 25 July 1785', Founders Online, National Archives. https://founders.archives.gov/documents/Washington/04-03-02-0143. (원 출처 : *The Papers of George Washington,* Confederation Series, vol. 3, 19 May 1785–31 March 1786, W. W. Abbot [ed.] [Charlottesville : University Press of Virginia, 1994], pp. 151–5.)

19 퍼시벌 박사(Dr Percival)에게 보낸 편지, 1769년 4월 4일. Benjamin Franklin, *The Works of Benjamin Franklin, Volume IV* (Philadelphia : William Duane, 1809), p. 206.

20 Richard White, *The Middle Ground : Indians, Empires, and Republics in the Great Lakes Region, 1650–1815* (New York : Cambridge University Press, 1991 [2011]), p. XXVI.

21 Alexis de Tocqueville, *Democracy in America,* Henry Reeve (trans.) (New York : Barnes & Noble, 2003), p. 268, 이용재(역), 『아메리카의 민주주의』(1−2권, 아카넷, 2018).

22 Paul Frymer, *Building an American Empire : The Era of Territorial and Political Expansion* (Princeton and Oxford : Princeton University Press, 2017), pp. 8–9.

23 이런 숫자 매기기는 토지와 우연히 연결되어 있다는 점에서 다소 특이하다. 숫자는 오른쪽 위에서 시작해 수평으로 좌우, 앞뒤로 이어진다. 이는 쟁기질 궤적을 따라가는 방식으로 "소가 돈다"라는 의미의 "부스트로페도닉(boustrophedonic)" 이라고 알려져 있다.

24 Andro Linklater, *Measuring America : How an Untamed Wilderness Shaped the United States and Fulfilled the Promise of Democracy* (New York : HarperCollins, 2002), p. 75.

25 다음에서 인용, Frederick J. Turner, 'The Problem of the West', *The Atlantic,* September 1896. https://www.theatlantic.com/magazine/archive/1896/09/the-problem-of-the-west/525699.

26 C. Albert White, *A History of the Rectangular Survey System* (US Department of the Interior Bureau of Land Management, 1983), p. 29.

27 Linklater, pp. 184–5.

28 Ray Allen Billington and Martin Ridge, *Westward Expansion, A History of the American Frontier,* sixth edn (Albuquerque : University of New Mexico Press, 2001), p. 29.

29 Henry Clay, 'On Distributing the Proceeds of the Sales of the Public Lands Among the Several States' (16 April 1832), 22nd Congress, 1st Session, No. 1053.

30 Manasseh Cutler, *An Explanation of the Map Which Delineates That Part of the Federal Lands, Comprehended between Pennsylvania West Line, the Rivers Ohio and Sioto, and Lake Erie ; Confirmed to the United States by Sundry Tribes of Indians, in the Treaties of 1784 and 1786, and Now Ready for Settlement* (Salem, MA : Dabney and Cushing, 1787), p. 21 ; 다음에서 인용, Frymer, p. 55.

31 Charles Piazzi Smyth, *Our Inheritance in the Great Pyramid* (London : Alexander Strahan and Co., 1864), p. 372.

32 US Department of the Interior, Bureau of Land Management, *Public Land Statistics 2019,* vol. 204, June 2020, p. 1.

33 메이어 존 카트라이트에게 보낸 편지, 몬티첼로, 1824년 6월 5일. In *Memoirs, Correspondence and Private Papers of Thomas Jefferson, Late President of the United States, Volume IV* (London : Henry Colburn and Richard Bentley, 1829), p. 405.

34 Frances Trollope, *Domestic Manners of the Americans* (London : Richard Bentley, 1832 [1839]), p. 94.

35 Trollope, p. 39.

36 Harriet Martineau, *Society in America : Vol. 1* (Paris : Baudry's European Library, 1837), p. 203.

37 다음에서 인용, Stuart Banner, *How the Indians Lost Their Land : Law and Power on the Frontier* (Cambridge, MA, and London : Belknap Press of Harvard University Press, 2005), p. 21.

38 다음에서 인용, Ostler, pp. 201–2.

39 예컨대, Treaty of Fort Laramie in 1851 ; Billington and Ridge, p. 301.

40 John Heckewelder, *History, Manners, and Customs of the Indian Nations Who Once Inhabited Pennsylvania and the Neighbouring States* (Philadelphia : Abraham Small, 1819 [1881]), p. 336.

41 Walter Johnson, *River of Dark Dreams : Slavery and Empire in the Cotton Kingdom* (Cambridge, MA, and London : Belknap Press of Harvard University Press, 2013), p. 36.

42 Johnson, p. 41.

43 Keith H. Basso, *Wisdom Sits in Places* (Albuquerque : University of New Mexico Press, 1996 [1999]), p. 34.

44 Vine Deloria Jr., *God Is Red : A Native View of Religion* (Golden, CO : Fulcrum Publishing, 1973 [2003]), p. 61.

45 Alexis de Tocqueville, *Democracy in America,* J. P. Mayer (ed.) (New York : Perennial, 2000), p. 324.

46 예를 들어 미국에서는 남북전쟁 이후에 노예였던 사람들이 "40에이커의 땅과 노새 한 마리"를 받기로 약속받았는데, 이는 격자식 측량에서 정의되는 가장 작은 구획 단위이다. 그러나 백인 지주들이 자신의 토지는 물론 달리 선택의 여지가 없는 노동력을 사수할 것을 요구하면서 이 약속은 깨졌다.

47 Micheál Ó Siochrú and David Brown, 'The Down Survey and the Cromwellian Land Settlement', in Jane Ohlmeyer (ed.), *The Cambridge History of Ireland, Volume II, 1550–1730* (Cambridge : Cambridge University Press, 2018), pp. 584–607.

48 Adam Fox, 'Sir William Petty, Ireland, and the Making of a Political Economist, 1653–87', *The Economic History Review,* New Series, 62(2), May 2009, pp. 388–404.

49 J. G. Simms, 'The Restoration, 1660–85', in T. W. Moody, F. X. Martin, and F. J. Byrne (eds), *A New History of Ireland, III : Early Modern Ireland 1534–1691* (Oxford : Oxford University Press, 2009), p. 428.

50 W. J. Smyth, *Map-Making, Landscapes and Memory : A Geography of Colonial and Early Modern Ireland, c.1530–1750* (Cork : Cork University Press, 2006), p. 196.

51 Matthew H. Edney, *Mapping an Empire : The Geographical Construction of British India, 1765–1843* (Chicago : University of Chicago Press, 1990 [1997]), p. 2.

52 Hannah Arendt, *The Human Condition* (Chicago : University of Chicago Press, 1958 [1998]), pp. 250–1, 이진우(역), 『인간의 조건』(한길사, 2019).

53 'Edgar Mitchell's Strange Voyage', *People,* 8 April 1974, #6, p. 20. https://people.com/archive/edgar-mitchells-strange-voyage-vol-1-no-6.

54 Scott, p. 83.

55 Scott, p. 83.

제7장

1   Louis-Sébastien Mercier, *Le nouveau Paris* (Brunswick : n.p., 1800), 3 : 44 ; 다음에서 인용, Alder, p. 69.

2   Thomas Sprat, *The History of the Royal-Society of London, for the Improving of Human Knowledge* (London : printed by T. R. for J. Martyn and J. Allestry, 1667) ; 다음에서 인용, Ian Sutherland, 'John Graunt : A Tercentenary Tribute', *Journal of the Royal Statistical Society,* Series A (General), 126(4), 1963, p. 539.

3   다음에서 인용, Sutherland, p. 552.

4   다음에서 인용, Sutherland, p. 542.

5   K. J. Rothman, 'Lessons from John Graunt', *The Lancet,* 347 (8993), 6 January 1996, pp. 37–9. doi : 10.1016/s0140−6736(96)91562−7. PMID : 8531550.

6   다음에서 인용, Sutherland, p. 541.

7   다음에서 인용, Sutherland, p. 542.

8   Charles Henry Hull (ed.), *The Economic Writings of Sir William Petty, Together with the Observations upon the Bills of Mortality More Probably by Captain John Graunt,* vol. II (Cambridge : At the University Press, 1899), p. 554.

9   Hull, vol. I, p. 129.

10 Sutherland, p. 542.

11 Lorraine Daston, 'Why Statistics Tend Not Only to Describe the World but to Change It', *London Review of Books,* 22(8), April 2000.

12 Dirk Philipsen, *The Little Big Number : How GDP Came to Rule the World and What to Do about It* (Princeton : Princeton University Press, 2015).

13 캔자스 대학교에서의 연설, 1968년 3월 18일. https://www.jfklibrary.org/learn/about-jfk/the-kennedy-family/robert-f-kennedy/robert-f-kennedy-speeches/remarks-at-the-university-of-kansas-march-18-1968.

14 Alain Desrosières, *The Politics of Large Numbers : A History of Statistical*

Reasoning (Cambridge, MA : Harvard University Press, 1998), p. 9.

15 Paul F. Lazarsfeld, 'Notes on the History of Quantification in Sociology : Trends, Sources and Problems', *Isis,* 52(2), 1961, pp. 277–333.

16 Saul Stahl, 'The Evolution of the Normal Distribution', *Mathematics Magazine,* 79(2), 2006, pp. 96–113.

17 다음에서 인용, Jed Z. Buchwald, 'Discrepant Measurements and Experimental Knowledge in the Early Modern Era', *Archive for History of Exact Sciences,* 60(6), November 2006, p. 32.

18 Stephen M. Stigler, *The History of Statistics : The Measurement of Uncertainty Before 1900* (Cambridge, MA, and London : Belknap Press of Harvard University Press, 1986), p. 21.

19 다음에서 인용, Stigler, *The History of Statistics,* p. 27.

20 Stigler, p. 11.

21 다음에서 인용, Theodore M. Porter, *The Rise of Statistical Thinking : 1820–1900* (Princeton : Princeton University Press, 1986), p. 44.

22 Ian Hacking, *The Taming of Chance* (Cambridge : Cambridge University Press, 1990), p. 2, 정혜경(역), 『우연을 길들이다 : 통계는 어떻게 우연을 과학으로 만들었는가?』(바다출판사, 2012).

23 Hacking, p. 2.

24 다음에서 인용, Porter, *The Rise of Statistical Thinking,* p. 103.

25 Desrosières, pp. 77–81.

26 *Athenaeum,* 29 August 1835, p. 661. 다음에서 인용, Stigler, p. 170.

27 Gerd Gigerenzer, Zeno Swijtink, Theodore Porter, Lorraine Daston, John Beatty, and Lorenz Krüger, *The Empire of Chance* (Cambridge : Cambridge University Press, 1989 [1997]), p. 129.

28 다음에서 인용, Hacking, p. 105.

29 A. Quetelet, 'Sur la possibilité de mesurer l'influence des causes qui modifient les elements sociaux, Lettre à M. Villermé', *Correspondances mathématiques et physiques,* 7 (1832), p. 346. 다음에서 인용, Hacking, p. 114.

30 Hacking, p. 126.

31 Marion Diamond and Mervyn Stone, 'Nightingale on Quetelet', *Journal of the Royal Statistical Society,* Series A (General), 144(1), 1981, pp. 66–79.

32 Julian Wells, 'Marx Reads Quetelet : A Preliminary Report', September 2017. Online at https://mpra.ub.uni-muenchen.de/98255. MPRA Paper No. 98255, posted 27 January 2020.

33 Henry Thomas Buckle, *The History of Civilization in England,* vol. I (Toronto : Rose-Belford Publishing Company, 1878), p. 121.

34 Buckle, p. 272.

35 다음에서 인용, Hacking, pp. 13–14.

36 다음에서 인용, Desrosières, p. 35.

37 Porter, *The Rise of Statistical Thinking,* p. 159.

38 Charles Dickens, *Hard Times and Reprinted Pieces* (London : Chapman & Hall, 1854 [1905]). Project Gutenberg eBook, 장남수(역), 『어려운 시절』(창비, 2009).

39 Laura Vaughan, 'Charles Booth and the Mapping of Poverty', in *Mapping Society : The Spatial Dimensions of Social Cartography* (London : UCL Press, 2018), pp. 61–92.

40 *Manchester Guardian,* 17 April 1889, 다음에서 인용, A. Kershen, 'Henry Mayhew and Charles Booth : Men of Their Time', in G. Alderman and C. Holmes (eds), *Outsiders & Outcasts : Essays in Honour of William J. Fishman* (London : Duckworth, 1993), p. 113.

41 Charles Booth, 'The Inhabitants of Tower Hamlets (School Board Division), Their Condition and Occupations', *Journal of the Royal Statistical Society,* 50(2), June 1887, p. 376.

42 Francis Galton, 'The Charms of Statistics', in *Natural Inheritance* (New York : Macmillan, 1889), p. 62.

43 다음에서 인용, Daniel J. Kevles, *In the Name of Eugenics : Genetics and the Uses of Human Heredity* (Berkeley : University of California Press, 1985), p. 7.

44 Ruth Schwartz Cowan, 'Francis Galton's Statistical Ideas : The Influence of Eugenics', *Isis,* 63(4), December 1972, p. 510.

45 Cowan, p. 510.

46 Francis Galton, *Memories of My Life* (London : Methuen & Co., 1908), pp. 315–16.

47 Francis Galton, *Narrative of an Explorer in Tropical South Africa* (Minerva Library of Famous Books, 1853 [1889]), pp. 53–4.

48 Francis Galton, 'Statistical Inquiries into the Efficacy of Prayer', *Fortnightly Review,* 12, 1872, pp. 125–35.

49 다음에서 인용, Porter, *The Rise of Statistical Thinking,* p. 133.

50 Francis Galton, *Hereditary Genius : An Inquiry into Its Laws and Consequences,* first published 1869, second edn 1892 ; third corrected proof of the first electronic edn, 2000, p. 1. http://galton.org.

51 Galton, *Hereditary Genius,* p. 1.

52 Francis Galton, 'Hereditary Character and Talent', *Macmillan's Magazine,* 12, 1865, pp. 157–66. http://galton.org.

53 Galton, *Hereditary Genius,* p. 341.

54 Galton, *Hereditary Genius,* pp. 338–9.

55 다음을 참조, Stigler, pp. 267–8 ; 골턴의 말은 다음에서 인용, Galton, *Hereditary Genius,* p. 29.

56 Galton, *Hereditary Genius,* p. 14.

57 다음에서 인용, Karl Pearson, *The Life, Letters and Labours of Francis Galton, Vol. 3, Part A : Correlation, Personal Identification and Eugenics* (Cambridge : Cambridge University Press, 1930 [2011]), p. 30.

58 다음에서 인용, Kevles, p. 14.

59 다음에서 인용, Martin Brookes, *Extreme Measures : The Dark Visions and Bright Ideas of Francis Galton* (London : Bloomsbury, 2004), p. 238.

60 Stephen M. Stigler, *Statistics on the Table : The History of Statistical Concepts and Methods* (Cambridge, MA : Harvard University Press, 1999), p. 6.

61 Pearson, p. 57.

62 Galton, *Natural Inheritance,* p. 62.

63 다음을 참조, Adam Cohen, *Imbeciles : The Supreme Court, American Eugenics, and the Sterilization of Carrie Buck* (New York : Penguin, 2016).

64 Buck vs Bell, 274 US 200 (1927).

65 William E. Leuchtenburg, *The Supreme Court Reborn : The Constitutional Revolution in the Age of Roosevelt* (New York : Oxford University Press, 1995), p. 15.

66 Alexandra Minna Stern, 'Sterilized in the Name of Public Health : Race, Immigration, and Reproductive Control in Modern California', *American Journal of Public Health,* 95(7), 2005, pp. 1128–38.

67 E. B. Boudreau, '"Yea, I have a Goodly Heritage" : Health Versus Heredity in the Fitter Family Contests, 1920–1928', *Journal of Family History,* 30(4), 2005, pp. 366–87.

68 C. B. Davenport, 'Report of Committee on Eugenics', *Journal of Heredity,* 1(2), 1910, pp. 126–9.

69 Kevles, p. 79.

70 다음에서 인용, Stephen Jay Gould, *The Mismeasure of Man* (New York and London : W. W. Norton & Co., revised and expanded edn, 1996 [1981]), p. 181, 김동광(역), 「인간에 대한 오해」(사회평론, 2003).

71 다음에서 인용, Gould, p. 184.

72 다음에서 인용, Leila Zenderland, *Measuring Minds : Henry Herbert Goddard and the Origins of American Intelligence Testing* (Cambridge : Cambridge University Press, 1998 [2001]), p. 301.

73 Zenderland, p. 175.

74 Henry H. Goddard, 'Mental Tests and the Immigrant', *The Journal of Delinquency,* vol. II, no. 5, September 1917, p. 251.

75 Edward A. Steiner, 'The Fellowship of the Steerage', in *On the Trail of the Immigrant* (New York : Fleming H. Revell Company, 1906), p. 35.

76 다음에서 인용, Gould, p. 226.

77 다음에서 인용, Gould, p. 253.

78 다음을 참조, Desrosières, p. 326.

79 P. Lazarsfeld, 'Notes sur l'histoire de la quantification en sociologie : les sources, les tendances, les grands problèmes', in *Philosophie des sciences sociales* (Paris : Gallimard, 1970), pp. 317–53. 다음에서 인용, Desrosières, p. 20.

80 Alfred Binet, *Modern Ideas About Children* (Menlo Park, CA : Susan Heisler, 1909 [1975]), pp. 106–7. 다음에서 인용, Robert J. Sternberg (ed.), *The Cambridge Handbook of Intelligence,* second edn (Cambridge : Cambridge University Press, 2020), p. 1,062.

81 Shilpa Jindia, 'Belly of the Beast : California's Dark History of Forced Sterilizations', *The Guardian,* 30 June 2020. https://www.theguardian.com/us-news/2020/jun/30/california-prisons-forced-sterilizations-belly-beast.

82 Associated Press, 'China Cuts Uighur Births with IUDs, Abortion, Sterilization', 29 June 2020. https://apnews.com/article/ap-top-news-international-news-weekend-reads-china-health-269b3de1af34e17c1941a514f78d764c.

83 David J. Smith, 'Biological Determinism and the Concept of Mental Retardation : The Lesson of Carrie Buck', paper presented at the Annual Convention of the Council for Exceptional Children, April 1993.

제8장

1 De Simone and Treat, NIST, p. 90.

2 '"Metric Martyr" Convicted', *The Guardian,* 9 April 2001. https://www.theguardian.com/uk/2001/apr/09/2.

3 British Weights and Measures Association, 'Metric Culprits'. http://bwma.org.uk/wp-content/uploads/2019/03/Metric-Culprits-.pdf.

4 Richard Savill, 'Protest as the Metric "Martyrs" Face Court', *The Telegraph,* 14 June 2001. https://www.telegraph.co.uk/news/uknews/1309043/Protest-as-the-metric-martyrs-face-court.html.

5 Fergus Hewison, 'General Election 2019 : Did a Bunch of Bananas Lead to Brexit?' BBC News, 20 November 2019. https://www.bbc.co.uk/news/election-2019-50473654.

6 Joshua Rozenberg, 'Metric Martyrs Lose Their Fight', *The Telegraph,* 19 February 2002. https://www.telegraph.co.uk/news/uknews/1385303/Metric-martyrs-lose-their-fight.html.

7 Hewison, BBC News, 20 November 2019.

8 'EU Gives Up on "Metric Britain"', BBC News, 11 September 2007. http://news. bbc.co.uk/1/hi/uk/6988521.stm.

9 'From George Washington to the United States Senate and House of Represen-tatives, 8 January 1790', Founders Online, National Archives. https://founders. archives.gov/documents/Washington/05-04-02-0361. 원 출처: Dorothy Twohig (ed.), *The Papers of George Washington, Presidential Series,* vol. 4, 8 September 1789–15 January 1790 (Charlottesville: University Press of Virginia, 1993), pp. 543–9.

10 예컨대 다음을 참조, John J. McCusker, 'Weights and Measures in the Colonial Sugar Trade: The Gallon and the Pound and Their International Equivalents', *The William and Mary Quarterly,* 30(4), October 1973.

11 'Thomas Jefferson, Itinerary, Monticello to Washington, D.C., with Distances', 30 September 1807. Manuscript/mixed material. Retrieved from the Library of Congress. www.loc.gov/item/mtjbib017726.

12 'Thomas Jefferson, Autobiography Draft Fragment, January 6 through July 27'. 27 July 1821. Manuscript/mixed material. Retrieved from the Library of Congress. www.loc.gov/item/mtjbib024000.

13 'Thomas Jefferson to James Clarke, 5 September 1820'. Manuscript/mixed material. Retrieved from the Library of Congress. www.loc.gov/item/mtjbib023884.

14 Keith Martin, 'Pirates of the Caribbean (Metric Edition)', National Institute of Standards and Technology, 19 September 2017. https://www.nist.gov/blogs/taking—measure/pirates-caribbean-metric-edition.

15 Jefferson to William Short, 28 July 1791, 다음에서 인용, C. Doris Hellmann, 'Jefferson's Efforts Towards Decimalization of United States Weights and Measures', *Isis,* 16 (1931), p. 286.

16 Daniel V. De Simone and Charles F. Treat, 'A History of the Metric System Controversy in the United States', NIST, Special Publication 345—10. United States Department of Commerce, August 1971, p. 18.

17 Charles Davies, *The Metric System, Considered with Reference to Its Introduction into the United States ; Embracing the Reports of the Hon. John Quincy Adams, and the Lecture of Sir John Herschel* (New York and Chicago: A. S. Barnes and Co., 1871), pp. 267–8.

18 Kula, p. 267.

19 Alder, pp. 330–1.

20 Maria Teresa Borgato, 'The First Applications of the Metric System in Italy', *The*

Global and the Local : The History of Science and the Cultural Integration of Europe, M. Kokowski (ed.), Proceedings of the 2nd ICESHS (Cracow, Poland, 6–9 September 2006).

21 Edward Franklin Cox, 'The Metric System : A Quarter–Century of Acceptance (1851–1876)', *Osiris,* 13, 1958, p. 363.

22 Charles L. Killinger, *The History of Italy* (Connecticut and London : Greenwood Press, 2002), p. 1.

23 Vanessa Lincoln Lambert, 'The Dynamics of Transnational Activism : The International Peace Congresses, 1843–51', *The International History Review,* 38(1), 2016, pp. 126–47.

24 Report of the Proceedings of the······General Peace Congress (London : Charles Gilpin, 1849), p. 12.

25 Quoted in Richard R. John, 'Projecting Power Overseas : U.S. Postal Policy and International Standard–Setting at the 1863 Paris Postal Conference', *Journal of Policy History,* 27(3), 2015, p. 430.

26 Zupko, p. 238.

27 Charles Sumner, 'The Metric System of Weights and Measures', 미국 상원 연설, 1866년 7월 27일.

28 Cox, p. 377.

29 Simon Schaffer, 'Metrology, Metrication, and Values', in Bernard Lightman (ed.), *Victorian Science in Context* (Chicago and London : University of Chicago Press, 1997), p. 442.

30 Crease, p. 156.

31 다음을 참조, Tessa Morrison, 'The Body, the Temple, and the Newtonian Man Conundrum', *Nexus Network Journal,* 12 (2), 2010, pp. 343–52 ; 또한 뉴턴의 원 출처를 참조, http://www.newtonproject.ox.ac.uk/view/texts/normalized/THEM00276.

32 Charles Piazzi Smyth, *Our Inheritance in the Great Pyramid* (New York : Cambridge University Press, 1864 [2012]), p. 372.

33 Charles Piazzi Smyth, *Our Inheritance in the Great Pyramid* (fourth edn, 1880) ; 다음으로도 출간되었다, *The Great Pyramid : Its Secrets and Mysteries Revealed* (New York : Gramercy Books, 1978), pp. 546–8.

34 Piazzi Smyth, *Our Inheritance in the Great Pyramid,* p. 10.

35 다음에서 인용, Schaffer, p. 451.

36 Charles Piazzi Smyth, *Life and Work at the Great Pyramid,* vol. 1 (Edinburgh : Thomas Constable, 1867), p. 299.

37 Charles A. L. Totten, *An Important Question in Metrology Based Upon Recent*

and Original Discoveries : A Challenge to "The Metric System," and an Earnest Word with the English-Speaking Peoples on Their Ancient Weights and Measures (New York : John Wiley & Sons, 1884), pp. xi–xii.

38 Totten, p. xiv.

39 Totten, p. 2.

40 Totten, p. 45.

41 다음에서 인용, De Simone and Treat, NIST, p. 75.

42 Piazzi Smyth, *Our Inheritance in the Great Pyramid*, p. 182.

43 De Simone and Treat, NIST, pp. 75–8.

44 George Orwell, *1984* (1949, copyright renewed 1977) (New York : Houghton Mifflin Harcourt Publishing Co., 1983), p. 83, 정회성(역), 『1984』(민음사, 2003).

45 '"Imperial Vigilante" Wins Legal Appeal', BBC News, 31 October 2002. http://news.bbc.co.uk/1/hi/england/2384065.stm.

46 Totten, p. x.

47 Benjamin Kentish, 'Half of Leave Voters Want to Bring Back the Death Penalty After Brexit', *The Independent,* 30 March 2017. https://www.independent.co.uk/news/uk/politics/brexit-poll-leave-voters-death-penalty-yougov-results-light-bulbs-a7656791.html.

48 National Academies of Sciences, Engineering, and Medicine ; Division on Earth and Life Studies ; Nuclear and Radiation Studies Board, *Adopting the International System of Units for Radiation Measurements in the United States : Proceedings of a Workshop* (Washington, DC : National Academies Press, 2017), 1, Introduction and Context. Available from https://www.ncbi.nlm.nih.gov/books/NBK425560.

49 모두 다음에서 인용, John Bemelmans Marciano, *Whatever Happened to the Metric System? How America Kept Its Feet* (New York : Bloomsbury USA, 2014 [2015]), p. 244.

50 Stewart Brand, 'Stopping Metric Madness!' *New Scientist,* 88, 30 October 1980, p. 315.

51 Paul L. Montgomery, '800, Putting Best Foot Forward, Attend a Gala Against Metrics', *The New York Times,* 1 June 1981.

52 A. V. Astin and H. Arnold Karo, National Bureau of Standards, 'Refinement of Values for the Yard and the Pound', 30 June 1959. https://www.ngs.noaa.gov/PUBS_LIB/FedRegister/FRdoc59-5442.pdf.

53 Shane Croucher, 'Video : Fox Host Tucker Carlson Attacks "Inelegant, Creepy" Metric System that the U.S. Alone Has Resisted', *Newsweek,* 6 June 2019.

제9장

1   Laurence Stern, *The Life and Opinions of Tristram Shandy, Gentleman and a Sentimental Journey Through France and Italy (Volume 1)* (London : Macmillan and Co. Ltd, 1900 [1759]), book II, chapter XIX, p. 131, 김정희(역), 『신사 트리스트럼 샌디의 인생과 생각 이야기』(을유문화사, 2012). 원문은 다음과 같다. "The laws of nature will defend themselves – but error – (he would add, looking earnestly at my mother) – error, Sir, creeps in thro' the minute holes and small crevices which human nature leaves unguarded."

2   Report from Borda, Lagrange, Laplace, Monge, and Condorcet, 'On the Choice of a Unit of Measurement', presented to the Académie Royale des Sciences, 19 March 1791.

3   G. Girard, 'The Washing and Cleaning of Kilogram Prototypes at the BIPM', Bureau International des Poids et Mesures (BIPM), 1990.

4   Terry Quinn, *From Artefacts to Atoms : The BIPM and the Search for Ultimate Measurement Standards* (New York : Oxford University Press, 2012), pp. 341–6.

5   Quinn, p. 365.

6   James Vincent, 'The Kilogram Is Dead ; Long Live the Kilogram', *The Verge*, 13 November 2018. https://www.theverge.com/2018/11/13/18087002/kilogram-new-definition-kg-metric-unit-ipk-measurement.

7   "미국의 아리스토텔레스" 그리고 "지구 역사상 전례 없는"은 다음에서 인용, https://aeon.co/essays/charles-sanders-peirce-was-americas-greatest-thinker. "가장 독창적이고 가장 다재다능한 지성"은 다음에서 인용, Max H. Fisch, 'Introductory Note', in Sebeok, *The Play of Musement*, p. 17, 다음에서 인용, Joseph Brent, *Charles Sanders Peirce : A Life, Revised and Enlarged Edition* (Bloomington : Indiana University Press, 1998), p. 2.

8   Brent, p. 41

9   William James, *Essays in Philosophy, 1876–1910* (Cambridge, MA : Harvard University Press ; 1978) ; "실용주의", p. 124.

10   Joseph Brent, 'Studies in Meaning', Charles S. *Peirce Papers*, p. 15 ; 다음에서 인용, Louis Menand, *The Metaphysical Club* (London : Flamingo, HarperCollins Publishers imprint, 2001), p. 160.

11   Brent, *Charles Sanders Peirce : A Life*, pp. 48–9.

12   Brent, *Charles Sanders Peirce : A Life*, p. 49.

13   Charles Sanders Peirce, 'A Guess at the Riddle', 1887 ; 다음에서 인용, Brent, *Charles Sanders Peirce : A Life*, p. 1.

14   Schaffer, p. 440.

15   F. K. Richtmyer, 'The Romance of the Next Decimal Place', *Science*, 1 January

1932, 75 (1931), pp. 1–5.

16 Ronald Robinson and John Gallagher with Alice Denny, *Africa and the Victorians : The Official Mind of Imperialism,* second edn (London : Macmillan, 1961 [1981]), p. 12.

17 다음에서 인용, Daniel Headrick, 'A Double-Edged Sword : Communications and Imperial Control in British India', *Historical Social Research,* 35(1), 2010, p. 53.

18 Zupko, p. 208 (archive.org copy).

19 Caroline Shenton, *The Day Parliament Burned Down* (Oxford : Oxford University Press, 2012), p. 212.

20 다음에서 인용, Quinn, 2012, p. xxviii.

21 다음에서 인용, Schaffer, p. 444.

22 다음에서 인용, Schaffer, p. 445.

23 Schaffer, p. 448.

24 Victor F. Lenzen, 'The Contributions of Charles S. Peirce to Metrology', *Proceedings of the American Philosophical Society,* 109(1), 18 February 1965, pp. 29–46. 퍼스의 언급은 다음과 같다. "미터와 야드의 비율은 여전히 상당한 불확실성의 문제이다(The ratio of the meter to the yard is still a matter of considerable uncertainty)", Report of the Superintendent, 30 June 1884, p. 81.

25 다음에서 인용, Robert P. Crease, 'Charles Sanders Peirce and the First Absolute Measurement Standard', *Physics Today,* vol. 62, no. 12, 2009, p. 39.

26 Ralph Barton Perry, *The Thought and Character of William James* (Boston : Atlantic/Little, Brown, 1935), I, p. 536.

27 Crease, *World in the Balance,* p. 198.

28 'Annual Report of the Director, United States Coast and Geodetic Survey, to the Secretary of Commerce', U.S. Coast and Geodetic Survey, 1881, p. 28.

29 Charles Sanders Peirce, 'The Fixation of Belief', *Popular Science Monthly,* 12 (November 1877).

30 Peirce, "신념의 확정(The Fixation of Belief)".

31 Charles Sanders Peirce, 'Philosophy and the Sciences : A Classification', from Justus Buchler (ed.), *Philosophical Writings of Peirce* (New York : Dover Publications, 1955), p. 73.

32 1903년 로웰 연구소에서의 강의, 다음에서 인용, Cornelis de Waal, *Peirce : A Guide for the Perplexed* (London and New York : Bloomsbury, 2013), p. 113.

33 1897 [*c.*] ; Notes on Religious and Scientific Infallibilism [R] ; CP 1.13–14 ; from the Robin Catalogue : A. MS., G-c.1897-2, 4 pp. and 7 pp. http://www.commens. org/dictionary/term/fallibilism/page.

34 1893 [*c.*] ; Fallibilism, Continuity, and Evolution [R] ; CP 1.147–149. Manuscript ;

from the Robin Catalogue : A. MS., G-c.1897-5, 57 pp. http://www.commens.
org/dictionary/term/fallibilism/page.

35 예컨대, 뉴턴의 운동법칙, 하위헌스의 광학, 맥스웰의 전자기학.

36 시카고 대학교에 있는 라이어슨 물리학 연구소에서의 마이컬슨의 연설에서. 다
음에서 인용, *The University of Chicago Annual Register, 1 July 1894 to 1 July
1895* (Chicago : University of Chicago Press, 1895), p. 81.

37 Malcolm W. Browne, 'In Centennial of One of Its Biggest Failures, Science
Rejoices', *The New York Times,* 28 April 1987. https://www.nytimes.com/1987/
04/28/science/in-centennial-of-one-of-its-biggest-failures-science-rejoices.html,
accessed 25 January 2021.

38 Albert A. Michelson and Edward W. Morley, 'On a Method of Making the
Wave-length of Sodium Light the Actual and Practical Standard of Length',
Philosophical Magazine, series 5 (1876–1900), 24(151), 1887.

39 Harvey T. Dearden, 'How Long Is a Metre?' *Measurement and Control,* vol.
47(1), 2014, pp. 26–7. © The Institute of Measurement and Control 2014.

40 Albrecht Fölsing, *Albert Einstein : A Biography* (London : Penguin Group, 1998),
p. 219.

41 Quinn, 2012, p. XXVI.

42 다음에서 인용, https://www.youtube.com/watch?v=bjVfL8uNkUk&ab_channel=
ArvinAsh.

43 이런 계산에 대한 설명은 다음 두 웹사이트에서 볼 수 있다. https://www.nist.
gov/si-redefinition/kilogram/kilogram-mass-and-plancks-constant ; https://
www.nist.gov/si-redefinition/kilogram/kilogram-kibble-balance. 1줄-초(J-s)는
에너지와 시간을 곱한 단위로, 1줄은 대략 사과 하나를 1미터 공중으로 들어올
리는 데에 필요한 에너지양이다.

44 Bruno Latour, *Science in Action* (Cambridge, MA : Harvard University Press,
1987), pp. 2–4, 황희숙(역),『젊은 과학의 전선 : 테크노사이언스와 행위자-연결
망의 구축』(아카넷, 2016).

45 「마태오의 복음서」7장 16절.

제10장

1 Hartmut Rosa, *The Uncontrollability of the World,* James C. Wagner (trans.)
(Cambridge : Polity Press, 2020), p. 2. 원서는 독일어로 출판되었다. *Unver-
fügbarkeit* © 2018 Residenz Verlag GmbH, Salzburg-Wein.

2 Kenneth G. W. Inn, 'Making Radioactive Lung and Liver Samples for Better
Human Health', *National Institute of Standards and Technology,* 29 October
2019. https://www.nist.gov/blogs/taking-measure/making-radioactive-lung-and-

liver-samples-better-human-health.

3   Marty Ahrens, 'Home Fires Started by Smoking', National Fire Protection Association, January 2019. https://www.nfpa.org/News-and-Research/Data-research-and-tools/US-Fire-Problem/Smoking-Materials.

4   Henry Fountain, 'You Get What You Pay for : Peanut Butter with a Pedigree', *The New York Times*, 8 June 2003. 이 인용문은 온라인 판이 아니라, 출간된 기사의 웹 버전에서만 확인할 수 있다. 이 문제를 해결하는 데에 도움을 준 존 파리어에게 큰 감사를 표한다.

5   Allison Loconto and Lawrence Busch, 'Standards, Techno-Economic Networks, and Playing Fields : Performing the Global Market Economy', *Review of International Political Economy*, 17 (3), 2010, pp. 507-36.

6   Mark Aldrich, 'Public Relations and Technology : The "Standard Railroad of the World" and the Crisis in Railroad Safety, 1897-1916', *Pennsylvania History : A Journal of Mid-Atlantic Studies*, 74(1), Winter 2007, p. 78.

7   "간선 철도 이용객의 경우는 사망률이 10억 여객마일당 0.43명으로 더욱 나빴다. 이는 버스 이용객의 약 4배, 상업용 항공 이용객의 약 6배에 달하는 수치이다." Ian Savage, 'Comparing the Fatality Risks in United States Transportation Across Modes and Over Time', *Research in Transportation Economics*, 43(1), July 2013, pp. 9-22.

8   멀러의 관찰에 선례가 많다는 점에 주목해야겠다. 예컨대 다음을 참조, V. F. Ridgway, 'Dysfunctional Consequences of Performance Measurements', *Administrative Science Quarterly*, 1(2), September 1956, pp. 240-7. 또는 피터 드러커의 1954년 저서 『경영의 실제(*The Practice of Management*)』에도 "측정되는 것은 관리된다"라는 격언이 있다. 이와 비슷한 비판은 W. 에드워드 데밍 및 헨리 민츠버그 등의 연구에서도 볼 수 있다. 다음을 참조, https://www.theguardian.com/business/2008/feb/10/businesscomment1. "어떤 관찰된 통계적 규칙성이라도 여기에 통제를 목적으로 압력을 가하면 무너진다"라는 굿하트의 법칙은 1997년 인류학자 매릴린 스트라선이 발표한 논문에서 "측정이 목표가 되면 더 이상 좋은 측정이 아니다"로 바뀌었다.

9   Jerry Z. Muller, *The Tyranny of Metrics* (Princeton : Princeton University Press, 2018), pp. 3-4, 김윤경(역), 『성과지표의 배신』(궁리, 2020).

10 Alfred D. Chandler, Jr., 'The Emergence of Managerial Capitalism', *The Business History Review*, 58(4), Winter 1984, p. 473. 또한 다음을 참고, Chandler, *The Visible Hand : The Managerial Revolution in American Business*, 김두얼, 신해경, 임효정(역), 『보이는 손』(1-2권, 지만지, 2014).

11 Nathan Rosenberg (ed.), 'Special Report of Joseph Whitworth', from *The American System of Manufactures*, p. 387 ; 다음에서 인용, David A. Hounshell,

From the American System to Mass Production, 1800–1932 (Baltimore and London : Johns Hopkins University Press, 1984), p. 61.

12   Frederick W. Taylor, 'Testimony to the House of Representatives Committee', 다음에서 인용, Rakesh Khurana, *From Higher Aims to Hired Hands : The Social Transformation of American Business Schools and the Unfulfilled Promise of Management as a Profession* (Princeton : Princeton University Press, 2007), p. 93.

13   Frank B. Gilbreth, Jr. and Ernestine Gilbreth Carey, *Cheaper by the Dozen* (New York : Thomas Y. Cromwell Co., 1948), p. 127, 장석영(역), 『세상에서 가장 큰 사랑 : 아버지 이야기』(현실과미래, 1999).

14   "나는 트루먼이 핵폭탄을 투하했다고 비난하지 않겠다. 미-일 전쟁은 인류 역사상 가장 잔인한 전쟁이었다. 가미카제 조종사나 자살처럼 믿을 수 없는 일들이 벌어졌다. 비판할 수 있는 사실은 그 시기 전의 인류, 그리고 지금의 인류가 '전쟁의 규칙'이라고 부를 수 있는 것을 실제로 해결하려고 노력하지 않았다는 점이다. 하룻밤에 10만 명 가까운 민간인을 폭격하고 죽이고 불태워서는 안 된다는 규칙이 그때도 있었을까? 르메이는 '우리가 전쟁에서 졌다면 우리 모두 전범으로 기소되었을 것이다'라고 말했다. 그의 말이 맞다. 그러나 나나 전범처럼 행동했기 때문이다. 르메이는 자기 편이 진다면 자기 행동이 부도덕한 일로 여겨지리라는 사실을 알았다. 하지만 패하면 비도덕적이고 승리하면 도덕적인 이유는 대체 무엇인가?" 다큐멘터리 「전쟁의 안개」, 다음에서 인용, 'Robert McNamara', Michael Tomasky, 6 July 2009. https://www.theguardian.com/commentisfree/michaeltomasky/2009/jul/06/robert-mcnamara-vietnam.

15   Edward N. Luttwak, *The Pentagon and the Art of War ; The Question of Military Reform* (New York : Simon & Schuster, 1985 [1986]), p. 268.

16   다음에서 인용, Nick Turse, *Kill Anything That Moves : The Real American War in Vietnam* (New York : Metropolitan Books, 2013), pp. 47–8.

17   Turse, p. 49.

18   Gary Wolf, 'The Data-Driven Life', *The New York Times,* 28 April 2010. https://www.nytimes.com/2010/05/02/magazine/02self-measurement-t.html.

19   April Dembosky, 'Invasion of the Body Hackers', *The Financial Times,* 10 June 2011. https://www.ft.com/content/3ccb11a0-923b-11e0-9e00-00144feab49a.

20   Evgeny Morozov, *To Save Everything Click Here : Technology, Solutionism, and the Urge to Fix Problems That Don't Exist* (New York : Penguin, 2013), p. 223.

21   Wolf, 'The Data-Driven Life'.

22   Zach Church, 'Google's Schmidt : "Global Mind" Offers New Opportunities', *MIT News,* 15 November 2011. https://news.mit.edu/2011/schmidt-event-1115.

23   Shoshana Zuboff, *The Age of Surveillance Capitalism* (New York : Public Affairs, 2019), pp. 7–8, 김보영(역), 노동욱(감수), 『감시 자본주의 시대 : 권력의 새로운

개척지에서 벌어지는 인류의 미래를 위한 투쟁』(문학사상사, 2021).

24 Drew Harwell, 'Wanted : The "Perfect Babysitter" Must Pass AI Scan for Respect and Attitude', *The Washington Post,* 23 November 2018. https://www.washingtonpost.com/technology/2018/11/16/wanted-perfect-babysitter-must-pass-ai-scan-respect-attitude.

25 Christopher Ingraham, 'An Insurance Company Wants You to Hand Over Your Fitbit Data So It Can Make More Money. Should You?' *The Washington Post,* 25 September 2018. https://www.washingtonpost.com/business/2018/09/25/an-insurance-company-wants-you-hand-over-your-fitbit-data-so-they-can-make-more-money-should-you.

26 Drew Harwell, 'A Face-Scanning Algorithm Increasingly Decides Whether You Deserve the Job', *The Washington Post,* 6 November 2019. https://www.washingtonpost.com/technology/2019/10/22/ai-hiring-face-scanning-algorithm-increasingly-decides-whether-you-deserve-job.

27 Jeffrey Dastin, 'Amazon Scraps Secret AI Recruiting Tool That Showed Bias Against Women', *Reuters,* 11 October 2018. https://www.reuters.com/article/us-amazon-com-jobs-automation-insight-idUSKCN1MK08G.

28 Adam D. I. Kramer, Jamie E. Guillory and Jeffrey T. Hancock, 'Experimental Evidence of Massive-Scale Emotional Contagion Through Social Networks', *Proceedings of the National Academy of Sciences,* 111(24), June 2014.

29 Joanna Kavenna, 'Shoshana Zuboff : "Surveillance Capitalism Is an Assault on Human Autonomy"', *The Guardian,* 4 October 2019. https://www.theguardian.com/books/2019/oct/04/shoshana-zuboff-surveillance-capitalism-assault-human-automomy-digital-privacy.

30 Fyodor Dostoevsky, *Notes from Underground,* translated from the Russian by Richard Pevear and Larissa Volokhonsky (New York : Alfred A. Knopf, 2004), p. 23, 김연경(역), 『지하로부터의 수기』(민음사, 2010).

31 Lily Kuo, 'China Bans 23m from Buying Travel Tickets as Part of "Social Credit" System', *The Guardian,* 1 March 2019. https://www.theguardian.com/world/2019/mar/01/china-bans-23m-discredited-citizens-from-buying-travel-tickets-social-credit-system.

32 다음에서 인용, Simina Mistreanu, 'Life Inside China's Social Credit Laboratory', *Foreign Policy,* 3 April 2018. https://foreignpolicy.com/2018/04/03/life-inside-chinas-social-credit-laboratory.

33 Genia Kostka, 'China's Social Credit Systems and Public Opinion : Explaining High Levels of Approval' (23 July 2018). Available at SSRN : https://ssrn.com/abstract=3215138 ; http://dx.doi.org/10.2139/ssrn.3215138.

34 Porter, *Trust in Numbers,* 1995, p. ix.

35 Amanda Mull, 'What 10,000 Steps Will Really Get You', *The Atlantic,* 31 May 2019. https://www.theatlantic.com/health/archive/2019/05/10000-steps-rule/590785. 또한 다음을 참조, IMin Lee, Eric J. Shiroma, Masamitsu Kamada, et al., 'Association of Step Volume and Intensity with All-Cause Mortality in Older Women', https://jamanetwork.com/journals/jamainternalmedicine/fullarticle/2734709.

36 Catrine Tudor-Locke and David R. Bassett Jr., 'How Many Steps/Day Are Enough? Preliminary Pedometer Indices for Public Health', *Sports Medicine,* 34(1), 2004, pp. 1–8.

37 I-Min Lee et al., 'Association of Step Volume and Intensity with All-Cause Mortality in Older Women', *JAMA Internal Medicine,* 179(8), 2019, pp. 1,105–12.

38 K. T. Hallam, S. Bilsborough, and M. de Courten, '"Happy Feet": Evaluating the Benefits of a 100-Day 10,000 Step Challenge on Mental Health and Wellbeing', *BMC Psychiatry,* 18(1), 24 January 2018. doi: 10.1186/s12888-018-1609-y. PMID: 29361921 ; PMCID: PMC5781328.

39 https://twitter.com/chr1sa/status/721198400150966274?lang=en-gb.

40 Dembosky, 'Invasion of the Body Hackers', *The Financial Times.*

41 Elizabeth Lopatto, 'Jeff Bezos Appreciates Your Efforts to Get Jeff Bezos to Space', *The Verge,* 20 July 2021. https://www.theverge.com/2021/7/20/22585470/jeff-bezos-blue-origin-space-amazon-customers.

42 Lauren Kaori Gurley, 'Amazon Denied a Worker Pregnancy Accommodations. Then She Miscarried', *Motherboard for Vice,* 20 July 2021. https://www.vice.com/en/article/g5g8eq/amazon-denied-a-worker-pregnancy-accommodations-then-shemiscarried.

43 Rosa, pp. 6–7.

44 Rosa, p. 7.

45 Rosa, p. 60.

그림 출처

도판

24쪽 From Joan Blaeu's *Atlas Maior* (1662–5), based on a woodcut in Brahe's *Astronomiæ instauratæ mechanica* (1598) / National Library of Scotland / Public domain

31쪽 Colour print with pen, ink, and watercolour (1795) / The William Blake Archive / Public domain

42쪽 Courtesy of the author

47쪽 With thanks to Denise Schmandt-Besserat ; courtesy Musée du Louvre, Département des Antiquités Orientales

54쪽 Rogers Fund, 1930 / Metropolitan Museum of Art / Public domain

72쪽 Ernest Choquin de Sarzec / Public domain

120쪽 Metropolitan Museum of Art / Public domain

149쪽 George Martine's 'Essay and Observations on the Construction and Graduation of Thermometers' / British Library/Public domain

164쪽 John Coakley Lettsom, 'Hints Designed to Promote Beneficence, Temperance, and Medical Science'. Vol. 1 / Wellcome Collection / Public domain

198쪽 Louis Philibert Debucourt (1755–1832) / Metropolitan Museum of Art / Creative Commons CC0 1.0 / Public domain

201쪽 Creative Commons 4.0 / DeFacto / Pierre Daniel Destigny, designed in 1798 to 1805

231쪽 Report of the Survey of India for 1921–22 / Public domain

238쪽 Wellcome Library / Public domain

250쪽 Adolphe Quetelet, *Anthropométrie, ou, Mesure des différentes facultés de l'homme* (1870) / Public domain

286쪽 Creative Commons 3.0 / LepoRello (Wikipedia)

역자 후기

걸음 수를 재고 할 일 목록을 작성하고 어제보다 러닝머신을 몇 분이나 더 달렸는지 셈하며, 우리는 매일 자신을 측정한다. 어제보다 하나라도 많은 수치는 어제보다 나은 나를 가장 편리하고 명확하게 보여준다. 매일의 측정값은 내가 더 강하고 현명하고 유능한 사람이 되었는지를 나타낸다. 우리는 일상의 모든 측면에서 측정에 얽매여 있다. 하지만 더 나은 나를 만들기 위한 도구는 자신을 채찍질하고 타인과 비교하며 경쟁을 수용하는 감시의 도구가 되기도 한다. 미셸 푸코의 말처럼, 우리는 규율 권력을 우리 몸에 체화한다.

그러나 애초에 측정은 인간의 인식을 전환한 도구였다. 손가락이나 키, 발의 길이로 주변 사물을 측정하고 그 값으로 서로 다른 사물을 비교하며 시작된 측정의 역사는 곧 인식의 역사와도 맞물린다. 하물며 눈에 보이지 않는 지구 자오선이나 초진자, 원자의 진동수를 기반으로 한 미터나 킬로그램의 개념을 받아들이기까지의 여정은 온갖 역사와 문화가 충돌하며 이루어낸, 인류의 인식 자체가 진보해온 여정이라고 할 수 있다.

이 과정에서 과학은 측정을 객관화하고 보편화한다는 대의 아래, 우리 삶에 깊이 내재한 측정을 역설적으로 우리 삶에서 가장 멀어지게 했다.

IQ 테스트나 1만 보 걷기, 인구 통계표 등 측정은 우리 삶에 속속들이 스며 있지만 우리는 미터가 왜 미터인지, 1초가 왜 1초인지는 거의 생각하지 않는다. 글에서 저자가 인용했듯, 아이들은 왜 미터원기나 킬로그램원기를 기록원 지하 금고에 작고 긴 실물로 보존해야 하는지를 이해하지 못한다. 우리 머릿속에서 미터는 그저 미터이고, 1초는 그저 1초이기 때문이다. 베르사유에서 있었던 역사적인 '킬로그램 재정의' 이후에도 아무것도 달라진 것은 없다. 미터나 킬로그램을 빛의 속도와 플랑크 상수, 키블 저울로 정밀하게 잴 수 있다고 해도, 결코 변하지 않는 절대적인 이 값은 과학자들, 특히 빛의 속도나 자연상수를 측정할 고급 장비와 전문가가 있는 몇몇 서구 선진국만 측정할 수 있을 뿐이다. 우리는 파리와 바르셀로나를 경유하는 지구 자오선에서 나온 미터 표준으로부터 얼마나 더 평등하고 자유로워졌을까?

영국의 저널리스트인 저자는 킬로그램 표준을 재정의하는 역사적인 사건을 취재하며 측정이라는 오묘한 세계에 발을 디딘다. "킬로그램은 왜 킬로그램인가" 하는 사소한 질문에서 시작한 이 책은 고대 이집트의 피라미드, 그리스도의 키, 마을 사람들의 발 길이 같은 구체적이고도 추상적인 개념이 인간의 인식을 제한하면서도 확장해나가는 역사를 흥미롭게 보여준다. 손가락이나 발 길이에서 시작한 '인체 척도'가 보편성을 얻는 과정에는 상대적이고 개별적인 척도가 '모든 시대를 위한, 모든 사람을 위한' 척도가 되는, 즉 평등으로 나아가는 혁명이 필요했다. 측정이 일관성과 보편성을 얻자, 각자의 척도를 들고 싸워야 했던 사람들은 공통의 언어를 얻은 듯이 서로 소통하고 비교하고 통제할 수 있는 비교와 상호 감시의 도구를 가지게 되었다. 그러나 측정은 원래의 대의처럼 신뢰와

평등의 도구만은 아니었다. 영토 측량을 원주민으로부터 토지를 빼앗는 도구로 삼았던 식민지 침략자들, 자신의 대의를 확립하기 위해 새로운 척도를 개발하고 보급하려고 애썼던 프랑스 혁명가들, 그리고 개인의 삶에 침투해 개인을 통제하고, 나아가 스스로 통제를 내면화하도록 만든 현대의 각종 디지털 측정 장비를 이용하는 정부나 기업은 인간에게서 나온 도구를 인간에게서 소외시켜 다시 인간을 억압하는 도구로 만든다.

그렇다면 우리는 이 측정을 활용하고 내면화하는 동시에 이 측정이라는 도구를 만든 세상의 체계 자체에도 눈을 돌려야 한다. 측정이 우리의 인식에서 가치 있는 것은 이것이 불변하는 값이고 절대적인 권위를 지녔기 때문이 아니라, 오히려 세계의 예측 불가능성과 가변성을 보여주기 때문이다. 불변성과 절대 권력을 염원한 측정은 아이러니하게도 항상 변해왔고, 그럼으로써 오히려 더욱 가치를 지니게 되었다. 아무도 관심 가지지 않았던 사소한 질문에서 거대한 인식의 진보 과정을 살피는 이 책의 여정을 함께 따라가며 우리는 새삼 측정이 인간의 도구이자 인간의 인식과 세계의 질서를 반영하는 거울이라는 사실에 한층 더 가까이 다가갈 수 있다. 그렇다면 이제 우리는 다시 바깥으로 눈을 돌려, 측정이라는 도구가 우리를 얽매지 않고 우리의 인식, 더 나아가 세계를 확장하는 도구가 되기를 바라야 할 것이다.

2023년 가을
역자 장혜인

인명 색인